外国為替の諸相

官民学の視点から

Various Aspects of Foreign Exchange

棚瀬順哉 著
Junya Tanase

一般社団法人 金融財政事情研究会

はじめに

　為替レートの動向は、経済に対して広範且つ時に重大なインパクトを与えることから、多くの人々にとって疑いなく重要である。たとえば、2022年3月から同年10月にかけて急激に円安が進んだが、円安は食料品やガソリンの輸入価格上昇を通じて家計にネガティブな影響を及ぼす。当時、「悪い円安」という論調が支配的だった所以である。他方、円建てで製品を輸出している日本企業にとっては、円安は輸出競争力の上昇を通じてポジティブな影響を及ぼす可能性がある[1]。言うまでもなく、為替レートの変動に起因するリスクは日本固有の問題ではなく、程度の差こそあれ、為替レートの変動を容認する制度を採用しているすべての国がこうしたリスクに晒されている。

　多くの新興国は、為替レートの変動に起因するリスクを回避するために固定相場制を採用している。平時においては、固定相場制を採用すれば為替レートの変動に起因するリスクからは隔離される。もっとも、ペッグ先国とのインフレ格差が恒常的であったり、ファンダメンタルズから乖離した水準に平価が設定されているケースでは、固定相場制の維持が難しくなり、平価の切り下げや、管理フロート制・変動相場制への移行を余儀なくされる可能性がある。こうしたイベントが生じると、為替レート変動の規模とスピードは変動相場制の国ではみられないほど大きく、急激なものとなり、経済へのネガティブなインパクトは甚大なものになる（1990年代から2000年代初頭にかけて新興国で頻発した通貨・経済危機を思い出されたい）。

　為替レートの動きは、少なくとも表面上はそれほど複雑ではない。為替レートの変動を容認する為替相場制度を採用している場合、自国通貨の為替レートの動きは突き詰めれば上がる（自国通貨の増価）か下がる（同減価）かの二通りしかない。コインの表が出れば上昇、裏が出れば下落とすれば、明日の為替レートの方向性はコイントスによって2分の1の確率で予想できることになる。前述した為替レートの重要性に鑑みるに、経済学の知見をフルに活用し

---

[1] もっとも、貿易・産業構造の変化等により、近年では円安の輸出押し上げ効果は以前に比べて減衰しているとの見方が大勢の模様である。詳細については、清水・佐藤（2014）、本書第1章第2節2などを参照。

て、コイントス以上の精度（すなわち2分の1以上の確率）で為替レートの先行きを予測する方法を開発しようとする強いモチベーションが存在することは自然であり、実際この分野では膨大な先行研究が存在する。

　直観的には、経済理論の知見を活かして2分の1以上の確率で為替レートの方向性を予想することはそれほど困難ではないように思えるが、為替レートの決定理論に関する研究が蓄積される過程で、これが想像以上の難事であることが明らかになっている。たとえば、Meese and Rogoffは1983年に発表した有名な論文で、1年以内といった比較的短い期間においては、経済理論に基づくマクロ構造モデルの為替レート予測力がランダムウォーク・モデルを有意に上回るのは困難であると主張した。Meese and Rogoff（1983）によって提示されたこの命題（MRパズル）を解決すべく多くの研究がなされたが、Meese and Rogoffが論文を公表してから約40年が経過したにもかかわらず、アカデミアはこの主張に対する有効な反論を見出すには至っていない。このことは、為替レートの研究の分野でこれまでになされた膨大な知的努力にもかかわらず、経済理論に基づく最新鋭の為替レートの予想モデルが、コイントスを有意にアウトパフォームできないことを意味している。

　筆者は1999年にチェース・マンハッタン銀行（現JPモルガン・チェース銀行）に入行、2017年10月に退職するまでの18年半のキャリアのほとんどを外国為替のリサーチに費やした。その後、2017年10月に日本の為替政策を管轄する財務省国際局為替市場課に移り、資金管理専門官として、外貨準備の運用およびそのほかの国際局所掌業務に関するリサーチに携わった（2024年3月に財務省を退職し、同年4月にJPモルガンに復帰）。また、財務省在籍時には学習院大学大学院経済学研究科博士後期過程に在籍、クロスボーダー取引におけるインボイス通貨の選択に関する博士論文を執筆した。その研究の過程で外国為替に関する数多くの学術論文をサーベイする機会に恵まれた。

　前出のMeese and Rogoff（1983）の主張は、約25年間にわたり、たまたま縁あって官民学それぞれの立場から外国為替を眺めてきた筆者の実感とも整合的である。為替レートの決定は実際には極めて複雑な経済現象であり、予測は困難である。MRパズルが未解決であるという事実は、現時点では誰も為替レート予想の「必勝法」を開発するには至っていないことを示唆している。筆者もこの例に漏れず、為替レート予想の必勝法を知らないし、誰よりも高い精度で

為替レートを予想できる自信もない。本書では500ページ以上を費やして外国為替について論じるが、為替レート予想の必勝法が記されているわけではなく、これを求める向きの期待に沿う内容になっていないことをあらかじめお断りしておく。

（筆者も含む）金融機関の為替ストラテジストやアナリストはその時々で為替レートの先行き見通しを公表していることから、誰が当該期間の為替レートを最も正確に予想できたかについてランキングを作成することは可能である。また、主に個人投資家向けの書籍等で為替レートの「必勝法」が語られたり、必勝法を編み出した（と自称する）人が方法論を開陳するケースも、それほど珍しいことではない。

もっとも、筆者が知る限りでは、広く一般に受け入れられている「為替予想的中率ランキング」のようなものは存在せず、一貫して高い的中率を残している為替アナリストとして認知されている個人も存在しない。前述した為替の重要性に鑑みるに、的中率が高い為替アナリストに対するニーズは潜在的には強いと考えられるが、それにもかかわらずこうした人物が存在しない事実は、逆説的に為替の必勝法を知っている人が存在しないことを裏付けているとも考えられる。

また、金融機関のアナリストなど民間部門の誰かが必勝法を用いて高確率で為替レートの動向を予想できるのであれば、前述したようにいまだに必勝法を見出すことができていないアカデミアは何をやっているのかということになってしまう。しかし、民間とアカデミア双方の立場から外国為替市場を観察してきた筆者の感触では、為替レートの予想能力においてアカデミアが大きく民間に劣後しているとは思えない。仮に民間が必勝法を開発したのであれば、好むと好まざるとにかかわらずアカデミアはそれが学術的に妥当なのかどうかをテストしようとすると考えられるが、筆者が知る限りこうした動きは皆無である。このことも、必勝法が存在しないことを裏付けていると考えられる。

筆者は、現時点では為替レート予想の必勝法は存在しないと考えているが、世の中に必勝法「らしきもの」が存在することは認識している。筆者は、こうした必勝法「らしきもの」は、以下で述べるように、確率上稀に起こり得る事象が生じたときに、そのプロセスをあたかも普遍性がある方法論であるかのように（誤って）解釈したものと捉えている。

たとえば、前出のコイントスによる為替予想でも、単純計算で1,024分の1の確率（毎回のコイントスが独立で、2分の1の確率で生じる結果を10回連続で的中する確率）で、10回連続で為替の方向性を的中させる人が出現する。この人が何らかのルールに基づいて賭ける方向（為替レートが上がるか下がるか）を決めていたのであれば、このルールは「必勝法」とみなされるかもしれないが、10連勝は1,024分の1の確率で発生することから、この人の方法論における何らかの優位性（すなわち必勝法）と関係なく生じている可能性は排除できない。仮にこの人が本当に必勝法を知っているのであれば、（10連勝時とは独立な）次の10回の試技でも10連勝できる可能性が高いが、20連勝の確率は104万8,576分の1に跳ね上がる。最初に10連勝したのと同じ人が再び10連勝すればその人が必勝法を有している可能性が疑われるが、実際には次に10連勝するのは違う人になる可能性が圧倒的に高いだろう。
　現時点で存在する為替の必勝法「らしきもの」に対する筆者の解釈は、以上のようなものである。つまり、単なる偶然であって理論的な根拠がないため、パフォーマンスの再現可能性が極めて低い。この仮定が正しければ、必勝法「らしきもの」と同様の方法で為替を取引しても、10連勝できる可能性は極めて低い（1,024分の1）と考えられる。

本書の目的

　上述したように、為替レート予想の必勝法は存在しないことが本書の前提となるが、外国為替市場の巨大さ・複雑さや、長年さまざまな取り組みがなされてきたにもかかわらず、経済理論に基づくモデルのパフォーマンスがコイントスを有意に上回ることができずにいる歴史的経緯などを考慮すると、必勝法への道筋を示すという目的は野心的にすぎよう。
　本書の主要な目的の1つは、外国為替における理論と現実のギャップを適切に認識し、より適切な為替理論の構築に向けた方向性を検討することである。この観点から、適切でない為替理論を特定することは、最適な為替理論を特定することよりも容易であるかもしれない。たとえば、実際の外国為替市場からかけ離れた非現実的な仮定を置いている理論は適切とはいえないだろう。為替レートの決定理論の主流であるアセット・アプローチの一部は、為替に影響を及ぼす可能性があるあらゆる情報はすべての投資家にとって利用可能であり、

投資家は同質的であることを前提としている。しかし実際には、銀行、年金基金、保険会社など投資家のタイプによって投資目的は大きく異なることから、これらの投資家が同質的で全く同じ投資行動をとるとの前提は、明らかに非現実的である。

　また、アセット・アプローチでは基本的に貿易など経常取引由来の為替フローの影響を捨象しているが、この前提が妥当であるためには、資本取引由来の為替フローが経常取引由来のフローに比べてはるかに大きい必要がある。資本取引由来の為替フローが経常取引由来のフローよりもはるかに大きいことは検証の必要がない当然の事実のようにみなされている感があるが、実際にはデータの制約等もあり、この点に関する検証が十分に行われているとは言いがたい。その背景には、外国為替市場の巨大さと参加者・取引目的の多様性、外国為替の取引の大宗が相対取引（Over-the-Counter：OTC）で行われていること等に起因する、外国為替市場の全貌を把握することの困難さがあると考えられる。アセット・アプローチに限らず、分析対象である外国為替市場の規模、参加者、参加者による取引の特徴などを明確にしたうえで、それを前提に分析を行っている研究は、筆者が知る限りではほとんどない。

　とはいえ、外国為替市場の構造に関する明確な定義付けを欠いた分析は、ゴールの位置が定かではない、ゴールが広すぎる、ゴールそのものが間違っているといった、さまざまなリスクを内包していると考えられる。こうした観点から、外国為替市場の構造に関する理解を深めることは、適切な為替理論を構築するうえで不可欠な作業と考えられる。

　また、アカデミックな為替の議論では、実際の為替レートの動きの背景にある取引に無頓着であるケースが多いように感じられる。たとえば、一般的に金利は為替レートの重要なドライバーであるとみなされている（これはアカデミアに限ったことではない）。金利と為替レートの関係を説明する代表的な理論であるカバーなし金利平価説は、内外資産の期待収益率が等しくなるように為替レートが調整されるため、米金利が上昇して日米金利差が拡大した場合には米ドルが対円で増価することを想定している。

　日米金利差拡大→ドル/円上昇の動きは一般的なイメージどおりであろうが、米金利上昇＋日米金利差拡大に伴って米ドルが対円で上昇するためには、誰かが米金利上昇/日米金利差拡大を受けて米ドルを円に対して買う必要があ

はじめに　5

る。しかし、アカデミアはこの問いに対して明確な回答を与えない一方で、しばしば同質的な投資家が瞬時に裁定取引を行う結果、為替レートが速やかに新たな均衡水準にシフトするといった非現実的な前提に依拠する（前述したように、実務の観点からは同質的な投資家という前提は非現実的である）。

　また、二国間の通貨供給量の差が為替レートの動向を決定することを想定するマネタリー・アプローチでは、通貨供給量をどの指標で測るかが問題になる。たとえば、中央銀行が自国の銀行システムに供給するマネーであるマネタリーベースからは、基本的に為替取引は発生しないと考えられる。実際の為替取引の発生可能性の観点からはマネーストックが貨幣供給量のプロキシーとしてより適切と考えられるが、日米マネーストック比率とドル/円相場の間には全く相関がない。他方、日米マネタリーベース比率とドル/円の間には一定の相関が認められる期間もあるが、実際の為替取引の発生可能性の観点からは、マネタリーベースを貨幣供給量のプロキシーとして用いることは適切ではないと考えられる。

想定される読者

　本書は、これ1冊を通読すれば、「為替の専門家」に求められるレベルの知識が一通り得られることを目指して執筆した。ここでいう為替の専門家は、必ずしも為替業務や研究の経験年数が長い人のみを意図しているわけではなく、為替の実務経験がほとんどないにもかかわらず、立場上為替の専門家になる必要が生じた人も含まれる。これには、金融機関の為替担当部署に配属された人のみならず、企業の財務部門で為替を担当する人、為替を所管する政策当局者[2]、新たな研究対象として為替にフォーカスする研究者など、さまざまな人が該当しよう。

　もっとも、為替の実務経験がほとんどない読者も想定しているとはいえ、本書はたとえば「100円が90円になったら円高か円安か」といったレベルの基本的な事柄については触れておらず、特に断りなく「実質実効為替レート」と

---

[2] たとえば、筆者が所属していた財務省国際局為替市場課では、一般的な職員の在任期間は1～2年であり、人の出入りが激しい。また、新たに配属される職員のバックグラウンドはさまざまであり、必ずしも為替業務の経験が豊富な人ばかりが集められるわけではない。

いった単語が出てくるので、為替や経済学についてある程度の前提知識がないとやや難しく感じられるかもしれない。「これ1冊で十分」であることを目指すのであればこうした基礎的な内容についても丁寧に説明すべきかもしれないが、これらを割愛しても500ページを超えているなか、さらに基礎的なことから説明した場合にはボリュームが大きくなりすぎる。また、学術論文を基にした内容も収録されているなか、「100円が90円になったら円高か円安か」から始めると1冊のなかでの難易度の幅が大きくなりすぎると考えられる。本書がカバーしていない為替の基礎を学ぶうえでは、本書の主要なテーマである為替の理論と現実の距離感を意識しつつ、実務家が書いた書籍[3]と学者が書いた教科書[4]の両方を読むのがよいだろう。

　本書は、大学における国際金融論のコースの副読本として活用されることも想定している。大学生向けの教科書は通常、学部生向け、大学院生向け等、年次で難易度をカテゴライズするケースが多いが、本書をこうした形でカテゴライズするのは難しい。全体として、本書では、理論については基本的な事柄にしか言及しておらず、数式の展開や発展的なトピックは扱っていない。したがって、購買力平価、金利平価、マンデル＝フレミング・モデルといった理論に関する記述は、学部生向け教科書の水準にとどまっている。

　もっとも、理論の基本的な事柄にしか言及していないのは、本書の主な関心が理論で現実の為替相場をどのように説明できるか（できないか）という点にあるためである。金利平価説を例にとると、本書のスタンスは「内外資産の収益率が合致するように為替レートが動く」という基本的な仮定を掘り下げることではなく、この仮定が実際の為替市場で成立している否かを検証し、仮に成立していない場合にはどこに問題があるのかを探るというものである。理論に関する記述は学部レベルであっても、理論と現実の為替相場を結びつける試みは、筆者が知る限りでは大学院レベルのテキストでもあまりなされていない。

---

[3] 唐鎌（2022）、尾河（2023）、少し内容が古くなっているが池田（2013）、佐々木（2011）など。
[4] 初学者向けでは清水ほか（2024）、藤井（2013）など。中級者向けでは小川・川﨑（2007）、藤田・小川（2008）など。

本書の特徴

　本書の主な特徴は、以下のとおりである。(1)理論と現実のギャップを埋める試み、(2)為替政策に関する詳細な情報の提供、(3)参考文献の広範なリストの提供、(4)学術的貢献。

(1)　理論と現実のギャップを埋める試み

　前述したように、これまでに出版された為替に関する文献では、為替の理論と現実のギャップを埋める試みはあまりなされてこなかった。これは、少なくとも1年以内といった比較的短い期間において、為替レートに対する強い説明力・予測力を有する経済理論が存在しないこと（MRパズル）が大きく影響している可能性がある。多くの実務者の関心は長期（数年ないしはそれ以上）のトレンドよりも短期（1年以内）の動向に集まっているため、為替の実務者は、短期的な為替レートの動向を説明・予測するうえで必ずしも有益とはいえない理論を学ぶことに価値を見出すことができないかもしれない。

　しかし、筆者の意見では、アカデミアにおける長年の知見の蓄積を端から無視するのは、あまりにももったいない。たとえば、筆者が為替について改めて学ぶべく大学院博士後期過程に進学した理由の1つは、筆者が2012年の著作『エマージング通貨と日本経済』のなかで行った「国際金融のトリレンマ」の説明を、2012年よりも前にはるかに洗練された形でモデル化した論文[5]を発見したことであった。金融機関の為替アナリストがレポート作成において学術論文を参照することはあまりないが、これはアウトプットのスピードと量が優先されている結果であって、学術論文自体に価値がないということではない。

　実務者がアカデミアに先んじて為替予想の必勝法に到達しているのであればまだしも、そうでないのであれば、理論と現実のギャップを見定め、理論のどこに問題があるかを検討するようなスタンスのほうが建設的であろう。こうした作業は本来、実務者とアカデミアのどちらか一方というよりは、双方が歩み寄る形で行われるのが望ましい（ただし、筆者の実感としては、残念ながらこうした歩み寄りが積極的に行われているとは言いがたいのが現状である）。

(2)　為替政策に関する詳細な情報の提供

　筆者は、2017年以降財務省国際局為替市場課にて資金管理専門官として外貨

---

[5]　Chinn and Itoによる、トリレンマに関する一連の研究など。本書第3章第1節3を参照。

準備の運用に関するリサーチに従事した。日本の為替政策は財務省の所管であることから、在任中は為替政策の意思決定プロセスをつぶさに観察することができた（2022年9月〜10月に24年ぶりに行われた円買い介入時に財務省為替市場課に在籍していたことは、為替のリサーチャーとして僥倖というほかない）。筆者は、政策当局に所属していたことのメリットは主に、1）日本の為替政策に関する正しい理解が得られたことと、2）公言可能なことと不可能なことの線引きがクリアになったことの2点と考えている。

前者に関して、日本の為替政策の意思決定プロセスはベールに包まれているため、外部者は情報が公開されていない部分を想像で補完する必要がある。これが為替政策に関するさまざまな憶測の原因になっているが、筆者がみる限りこうした憶測はしばしば間違っている。しかし、政策当局から指摘されない限り外部者には間違いを修正する手立てはないし、政策当局は通常、民間金融機関のレポートや学術論文における為替政策に関する記述に誤りがあったとしても、積極的にそれを修正するようなアクションをとることはない。したがって、為替政策に関する誤解はそのまま放置され続けることになる。誤解を解く最良の方策は政策当局者に直接質問して確認することであり、筆者はこの機会に恵まれた。

後者に関して、関連情報の発信者としてディスクロージャーに精通することで、公開情報と非公開情報の線引きがクリアになった。政策当局は通常、公開情報についてその見所を逐一解説したり、広く知れ渡るように宣伝したりすることはないので、ホームページ上等で公開されているもののあまり注目されていない情報のなかにも、重要且つ興味深いものは多数存在する。また、公開情報には、財務省のホームページ上で公表されているもののほか、議員からの質問に対する回答なども含まれる。外部者にとって、過去に遡って議員からの質問に対する回答を調査することは、不可能とはいわないまでもかなり手間がかかる作業であろう。

⑶ **参考文献の広範なリストの提供**

筆者は博士後期課程の大学院生として研究を進めるにあたり、日本語で書かれた外国為替の文献[6]には参考文献の広範なリストを備えているものがほとん

---

[6] 他方、海外の教科書では参考文献の広範なリストを有するものもある。たとえば、Sarno and Taylor（2001）など。

どないことに気がついた[7]。外国為替についてはさまざまなトピックが存在するが、トピックごとに代表的な参考文献のリストがあれば便利と感じていた。

こうした自身の経験を踏まえて、各章末に、その章で取り扱ったトピックに関する参考文献を掲載した。巻末でなく各章末に参考文献を掲載した理由は、参考文献とトピックをより強く紐付けることで、より効率的に文献の検索を行うことができると考えたためである（このため各章間で一部の参考文献は重複している）。

(4) **学術的貢献**

本書第2章第8節「CLSデータを用いた円相場の実証分析」および第3章第2節2「新興国におけるインボイス通貨の選択：タイのケース」は、学術誌に掲載された査読付き論文[8]を基に再構成したものである。また、第4章第3節「「人民元経済圏」の特定」の基になった論文は2023年9月の日本金融学会秋季大会で報告済みであり、筆者の博士論文[9]の一部をなしている。

「CLSデータを用いた円相場の実証分析」の学術的貢献は、さまざまな計数を用いて円相場の構造を明らかにしたうえで、CLSのタイプ別データを用いて実証分析を行うことで、国際収支統計に反映されない「オフバランスのフロー」の為替レート決定における重要性を示した点である。

「新興国におけるインボイス通貨の選択：タイのケース」における学術的貢献は、ほとんど先行研究が存在しない、新興国通貨がインボイス通貨として選択される条件を明らかにしたことである。

「「人民元経済圏」の特定」の学術的貢献は、人民元をアンカー通貨とする国の集合としての「人民元経済圏」を、よりリーズナブルな形でサンプルを選択して推定したこと、および、事実上のアンカー通貨を特定する古典的な手法であるFrankel and Wei（1994）のモデルのパラメータがアンカー通貨のプロキシーとしてある程度有効であることを示した点である。

---

[7] 佐藤（2023）、清水ほか（2022）など、過去の学術研究の成果をまとめる形で書籍にしたものは比較的参考文献が充実しているケースが多いが、これらは典型的な教科書ではない。
[8] 棚瀬（2023）、棚瀬（2024a）。
[9] 棚瀬（2024b）。

本書の使い方

言うまでもなく、本書の使用法は完全に読者に委ねられており、どのように読むのも自由である。各章の内容は基本的に独立しているのでどこから読み始めても問題ないが、第1章と第2章の内容は緩やかにつながっているので、これらの章については可能であれば通読することが望ましい。

各章末にその章のポイントを記しているので、まずこれを確認して、特に興味が湧いたトピックについてのみ、本文に戻って当該箇所を読むという使い方もあり得る。

また、上述したように各章末に参考文献を掲載しているので、以下のような方法で参考文献を検索できる。たとえば、「最適通貨圏（OCA）」の理論は第3章第2節4で取り上げているので、OCAに関する参考文献を検索したい場合には本文中のOCAについて書かれた箇所を読んで、参考文献をピックアップすることができる。

本書の構成

本書は、「第1章　為替レートの決定理論：実務的アプローチ」「第2章　外国為替市場の構造と決定理論への含意」「第3章　為替政策」「第4章　国際通貨システム」の4章からなる。

第1章では、代表的な為替レートの決定理論を概観し、実際の為替レートの動向との関連性について検討する。特に、金利と為替レートの関係については、金利平価説を参照しつつ、やや詳細に検討する。第1章で取り上げる為替理論は、フロー・アプローチ、購買力平価、金利平価、マネタリー・アプローチ、ポートフォリオ・バランス・アプローチ、マーケット・マイクロストラクチャー理論、経済のファンダメンタルズを説明変数とする誘導形モデルなどである。

第2章では、より適切な為替理論を構築するためには、分析対象である外国為替市場の構造を明確に定義付ける必要があるとの考えに立ち、BIS Central Bank Triennial Surveyや国際収支統計をはじめとするさまざまなフロー・データを用いて円相場の全体像を提示し、決定理論への含意について検討する。

第3章では、為替政策についてやや詳細に述べる。具体的には、為替相場制度、為替に関するさまざまな選択（アンカー通貨の選択、インボイス通貨の選

択など)、最適通貨圏の理論、通貨危機、為替介入、外貨準備の運用、国際協調を取り上げる。

　第4章ではまず、「国際通貨」と「基軸通貨」の定義を示し、現在では国際通貨のなかで最も市場規模が大きい米ドルが「事実上の」基軸通貨として機能しているという図式を提示する。これを踏まえたうえで、中国人民元が米ドルに代わって基軸通貨になる可能性を検討する。また、中央銀行デジタル通貨（CBDC）についても若干触れる。

謝　辞

　本書を書き上げるにあたっては、大変多くの方にお世話になった。

　本書に反映された知見は、JPモルガンでの18年半（プラス数カ月）、財務省国際局での6年半（その間の3年間、学習院大学大学院経済学研究科博士後期過程に在籍）の合計約25年にわたって官民学それぞれの立場から外国為替市場に携わってきたなかで蓄積されたものである。特に佐々木融氏には、筆者がリサーチャーとして成長する過程でさまざまな機会を与えていただき、また、数多くの貴重な助言を賜った。記して謝意を表したい。

　筆者はこれまでに、レポート、論文、プレゼン等さまざまな形で為替に関するアウトプットを行ってきた。そのプロセスでお世話になった方は数えきれず、全員をここに書き記すのは不可能であるが、関係各位にはこの場を借りて心より御礼申し上げる。

　本書は広範なトピックを扱っているので、記述の信頼性を担保すべく各々の分野における専門家の方々にチェックをお願いした。特に、松本千城氏、川本敦氏、鶴野浩之氏、平島圭志氏、小林良平氏、大河戸正弥氏には多大なご協力を賜った。また、データの収集やチャートの作成に関して、武田和佳奈氏にご協力いただいた。各位のご理解・ご協力に深く感謝する。

　アカデミックな見地からは、学習院大学の清水順子氏および東京大学の服部孝洋氏から大変有益なコメントをいただいた。とりわけ、博士後期課程における指導教員であった清水順子氏には、さまざまな形で大変お世話になった。また、博士論文の審査をご担当いただいた学習院大学の赤司健太郎氏、日本総合研究所（当時）の清水聡氏にも御礼申し上げたい。

　最後になったが、一般社団法人金融財政事情研究会の西田侑加氏には、本書

の企画段階から最終的に出版に至るまでさまざまな形で大変お世話になった。

　なお、本書における意見はすべて筆者個人に属するものであり、筆者が所属する組織の公式見解ではない。したがって、ありうべき誤りはすべて、筆者の責に帰すべきものである。

2024年8月

棚瀬　順哉

〈参考文献〉

Meese, Richard, A., and K. Rogoff. (1983) "Empirical Exchange Rate Models of The Seventies," *Journal of International Economics* 14 (1983), pp. 3 -24.

Sarno, Lucio., and M. P. Taylor. (2001) "Official intervention in the foreign exchange market: Is it effective, and so, how does it work?" *Journal of Economic Literature,* 39, pp. 839-868.

池田雄之輔（2013）『円安シナリオの落とし穴』、日経プレミアシリーズ、日本経済新聞出版社。

小川英治・川﨑健太郎（2007）『MBAのための国際金融』、有斐閣。

尾河眞樹（2023）『［最新版］本当にわかる為替相場』、日本実業出版社。

唐鎌大輔（2022）『「強い円」はどこへ行ったのか』、日経プレミアシリーズ、日経BP株式会社・日本経済新聞出版。

佐々木融（2011）『弱い日本の強い円』、日経プレミアシリーズ、日本経済新聞出版社。

佐藤清隆（2023）『円の実力：為替変動と日本企業の通貨戦略』、慶應義塾大学出版会。

清水順子、伊藤隆敏、鯉渕賢、佐藤清隆（2021）『日本企業の為替リスク管理：通貨選択の合理性・戦略・パズル』、日経BP株式会社・日本経済新聞出版。

清水順子、大野早苗、松原聖、鯉渕賢（2024）『徹底解説　国際金融［第2版］：理論から実践まで』、日本評論社。

清水順子、佐藤清隆（2014）「アベノミクスと円安、貿易赤字、日本の輸出競争力」、独立行政法人経済産業研究所, REITI Discussion Paper Series, 14-J-022。

棚瀬順哉（2023）「為替市場の構造と理論への含意―CLSデータを用いた円相場の検証」、日本国際経済学会編『国際経済』第75巻。

棚瀬順哉（2024a）「新興国間貿易におけるインボイス通貨の選択：タイの対ASEAN貿易に関する分析」、日本金融学会編『金融経済研究』第47号（2024年3月）。

棚瀬順哉（2024b）「新興国のクロスボーダー取引における通貨の選択―人民元国際化への含意―」、博士論文、学習院大学大学院経済学研究科。

藤井英次（2013）『コア・テキスト国際金融論［第2版］』、新世社。

藤田誠一・小川英治（2008）『国際金融理論』、有斐閣。

目　次

第1章　為替レートの決定理論：実務的アプローチ

第1節　歴史的経緯……………………………………………………………4
第2節　フロー・アプローチ…………………………………………………6
　　1　フロー・アプローチに対する相反する評価………………………6
　　2　経常収支と為替レートの関係………………………………………9
　　3　IMFの為替評価………………………………………………………17
第3節　決定理論のビルディング・ブロック：購買力平価と金利平価……25
　　1　購買力平価……………………………………………………………25
　　2　金利平価………………………………………………………………30
第4節　為替レートと金利（金利差）の関係を再考する…………………42
　　1　一般的な議論への反論………………………………………………42
　　2　2021年～2022年のドル/円上昇の背景……………………………46
　　BOX　2023年9月FOMC以降の動きとその含意……………………51
　　3　円キャリー・トレード………………………………………………54
　　4　円は「安全資産」なのか……………………………………………58
第5節　アセット・アプローチ………………………………………………60
　　1　マネタリー・アプローチ……………………………………………60
　　2　ポートフォリオ・バランス・アプローチ…………………………69
第6節　ランダムウォークへの挑戦…………………………………………72
　　1　Meese and Rogoff（1983）…………………………………………72
　　2　MRパズルへの挑戦とマクロ構造モデルの問題点………………73
第7節　決定理論を巡る最近の動き…………………………………………75
　　1　マーケット・マイクロストラクチャー理論………………………75
　　2　その他のマクロ構造モデル…………………………………………83
第8節　為替の「ファンダメンタルズ」と誘導形モデル…………………85
　　1　為替の「ファンダメンタルズ」とは？……………………………85

	2	誘導形モデル……………………………………………………89
	3	為替のファンダメンタルズ分析の有用性………………………94
	4	為替市場の現実を知ることの重要性……………………………99

第9節　実務者の視点からの若干のコメント………………………………102
第10節　本章のポイント……………………………………………………105

第2章　外国為替市場の構造と決定理論への含意

第1節　外国為替市場の概観…………………………………………………124
第2節　BIS Central Bank Triennial Survey……………………………130
  1　データの概要……………………………………………………130
  2　BIS Triennial Surveyが示す外国為替市場の構造変化……………134
  BOX　2004年以降のTriennial Surveyのレビュー……………………146
第3節　代替的なデータ………………………………………………………152
  1　代替的なデータのアベイラビリティ……………………………152
  2　FXC取引高調査…………………………………………………152
  3　CLSデータ………………………………………………………153
  4　SWIFTのデータ…………………………………………………159
第4節　国際収支と中長期のフロー…………………………………………167
  1　国際収支統計……………………………………………………168
  2　中長期的なフロー………………………………………………171
第5節　グロスのフローとネットのフロー…………………………………181
  1　規模の比較：グロスvs.ネット……………………………………181
  2　Triennial Surveyのネットの規模…………………………………188
第6節　短期のフロー…………………………………………………………190
  1　カバー取引と「Hot Potato」……………………………………190
  2　オプション関連の取引…………………………………………191
  3　短期的な投機と高頻度取引（HFT）……………………………195
第7節　外国為替市場の全体像………………………………………………199
  1　ネット・ベースの構造とグロス・ベースの構造………………199

  2 グロス・ベースの構造と為替レートの決定理論の関係…………200
  3 投資家の多様性……………………………………………………204
  4 円相場の構造………………………………………………………205
 第8節 CLSデータを用いた円相場の実証分析……………………210
  1 CLSフロー・データ………………………………………………210
  2 円相場の構造とCLSデータ………………………………………216
  3 実証分析：モデルと推定結果……………………………………217
  4 まとめと今後の研究課題…………………………………………220
 第9節 本章のポイント…………………………………………………222

第3章 為替政策

第1節 為替相場制度………………………………………………………232
 1 IMFのAREAERによる分類………………………………………232
 2 為替相場制度の選択………………………………………………239
 3 国際金融の「トリレンマ」と「中間的制度」…………………242
第2節 為替に関するさまざまな「選択」………………………………256
 1 インボイス通貨選択の理論………………………………………257
 2 新興国におけるインボイス通貨の選択：タイのケース………264
 3 アンカー通貨の選択：取引コストとネットワーク外部性……285
 4 最適通貨圏（OCA）の理論………………………………………291
 5 マンデル＝フレミング・モデル…………………………………296
第3節 為替相場制度と通貨危機…………………………………………305
第4節 為替介入……………………………………………………………311
 1 為替介入の理論……………………………………………………311
 2 不胎化介入と非不胎化介入………………………………………312
 3 為替介入の決定権者と実務執行者………………………………314
 4 日本における為替介入……………………………………………316
 5 口先介入……………………………………………………………320
 6 介入効果に関する実証研究………………………………………328

第5節　外貨準備……………………………………………………333
　　1　定　　義………………………………………………………333
　　2　保有主体………………………………………………………339
　　3　保有目的………………………………………………………340
　　4　外貨準備の適正規模に関する議論……………………………342
　　5　通貨構成………………………………………………………349
　　6　外貨準備の運用………………………………………………358
　　7　日本における外貨準備運用…………………………………363
　　8　スイス、香港における外貨準備運用…………………………373
　　9　外準当局にとってのESG投資………………………………379
　　BOX　外国為替資金特別会計におけるESG投資
　　　　　（2021年10月8日発表）………………………………385
　　10　外貨準備における金投資……………………………………386
第6節　国際協調……………………………………………………393
　　1　G7とG20……………………………………………………393
　　2　米財務省半期為替報告書……………………………………405
第7節　本章のポイント……………………………………………411

第4章　国際通貨システム

第1節　「基軸通貨」の定義…………………………………………433
　　1　「国際通貨」と「基軸通貨」…………………………………433
　　2　その他の定義…………………………………………………442
第2節　基軸通貨の変遷……………………………………………452
　　1　「覇権」と基軸通貨…………………………………………452
　　2　世界システム論における覇権の定義…………………………453
　　3　中国の通貨が基軸通貨になれない理由………………………454
　　4　基軸通貨の交代………………………………………………457
第3節　「人民元経済圏」の特定……………………………………459
　　1　「人民元経済圏」の定義……………………………………459

2 Frankel and Wei（1994）モデルの有用性についての検討……………464
  3 各国の為替政策における人民元の重要性の変化…………………………469
  4 実証分析……………………………………………………………………473
  5 まとめと今後の研究課題……………………………………………………487
第4節 人民元は基軸通貨になれるのか？ ドイツ・マルクおよびユーロ
    との比較…………………………………………………………………489
  1 依然遠い人民元基軸通貨化への道のり……………………………………489
  2 ドイツ・マルク／ユーロvs.人民元…………………………………………492
第5節 中央銀行デジタル通貨（CBDC）と人民元国際化……………………500
  1 CBDCとは何か？……………………………………………………………500
  2 リブラ構想の衝撃……………………………………………………………506
  3 CBDC発行のフロントランナーと含意……………………………………509
  4 中国の動向…………………………………………………………………511
  5 デジタル人民元と人民元国際化……………………………………………518
第6節 本章のポイント……………………………………………………………524
  BOX 人民元国際化を巡る動向………………………………………………528
  BOX 近年の中国の為替政策の変遷…………………………………………531

事項索引……………………………………………………………………………539
著者略歴……………………………………………………………………………544

第 1 章
為替レートの決定理論：
実務的アプローチ

本章の主な目的は、代表的な為替レートの決定理論を紹介し、こうした理論が現実の為替相場とどのように関係しているかを示すことである。為替の世界で理論と現実の間に大きなギャップが存在することは広く認識されているが、本章では、そのギャップを適切に認識し、ギャップを埋めるために必要な取り組みの方向性について検討する。

　為替レートの決定理論は、為替レートの動きをマクロ経済要因、市場要因、政策要因などさまざまなファクターで説明しようとするものである。したがって、為替レートを被説明変数、為替レートの動向に影響を及ぼすと考えられるさまざまな要因を説明変数とする理論モデルが想定される。

　他方、為替レートを説明変数に含むモデルもあり得る。こうしたモデルの代表的なものは、物価や経常収支を被説明変数とする一方で、為替レートをほかのさまざまなファクターとともに説明変数に含むものである。本章での議論の中心は為替レートを被説明変数とするモデルであるが、特に為替レートと経常収支の関係を論じるうえで、為替レートを説明変数に含むモデルにも若干触れる。

　本章の構成は以下のとおりである。第1節では、為替レートの決定理論の歴史的変遷について簡単に述べる。第2節では、経常収支のフローによって為替レートの動向を説明しようとするフロー・アプローチについて述べる。第3節では、さまざまな為替レートの決定理論においてビルディング・ブロックの役割を担っている購買力平価、金利平価について述べる。第4節では、過去の実際のドル/円為替レートと日米金利差の動向を金利平価の観点から解釈し、金利（金利差）と為替レートの関係を再考する。第5節では、1970年代以降、為替レートの決定理論のメインストリームであり続けたアセット・アプローチの代表的な理論である、マネタリー・アプローチとポートフォリオ・バランス・アプローチを概観し、マネタリー・アプローチとの関連で、マネタリーベースの相対規模によって為替レートを説明することの妥当性について検討する。第6節では、経済理論に基づくマクロ構造モデルの短期的な為替レートの説明力がランダムウォーク・モデルを打ち負かすことは困難であるとした、Meese and Rogoffによる1983年の有名な論文について簡単に触れ、第7節ではマーケット・マイクロストラクチャー理論の台頭など、為替レートの決定理論を巡る近年の動向について概観する。第8節では、経済のファンダメンタルズ要因

を説明変数とする誘導系モデルの妥当性について検討する。最後に第9節では前節までの議論を踏まえ、実務者の視点から若干のコメントを加える。

第1節 歴史的経緯

　1970年代以前の為替レートの決定理論は、財の輸出入、すなわち貿易収支に計上される取引から発生する為替取引に着目するものが主体であった。ここでは、ある国の輸出が増えて（減って）貿易収支が改善（悪化）すると外貨の受取りが増加（減少）し、それを自国通貨に転換する動きが自国通貨の増価（減価）につながることが想定される。外貨の受払いを自国通貨に転換するフローによって為替レートの動きを説明しようとする理論は、「フロー・アプローチ」と呼ばれる。

　フロー・アプローチでは金融取引のフローも考慮されるが、フロー・アプローチが主流だった時代にはクロスボーダーの金融取引の規模がそれほど大きくなかったことから、分析の主眼はあくまで貿易をはじめとする経常収支由来の取引であった。財の取引に伴うフローに着目したこうした理論は直観的にも受け入れられやすいが、実際には貿易フローと為替レートの相関関係は弱く、モデルの説明力・予測力は低かった。Lyons（2001）はこれについて、「貿易関連の為替取引が全体の5％以下であることを考慮すると（予測力の低さは）驚きではない」としている。

　フロー・アプローチに代わって1970年代に台頭したのが、金融資産のストックの需給によって為替レートが決まるという「アセット・アプローチ」である。当時、ユーロ市場に代表される国際金融市場が急激に拡大していたことも、資本フローが為替レートの決定に際して重要な役割を果たすという考え方を受け入れやすいものにしていた可能性がある。その後、アセット・アプローチに基づくさまざまな理論が誕生したが、いずれの理論の予測力もそれほど高いものではなかった。アセット・アプローチに基づくさまざまな理論が為替レートの予測に苦戦するなか、Meese and Rogoffは1983年に発表した有名な論文で、マクロ・ファンダメンタルズに基盤を置くマクロ構造モデルのパフォーマンスが、12カ月以内といった短期においてはランダムウォーク・モデルを有意に上回らないことを示した（MRパズル）。この結果は学界に衝撃を与え、それ以降、既存のマクロ構造モデル（ないしはその発展形）のサンプル

期間外の予測力に関する実証研究が数多く行われた。

　マクロ構造モデルとランダムウォーク・モデルのせめぎ合いが10年を超えて続くなか、1990年代半ば頃から、もともとは株式市場の理論として発展したマーケット・マイクロストラクチャー理論を為替に応用する動きが活発化した。マーケット・マイクロストラクチャー理論に基づく実証研究では、特定のオーダーフロー（多くの場合ヘッジファンドなど投機筋のフロー）が為替レートの動向に対する説明力・予測力を持ち得るとの推定結果が報告されている[1]。

　マーケット・マイクロストラクチャー理論は為替レートの決定理論に新たな視点を提供し、MRパズルの解決に向けて大きな貢献をしたといえるが、データの制約やマクロ構造モデルとの関係の不透明さなどから、現時点では必ずしも最も妥当な為替理論と広くみなされているわけではないようだ。

　以上で概観したように、為替レートの決定理論の分野では膨大な先行研究の蓄積があるものの、依然としてアカデミックなコンセンサスが存在しないのが実情である。

1　Lyons（2001）、Osler and Vandrovych（2009）など。

第2節　フロー・アプローチ

1　フロー・アプローチに対する相反する評価

　財・サービスの輸出入や直接投資、証券投資など、国際収支統計に計上される各種取引に起因する為替取引の需給に基づいて為替レートが決定されるというフロー・アプローチのコンセプトは一般的にも受け入れられやすく、実際、金融機関のレポート等では主に国際収支統計に起因する為替需給の分析から為替レートの動向を説明したり（たとえば、2022年には日本の貿易赤字拡大を円安の主因とする向きが多くみられた）、先行きの為替レートを予測しようとするものが散見される。

　他方、アカデミックな場でフロー・アプローチが議論されることはほとんどなく、近年出版された国際金融論の教科書でフロー・アプローチについて詳述しているものは、筆者が知る限りでは皆無である（国際収支には触れていることが多いが、必ずしもフロー・アプローチに関連付けているわけではない）。フロー・アプローチは、実務の世界では根強い人気がある一方で、学界ではほとんど顧みられていないのが現状である。

　学界でフロー・アプローチの人気がない理由は第一に、そもそも経常収支（なかでも貿易収支）と為替レートの間に安定的な関係がないことであると考えられる。実際、日本の経常収支と円の名目実効レートの間には、歴史的にほとんど相関関係はない（図表1−1）。変数間に安定した関係がみられなければ、モデルを構築できず、実証分析を行うこともできない。

　経常収支に起因するフローが為替レートの動向を左右するというフロー・アプローチは経常収支と為替レートの正の相関関係（経常収支改善→通貨の増価）、為替レートの変化の経常収支への影響を分析する経済理論は両者の負の相関関係（為替レート減価（増価）→経常収支改善（悪化））を想定していると考えられる。図表1−2、図表1−3は主要先進国の経常収支と各通貨の名目実効為替レートの関係をみたものであるが、総じてみれば相関関係は弱く、方向性もまちまちである。

図表1－1　日本の経常収支と円の名目実効為替レート

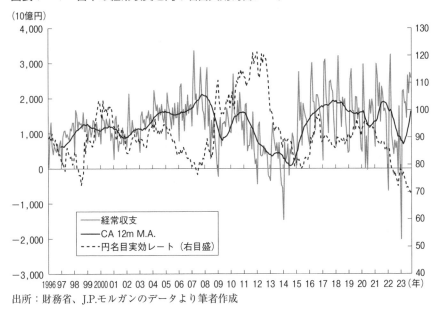

出所：財務省、J.P.モルガンのデータより筆者作成

図表1－2　主要先進国における経常収支（対GDP比）と名目実効為替レートの関係（2000年～2022年の年次の相関）

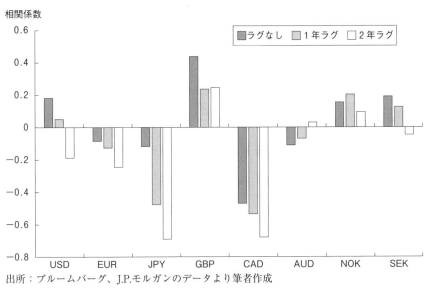

出所：ブルームバーグ、J.P.モルガンのデータより筆者作成

第2節　フロー・アプローチ　7

図表 1 − 3　主要先進国における経常収支（実額：米ドルベース）と名目実効為替レートの関係（2000年〜2022年の年次の相関）

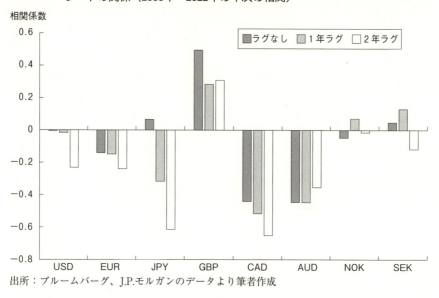

出所：ブルームバーグ、J.P.モルガンのデータより筆者作成

　一定期間の通貨の需給関係によって為替レートの挙動を説明するフロー・アプローチは、広義には金融収支、あるいは国際収支に反映されないフローも対象にしていると考えられるが、一般的には経常収支にフォーカスすることが多く[2]、1970年代から1980年代に資本取引が急拡大して経常収支由来の取引のシェアが低下するのに伴って、経常収支と為替レートの相関が失われ、有効性を失ったとの解釈が一般的である。

　第二に、フロー・アプローチにおける為替レートの決定は、ある期間におけるフローの「副産物」であり、必ずしも経済理論に裏付けられたものではないためモデル化しづらい点も、経済学者の間で人気がない一因となっている可能性がある。

　実務家も同様にこれらの問題に直面していると考えられるが、それにもかかわらずフロー・アプローチは根強い人気を維持しているようにみえる。この理由は何だろうか。

2　第 2 章ではこの点に鑑みて、経常収支以外のフローを考慮したフロー・アプローチについて検討する。

8　第 1 章　為替レートの決定理論：実務的アプローチ

筆者はこの問いに対する明確な回答を持っていないが、説明にあたっての「わかりやすさ」や一般受けのよさがその一因かもしれない。たとえば、金利平価説における「内外資産の期待収益率が等しくなるように為替レートが調整される」という説明よりも、「日本が貿易赤字に転じたら円売りが増加して円安になる」という説明のほうが、直観的に理解しやすく（後述するように、カバーなし金利平価説が成立している際の為替の動きは、高金利通貨の低金利通貨に対する減価という直観に反するものである）、為替の専門家以外にとって受け入れやすいかもしれない。また、為替レートの動向を説明・予測する有力なマクロ・モデルがいまだ生み出されていないことも、実務界でフロー・アプローチが一定の支持を得続けている1つの理由かもしれない。

2　経常収支と為替レートの関係

　「日本の貿易赤字が拡大すれば赤字から発生する円売りが増加し、円売り圧力が高まる」というフロー・アプローチの考え方は、経常収支→為替レートの因果関係（つまり経常収支が説明変数、為替レートが被説明変数）を想定していると考えられるが、こうした考え方は学界では主流ではない。経常収支と為替レートの関係について、学界では為替レート→経常収支の因果関係を想定するか、両方とも内生変数で同時決定とみなすことが多いようである[3]。

　棚瀬（2023）は、円の為替取引全体に占める経常収支由来のフローのシェアがグロス・ベースでもネット・ベースでも極めて小さいことを指摘したが[4]、この見方に立てば、経常収支→為替レートではなく、為替レート→経常収支の因果関係を想定するほうがリーズナブルであるといえる。棚瀬（2023）によれば、経常収支由来のフローが全体に占めるシェアはグロス・ベースで2.6%、ネット・ベースで5.4%（これは前出のLyons（2001）の指摘とも整合的）にすぎず、為替レートの方向性に対して有意な影響を持ち得るとは考えづらい。したがって、為替レートは主として、経常収支由来以外のフローで外生的に決定され[5]、経常収支その他のマクロ変数がそれを受けて内生的に変化すると考

---

[3]　経常収支と為替レートの関係に関する先行研究としては、Rose and Yellen（1989）、Bahmani-Oskooee and Brooks（1999）、Bahmani-Oskooee and Goswani（2003）などがある。なお、これらの研究はいずれも、経常収支のなかの貿易収支と為替レートの関係にフォーカスしている。

[4]　詳細については第2章第7節参照。

えるのが自然であるように思える。

　また前述したように、円の名目実効為替レートと日本の経常収支の相関は、ラグなしだとほぼゼロであるのに対して為替レートを先行させるとある程度強い逆相関関係が観察される。たとえば、輸出企業が受け取った外貨を円転する結果円高が進むと考えるとき（経常収支→為替レートの因果関係を想定）、外貨を受け取ってから円転するまでのラグが２年もあるとは考えづらい。他方、後述するように円安が輸出数量を増加させ、貿易収支の改善につながる（為替レート→経常収支の因果関係を想定）ためにはいくつかのステップを経る必要があることから、為替レートの変化が経常収支の変化に反映されるまでに一定のタイムラグが存在することはむしろ自然である。

　為替レートが経常収支に及ぼす影響を考える理論では為替レートは説明変数であり、本章のメイン・テーマである為替レートの決定理論（為替レートが被説明変数）とは異なるが、こうした理論は貿易建値通貨（インボイス通貨）の選択や為替のパススルーなど、学界で活発に議論されている重要なテーマとも密接に関連していることから、以下で概要を説明する。

為替レートの「パススルー」

　為替レート→経常収支の因果関係の背景には、為替レートの減価（増価）が輸出数量の増加（減少）につながり、貿易収支が改善（悪化）するという考え方が存在するが、こうした考え方は、学界、実業界の双方で広く受け入れられている模様である。

　長い間日本では、日本経済にとっては円安のほうが円高よりも望ましいとの見方が主流であったが、これは自動車などの工業製品の輸出が日本経済にとって重要との前提に立ち、円安（円高）は輸出競争力を改善する（悪化させる）ため日本にとってポジティブ（ネガティブ）との考え方である。

　2022年以降の急激な円安局面では、円安が輸入物価を押し上げ、さまざまな品目の国内価格の上昇につながったため「悪い円安」と評されたが、これはむしろ例外的な状況であり、歴史的に円安は基本的には日本経済にとってよいこ

5　棚瀬（2023）によると、金融収支由来のフローのシェアはグロス・ベースで32.8％、ネット・ベースで17％、投機やヘッジ目的の為替取引など、国際収支統計に反映されない「オフバランスのフロー」のシェアはグロス・ベースで64.6％、ネット・ベースで77.5％。

ととみなされてきた。過去に日本の通貨当局が行った為替介入の大宗が円売り介入だったことも、日本経済にとって円高が悪いことで、円安が望ましいという一般的な認識を反映するものといえよう（2022年秋には円買い介入が行われたが、これは1998年以来のことであった）。

　もっとも、「円安→日本からの輸出増加→貿易/経常収支改善」のメカニズムは、経済理論的にも実際の動向からも、一般的に認識されているほど自明ではない。たとえば、2012年〜2013年にかけて発生した円安は、日本の輸出数量の大幅な増加にはつながらず、貿易/経常収支の改善にも寄与しなかった。

　あたかも自明であるかのように捉えられている「通貨安→輸出増加→貿易/経常収支改善」のメカニズムが機能するためには、いくつかの前提条件が必要となる。第一の前提条件は、輸出が自国通貨建て、輸入が相手国通貨建てで行われていることである。以下では、日本から米国へ自動車を円建てで輸出するケースを考えてみたい。

　日本の自動車メーカーA社が100万円で、3カ月後に米国のB社に自動車を輸出する契約を結び、輸出契約締結時点のドル/円為替レートが1ドル＝100円だったとする。B社は代金を支払うために手持ちの米ドルを円に換える必要があるが、輸出契約締結時点で支払いが行われるのであれば、B社が必要とするのは1万ドルである。もっとも、実際に取引が行われる3カ月後には1ドル＝120円に円安が進行していたとすると、B社が実際に支払う額は8,333ドルに減少する。他方、1ドル＝80円に円高が進んだとすると、B社の支払額は1万2,500ドルに増加する。

　このケースでは、A社が受け取る金額が為替レートに関係なく100万円で一定であるのに対して、B社が支払う額（米ドル建て）は為替レートの影響で増減する。したがって、為替レートの変動に起因するリスクはすべてB社が負担することになる。この事例におけるB社の状況を、経済学者は「為替レートのパススルー率が100％」であると表現する。A社が円建てではなく米ドル建てで価格を設定するケースでは（こうした行動はPTM（Pricing to Market）と呼ばれる）、A社が米ドル建ての価格を変更しない限りB社が支払う額（米ドル建て）はドル/円為替レートの変動に関係なく一定となる。このケースにおける為替レートのパススルー率は0％である。

　為替レートのパススルーに関して、2000年代以降、数多くの実証研究[6]がパ

ススルーの低下を報告している。たとえば、Obstfeld and Rogoff（2004）は、米国の経常赤字が解消されるには米ドルの実質実効レートが20〜40％減価する必要があるとの見方を示したが、これは100％のパススルーを想定していた。もっとも、Obstfeld and Rogoff（2004）は論文中で、米国のパススルーを50％以下とするCampa and Goldberg（2002）による推定に言及し、これが正しければ経常収支をバランスさせるのに必要な実質実効為替レートの減価は、パススルー100％を前提とする前出の推計の2倍になると指摘した。これは、パススルーの低下に伴って為替レートが貿易/経常収支に与える影響が小さくなることを示している。

また、Betts and Devereux（2000）は、金融政策と経常収支の関係に関して、為替レートのパススルーが低いと支出転換効果（為替レートの変動による国内外の財の相対価格の変化を受けたクロスボーダーの支出のシフト）が限定的となるため、金融政策の経常収支への影響が小さくなることを明らかにした。

マーシャル＝ラーナー条件

他の条件を一定として、輸出が自国通貨（たとえば円）、輸入が相手国通貨（たとえば米ドル）で行われているときに円の対米ドル為替レートが減価した場合、円建てでみると輸出額が変わらない一方で円安によって円換算の米ドル建て輸入額が増加するため、貿易収支はむしろ悪化する。これは、輸出入数量の変化を想定しない名目ベースの動きであるが、貿易建値通貨によって為替レートの変化が貿易収支に与える影響は全く異なったものとなる。こうした影響は「マギー効果」と呼ばれるものである。

図表1－4は、高木（2011）によるマギー効果の具体例である。輸出が円建て、輸入が米ドル建て、輸出が米ドル建て、輸入が円建て、輸出入ともに円建て、米ドル建てが半々の3つのケースにおいて、ドル/円為替レートが1ドル＝120円から1ドル＝150円に円安方向に変化した際の円建て貿易収支の変化をみている。

自国通貨安が貿易収支の改善につながるためには、自国通貨安による外貨建

---

6 為替レートのパススルーの低下を報告する代表的な実証研究には、Ihrig et al.（2006）、Campa and Goldberg（2002、2005）、Marazzi and Sheets（2007）、Otani et al.（2003、2005）などがある。

図表1-4 「マギー効果」の数値例
(1) 輸出は円建て、輸入は米ドル建て（当初の貿易収支はゼロ）

	当初（1ドル=120円）		円切下げ後（1ドル=150円）	
	ドル建て	円建て	ドル建て	円建て
輸出	100	12,000	80	12,000
輸入	100	12,000	100	15,000
貿易収支	0	0	-20	-3,000

(2) 輸出は米ドル建て、輸入は円建て（当初の貿易収支はゼロ）

	当初（1ドル=120円）		円切下げ後（1ドル=150円）	
	ドル建て	円建て	ドル建て	円建て
輸出	100	12,000	100	15,000
輸入	100	12,000	80	12,000
貿易収支	0	0	+20	+3,000

(3) 輸出入ともに円建てと米ドル建てが半々（当初の貿易収支は赤字）

	当初（1ドル=120円）		円切下げ後（1ドル=150円）	
	ドル建て	円建て	ドル建て	円建て
輸出	100	12,000	80	13,500
輸入	120	14,400	108	16,200
貿易収支	-20	-2,400	-18	-2,700

出所：高木（2011）p.179
筆者注：(3)のケースにおける円切下げ後のドル建て輸出は90と思われる。

て価格の下落を受けて当該製品に対する需要が高まることで輸出数量が増加することや、自国通貨安による輸入価格の上昇を受けて輸入品に対する需要が減衰して、輸入数量が減少する必要がある。自国通貨高の際は逆の動きが起こり、貿易収支は悪化すると考えられる。ここで、自国通貨安（高）がその国の貿易収支の改善（悪化）につながるための条件が、「マーシャル＝ラーナー条件」である。

「マーシャル＝ラーナー条件」は下記のように表される[7]。

第2節 フロー・アプローチ 13

輸出数量の価格弾力性＋輸入数量の価格弾力性＞１

「輸出数量の価格弾力性」は、価格が１％変化した際に輸出「数量」がどれだけ変化するかを示す。たとえば、輸出価格が１％下落した際に輸出数量が0.8％増加するなら弾力性は0.8である。図表１－５は、棚瀬（2019）によるマーシャル＝ラーナー条件の単純な数値例である。ここでは、ドル/円の為替レートが１ドル＝100円、輸出入数量＝100で貿易収支が均衡している状態をスタート地点として、ドル/円が１ドル＝120円に上昇するケースを想定している。

図表１－５　マーシャル＝ラーナー条件の数値例

〈価格弾力性＝0.4〉

	為替レート	国内価格	現地価格	輸出入数量	輸出入の円建て価額
日本からの輸出	100	¥3,000	$30	100	¥300,000
	120		$25	108	¥324,000
日本の輸入	100	$30	¥3,000	100	¥300,000
	120		¥3,600	92	¥331,200
収支	100				0
	120				－¥7,200

〈価格弾力性＝0.6〉

	為替レート	国内価格	現地価格	輸出入数量	輸出入の円建て価額
日本からの輸出	100	¥3,000	$30	100	¥300,000
	120		$25	112	¥336,000
日本の輸入	100	$30	¥3,000	100	¥300,000
	120		¥3,600	88	¥316,800
収支	100				0
	120				¥19,200

出所：棚瀬（2019）

7　式の導出については高木（2011）など参照。

図表1－5の「価格弾力性＝0.4」のケースは、輸出入数量の価格弾力性の合計（0.4＋0.4＝0.8）が1に満たず、マーシャル＝ラーナー条件を満たさない場合にはドル/円上昇を受けた輸出入価額の変化の結果は7,200円の貿易赤字となることを示している。つまり、マーシャル＝ラーナー条件を満たしていないと、円安にもかかわらず日本の貿易収支は悪化してしまう。他方、価格弾力性の合計（0.6＋0.6＝1.2）が1を上回っておりマーシャル＝ラーナー条件を満たすケースでは、ドル/円上昇を受けて貿易収支は1万9,200円の黒字となっている。

Jカーブ効果[8]

　マーシャル＝ラーナー条件に関する議論で、貿易収支が為替レートの変化から予想されるのと逆方向（たとえば、円安にもかかわらず輸出が減少して貿易収支が悪化するケースなど）に動くケースがあり得ることが明らかになった。このように、貿易収支が当初為替レートの変化から期待されるのと逆に動き、その後徐々にあるべき姿に戻っていく過程を「Jカーブ効果」と呼ぶ。

　Jカーブ効果が現れるかどうかは、マーシャル＝ラーナー条件を満たしているかどうかによっても説明できる。すなわち、マーシャル＝ラーナー条件を満たしているのであれば、当初期待された方向と逆に動いたとしても、その後然るべき調整が進むに伴い期待された方向に戻っていくと考えられる。一方、マーシャル＝ラーナー条件が満たされていないのであれば、いつまで経っても望まれる方向への調整が生じないことになる。

　Bahmani-Oskooee and Ratha（2004）はJカーブ効果に関する先行研究を広範にレビューし、全般的な結論として、貿易収支の為替レートの変化に対する反応について、短期的にはいかなる特定のパターンも存在しない（国によって結果が異なる）一方で、長期的には両者の間に一定の関係が存在すると指摘した。また、長期的な関係については、二国間データを用いた分析のほうが合計額を用いた分析よりもよい結果が得られていると指摘した。

　我が国においては、1980年代後半と1990年代前半の円高局面で為替レートの変化に対する貿易収支の反応が一定のタイムラグを伴って生じたことから（図表1－6）、Jカーブ効果が広く知られるところとなった。1985年9月のプラ

---

[8] Bahmani-Oskooee and Ratha（2004）は、Jカーブ効果に関する先行研究の広範なレビューを提供している。

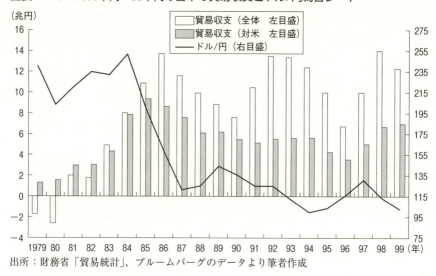

図表1－6　1980年代～90年代の日本の貿易収支とドル/円為替レート

出所：財務省「貿易統計」、ブルームバーグのデータより筆者作成

ザ合意以降にドル安・円高が急激に進行したが、急激な円高にもかかわらず日本の貿易黒字はプラザ合意の翌年の1986年にかけて一段と増加。プラザ合意があった1985年の水準を下回ったのは、ドル/円がいったん下げ止まった1988年になってからであった。1990年代前半にも同様の動きがみられ、ドル安・円高が進行するなかで1994年にかけて日本の貿易黒字は高水準を維持した。貿易黒字は1995年（同年4月に当時の円の戦後最高値を記録）に大きく縮小し、翌1996年にはドル/円が既に大きく反発していたにもかかわらず貿易黒字はさらに縮小して、サイクルボトムをつけた。

　清水・佐藤（2014）は、ARDL（Auto-Regressive Distributed Lag）モデルを用いて我が国のJカーブ効果について実証分析を行い、1985年1月～1998年12月の期間についてはJカーブ効果が認められるが、1999年1月以降については認められないとの分析結果を得た。清水・佐藤（2014）は、世界金融危機（Global Financial Crisis：GFC）後の円高を受けて日本企業がアジアの生産拠点との国際分業を強化した結果、日本からの工業製品の輸出増加が海外拠点からの部品輸入と同時に生じる傾向が強まったため、円安による輸出増加局面での貿易収支改善が生じづらい構造となったことと、海外での価格競争の熾烈化に伴い、日本企業が為替レート変動に関係なく現地価格の安定を志向するよう

になった（PTM行動を強めた）ことを、近年Jカーブ効果がみられなくなったことの背景として指摘している。

前述したように、Jカーブ効果が実現するためには、円安を受けた現地通貨建て価格の引き下げが輸出数量の増加につながる必要がある。図表1－7、図表1－8はこの観点から、円の名目実効為替レートと、輸出物価および輸出数量（実質輸出）の関係をみたものである。1990年代後半の円安局面では、契約通貨ベースの輸出価格が引き下げられるなかで輸出量が増加しており、Jカーブ効果で想定されるとおりの動きとなっている。実際、この期間に日本の貿易黒字は拡大し、1998年の貿易黒字額は過去最大となった。他方、2012年～2013年、2022年～2023年の円安局面では、契約通貨ベースの輸出価格が安定的に推移した結果（これは、日本の輸出企業がPTM行動を強めた結果と捉えられる）、輸出数量もそれほど増加しなかった。

また、清水・佐藤（2014）は、産業別実質実効為替レートの動向から、日本の主要産業がこの期間に輸出競争力を強めたと指摘、日本企業が国際競争力を喪失したことが輸出の停滞につながったとの説に対する反証を提示している。

3　IMFの為替評価

経常収支と為替レートの関係を記述するモデルの1つに、IMFがESR（External Sector Report）で用いているEBA（External Balance Assessment）モデルがある。

IMF協定1条では、IMFの役割として「国際収支上の困難に陥っている加盟国への（適切なセーフガードを伴う）財源提供」と定められている。このことからわかるように、国際収支と為替の関係、特に、過去に繰り返し経済・通貨危機の引き金となってきた経常収支の不均衡や為替レートの過大評価/過小評価は、IMFにとってその存在意義にもかかわる根幹的な問題であることから、IMFはこれらの問題を評価するよりよい手法を構築すべくさまざまな取り組みを行ってきた。

2012年以降、IMFは「早期にリスク要因の進行を発見し、破壊的な不均衡に発展する可能性への対処方法について各国に政策アドバイスを提供するために」、世界の主要28カ国とユーロ圏を対象に体系的な年次評価を実施している。そしてその結果は、各加盟国の年次4条報告書と、年に1回発行される

図表1−7　輸出価格指数（円ベース、契約通貨ベース）と円の名目実効為替レート

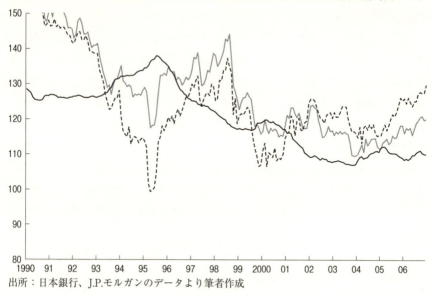

出所：日本銀行、J.P.モルガンのデータより筆者作成

図表1−8　実質輸出と円の名目実効為替レート

出所：日本銀行、J.P.モルガンのデータより筆者作成

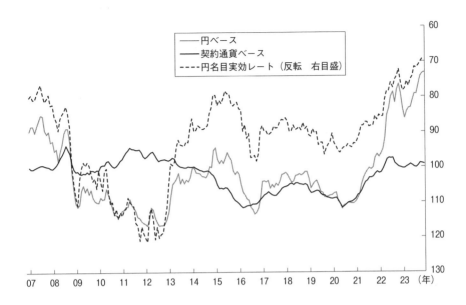

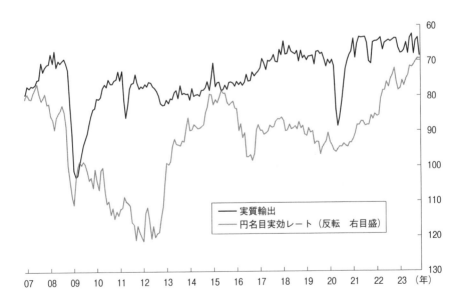

第2節 フロー・アプローチ

「External Sector Report: ESR」の両方に掲載される。ESRは包括的なレポートと個別国の評価および政策提言からなるレポートの2種類が公表される。

現在、IMFは実質実効為替レート（REER）に関して、EBA CAモデルとEBA REERモデルの2種類のモデルを用いている。EBA CAモデルはまず経常収支の「本来あるべき水準（規範値）」からのギャップを求め、それを経常収支の為替レートに対する半弾力性[9]で割り戻すことによってREERの適正値からのギャップを推計するものである。他方、EBA REERモデルは、REERを被説明変数、REERに影響を与えると考えられるさまざまなマクロ変数を説明変数とした誘導型の回帰式を用いて推定を行うものである。実際の評価にあたっては、IMFはEBA CAモデルを優先している模様である[10]。

EBA CAモデル

EBA CAモデルにおいてはまず、経常収支を被説明変数、さまざまなマクロ・政策変数を説明変数（図表1－9）とする以下のモデルについて、プールドGLS（Generalized Least Squares）法による推定を行うことで「景気循環調整後の経常収支の本来あるべき水準（規範値）」を求める[11]。Cは景気循環要因および一時的要因、Fはマクロ経済、構造上のファンダメンタルズ要因、Pは政策要因を示す。εは誤差項であり、平均＝0で標準正規分布、AR（1）過程に従う。Allen et al.（2023）によれば、ほぼすべての説明変数が統計的に有意であり、図表1－9で示された符号要件を満たしている。

$$CA_{it} = \alpha + C_{it}\beta + F_{it}\lambda + P_{it}\gamma + \varepsilon_{it}$$

上記の方法によって求められた規範値と実際の景気循環調整後の経常収支との差が、「経常収支ギャップ（CA Gap）」である。経常収支ギャップは「ポリシー・ギャップ」とその他に分解することができる。ポリシー・ギャップと

9　弾力性は「変化率と変化率」の比較であるのに対して、EBAではREERの変化率を経常収支対GDP比の変化と比較している（すなわち「変化率と変化」の比較）。
10　服部ほか（2021）。
11　ギャップの算出に用いられる規範値は、モデルで捉えられない要因等をIMFスタッフが調整した計数である。これと、景気循環要因を除いた実際の経常収支の差が、ESRにおいて評価対象となる経常収支ギャップである。詳細については植田・服部（2019）など参照。

図表1-9 EBA CAモデル

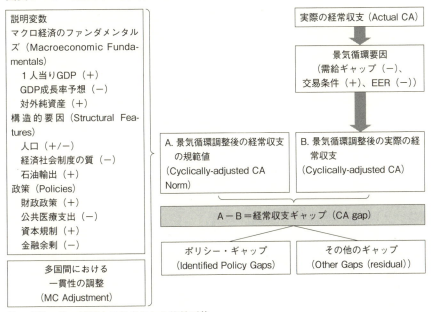

注：変数の後の括弧内は想定される符号要件。
出所：植田・服部（2019）、Allen et al.（2023）などより筆者作成

は、前出の規範値と、政策変数を「望ましい政策変数」に置き換えて推定した規範値のギャップとして表される（図表1-9）。

EBA CAモデルにおけるREERギャップ[12]

　IMFはESRにおける為替評価で、上記EBA CAモデルで算出した経常収支ギャップを経常収支のREERに対する半弾力性で割り戻すことによって、REERの望ましい水準からの乖離（REERギャップ）を推計する。この背景として、IMFは、為替レートと経常収支の負の相関関係（通貨の過小（過大）評価→過度の経常黒字（赤字））を想定していると考えられる。

　経常収支の半弾力性は、貿易収支の半弾力性と所得収支の半弾力性の合計として算出されるが、IMFが実際のREERギャップの算出にあたって用いているのは貿易収支の半弾力性のみである。この理由としてAllen et al.（2023）は、

12　ここでの記述は服部ほか（2021）を参考にしている。

所得収支の半弾力性はゼロないしは貿易収支の半弾力性よりもかなり小さいため、REERの変化に対する経常収支の調整は、大部分が貿易収支によって行われると指摘している[13]。

EBA REERモデル

IMFはREERに関して、前出のCAギャップから割り戻したREERギャップ以外に、REER Indexモデル、REER levelモデルという2つのモデルについても推定を行っている。Allen et al.（2023）は、EBAのフレームワークにおけるメイン・インプットは経常収支モデルであることから、CAギャップから算出

図表1−10　EBA REERモデルの説明変数

REER-Index Model	REER-Level Model
景気循環要因（Cyclical Factors） 　需給ギャップ（＋） 　交易条件（＋）	景気循環要因（Cyclical Factors） 　交易条件（＋）
マクロ経済のファンダメンタルズ （Macroeconomic Fundamentals） 　1人当りGDP（＋） 　GDP成長率予想（＋） 　対外純資産（−） 　ホームバイアス（＋）	マクロ経済のファンダメンタルズ （Macroeconomic Fundamentals） 　1人当りGDP（＋） 　GDP成長率予想（＋） 　対外純資産（＋） 　準備通貨のステータス（−） 　貿易/非貿易セクターの生産性（＋）
構造的要因（Structural Features） 　なし	構造的要因（Structural Features） 　人口（＋） 　自由貿易（−） 　経済社会制度の質（＋） 　付加価値税収（＋）
政策（Policies） 　金融政策・資本市場の開放度（＋） 　公共医療支出（−） 　資本規制（＋） 　金融余剰（−）	政策（Policies） 　金融政策・資本市場の開放度（＋） 　公共医療支出（−） 　資本規制（＋）

出所：Allen et al.（2023）より筆者作成

---

[13] これに対してHattori et al.（2023）は、日本のように経常黒字の大部分が所得収支である国について貿易収支の半弾力性を用いて評価することの問題を指摘している。

図表1-11　EBA REERモデルの推定結果

説明変数	REER-Index Model	REER-Level Model
景気循環要因（Cyclical Factors）		
需給ギャップ	0.516**	
	(0.020)	
交易条件（index）	0.160***	
	(0.000)	
交易条件（対数値）		0.054
		(0.135)
マクロ経済のファンダメンタルズ（Macroeconomic Fundamentals）		
対外純資産	−0.105***	0.112***
	(0.000)	(0.000)
1人当りGDP	0.241***	0.247***
	(0.000)	(0.000)
GDP成長率予想	3.112***	3.308***
	(0.000)	(0.007)
準備通貨のステータス		−0.174**
		(0.019)
ホームバイアス	0.258***	
	(0.000)	
貿易/非貿易セクターの生産性		0.180***
		(0.000)
構造的要因（Structural Features）		
従属人口比率		0.894***
		(0.000)
人口成長率		9.081***
		(0.000)
経済社会制度の質		0.587***
		(0.000)
貿易開放度	−0.153	−0.400***
	(0.108)	(0.000)
付加価値税収（対GDP比）		1.209**
		(0.026)
政策（Policies）		
実質金利・資本市場の開放度	0.875***	1.511***
	(0.003)	(0.006)
公共医療支出	1.886**	3.580***

クレジット・ギャップ	(0.012) 0.099**	(0.000)
	(0.012)	
為替介入（資本規制）	−1.901*	−9.290***
	(0.068)	(0.000)
定数項	4.447***	0.172***
	(0.000)	(0.000)
サンプル数	1,105	1,078
国・地域数	41	40
決定係数	0.557	0.8005
平均平方二乗誤差	0.0904	0.1937

注：*は10％、**は5％、***は1％水準で統計的に有意。
出所：Allen et al.（2023）より筆者作成

したREERギャップが重要であると明記したうえで、CAギャップから算出したREERギャップは為替レートの変化が経常収支に影響を及ぼすまでのタイムラグを捉えることができない可能性があることを踏まえて、そのほかのREERモデルの推定値を参照していると述べている。

　REER IndexモデルはREERの水準ではなく動きの背景にある要因に着目したモデルである。このモデルではベース年の指数がすべて100となるため、各国間の水準比較ができない。REER levelモデルは上述したIndexモデルの欠点を補完するもので、Bergstrand（1991）を参考にして構築され、2015年に導入された。図表1－10に両モデルの説明変数、図表1－11にAllen et al.（2023）による推定結果[14]を示している。

14　期間は1990年〜2019年。対象国・地域はIndexモデルが41、levelモデルが40。詳細についてはAllen et al.（2023）参照。

24　第1章　為替レートの決定理論：実務的アプローチ

第3節 決定理論のビルディング・ブロック：購買力平価と金利平価

1970年代以降、フロー・アプローチに代わって為替レートの決定理論の主流となったアセット・アプローチでは、購買力平価と金利平価についてどのような前提を置くかによって異なるさまざまなモデルが存在する。購買力平価と金利平価はそれ自体が為替レートの決定理論であるが、これらは為替レートの決定理論のビルディング・ブロックともみなすことができる。以下では、購買力平価と金利平価を概観する。

1 購買力平価

購買力平価（Purchasing Power Parity：PPP）は、物価の動きそのものが名目為替レートを決定するという理論であり、1921年にスウェーデンの経済学者、グスタフ・カッセルによって定式化されたとされる[15]。

購買力平価説の基本的な考え方は極めてシンプルである。ここで、「購買力」は、一定単位の貨幣・通貨でどれだけの財・サービスが購入可能か、とも換言できよう。貨幣・通貨は、何らかの絵柄や文字が印刷された紙ないしは固形物、あるいは銀行口座等に記録されている単なる数字にすぎず、単位が100なのか10,000なのかということだけではその価値は測れない。たとえば、多くの日本人にとって100万円は大金だが、これは、少なくとも現状においては、100万円あればさまざまな財・サービスの購入が可能だから、つまり、100万円の購買力が相応に高いからにほかならない。仮に日本がハイパーインフレになって100万円で缶ジュース1本も買えないような状況となれば、人々にとって100万円はもはや大金ではないだろう。こうした状況は、円という通貨の価値が著しく低下して、購買力が大きく低下したことを意味する。

ハイパーインフレになると100万円が大金ではなくなると前述したが、購買力平価説のエッセンスは、インフレの状況下では通貨の価値（＝購買力）は時間とともに減少し、デフレ環境下では通貨の価値は増加する、というものであ

---

[15] Cassel (1918)。もっとも、PPPの考え方はそれよりはるか以前から存在しており、15〜16世紀まで遡ることができるとの説もある（Officer (1976) など）。

る。たとえば、10％のインフレの下ではいま100万円の車が1年後には110万円になる。つまり、いま100万円持っていれば車を買えるが、その100万円では1年後には同じ車を買うことはできない。これは、いまの100万円の価値（購買力）が、1年後の100万円の価値（購買力）よりも高いことを意味している。デフレの世界ではこれとは全く反対に、1年後には100万円の価値（購買力）は上昇する。

　以上の議論を一般化すると、インフレ（デフレ）の世界では、一定単位の通貨の価値は時間の経過とともに減少（増加）する。以上の議論を名目為替レートに敷衍したのが購買力平価説であり、その含意は、インフレの国の通貨の名目為替レートはデフレの国の通貨に対して時間とともに減価する、というものである。実際にはデフレの国は少ないので、インフレ率が高い国の通貨の名目為替レートがインフレ率の低い国の通貨に対して減価するケースが大宗である。

絶対購買力平価と相対購買力平価

　購買力平価には、価格そのものを用いる絶対購買力平価と、消費者物価指数などの物価指数の変化率（つまりインフレ率）を用いる相対購買力平価が存在する。絶対購買力平価は一物一価を想定しており、

$$P^d = S^* P^f$$

のように表される。ここでP^dは国内価格、P^fは海外価格、Sは二国間の名目為替レートである。1ドル＝100円で同じ車の国内価格が100万円、海外価格が1万ドルだったとき、絶対購買力平価が成立しており、$S^* P^f / P^d = 1$の関係が得られる。名目為替レートと二国間の相対物価からなる上式の右辺は実質実効為替レートを表すものにほかならず、これが1という定数をとることは、絶対購買力平価が成立していれば実質実効為替レートは一定となることを示している。もっとも実際には、実質実効為替レートには上下動がみられており、絶対購買力平価が常に成立しているわけではないことが示唆されている。

　上述したように、絶対購買力平価が成立しているときには、実質実効為替レート＝$S^* P^f / P^d = 1$の関係が得られる。ある期(t)の相対購買力平価はこの条件を緩和して、実質実効為替レート＝$S_t^* P_t^f / P_t^d = K$のように記述される。相対

購買力平価を記述するこの式は、関税や輸送コストなど相対物価以外の要因が為替レートに影響するため実質実効為替レートは1にはならないが、購買力平価が成立していれば物価以外の要因を反映した定数Kで一定となることを示している。自然対数を用いて$\ln S_t = s_t$、$\ln P_t^f = p_t^f$、$\ln P_t^d = p_t^d$、$\ln K = \kappa$とすると、上の式は$s_t + p_t^f - p_t^d = \kappa$と表せる。ここで、$\kappa$が時間の経過によらず一定であれば、$s_t + p_t^f - p_t^d = \kappa$から$s_{t-1} + p_{t-1}^f - p_{t-1}^d = \kappa$を差し引いて、$\Delta s_t + \Delta p_t^f - \Delta p_t^d = 0$が得られる。移項すると$\Delta s_t = \Delta p_t^d - \Delta p_t^f$となり、実質実効為替レートが二国間の物価変化率の差として求められることがわかる。

PPPからの乖離の持続性

名目為替レートは長期的には購買力平価によって決まるとの見方は、学界、実業界の双方で一定の支持を得ているようだが、実際の為替レートの購買力平価レートからの乖離はかなり大きく、且つ回帰にかなり長い時間を要するということもまた、コンセンサスになっていると思われる。

ブレトンウッズ体制が崩壊して多くの主要国通貨が変動相場制に移行した際、異なる国で取引されている同一の財の価格が同一通貨建てでみたときに異なっていれば裁定が働き、相対購買力平価が成立すると考えられることから、実質実効為替レートのボラティリティは名目実効為替レートよりも小さくなると考えられていた。しかし実際には、こうした予想に反して、変動相場制への移行後には名目実質為替レートだけでなく、実質実効為替レートも大きく変動した。

購買力平価によって導き出される実質為替レートの実勢値からの乖離をvとすると、

$$v_t = \beta v_{t-1} + \varepsilon_t \quad 且つ \quad 0 \leq \beta < 1$$

のときに乖離が修正されると考えられる。そして、βがゼロに近いほど修正に要する期間（半減期）が短くなる（たとえば、$\beta = 0.5$であれば、今期の乖離は前期の半分に縮小する）。他方、$\beta = 1$であれば、購買力平価からの乖離が永続し、為替レートはランダムウォーク過程に従うこととなる。ランダムウォーク過程の下では、ランダムに生じるショックのみが為替レートを決定し、その動きを経済理論によって説明することはできない（「ショック」は予

図表 1 −12　産業別実質実効為替レート

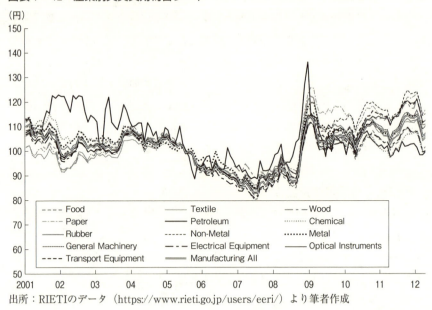

出所：RIETIのデータ（https://www.rieti.go.jp/users/eeri/）より筆者作成

測不能であるがゆえにショックであり得る）。実質為替レートを z、ショックを ε とすると、ランダムウォークは、

$$z_t = z_{t-1} + \varepsilon_t$$

と表せる。

　藤井（2013）によると、1990年代までは前出の式で $\beta = 1$ である可能性（帰無仮説）を統計的に棄却できないという実証結果が大勢であったが、1990年代以降、実証分析における計量・統計分析手法の改良・発展やデータの蓄積によって、購買力平価からの乖離が一時的なものである（つまり $\beta < 1$）ことを実証する研究結果が報告されるようになった。しかし、β は 1 ではないものの 1 に非常に近いという結論が多くの研究で示されており、半減期に関するコンセンサスは 3 〜 5 年程度といわれている。また、データ・サンプルのとり方等によっては帰無仮説が棄却できないケースも依然として存在する模様である。

　実質為替レートの購買力平価からの持続的な乖離を生じさせる要因としては、バラッサ・サミュエルソン仮説[16]が有名である[17]。

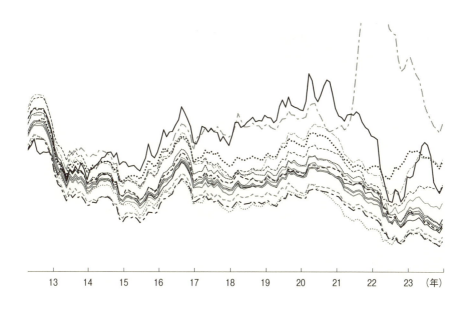

　バラッサ・サミュエルソン仮説（BS仮説）とは、ある国の貿易財セクターの生産性が高い場合、非貿易財価格が相対的に大きく上昇する結果一般物価が高くなり、実質為替レートの増価が生じることが、実質為替レートの購買力からの持続的な乖離につながるというものである。Rogoff（1996）は、第二次世界大戦後の日本は貿易財セクターが急激な生産性上昇を経験したことから、BS仮説が成り立つのであれば円の実質為替レートの上昇は消費者物価ベースのほうが貿易財ベースよりも大きくなると指摘、実際にこうした関係が確認できることを示した。またRogoff（1996）によるとBS仮説が成り立つのであれば、一般物価水準は先進国のほうが新興国よりも高くなると考えられるが、実際に所得水準と物価水準の間には相関関係があることを示した。

　経済産業研究所（RIETI）は、世界25カ国について「産業別実質実効為替レート」を公表している（データはRIETIのホームページ（https://www.rieti.

16　Balassa（1964）、Samuelson（1964）。
17　Rogoff（1996）は実質為替レートの購買力平価からの持続的な乖離をもたらす要因として、BS仮説のほかに累積経常赤字と政府支出をあげている。

go.jp/users/eeri/）からダウンロード可能。指数の詳細についてはSato et al. (2012) 参照)。BS仮説が成立しているのであれば、対外的なエクスポージャーが大きい製造業セクターの実質実効レートが相対的に低くなると考えられるが、実際の数字は概ねこの仮説を支持するものとなっている（図表1−12）。

2　金利平価

　金利平価説は、二国間の金利差が名目為替レートの動きによって相殺される結果、両国資産の期待収益率が等しくなるという理論である。金利平価にはカバー付き金利平価（Covered Interest Parity：CIP）とカバーなし金利平価（Uncovered Interest Parity：UIP）の2種類があり、CIPでは、一定期間の通貨投資について、当該期間の為替リスクを先渡市場等でヘッジする状況を想定している。CIPは以下のように表される。

$$\frac{F_{t,t+1}-S_t}{S_t}=i_{t,t+1}-i^*_{t,t+1} \tag{式1−1}$$

　Fは先渡市場での為替レート（フォワード・レート）、Sはスポット・レート（$F-S$は直先スプレッド、これをSで割ったものを直先スプレッド率と呼ぶ）、iは自国、i^*は他国の金利である。ここで、直先スプレッドと金利差の符号が一致する点に注意されたい。たとえばiを日本、i^*を米国の金利とすると、現在日本の金利は米国よりも低いため右辺はマイナスとなり、直先スプレッドもマイナスになる。これは、ドル/円のフォワード・レートがスポット・レートに比べて円高・ドル安方向となることを意味する。また上記式は、為替のヘッジ・コストが二国間の金利差に等しいことを示している。

　上の式は下記のように書き換えられる。

$$i_{t,t+1}=i^*_{t,t+1}+\frac{F_{t,t+1}-S_t}{S_t} \tag{式1−2}$$

　ここで、左辺は円資産の期待収益率、右辺はドル資産の期待収益率であり、両者が等しくなるように為替のフォワード・レートが決まることを示している。米国の金利が日本よりも高い状況下では、期待収益率が等しくなるためには、ドル/円のフォワード・レートがスポット・レートよりも円高方向になる

必要がある。

　UIPは投資期間の為替リスクをヘッジしない点がカバー付きと異なる。UIPは下のように表せるが、これは前出のカバー付き金利平価の式とほとんど同じであり、両者の違いは、フォワード・レート（F）が予想為替レート（Se）に換わっている点のみである。

$$i_{t,t+1} = i^{*}_{t,t+1} + \frac{Se_{t,t+1} - S_t}{S_t} \qquad (式1-3)$$

　上式は、UIPが成立するためには金利と為替を勘案した期待収益率が二国間で等しくなる必要があり、期待収益率が等しくなるためには高金利通貨の名目為替レートが低金利通貨に対して減価する必要があることを示している。

　なお、UIPでは、外貨建て資産に対するリスク・プレミアムを想定していない。これは、UIPが、内外資産の予想収益率が等しければ両者に対して無差別な、リスク中立的な投資家を想定していることを意味する。

　金利平価説の含意は、二国間の資産の期待収益率が等しくなるために、名目金利が高い国の通貨の名目為替レートは名目金利が低い国の通貨に対して減価するというものであり、これはカバーなしでもカバー付きでも同様である。つまり、金利平価説は「高い（低い）名目金利＝通貨の減価（増価）」という、直観に反する動きを想定しているのである。

　ただし、金利平価説が想定する「高い（低い）名目金利＝通貨の減価（増価）」の動きは、ある期間において対象となる二国の金利が不変であることを前提としている点には注意が必要である。前出のUIPの式（式1-3）でいえば、A国の金利（i^a）とB国の金利（i^b）およびスポットの為替レート（S）がすべて不変との条件下で、予想為替レート（Se）は内外資産の期待収益率格差を修正する方向（すなわち低金利国通貨の増価）に動き、市場参加者がその予想に基づいて取引するのであれば、予想を実現する方向に実際の為替レートが動くことになる。

　ここで、金利平価説における「高い（低い）名目金利」は、「名目金利上昇（低下）」と明確に区別する必要がある。金利平価説が問題にしているのは金利の高低という「水準」であって、上昇・低下といった金利の「方向性」ではない。結論を先に述べれば、金利の方向性と為替レートの関係に関する金利平価

説の含意は「名目金利上昇（低下）＝通貨の増価（減価）」であり、一般的な認識と同様である。この点について以下で説明する。

図表1−13で、当初の円資産の期待収益率がJR1、ドル資産の期待収益率がUSR1のとき、ドル/円の為替レートは円資産の期待収益率とドル資産の期待収益率が一致する水準（S1）で均衡する。円資産の期待収益率を示す曲線は、為替レートに関係なく日本国内の金利のみによって決まるので垂直となっている。他方、米金利とドル/円の為替レート（スポット・レートと予想レート）によって決まるドル資産の期待収益率は右下がりとなっており、ドル/円の為替レート（スポット・レート）が円高になるほど期待収益率が上昇する。

ドル資産の期待収益率が右下がりとなる理由は、前出のUIPの式（式1−3）に具体的な数字を代入して計算すると理解しやすい。たとえば、ドル資産の期待収益率を表すUIP式の右辺について、$i^b = 3\%$、$Se = 100$円、$S = 100$円とする。S（スポット・レート）が100円から95円に下落した際にSe（予想為替レート）が100円で不変だとすると、ドル資産の期待収益率は3％（3％＋0％）から8.3％（3％＋5.3％）に上昇する。

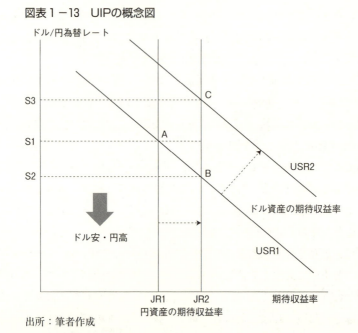

図表1−13 UIPの概念図

出所：筆者作成

ここで、円金利が上昇するとどうなるだろうか。円資産の期待収益率が右にシフトしてJR2になると、ドル資産の期待収益率（USR1）との交点として定まるドル/円の均衡為替レートは円高方向に動いてS2となる。また、その後米金利が上昇すると、ドル資産の期待収益率はUSR1からUSR2にシフトし（この動きはあらゆるドル/円為替レートの水準においてドル資産の期待収益率が上昇することを意味している）、ドル/円為替レートはドル高方向に動いてS3で均衡する。以上の動きは、円金利の上昇（日米金利差縮小）が円高、ドル金利の上昇（日米金利差拡大）がドル高につながることを示している。

UIPが想定する名目金利と名目為替レートの関係

　図表１−14は、UIPが想定する名目為替レートの動きを示したものである。当初、Ａ国の名目金利が５％、Ｂ国の名目金利が２％で、両国の名目金利差が３％ポイントであるとする。ここでUIPが成立するためには、唯一定まっていない変数である予想為替レート（S_e）が、Ａ国通貨のＢ国通貨に対する年率３％の減価となる必要がある。実際の為替レートがこの予想どおりに動くのであれば、Ａ国通貨はＢ国通貨に対して年率３％のペースで減価することになる。

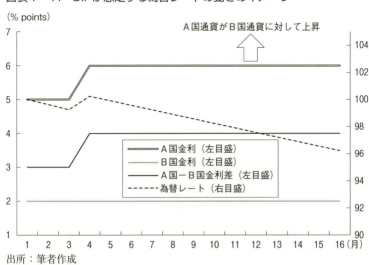

図表１−14　UIPが想定する為替レートの動きのイメージ

出所：筆者作成

第３節　決定理論のビルディング・ブロック：購買力平価と金利平価　33

この過程で、何らかの理由（金融政策の変更など）によってA国の名目金利が6％に上昇すると（一方でB国の名目金利は2％で不変とする）、名目為替レートはどう動くであろうか。当初の反応は、A国通貨の期待収益率が上昇する結果生じるA国通貨のB国通貨に対する増価である。その後、両国の名目金利差が4％ポイントに拡大した新たな条件下でUIPが成立するためには、予想為替レート（S_e）がA国通貨のB国通貨に対する年率4％の減価となる必要がある。実際の為替レートがこの予想どおりに動くのであれば、A国通貨はB国通貨に対して年率4％のペースで減価することになる（名目金利差が3％ポイントのときに比べてA国通貨の減価のペースが速まっている点に注意されたい）。

　以上の動きは、名目金利（および金利差）と名目為替レートの関係に対する一般的なイメージに、一部は合致し、一部は合致しないのではないだろうか。ある国の名目金利上昇を受けて名目金利差が拡大するとその国の通貨の名目為替レートが増価するというのは、一般的なイメージどおりの動きであろう。他方、一般的には、名目金利差が横ばいであれば名目為替レートも横ばいで推移するとみられがちだが、UIPが想定するのは低金利通貨に対する高金利通貨の減価である。

　UIPでは高金利通貨の低金利通貨に対する減価が想定されているので、名目金利差と名目為替レートの間の逆相関を想定しているように捉えられがちであるが、図表1－14が示すように、名目金利差が変化する前後の短期間においては名目金利差と名目為替レートの関係は正の相関となる。ただし、金利差が安定した状態では高金利通貨は低金利通貨に対して減価するので、全期間を通じてみた相関関係はそれほど強くならない（ちなみに、図表1－14の相関を計算すると期間全体では弱い負の相関となっている）。

　為替市場において、「米国経済指標の強い結果を受けてFRBによる利上げに対する期待が高まり、米国の長期金利が上昇、日米10年国債金利差が拡大するなかで米ドルの為替レートが円に対して増価した」といった動きは日常的にみられるものである。カバーなし金利平価説が想定する、金利の変化による将来の期待収益率の変化が瞬時に現在の為替レートに反映されるというメカニズムは、こうした関係を説明するうえで有効と考えられる。ごく短い期間に米国債金利上昇とドル高が同時に発生する事象は、UIPが想定するように、ある要因

（たとえば、米国物価指標の予想比上振れを受けたFRB利上げ期待の高まり）を受けて米国金利が上昇するとドル資産の期待収益率が上方にシフトし、これが瞬時に米ドルの為替レートに反映されることを示していると解釈できるためである。

フォワード・ディスカウント・パズル

前出のCIPとUIPの２つの式を比べると、フォワード・レートと予想為替レートを除く部分はすべて同じであることがわかる。二式の右辺は等しいことから、$F_{t,t+k} = Se_{t,t+k}$が成り立つ。これは、ある時点のフォワード・レートが、予想為替レートに等しいことを意味している。換言すれば、フォワード・レートが予想為替レートと一致しなければ、CIPとUIPは同時に成り立たないことになる。

もっとも、Seはt期におけるk期先の予想レートなので、実際には観察できない。ここで、k期先の実際の為替レートを$S_{t,t+k}$とすると、$S_{t,t+k} = Se_{t,t+k} + \varepsilon_{t+k}$が成り立つ（$\varepsilon_{t+k}$は予測エラー）ことから、$S_{t,t+k} = F_{t,t+k} + \varepsilon_{t+k}$が成り立つことが示されれば、$Se_{t,t+k}$が直接観察できなくても、$F_{t,t+k} = Se_{t,t+k}$が成り立つことを示すことができる。より具体的には、$s_{t,t+k} - s_t = \alpha + \beta(f_{t,t+k} - s_t) + \varepsilon_{t+k}$において[18]、$\beta = 1$、$\alpha = 0$が成り立つかどうかを調べることになる（$s$は$S$の自然対数値）。

この式を推定する多くの先行研究が存在するが、多くの研究でβは１よりもマイナス１に近くなっている（藤井（2013））。たとえば、通常日本よりも米国のほうが金利が高いことから、ドル/円のフォワード・レートはスポット・レートに比べて円高/ドル安方向となるが、βがマイナスであることは、実際の為替レートがフォワード・レートの予想とは逆方向の円安/ドル高方向に動くことを意味している。これが、フォワード・ディスカウント・パズルと呼ばれる現象である。

図表１−15は2000年４月〜2024年１月の月次データ（月末時点）を用いて、ドル/円スポット・レートの３カ月変化と３カ月物のフォワード・レートを比

---

[18] $S_{t,t+k}$を直接推定せず対数階差（為替レートの前期比変化率）をとる理由は、多くの場合為替レートのデータは非定常系列であるため、そのまま推定を行うと統計学上の不都合が生じるためである（藤井（2013））。

図表1-15　ドル/円のスポット・レートの3カ月変化と3カ月物フォワード・レートの関係（2000年4月～2024年1月の月末レートベース）

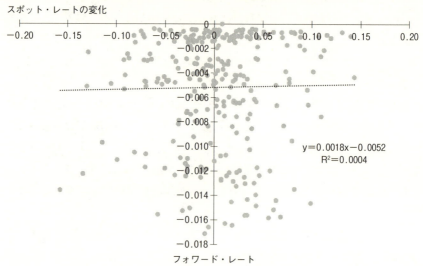

注：スポット・レート、フォワード・レートはいずれも対数階差。
出所：ブルームバーグのデータより筆者作成

較したものであるが、両者の間には全く相関はなく、フォワード・レートが予測力を持たないことが示されている。

CIPとベーシス

フォワード・ディスカウント・パズルは金利平価に基づいて決まるフォワード・レートに実際の為替レートの動向を予測する力がないことを示しているが、以前は、フォワード・レートは二国間の金利差でほぼ決まっており、CIPが成立していることが示唆されていた。フォワード・レートとスポット・レートの差（直先スプレッド）は為替ヘッジのコストにほかならないが、フォワード・レートが金利差のみで決まるのであれば、ヘッジ・コストは金利差に等しいことになる。

もっとも、2007年～2008年のGFC以降、ヘッジ・コストが二国間の金利差から示唆される水準から乖離する現象がみられている。この乖離は「ベーシス」と呼ばれるものである。図表1-16と図表1-17はドル/円とユーロ/ドルのヘッジ・コストと金利差を比較したものであるが、GFC以前は両者がほぼ一

図表1-16 ドル/円のヘッジ・コストと日米3カ月金利差(週次ベース)

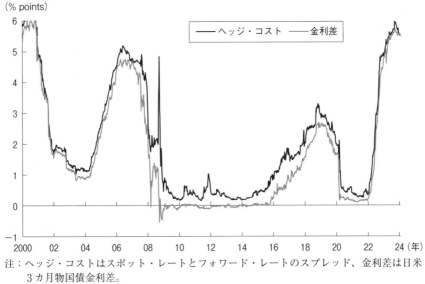

注:ヘッジ・コストはスポット・レートとフォワード・レートのスプレッド、金利差は日米3カ月物国債金利差。
出所:ブルームバーグのデータより筆者作成

図表1-17 ユーロ/ドルのヘッジ・コストと欧米3カ月金利差(週次ベース)

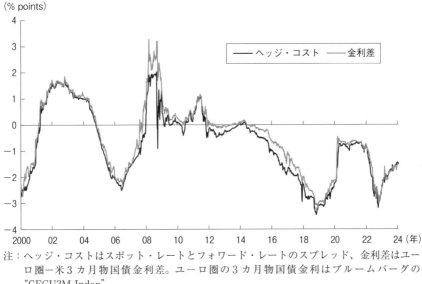

注:ヘッジ・コストはスポット・レートとフォワード・レートのスプレッド、金利差はユーロ圏-米3カ月物国債金利差。ユーロ圏の3カ月物国債金利はブルームバーグの"GECU3M Index"。
出所:ブルームバーグのデータより筆者作成

第3節 決定理論のビルディング・ブロック:購買力平価と金利平価 37

致していたのに対して、GFC以降は乖離が生じていることがわかる。ドル/円をみると、ヘッジ・コストが日米金利差を上回っているが、これはヘッジ・コストに織り込まれた米国の金利が実際の金利よりも高いことを示している。ユーロ/ドルのケースではヘッジ・コストが欧米金利差を下回っているが、これは基軸通貨がドル/円ではドル、ユーロ/ドルではユーロになっているためで、ヘッジ・コストに織り込まれた米国の金利が実際の金利よりも高い点は同様である。

以上の現象が意味するところは、為替スワップないしは通貨スワップ（クロスカレンシースワップ）の取引を考えると理解しやすいかもしれない。為替スワップと通貨スワップの主な違いは、期間（為替スワップは1年以内、通貨スワップは1年超）と、期中における金利の支払いの有無である（為替スワップはなし。通貨スワップはあり）。通貨スワップのイメージを示した図表1－18における「円金利＋α」の「α」がベーシスである。ドル/円のベーシスはほぼ一貫してマイナスであることから、円の受け手は実際の円金利よりも低い金利しか受け取れない（逆に金利を支払うことになるかもしれない）。αをドルの側に持ってきた場合、実際よりも安い円金利＝実際よりも高いドル金利となることから、αはドル金利の払い手（日本企業による為替ヘッジのケースでは

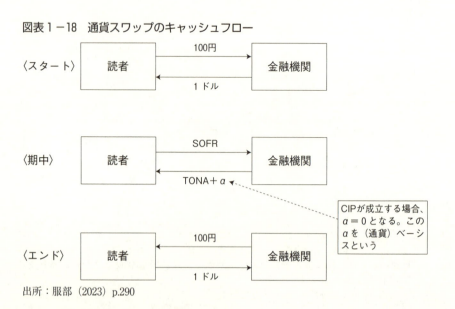

図表1－18 通貨スワップのキャッシュフロー

出所：服部（2023）p.290

日本企業）が支払う、実際の米金利に対する上乗せ分ということになる。利払いのない為替スワップのケースでは、戻ってくる円の額が日米金利差によって決まる額よりも少なくなる。

ドル/円のヘッジ・コストは本邦勢からみればドルの調達コストであり、図表１－16と図表１－17は、GFC以降ドルの調達コストが高まったことを示している。金融危機時のドル調達コストの高まりは、カウンターパーティ・リスクの高まりで説明されることが多い[19]。

ベーシスはGFC後数年間が経過しても存在し続けたが、これは危機時のカウンターパーティ・リスクでは説明できない。服部（2017）によれば、ベーシスが拡大し、ドル調達コストが高い状況が続いている原因は金融規制であることが、近年の実務家と学者のコンセンサスである[20]。また服部（2017）は、以前は為替/通貨スワップの値付けに使われるLIBOR（London Interbank Offered Rate）はリスクフリー・レートとみなされていたが、LIBOR不正問題[21]以降その地位が揺らいだことも、ベーシス拡大に寄与したと指摘している。

UIPへの反証としてのキャリー・トレード

一般的に「キャリー・トレード」は、「低金利通貨で資金を調達し、高金利通貨に投資する」取引と定義される。資金調達に用いられる低金利通貨が円である場合には、「円キャリー・トレード」と呼ばれる。

2007年後半～2008年のGFC以前に円キャリー・トレードが盛んに行われていた際に、一部メディアは「円キャリー・トレード」を「円借り取引」と呼んでいた。「円で資金調達する」イコール「円を借りる」という発想に基づくものと思われるが、実際に円を調達して株や不動産といった日本の資産を買うケースを別にして、海外の投資家が単純に為替市場で高金利通貨を買って円を売る取引の場合には、そのほとんどは反対売買が行われる際に損益を差金決済（ドルを保有する米国の投資家であれば、ドルで決済するケースがほとんどであろう）するものであり、実際に円を借りてそれを外貨に換えるような取引が

---

[19] Baba and Packer（2009）、Baba and Sakurai（2011）、Ivashina et al.（2015）など。
[20] Du et al.（2017）、Avdjiev et al.（2017）、Borio et al.（2016）、Sushko et al.（2016）、Iida et al.（2017）など。
[21] LIBOR不正問題からLIBOR公表停止、新たなリスクフリー・レートの選定に至る一連の動向については太田（2019）、日本銀行・金融庁（2022）など参照。

行われるケースは稀である。

「キャリー・トレード」という言葉に明確な定義があるわけではないが、一般的には純粋な為替取引を「狭義の」キャリー・トレード、低金利通貨で調達した資金を通貨以外のさまざまな資産に投資するケースも含む場合を「広義の」キャリー・トレードと定義することが多い模様である。以下の議論は基本的に「狭義の」キャリー・トレードに関するものである。

低金利の円を売って高金利通貨を買う円キャリー・トレードの収益（E）は、以下のように表すことができる。

$$E = S_{t+1} - S_t + i^b - i^a \qquad (式1-4)$$

ここで、i^aは自国（日本）の金利、i^bは相手国の金利（日本よりも高いことが円キャリー・トレードの前提となる）、S_tは現在の名目為替レート、S_{t+1}は1期先の名目為替レートである。UIPが成立するのであれば、二国間の金利差から得られる収益は、低金利国通貨の名目為替レートが高金利国通貨に対して増価することによって相殺される。上記式でいえば、$i^b - i^a$のプラス分を$S_{t+1} - S_t$のマイナスが打ち消すことによってキャリー・トレードの収益Eはゼロになる。

上述のように、UIPが成立するのであれば、キャリー・トレードの超過収益率の期待値はゼロになるはずであるが、実際には、少なくとも一定の期間においてはUIPが成立せず、キャリー・トレードから超過収益が発生し得ることが多くの実証研究によって示されている。たとえば、塩沢ほか（2009）によると、円を調達通貨として主要7通貨（米ドル、ユーロ、英ポンド、スイス・フラン、加ドル、豪ドル、NZドル）に投資する円キャリー・トレードの2002年〜2008年の超過収益率は1.5%（年率）であり、サブプライム・バブルがはじけ世界金融危機に至る流れのなかで円が買い戻される前までの期間（2007年第2四半期まで）に限れば、8.7%（年率）という高いリターンが得られた。この内訳は投資通貨の円に対する増価が5.1%、金利差からの収益が3.6%であった。UIPが成立するように為替レートが動くのであれば、同期間に投資通貨は円に対して3.6%減価して金利差からの収益を打ち消すことになるが、実際には投資通貨が対円で増価した結果、高い超過収益が得られることとなったのである。

2002年〜2007年半ばにかけてキャリー・トレードから得られた高い超過収益の大部分は2007年後半以降の円高によって失われたが、キャリー・トレードから超過収益が得られる期間が数年間持続した事実は、金利平価説に対する反証としてしばしば引き合いに出される。

第4節 為替レートと金利（金利差）の関係を再考する

1 一般的な議論への反論

　メディアや金融機関のリサーチャー等のマーケット・コメントは、名目金利差と名目為替レートの正の相関関係を異論の余地がない自明の理であるかのようにみなしているものが多い。たとえば、米国の金利が上昇して日米金利差が拡大しているときにドル/円の為替レートがドル高/円安方向に動いた場合、なぜ日米金利差が拡大するなかでドル/円が上昇したのかについて、その理由が詳細に解説されることはほとんどない。他方、米国金利が上昇して日米金利差が拡大してもドル/円が上昇しなかった場合には、なぜ日米金利差とドル/円の乖離が生じたかについて、さまざまな解説がなされるのが常である。

　もっとも実際には、経済理論によって名目金利（金利差）と名目為替レートの持続的な正の相関関係を説明できるのは、極めて限られた状況においてのみである。金利と為替レートの関係を説明する最も一般的な理論は金利平価だが、前述したようにUIPでは、何らかのニュースを受けて米国金利が上昇すると米ドルの期待収益率が上昇する結果、米ドルが買われ、為替レートは増価する。つまり、米金利上昇→米ドル上昇であり、両者の間には正の相関関係が想定される。

　しかし、上述したように、UIPはこうした相関関係が持続することを示唆しない。UIPでは、高金利から得られる超過収益は高金利通貨の減価によって相殺され、高金利通貨と低金利通貨の期待収益率が一致することが想定されている。米金利が上昇して米ドルが増価した後、米金利が新たな均衡水準を見出して上昇が止まれば、米ドルは低金利通貨に対して売られ始め、2通貨の期待収益率が一致する水準まで減価することが想定される。

　金利と為替の関係について、主に初心者向けには「米国の金利が上昇すると米ドルで運用したほうが有利になるので、円から米ドルに資金が移る結果、ドル高/円安になる」という説明がなされることが多いが、こうした説明はさまざまな観点から不十分である。

まず、（金利が高くなった）米ドルで運用する場合、具体的にはどの米ドル建て資産に投資するのだろうか。金利が高くなったことのメリットを活かすわけであるから、ここで想定されるのは株や不動産ではなく金利がつく商品、具体的には債券や銀行預金であると考えられる。

　機関投資家にとって金利から収益を得るメインの手段は債券投資であるが、債券投資との関連で名目金利と名目為替レートの正の相関関係を説明するのは難しい。たとえば、米国の消費者物価指数（CPI）が予想よりも強い数字となった結果FRBの利上げ期待が高まり、米国の10年物国債金利が3％から3.2％に上昇したとする。ここで即時に米10年国債を購入しても、金利上昇のメリットは得られない。CPIを受けて金利が上昇したとしても、市場金利上昇を反映した高クーポンの米国債がCPI発表当日に発行されることはないためである。したがって、CPI発表直後に購入可能なのは金利がまだ低いときに発行された債券であり、（為替と金利の関係についての一般的な説明にみられるように）より高いクーポンという形で米金利上昇の恩恵を受けるためには、高クーポン債の発行を待つ必要がある。より高いクーポンの債券に投資することを望む投資家は、CPI発表直後に米国債を購入することはないだろう。むしろ、米国CPIを受けて金利先高感が高まる局面では債券価格の下落が見込まれることから、投資家はキャピタルゲイン狙いで債券を売るかもしれない。また、その時点で債券のロング・ポジションを保有していた投資家は、その後見込まれる金利上昇によって含み益が縮小ないしは含み損が拡大する可能性が高いことから、ポジションをいったんクローズ（＝債券売り）するかもしれない。

　図表1－19は本邦投資家による外債投資と米金利の関係をみたものだが、2021年から2022年にかけてインフレ懸念の高まりを背景に米長期金利が大きく上昇した局面では本邦投資家が比較的大きく外国債券を売り越していたことがわかる。したがって、当時のドル/円上昇は米金利の上昇および金利先高感を背景に本邦投資家が円資産をドル資産にシフトさせたことによって生じたわけではなく、実際の投資家の動きはこれとは全く逆（ドル資産から円資産へのシフト）だったということである。

　その他の要因を不変として、海外投資家による米国債投資がすべて為替ヘッジなしであると仮定した場合、米国債への投資が活発化した際に生じる動きは

図表1-19　米10年国債金利と本邦投資家による対外債券投資（投資家部門別）

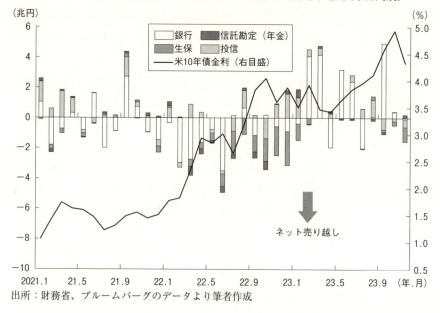

出所：財務省、ブルームバーグのデータより筆者作成

「ドル高・米国金利低下（債券価格は上昇）」となると考えられ、米ドルと米金利の関係は逆相関となる。

　もっとも実際には、債券投資の大部分は為替ヘッジ付きであると考えられる。債券投資から得られる収益のボラティリティは通常、為替レートの変動よりもはるかに小さいため、為替リスクをヘッジしないで債券投資を行った場合には、その収益の大部分が為替差損益となるためである。

　一般論として、債券投資を主体とする投資家はその他のアセットクラス（たとえば株）を主体とする投資家に比べてリスク許容度が低い。これは、銀行や外貨準備当局といった、資産の元本割れリスクに対して極めてセンシティブな投資家の投資先の大宗が債券であることからも明らかであろう[22]。為替ヘッジなしの外債投資は予想が困難とされる為替レートの方向性に賭けているのに近いが、こうした投資は債券を選好する投資家のリスク許容度とは整合的ではないだろう。

22　外貨準備当局の投資先については第3章第5節参照。

44　第1章　為替レートの決定理論：実務的アプローチ

以上の理由により、グローバル投資家による外国債券投資の大部分は為替ヘッジ付きとみられるが、言うまでもなく、為替ヘッジ付き外債投資の為替レート（スポット・レート）への影響は中立である。為替ヘッジなし米国債投資の為替・金利への影響は「ドル高・米国金利低下（債券価格は上昇）」と前述したが、為替ヘッジ付きの場合は「ドル不変・米国金利低下（債券価格は上昇）」になると考えられる。以上から、為替ヘッジの有無にかかわらず、債券投資フローでは名目金利と名目為替レートの持続的な正の相関関係を説明できないことがわかる。

　銀行預金はどうだろうか。前出の債券に関する議論と同様、何らかの要因（たとえば米CPIの強い結果）による米国金利の上昇が米銀における米ドル預金金利の上昇につながるまでには、相当のタイムラグがある（そのタイムラグは高クーポン債が発行されるまでのラグよりも長い可能性が高い）。したがって少なくとも、CPIの発表直後に円預金を解約して米ドル預金に移す動きが活発化すると考える理由はないといってよいだろう。

　また、銀行預金金利を決定するのは10年のような長期金利ではなく、短期金利である。各年限の金利は常にパラレルに動くわけではなく、利下げ（短期金利は低下）を受けて景気回復期待が高まり長期金利が上昇するケースなど、短期金利と長期金利が逆方向に動くことも実際にはそれほど珍しくない。一言で米金利上昇といっても、それが短期なのか長期なのかによって全く含意が異なることがあり得る。

　以上のように、「米国の金利が上昇すると米ドルで運用したほうが有利になるので、円から米ドルに資金が移る結果、ドル高/円安になる」という説明は、金利上昇のメリットを活かすために行われる実際の投資行動に照らすとあまり説得力がないが、一面では単にUIPを平易に言い換えただけとも解釈可能である。この場合問題になるのは、実際の名目金利の水準ではなく期待収益率の変化である。もっとも上述したように、UIPでは期待収益率を変化させるようなイベントに対するファースト・リアクションとして米長期金利と米ドルの正の相関関係が想定されるが、その後の動きとして想定されるのは高金利通貨の減価と低金利通貨の増価であることから、名目金利と名目為替レートの持続的な正の相関関係を説明することはできない。

第4節　為替レートと金利（金利差）の関係を再考する

2　2021年〜2022年のドル/円上昇の背景

　UIPのフレームワークで長期金利と為替レートの持続的な正の相関関係を説明するためには、中央銀行の政策に対する市場予想が一定期間同じ方向に持続的に変化するなどして、当該通貨の期待収益率が一方向に変化し続ける必要がある。実際にこうした動きがみられることは稀だが（したがって、米名目金利と米ドルの持続的な正の相関の理由は学術的には依然謎のままである）、2021年〜2022年前半には珍しくこうした動きがみられた。

　2021年から2022年にかけては、エネルギー価格上昇の影響もあって米国のインフレ率が大きく上昇するなかでFRBが一貫して市場にタカ派的なサプライズを与え続けた結果、かなり長い期間にわたって利上げ期待が上昇を続けた。この間、日本銀行は緩和姿勢を維持したため、米ドルの円に対する相対的な期待収益率は、1年以上の期間にわたって上昇し続けたことになる。

　図表1－20はFF金利先物が織り込む2024年末のFF金利水準とドル/円の動きをみたものである。FF金利先物は、2021年初の時点ではほとんど利上げを織り込んでいなかったが、米インフレ率の急上昇に伴って2021年秋頃から利上

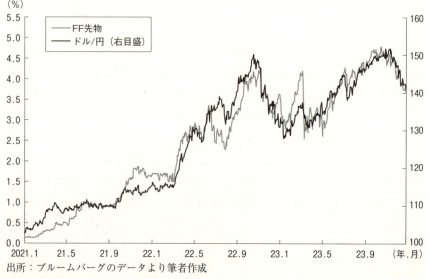

図表1－20　FF金利先物が織り込む2024年末のFF金利水準とドル/円

出所：ブルームバーグのデータより筆者作成

46　第1章　為替レートの決定理論：実務的アプローチ

げ期待が急上昇し、2022年秋には4％を超える水準に政策金利が引き上げられることを織り込むに至った。2023年初の時点では一連の利上げの影響もあって米国経済がリセッションに陥るとの見方が強まるなかで市場は2024年中の比較的大幅な利下げを織り込んだが、米経済が予想外の底堅さをみせ、FRBもタカ派的なスタンスを維持するなかで同年秋にかけて利下げ期待は大きく後退した。

　長期金利の水準は将来の短期金利水準の予想によって決まるとの考え方もあるように（こうした考え方は「純粋期待仮説」と呼ばれる）、長期金利と政策金利見通しの間には密接な関係がある。実際、過去数年間、FF金利先物と米長期金利の間には強い相関関係が観察されており、米10年国債金利の水準はFF金利先物が織り込む2024年末の政策金利水準と概ね合致している（図表１−21）。

　図表１−20、図表１−21が示すように、FF金利先物に織り込まれた将来の政策金利水準はドル/円、米長期金利の双方と比較的強い正の相関関係がある。この当然の帰結として、米長期金利とドル/円の間にも比較的強い正の相関関係が存在しており[23]、2021年から2022年にかけて米長期金利が大きく上昇するなかでドル/円も大きく上昇、2022年10月にはドル/円は1990年初以来の高値を更新して、1ドル＝152円手前まで上値を伸ばした（図表１−22）。

図表１−21　FF金利先物が織り込む2024年末のFF金利水準と米10年国債金利

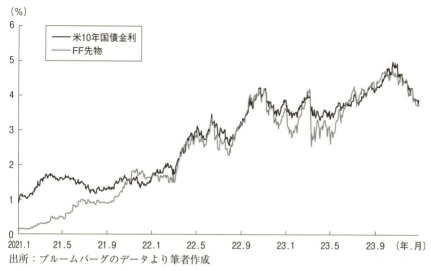

出所：ブルームバーグのデータより筆者作成

第４節　為替レートと金利（金利差）の関係を再考する　47

図表1−22　ドル/円と米10年国債金利

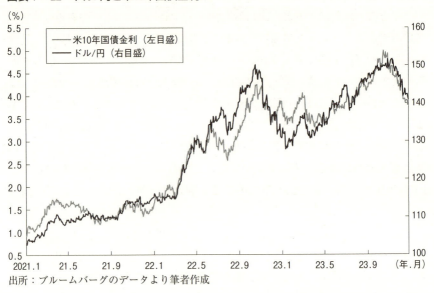

出所：ブルームバーグのデータより筆者作成

　ドル/円と米長期金利の間に存在する正の相関関係の背景には、どのような要因が存在するのだろうか。これまでの議論を踏まえると、両者の相関関係は本邦投資家による米国債投資に絡む米ドル買いによるものではなかったと考えられる。前述したように、当時金利上昇によって保有外国債券の含み損が拡大するなか、本邦投資家は米国債券を含む外国債券を大きく売り越した。米金利上昇は債券売りと整合的であるが、この間に大幅に円安が進んだ理由としては、①米国債売りに伴う米ドル売り/円買いを上回る米ドル買い/円売りがあったか、②売却した米国債の大部分が為替ヘッジ付きであったかのいずれかと考えられる。

　データは、上記②の影響がより強かった可能性を示唆している。前出の財務省の「投資家部門別対外証券投資」によると、FRBが利上げを開始した2022年3月から米長期金利がいったんピークをつけた同年10月までの間に「銀行」が8.7兆円、「生命保険会社」が7.4兆円それぞれ外国債券を売り越した（図表

23　本来は米金利ではなく日米金利差との相関をみるべきだが、当時日本の10年国債金利は日本銀行のYCC（イールド・カーブ・コントロール）によって動きが抑制されていたため、米国長期金利と日米長期金利差はほぼ同じ動きとなっていた。

48　第1章　為替レートの決定理論：実務的アプローチ

1 −19）。銀行による外債投資は通常、レポ市場などを通じて現地通貨でファイナンスされるため、為替取引が発生しない。また、生命保険会社による外債投資は（会社によってバラツキがあるものの）かなりの部分が為替ヘッジ付きである。このため、銀行と生保による外債売りは同期間の米国債金利上昇に一定程度寄与した可能性がある一方で、ドル/円為替レートへの影響は限定的だったとみられる[24]。

以上から、図表1−22に示されたドル/円と米長期金利の正の相関関係は、米金利上昇に伴って本邦勢が円資産からドル資産へのシフトを活発化させた結果生じたものではなく、日米の金融政策の方向性の乖離に着目した投機筋のフローに主導されたものとみるのが妥当と考えられる。

他方、投機筋のポジションのプロキシーとしてよく参照されるIMM通貨先物は、2022年3月以降の円安局面で円ショート・ポジションがそれほど拡大しなかったことを示しており（図表1−23）、これを根拠として当時のドル/円上昇に対する投機フローの影響はそれほど大きくなかったとみる向きもある。この可能性は完全には排除できないが、ある期間に投機的なポジションが積み上がっていないからといって、必ずしも当該期間の値動きに対する投機筋の影響が限定的だったとはいえない。たとえば、当該期間における投機筋の取引が回転を利かせたものである場合には、ポジションがそれほど積み上がらない可能性がある。

こうした状況は、フローとしての投機的ポジションは大きいが、ストックとしてのポジションはさほど大きくない状況といえよう。金利から収益を得るためにはある程度の期間ポジションを保有し続ける必要があるが（一連の図表で示している金利水準はすべて年率の数字である）、金利見通しを背景とした為替レートの動きから得られる売買益を目的とした取引の場合には、長期間にわたりポジションを維持するインセンティブに乏しいと考えられる。1年間ポジションを保有すれば1年分の金利収益は必ず得られる一方、金利見通しに基づく為替収益はポジションを長く保有すればするほど大きくなるというものではなく、ポジションを保有している途中で金融政策見通しに変化が生じた場合には、当初含み益が出ていたポジションが一転含み損となる可能性もある。し

---

[24] 銀行と生保の投資行動の違いの詳細については、棚瀬（2019）など参照。

図表1-23 ドル/円とIMM通貨先物ポジション

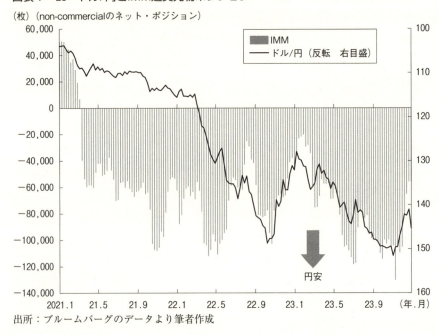

出所：ブルームバーグのデータより筆者作成

がって、こうしたポジションをとる投資家は、ある程度利が乗ったらいったん利益を確定することを選択するだろう。

　以上から、2022年3月以降のドル/円上昇が金融政策および金利見通しに基づく短期的な投機に主導されたものであったことが、同期間に投機的なポジションがそれほど積み上がらなかった理由と考えられる。FRB利上げ期待の高まりに伴う米金利の先高感を背景に米ドル買い/円売りのポジションを構築し（これはUIPと整合的な投資行動といえる）、ある程度ドル/円が上昇した段階でポジションをクローズして利益を確定するという一連の取引が数カ月間にわたって繰り返し行われたことが、ドル/円の大幅上昇につながったという図式である。

　結局のところ、名目長期金利（金利差）と為替レートの持続的な正の相関関係は経済理論では説明できず、その背景にあるのは金融政策見通しに基づく投機であると考えられる。またよりシンプルに、名目長期金利と為替レートの正の相関を前提として、相関の経済理論的な根拠等は考慮せずに「とりあえず米

長期金利が上昇したら米ドルを買う」といった取引もあり得るが、こうした取引は金利収入を得るためにポジションをある程度の期間維持するような性質のものではないと考えられる。

> **BOX** 　**2023年9月FOMC以降の動きとその含意**
>
> 　前項では、長期金利と為替レートの正の相関関係の背景にあるのは高い金利水準から利益を得ることを目的とした取引ではなく、金融政策見通しに基づく投機か、為替レートと名目長期金利の正の相関関係を前提とした投機である可能性が高いとの見方を示したが、以下で述べるように、2023年秋の動きはこうした見方を裏付けるものと解釈することが可能かもしれない。
>
> 　2023年9月のFOMC(連邦公開市場委員会)では政策金利(FF金利の誘導目標)が5.25〜5.50%に据え置かれ、会合後の声明やパウエル議長の会見内容も追加利上げを強く示唆するものではなかったことから、市場参加者の間でFRBの利上げサイクルが2023年7月の利上げを最後に終了したとの見方が強まった。
>
> 　こうしたなか、9月FOMC以降、FF金利先物と米長期金利の相関が弱まった。9月FOMC以降もしばらくの間米長期金利は上昇を続けたが、この間、FF金利先物には大きな動きはなかった(図表1-24)。このことは、9月FOMCまではFRBの利上げ期待が米長期金利上昇を主導してきたのに対して、9月FOMC以降の米長期金利上昇は、FRBの金融政策見通し「以外」の要因によって主導されたことを示している。長期金利の動きは、金融政策見通しといったファンダメンタルズによって規定される部分とそれ以外の要因による部分に分解でき、後者は「ターム・プレミアム」と呼ばれる。したがって、9月FOMC以降の米長期金利はターム・プレミアムの上昇によってもたらされたともいえる[25]。

---

[25] ただし、定義上ターム・プレミアムはファンダメンタルズによって決まる部分と金利の実際の値の残差であるため、ターム・プレミアム上昇をもたらした要因は厳密には特定できない。2023年秋のケースでは、ターム・プレミアム上昇の背景にある要因として、米国債の需給悪化懸念、インフレ見通しの不透明感、投機的な米国債ロング・ポジションの巻き戻し、ヘッジ・フローなどが指摘されていた。

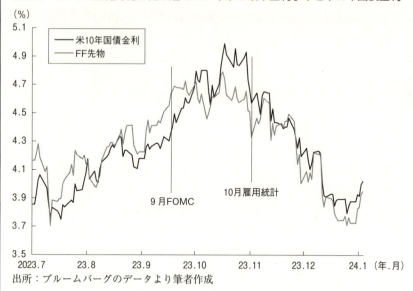

図表1−24　FF金利先物が織り込む2024年末の政策金利水準と米10年国債金利

出所：ブルームバーグのデータより筆者作成

　しかし、米長期金利とFRB金融政策見通しの相関が崩れ、ターム・プレミアムが米長期金利動向を主導する流れはそれほど長く続かなかった。流れが変わるきっかけとなったのは、11月3日に公表された10月の米雇用統計であった。それまでは、FRBによる一連の利上げにもかかわらず米経済（特に労働市場）は堅調さを維持しており、パウエル議長をはじめとするFRB高官も早期利下げに否定的な見方を示すなか、金融政策見通しに対する不透明感が強かった。

　しかし、10月雇用統計の弱い結果を受けて追加利上げの可能性が低下する一方で2024年の米景気減速→同年後半に利下げというシナリオの蓋然性が高まり、金融政策を巡る先行き不透明感が後退すると、再びFRB金融政策見通しと米長期金利の相関が強まった（図表1−24）。もっとも、9月FOMC前の基本的な流れが「利上げ期待の高まり→米長期金利上昇」だったのに対して、11月初旬以降は「利下げ期待の高まり→米長期金利低下」であり、金利の方向性は逆になっている。金融政策見通しの不透明感が低下したことを受けてターム・プレミアムは低下して、ターム・プレミアムと長期金利の相関も弱まった。

ここで、9月FOMC以降FRB金融政策見通しが米長期金利のメイン・ドライバーでなくなった期間に、米長期金利とドル/円の相関関係が弱まったことは興味深い（図表1－25）。仮にドル/円と米長期金利の相関の主因が米金利上昇から得られる収益であるならば、重要なのは金利の絶対水準であって金利上昇の要因ではないと考えられ[26]、金利上昇を主導する要因が変化したからといって米長期金利とドル/円の相関が崩れる理由はない。この観点から、米長期金利のメイン・ドライバーがFRB金融政策見通しからターム・プレミアムに変わった途端に米長期金利とドル/円の相関関係が崩れたことは、ドル/円の動向にとって、米長期金利の絶対水準よりもFRBの金融政策見通しのほうが重要であったことを示唆しているとも考えられる。

図表1－25　米10年国債金利とドル/円

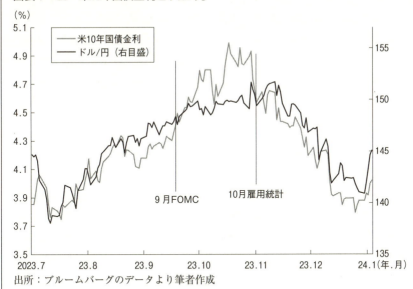

出所：ブルームバーグのデータより筆者作成

---

[26] インフレ期待の急激な上昇が名目長期金利の上昇を主導した結果、名目長期金利上昇にもかかわらず実質金利がむしろ低下してしまうようなケースではこの限りではないが、2023年秋にはこういった動きはみられなかった。

第4節　為替レートと金利（金利差）の関係を再考する　53

3　円キャリー・トレード

　金利収入を目的とした為替取引は実際にはあまり行われていない模様だが、前述したように、金利のボラティリティに比べて為替のボラティリティが高すぎることがその理由と考えられる。たとえば、1年で2％の金利収入を得るために、1日に1％以上動くことが頻繁にある通貨を1年間保有し続けるような取引は、あまりリーズナブルとはいえないだろう。

　したがって、金利収益を目的とした外為取引が活発化するのは稀なケースといえるが、全く実例がないわけではない。こうした取引の代表的なものは、前出の「円キャリー・トレード」であろう。

　金利収益を目的とした外為取引が活発化するためには、①金利水準が十分に高く、しばらくその状態が続くとみられることと、②為替のボラティリティが低いことが必要条件となる（十分条件ではない）。GFC前の数年間にはこれら2つの要件が満たされるなかで、円売り/外貨買いが活発化した。

　最もシンプルな円キャリー・トレードは、まずスポットで外貨買い/円売りを行い、スポットの決済日（通常2営業日後）に決済せず、為替スワップでロールオーバーしてポジションを維持するというものである。ロールオーバーは毎日1日ずつ伸ばしてもよいし、一気に数カ月伸ばしてもよい。いずれにしても、為替スワップでロールオーバーする際には期近で外貨売り/円買い、期先で外貨買い/円売りを行うことになるが、外貨のほうが金利が高い状況（こうした状況でなければ円キャリー・トレードは行われない）では期先がディスカウント（ドル円ならドル安・円高）になるので、期近を売って期先を買うと為替差益が得られる。そしてこの利益は（ベーシスを考慮しなければ）日米短期金利差で決定される。ドル/円のロング・ポジションを毎日ロールして1年保有し続ければ、毎日為替スワップから得られる収益の累積分が年率の日米金利差と合致することになる。ここで、UIPが成立していれば1年間に日米金利差と同じだけドル/円の名目為替レートが下落して金利差から得られる収益が相殺され、ドル/円ロング・ポジションの収益はゼロになるが、名目為替レートの下落が日米金利差よりも小さければ、こうした取引（すなわちキャリー・トレード）から超過収益が得られることになる。

　図表1－26は2004年～2007年の米国の政策金利（FF金利誘導目標）とIMM

図表1−26 IMM通貨先物の円ポジションとFF金利誘導目標（2004年〜2007年）

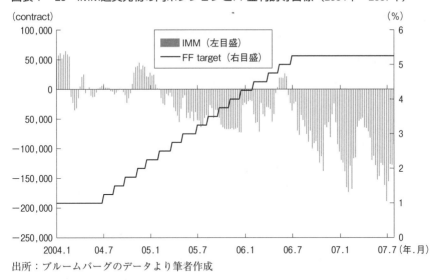

出所：ブルームバーグのデータより筆者作成

の円ポジションの動向をみたものであるが、利上げの過程においては円ショート・ポジションがそれほど積み上がらず、利上げが終了して政策金利が横ばい推移となった2006年半ばから2007年半ばにかけて円ショート・ポジションが積み上がっていったことがわかる。上述したように、円キャリー・トレードの収益の源泉は日米の短期金利差であることから、米国の短期金利が上がり切ったときがトレードを行うタイミングとして最良であるが、図表1−26に示された円のポジションの動向はこのことを反映しているとも考えられる。米国の利上げが打ち止めとなり、これ以上米国の短期金利が上昇しない見込みとなった段階で米ドル・ロング／円ショート・ポジションを構築して、そのポジションをしばらく維持することで日々金利収入を得ることができる。金利収入を得るためには一定期間ポジションを維持する必要があるため、円キャリー・トレードの活発化に伴って円ショート・ポジションが積み上がっていくことになる。

円キャリー・トレードの収益源は海外の短期金利の水準によって決定される金利収入であることから、円キャリー・トレードにとって重要なのは短期金利の実際の水準であって、先行き見通しではない。たとえば、仮に何らかの材料（弱い経済指標や中央銀行高官による将来の利下げを示唆する発言など）を受けて将来の利下げに対する思惑が強まり、長期金利が低下したとしても、実際

第4節　為替レートと金利（金利差）の関係を再考する　55

に利下げが行われない限り短期金利から得られる収益はほとんど変化しないと考えられることから、投資家にはキャリー・トレードのポジションを解消するインセンティブがない。このように理論上は、キャリー・トレードのポジションは長期金利の動向にほとんど影響を受けないと考えられる。

図表1－26をみると、IMMの円ショート・ポジションは利上げの過程ではそれほど大きく積み上がらず、2006年6月に最後の利上げが行われた後に大きく積み上がったことがわかる。図表1－27は、利上げ終了後に円ショート・ポジションが大きく積み上がっていくのに平仄を合わせてドル高・円安が進行したことを示している。図表1－28は、利上げ終了後米長期金利が緩やかに低下したにもかかわらずドル/円が上昇を続けた結果、両者の相関が崩れたことを示している。

以上の議論は、一言に為替の「投機」といってもさまざまな形があり、投機のタイプによって為替と金利の関係や為替の投機的ポジションの動向に差異が生じることを示唆しているとも考えられる。2022年の円安局面や図表1－26～図表1－28に示した2004年～2006年の利上げ局面およびキャリー・トレード全盛期の動きは、以下のようなメカニズムを示唆しているとも考えられる。

利上げ開始前や利上げサイクルの初期においては金融政策見通しに基づいた投機が活発に行われる結果、金融政策見通しをよりビビッドに反映する長期金利および長期金利差と為替レートの相関が強まる。こうした投機は金利収益ではなく為替レートの動きから収益を得ることを目的としており、含み益が生じたら速やかに利益確定の反対売買が行われる結果、低金利通貨のショート・ポジションが大きく積み上がることはない。他方、利上げサイクルが終盤に近づき短期金利が十分に上昇すると、金利収益の魅力が高まってキャリー・トレードが活発化する結果、短期金利の絶対水準が重要になる一方で長期金利と為替レートの相関は低下する。キャリー・トレードは金利を主な収益源としているため、ある程度の期間ポジションを維持する必要があり、キャリー・トレードが活発化すると低金利通貨のショート・ポジションが大きく積み上がっていくと考えられる。

図表1－29は以上の議論を整理したものである。パターン①の典型例は2022年の円安局面、パターン②の典型例は2006年半ば～2007年半ばの円安局面である。ただし言うまでもなく、為替レートはさまざまなフローに影響されるう

図表1−27　IMM通貨先物の円ポジションとドル/円（2004年〜2007年）

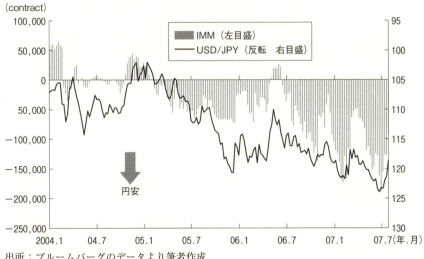

出所：ブルームバーグのデータより筆者作成

図表1−28　ドル/円と米10年国債金利（2004年〜2007年）

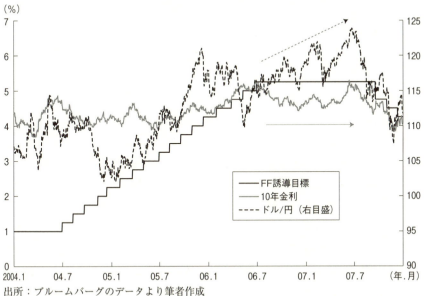

出所：ブルームバーグのデータより筆者作成

第4節　為替レートと金利（金利差）の関係を再考する　57

図表1-29　投機の類型

	時期	収益源	長期金利と為替の相関	ポジションの積み上がり	具体例
パターン①	利上げ前〜サイクル初期	為替	○	△	2022年の円安
パターン②	利上げ後期〜打ち止め後	金利	×	○	2006年〜2007年の円安

出所：筆者作成

え、図表1-29の類型化は1つの仮説にすぎず、データによって頑健に裏付けられているわけではないため、このパターンに当てはまらないケースも散見される。たとえば、2004年〜2006年の利上げ局面では、利上げ開始前から利上げサイクル初期にかけてはドル/円と米長期金利および日米長期金利差の間に正の相関がみられたものの、相関は2022年の利上げサイクル初期ほどは強くなかった。

4　円は「安全資産」なのか

為替市場で円高が進行すると、よく「安全資産（safe haven）である円が買われている」といったマーケット・コメントを目にする。特に、投資家のリスク回避姿勢が強まる局面（「リスク・オフ」局面）で円が買われるケースでは、必ずといってよいほどこうした説明がなされる印象である。

円が安全資産なのか否かに関する重要な論点は、リスク・オフ時の円高の主因が安全資産としての円買いなのか、それまでに売られていた円の買い戻しにすぎないのかということである。過去数十年間、日本の名目金利は一貫して他の主要国に比べて低かった。このことは、投資家がキャリー・トレードを行う際に円が一貫して売られる側の通貨であったことを意味する[27]。そして通常、キャリー・トレードは投資家のリスクテイク志向が強い（リスク・オン）時に活発化し、リスク回避姿勢が強まる（リスク・オフ）と巻き戻される。したがって、調達通貨である円は、リスク・オンのときに売られ、リスク・オフのときに買い戻される性質を有することになる。

---

[27] キャリー・トレードで売られる通貨は調達通貨、買われる通貨は投資通貨と呼ばれるが、円は一貫して調達通貨である。

ここで、円がリスク・オフのときに「買われる」のか「買い戻される」のかを区別することは重要である。仮に、単にそれまで売られていたものが買い戻されているだけであれば、円が安全資産として買われているとはいえないであろう。

　上述したように、メディア等のマーケット・コメントでは、リスク・オフで円高になるたびに枕詞のように「安全資産」という言葉が用いられる。他方、メディアで言及される頻度に比べて学界における安全資産に関する研究はそれほど多くなく[28]、安全資産の定義もまちまちであり、どの通貨が安全資産なのかについても意見が分かれている。

　伝統的には、市場のボラティリティが上昇したり、株などのリスク資産が売られる局面でアウトパフォームする資産を安全資産と定義することが多く、この定義に基づけば円は安全資産であるとの結論に至りやすい（たとえばRanaldo and Söderlind（2009）など）。

　他方、リスク・オフ時に生じるキャリー・トレードの巻き戻しの影響を考慮する必要があるとの説もあり、このケースでは円が安全資産か否かについては見方が分かれている（Habib and Stracca（2011）、Hossfeld and MacDonald（2015）など）。たとえば、Hossfeld and MacDonald（2015）は、円がリスク・オフ時にアウトパフォームするのはキャリー・トレードの巻き戻しが主因であり、円は「真の」安全資産ではないと結論付けている[29]。

---

[28] Cenedese（2012）。
[29] Hossfeld and MacDonald（2015）によれば、「真の」安全資産はスイス・フランであり、程度はやや弱いものの米ドルがこれに続く。

第4節　為替レートと金利（金利差）の関係を再考する　59

第5節 アセット・アプローチ

前述したように、ブレトンウッズ体制崩壊後は資本市場のストック均衡によって為替レートが決定されることを仮定するアセット・アプローチが、為替レートの決定理論の主流となった。アセット・アプローチは、内外資産の完全代替を仮定するマネタリー・アプローチと、不完全代替を仮定するポートフォリオ・バランス・アプローチに分類される。また、マネタリー・アプローチは短期における購買力平価の成立を仮定する「伸縮価格マネタリー・アプローチ」[30]と、購買力平価が長期的には成立するものの短期では成立しないと仮定する「硬直価格マネタリー・アプローチ」[31]に分類される。

1 マネタリー・アプローチ

1970年代に誕生したアセット・アプローチはその後さまざまな形で発展していくが、初期に主流だったのは、「マネタリー・アプローチ」と呼ばれる、通貨市場の均衡を重視する考え方であった。マネタリー・アプローチでは、自国(たとえば日本)通貨建て債券と外貨(たとえば米国)建て債券は完全に代替的であり、UIPが成立することが仮定されている。

二国の通貨市場の需給変化が為替レートを決定するというマネタリー・アプローチは、常に購買力平価が成立することを仮定する「伸縮価格マネタリー・アプローチ」と、短期的な物価の硬直性を仮定する「硬直価格マネタリー・アプローチ」に分類される。

「伸縮価格マネタリー・アプローチ」は、以下のように表される[32]。

$$s_t = (m_t - m_t^*) - \phi(y_t - y_t^*) + \lambda(R_t - R_t^*) \quad (式1-5)$$

ここで、mは名目貨幣供給残高(小文字は対数、アスタリスクは海外の変数

---

[30] 深尾(1983)等ではこれを「マネタリスト・アプローチ」と呼称している。
[31] これは、Dornbusch(1976)によって定式化され「オーバーシューティング・モデル」と呼ばれる。
[32] 式の導出過程については小川・川﨑(2007)、藤井(2013)など参照。

であることを意味する)、yは所得ないしはGDP、Rは金利、ϕは実質貨幣供給残高の所得弾力性、λは実質貨幣供給残高の利子半弾力性である。

また、「硬直価格マネタリー・アプローチ」は、以下のように表される。

$$S_t = (m_t - m_t^*) - \phi(y_t - y_t^*) - \frac{1}{\theta}(R_t - R_t^*) + \left(\delta + \frac{1}{\theta}\right)(\Delta p^e - \Delta p_t^{e*}) \quad (式1-6)$$

物価の調整が即座に行われないことを仮定する硬直価格マネタリー・アプローチでは、予想インフレ率が名目為替レートの決定要因として加わる(p^eは期待インフレ率)。また、硬直価格マネタリー・アプローチでは、(名目)金利の為替レートへの影響が伸縮価格マネタリー・アプローチと逆になる。その他の条件を一定として国内(名目)金利が上昇すると、伸縮価格マネタリー・アプローチでは自国通貨の減価が示唆される一方で、硬直価格マネタリー・アプローチでは自国通貨の増価が示唆される。これは、伸縮価格マネタリー・アプローチでは自国金利の上昇は自国の貨幣需要の減衰を通じて自国通貨に下落圧力をかけるのに対して、硬直価格マネタリー・アプローチでは、名目金利が上昇する一方で期待インフレ率が不変であれば、実質金利が上昇して、自国通貨の増価につながるためである。この点は、上の式を書き直した下式をみるとより明確である。右辺第3項の括弧のなかは国内外の実質金利差である。実質金利差が名目為替レートの決定に影響することから、硬直価格マネタリー・アプローチは「実質金利差モデル」とも呼ばれる。

$$S_t = (m_t - m_t^*) - \phi(y_t - y_t^*) - \frac{1}{\theta}[(i_t - \Delta p_t) - (i_t^* - \Delta p_t^*)] \\ + \delta(\Delta p_t - \Delta p_t^*) \quad (式1-7)$$

マネタリーベースvs.マネーサプライ

伸縮価格と硬直価格の区別に関係なく、マネタリー・アプローチに基づくと、その他の条件が一定なら、二国間の貨幣供給量の差異に基づいて名目為替レートの調整が行われることになる。つまり、A国の貨幣供給量がB国よりも相対的に多ければ、A国通貨の名目為替レートはB国通貨に対して減価することになる。

2008年〜2009年の世界金融危機後、ゼロ金利制約に直面した各国中央銀行が

資産買入等を通じてバランスシートを拡大させる量的緩和策に踏み切るなか、為替市場参加者の間でマネタリー・アプローチを用いた分析が盛んに行われるようになった。それは典型的には以下のようなものであった。

図表１－30は米国連邦準備制度（FRB）と日本銀行のバランスシートの相対的な規模とドル/円為替レートの推移をみたものである。2008年～2009年の世界金融危機時には円高が急激に進んだが、当時は日本銀行が量的緩和に及び腰であったことが円高を招来したとの批判が盛んになされ、図表１－30のようなチャートがこうした主張を裏付けるためによく用いられた。こうしたチャートは、著名投資家のジョージ・ソロスが為替レート予想に用いていたといわれることから、「ソロス・チャート」とも呼ばれる。2008年９月のリーマン・ショックの後、日米中央銀行のバランスシートの相対規模を示す図中のグレー線は急低下したが、これはFRBがLSAP（Large-scale Asset Purchaseの略。一般にはQE（Quantitative Easing）と呼ばれることが多い）によりバランスシートを大きく膨らませた一方で、日本銀行のバランスシートの規模があまり変化しなかったことを示している。

こうしたトレンドは2013年３月に就任した黒田総裁の下、日本銀行が量的質

図表１－30　日米中央銀行バランスシートの相対規模とドル/円

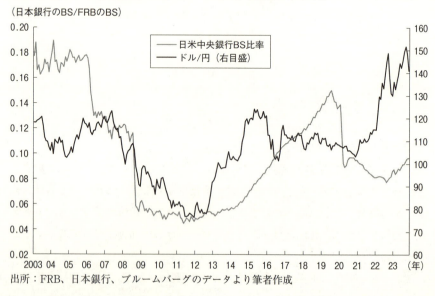

出所：FRB、日本銀行、ブルームバーグのデータより筆者作成

62　第１章　為替レートの決定理論：実務的アプローチ

的金融緩和策（Quantitative and Qualitative Monetary Easing：QQE）を実施した一方でFRBが資産買入を停止させたことで反転、図中のグレー線は上昇に転じ、ドル高・円安が進んだ。マネタリーベース（後述するように中央銀行のバランスシートの規模≒マネタリーベースの規模である）を拡大すれば円安になるとのマネタリストの主張が裏付けられた形となったが、その後は図中のグレー線が上昇を続けた一方でドル/円は方向感を失っており、日米中央銀行のバランスシート格差が示す方向（ドル高・円安）と実際の動きの乖離が拡大した。また2021年〜2022年の円安局面ではグレー線は緩やかに低下しており、近年、日米中央銀行BS比率のドル/円相場に対する説明力は低下しているようにみえる。

　中央銀行のバランスシートの規模は概ねマネタリーベースと等しいことから、中央銀行のバランスシートの相対的な規模を比較する分析は、二国間のマネタリーベースの相対規模をみることとほぼ同義である。マネタリーベースは現金＋中央銀行当座預金と定義され、中央銀行の負債項目である。マネタリーベースは中央銀行が創出したマネーにほかならず、直観的には、二国間の貨幣供給量の差異に基づいて名目為替レートの調整が行われることを想定するマネタリー・アプローチに依拠した分析を行ううえで選択される変数として適切であるように思われるが、こうした考え方は妥当だろうか。

　上述したように、マネタリーベースは現金＋中央銀行当座預金と定義されるが、日本銀行の例では、現金に該当する「発行銀行券」が2023年末時点で123兆円だったのに対して「当座預金」は538兆円であり、当座預金が圧倒的に大きい。中央銀行は民間セクターからの需要（主に決済需要）によって受動的に決まる現金の残高をコントロールできないので（この意味で、「中央銀行がお金を刷って市中にばら撒く」といった量的緩和策に対する一般的なイメージは、厳密には正しくない）、量的緩和策によるバランスシート拡大は、負債サイドでは主に準備預金の増加を通じて達成される。

　たとえば、日本銀行が民間金融機関から日本国債を買い入れ、金融機関にその代金を支払うとき、日本銀行のバランスシートの資産側に日本国債が、負債側に同額の当座預金が積み上がる。図表1－31はマネタリーベースを構成する発行銀行券と当座預金の推移をみたものであるが、2013年4月の量的質的金融緩和第1弾（QQE1）開始以降当座預金残高が大きく増加した一方で発行銀行

第5節　アセット・アプローチ

図表1-31　マネタリーベースの内訳：発行銀行券と日銀当座預金の推移

出所：日本銀行のデータより筆者作成

券残高は緩やかにしか増加しておらず、日本銀行によるバランスシート（負債サイド）拡大のほとんどが当座預金の増加によるものだったことが分かる。

QQEによって大きく増加した当座預金（言うまでもなくすべて日本円である）がすべて外国為替市場に流れ込むのであれば、確かに需給悪化が円安を招来する可能性は高そうに思える。中央銀行のバランスシートの相対規模を為替レートに関係付ける分析はこうした考え方に基づいていると考えられるが、これは妥当なのだろうか。

図表1-32は、QQEを通じた日本銀行のバランスシート（マネタリーベース）拡大が民間金融機関のバランスシートにどのように影響するかを示したものである。たとえば、日本銀行が国債を300購入すると日銀当座預金も同額増加して、バランスシート（マネタリーベース）の規模は2倍になる。他方、民間金融機関のバランスシートの資産の部では国債が300減少して当座預金が300増加する[33]。

当座預金はすべて日本円であるため、当座預金から為替取引が発生するためには、たとえば、銀行が当座預金を取り崩して為替リスクをとって外貨資産に投資するような動きが必要になるが、こうした取引はほとんど行われていない

64　第1章　為替レートの決定理論：実務的アプローチ

図表1－32　QQEによる日本銀行のバランスシート拡大と民間金融機関のバランスシートの関係

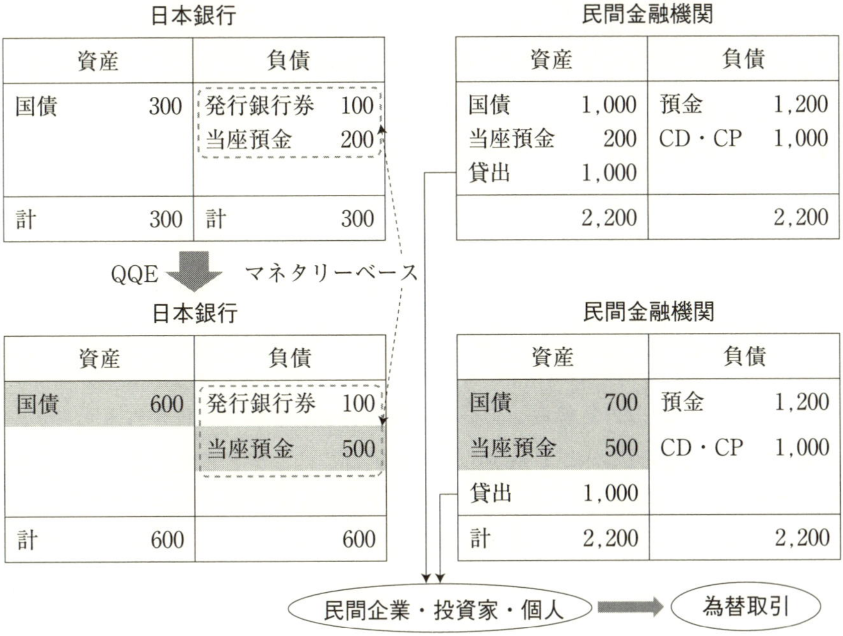

日本銀行

資産		負債	
国債	300	発行銀行券	100
		当座預金	200
計	300	計	300

民間金融機関

資産		負債	
国債	1,000	預金	1,200
当座預金	200	CD・CP	1,000
貸出	1,000		
	2,200		2,200

QQE ⬇ マネタリーベース

日本銀行

資産		負債	
国債	600	発行銀行券	100
		当座預金	500
計	600		600

民間金融機関

資産		負債	
国債	700	預金	1,200
当座預金	500	CD・CP	1,000
貸出	1,000		
計	2,200		2,200

民間企業・投資家・個人 ➡ 為替取引

出所：筆者作成

と考えられる[34]。図表1－32で為替取引が発生するのは、基本的に日本銀行と民間金融機関で構成される銀行システムの外側においてである（たとえば、民間企業が銀行から借り入れた円資金を外貨に換えて対外直接・証券投資を行うケースを想定されたい）。このことは、為替取引に使われる可能性がある円資金が、日本銀行のバランスシートの規模に直接的な制約を受けないことを示している。

以上のように、日本のマネタリーベース拡大の主たる構成要素である日銀当座預金からは基本的に為替取引は発生しないとみられることから、為替市場に

---

[33] ここで、日本銀行のバランスシートが2倍になっても民間金融機関のバランスシートの規模に変化が生じていないことに注意されたい。つまり、そのほかの条件が一定ならば、資産買入による日本銀行のバランスシート拡大は、民間金融機関の資産構成を変化させるだけで、バランスシートの規模の変化にはつながらないのである。
[34] 前述のように、銀行の対外債券投資の大部分はレポ市場等で現地通貨を調達して行われており、為替取引が発生しないとみられる。

おける円の需給を測定するためにマネタリーベースを用いることは必ずしも妥当ではないと考えられる。マネタリーベースは中央銀行が自国の銀行システムに供給したマネーであり、信用創造のプロセスを通じて銀行が銀行システム外に供給するマネーはマネーストックとして計測される。以上から、相対的なマネーの量が為替レートを決定すると考えるマネタリー・アプローチのフレームワークにおける「マネー」のプロキシーとしては、マネタリーベースではなくマネーストックを用いるほうがより理に適っているといえよう。実際、筆者が知る限りでは、ソロス・チャートそのものを研究対象としたもの[35]を除き、マネタリー・アプローチに基づくモデルによるほとんどの実証研究では、マネーのプロキシーとしてマネタリーベースではなくマネーストックが用いられている[36]。

このことは、両者の為替取引の発生可能性および規模の比較からも明らかであるようにも思われる。為替取引の発生可能性について、前述したように為替取引の大宗はマネタリーベースではなくマネーストックから発生すると考えられる。また、単純に両者の規模を比較するとマネタリーベース（2023年末時点で661兆円）よりもマネーストック（同1,240兆円。M2ベース）のほうがはるかに大きい。したがって、マネーの量と為替レートの関係を調べるうえでマネーのプロキシーとしてマネタリーベースを採用することが妥当であるためには、マネーストックのマネタリーベースを上回る部分では一切為替取引が発生しない、あるいは信用乗数が極めて安定的であるといった、かなり強い前提条件を置く必要がある。

後者に関して、図表1－33は、2013年4月の量的質的金融緩和第1弾（QQE1）開始後の日本のマネタリーベース、マネーストック（M2）、信用乗数（マネーストック/マネタリーベース[37]）の動きをみたものである。QQE1開始後マネタリーベースが急激に拡大した一方でマネーストックの伸びは限定的にとどまったため、信用乗数は大きく低下している。したがって、信用乗数が安定的との前提の下でマネタリーベースをマネーのプロキシーとして使用する

---

[35] 安達（2016）など。
[36] Frenkel（1976）の古典的な論文など。
[37] マネタリーベース（MB）とマネーストックの関係は、信用乗数をαとするとMS＝αMBと表すことができる。したがって、α＝MS/MBである。

図表 1-33 日本のマネタリーベース、マネーストック、信用乗数

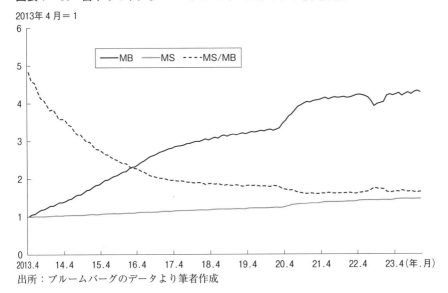

出所：ブルームバーグのデータより筆者作成

ことは適切でないといえよう。

　以上のように、マネーのプロキシーとしてはマネーストックのほうがマネタリーベースよりも適切と考えられるが、マネーストックを用いて作成されたソロス・チャートの分析はほとんどみられない。この理由はおそらく単純で、マネーストックの二国間比率と為替レートの間にはほとんど相関がないためである。

　図表1-34はM2の日米比とドル/円為替レートの関係をみたものであるが、M2の日米比はほぼ一貫して緩やかに低下しており（これは、米国のマネーの供給量が一貫して相対的に日本よりも大きいことを意味している。マネーの名目供給量は景気とインフレの関数であるため、この期間にほぼ一貫して米国のほうが日本よりも景気がよく、インフレ率も高かったことを踏まえれば自然な動きといえる）、ドル/円為替レートとの間には全く相関関係がない。

　マネーのプロキシーとしてより適切であるはずのマネーストックが為替レートの説明力を全く持たない一方で、日米マネタリーベース比でドル/円為替レートを説明できる局面が過去に何度かあったのはなぜだろうか。中長期的には、両者の相関関係はそれほど一貫したものではないので、一時的に相関関係

第5節　アセット・アプローチ　67

図表1-34　日米M2比率とドル/円為替レート

出所：ブルームバーグのデータより筆者作成

が存在したのは単なる偶然と結論付けるのも、以上の議論を踏まえればそれなりに説得力がある。他方で、以下で述べるように、両者の相関関係には理由があるとの見方も可能である。

　1つの見方は、マネタリーベースの変化が金融政策スタンスを反映しているため、というものである。この考え方の下では、日本のマネタリーベースの増加は供給量の増加に伴って円の需給が悪化するから円安になるのではなく、市場がマネタリーベースの増加を金融緩和政策継続のシグナルとみなす結果、円が売られるのである。日本では、マネタリーベースの水準そのものが金融政策のターゲットであった時期も長く、その時期にマネタリーベースを金融政策スタンスのシグナルとみなすことは自然である。マネタリーベースは中央銀行がコントロール可能[38]だが、マネーストックは基本的にコントロール不可能であるため、金融政策スタンスのシグナルとしての役割がより重要なのであれば、為替レートがマネーストックではなくマネタリーベースと相関することはリーズナブルであるといえる。

---

[38] 厳密には、マネタリーベースのうち中央銀行がコントロール可能なのは準備預金である。他方、発行銀行券の量は家計・企業など現金を需要する主体の動向によって外生的に決まるため、基本的に中央銀行がコントロールすることはできない。

68　第1章　為替レートの決定理論：実務的アプローチ

別の見方は、ソロス・チャートの有効性を信じている一定数の投資家がソロス・チャートに基づいて取引を行う結果、自己実現的に両者の間に相関関係が生じるというものである。以上から、ソロス・チャートと為替レートの相関関係の背景にあるのは、①金融政策見通しに基づく取引か、②ソロス・チャートの有効性を信じる取引のいずれかと考えられるが、この結論が、前述した二国間の長期金利差と為替レートの相関関係の背景と全く同様であることは興味深い。前述したように、二国間の長期金利差と為替レートの相関は金利平価説などの経済理論や金利収益を狙った取引（債券取引や預金など）では説明できず、その背景にあるのは金融政策見通しか、金利差と為替の相関を前提とした取引である可能性が高い。

2　ポートフォリオ・バランス・アプローチ

　マネタリー・アプローチでは内外資産は完全に代替可能であり、投資家はリスク中立的であった。すなわち、マネタリー・アプローチでは為替リスクが考慮されていなかったが、実際には、投資家は為替リスクを考慮しつつ投資活動を行っていると考えられる。

　こうした、為替リスクが存在するなかでの為替レートの決定に関する理論が、ポートフォリオ・バランス・アプローチである。内外資産の不完全代替を想定しているポートフォリオ・バランス・アプローチではUIPは成立せず、リスク・プレミアムが導入される（下式の右辺第3項のβ）。深尾（1983）はリスク・プレミアムの源泉に応じて、ポートフォリオ・バランス・アプローチを「インフレリスク・モデル」「実質為替レートモデル」「その他のモデル」に分類している。

$$i_t = i_t^* + \frac{S_{t,t+1}^e - S_t}{S_t} - \beta \qquad (式1-8)$$

　内外資産の完全代替を仮定する理論では各国の経常収支は為替レートの決定に影響しなかったが、内外資産の不完全代替を仮定するポートフォリオ・バランス・アプローチでは、経常収支が為替レートの決定に影響を及ぼす。

　たとえば、インフレリスク・モデルについて、Frankel（1979）は、上式のβが、二国間のインフレ期待の分散共分散と両国の国債発行残高で決まること

を示した。通常、ある国の財政状況が悪化すると国債発行残高が増加するが、民間貯蓄（Y－C－T）＋政府貯蓄（T－G）－投資（I）＝純輸出（NX）というI－Sバランスの恒等式が示すように、その他の条件が一定ならば、財政状況（T－G）の悪化は経常収支の悪化につながる[39]。このように、インフレリスク・モデルのリスク・プレミアムでは、財政状況悪化⇒経常収支悪化⇒インフレリスク上昇という一連の動きが考慮されているとも考えられる。

　ポートフォリオ・バランス・アプローチでは、投資家は収益率から得られる効用の期待値（期待効用）を基準に投資を行っており、収益率の減少による効用の減少が同率の収益率の上昇による効用の増加よりも大きい「リスク回避的」な投資家が仮定されている（マネタリー・アプローチが「リスク中立的」な投資家を仮定していたことを思い出されたい）。

　ポートフォリオ・バランス・アプローチで想定される投資家はポートフォリオのリスクを最小化する「最適分散投資比率」を達成すべく国際分散投資を行う。しかし、二国間（たとえば日本と米国）で経常収支の不均衡（たとえば日本の経常黒字と米国の経常赤字）が存在すると、米国は経常赤字をファイナンスするために国債を発行して日本の投資家に買ってもらわなければならないかもしれない。こうして、日本の投資家が米国債を「持たされる」と最適分散投資比率からの乖離が生じ、再び最適分散投資比率を達成するためにポートフォリオのリバランスを行う必要がある。具体的には、日本の投資家は米国債を売却することとなり、これが米ドルの減価と米長期金利の上昇をもたらす可能性がある。実効為替レートモデルでは、以上のような観点から、累積経常赤字をリスク・プレミアムの源泉と捉えている。

　以上のように、マネタリー・アプローチとは異なり、ポートフォリオ・バランス・アプローチでは、経常収支の不均衡が市場に与える影響をモデルに明示的に取り込んでいる。

　ポートフォリオ・バランス・アプローチは、以下のように定式化される。

$$s_t = \frac{\beta}{1+\beta}(i_t^* - i_t + s_{t+1}^*) + \frac{1}{1+\beta}(b_t - b_t^* - a_t) \qquad (式1-9)$$

---

[39] 棚瀬（2019）参照。

βは内外資産の予想収益率格差に対する為替レートの相対的重要度を示すパラメータ、bは自国通貨建て資産の供給残高、b^*は外貨建て資産の供給残高、αは為替リスクである。ここで、β = 無限大であれば、

$$\lim_{\beta \to \infty} \frac{\beta}{1+\beta} = 1 \quad \text{および} \quad \lim_{\beta \to \infty} \frac{1}{1+\beta} = 0 \qquad (式1-10)$$

となり、UIPと同じになる。βが無限大であることは、投資家が内外収益率格差にのみ着目して、為替リスクを無視していることを意味する。これは、内外資産が無差別であり、投資家がリスク中立的であることを意味しており、UIPが成立する。

他方、βが限りなく小さい状況は、投資家が為替リスクに対して極めてセンシティブであることを意味し、内外資産は無差別ではなく、投資家はリスク回避的である。仮にβがゼロに極めて近ければ、

$$\lim_{\beta \to 0} \frac{\beta}{1+\beta} = 0 \quad \text{および} \quad \lim_{\beta \to \infty} \frac{1}{1+\beta} = 1 \qquad (式1-11)$$

となり、UIPは成立せず、為替レートは為替リスクと自国通貨建て/外国通貨建て資産の供給量によって決定される。

第6節　ランダムウォークへの挑戦

1　Meese and Rogoff（1983）

Meese and Rogoff（1983）（以下、「MR」）は、代表的なマクロ構造モデルである伸縮価格マネタリーモデル（Frenkel（1976）、Bilson（1978、1979））、硬直価格マネタリーモデル（Dornbusch（1976）、Frankel（1979、1981））、経常勘定を取り入れた硬直価格マネタリーモデル（Hooper and Morton（1982））の予測精度が、t期の為替レートはホワイトノイズだけに依存するというランダムウォーク・モデルを頑健に上回ることができるか否かについて推定を行った。

MRはまず、これらのモデルを包摂する下記のモデルを構築した。

$$s_t = a0 + a1(m_t - m_t^*) - a2(y_t - y_t^*) + a3(i_t - i_t^*) + a4(\pi_t - \pi_t^*) + a5\overline{TB}t + a6\overline{TB}_t^* + u_t \quad （式1-12）$$

ここで、伸縮価格マネタリーモデルは係数a4、a5、a6が、硬直価格マネタリーモデルは係数a5、a6がゼロとなる一方で、Hooper-Mortonモデルではいずれの係数もゼロにならないことが想定される。

MRは上式を用いて、各時点における1、3、6、12カ月先の予想レートを推計、予想の精度を測るために、各推計値の予想値と実績値の平均誤差、平均絶対誤差、平均二乗誤差の平方根を算出した。マクロ構造モデルにおける予想値の推計に関して、説明変数に各時点の予想値ではなく実績値が用いられたにもかかわらず（実際に予想を行う際には説明変数の実績を知ることはできないため、これはマクロ構造モデルに極めて有利な設定である）、マクロ構造モデルの予想精度はランダムウォーク・モデルを頑健に上回ることができなかった。このことは、仮にモデルの説明変数を正確に予想できたとしても、マクロ構造モデルの予想精度はランダムウォーク・モデルを有意に上回らないことを意味している。

2　MRパズルへの挑戦とマクロ構造モデルの問題点

　MR以降、彼らが提示したパズルを解消すべく多くの研究が行われたが、芳しい成果を上げることができていない。学界では、短期的にはマクロ構造モデルのサンプル期間外の予測力がランダムウォーク・モデルを有意に上回らないことは、ほぼコンセンサスとなっている模様である。

　他方、マクロ構造モデルの長期的な予測力については意見が分かれており、有意にランダムウォーク・モデルを上回るとの推定結果も散見されるものの、そうした研究に対しては批判も多い（伸縮価格マネタリーモデルの長期の予測力を主張したMark（1995）に対するKilian（1999）の批判など）。Cheung et al.（2005）は、米国、カナダ、英国、日本、ドイツ、スイスを対象に、購買力平価、硬直価格マネタリーモデル、金利平価、いくつかのマクロ変数によるコンポジット・モデルの４つについて、サンプル期間外の予測力に関する実証研究を行い、これらのモデルがいかなるタイムスパンにおいてもランダムウォーク・モデルを有意に上回る結果を示すことができなかったと結論付けた。

　加納（2013）はこうした状況を、「Meese and Rogoff（1983）の先駆的な研究以後、過去多くの為替レート分析が直面してきた実証的事実は、ブレトンウッズ体制後の様々な通貨間の変動為替レートの時系列データにおいて、将来予測の精度という点でシンプルなランダムウォークモデルに頑健に打ち勝つことのできる開放マクロ経済の均衡モデルを未だ見いだしていない事であ」り、「この過去30年間にわたる悲惨な結果から、均衡マクロモデルは名目為替レート変動を説明できないというある種の「諦観」が国際金融の分野に染み付いてしまっているようにさえ見える」と総括している。

　MRパズルの克服が困難であること、換言すれば経済ファンダメンタルズに基盤を置くマクロ構造モデルの説明力が低い理由は、何であろうか。

　Meese（1990）は、経済学者がファンダメンタルズの適切な組み合わせをまだ見出すことができていないこと、観察可能なマクロ経済のファンダメンタルズに基づく投機フローが十分に大きくない可能性を指摘した。また、Flood and Rose（1995）は、ブレトンウッズ体制が崩壊し、変動相場制に移行した後の為替レートのボラティリティが、マクロ構造モデルを構成するファンダメンタルズ指標のボラティリティよりもはるかに大きいことに着目し、ファンダ

メンタルズのみに基づくモデルには限界があると指摘している。

　Cheung and Chinn（1999a、1999b）は、米国のトレーダーに対するサーベイ結果を基にした研究で、変数の重要性のランクがその時々で変化することがマクロ構造モデルのパラメータの不安定さにつながっていると指摘した。他方、ファンダメンタルズ要因は短期的には重要ではないが、中長期的には一定程度の影響力を持ち得るとのサーベイ結果は、一部のマクロ構造モデルが中長期的には有用であり得るとの実証結果[40]と整合的であるとしている。

　Kilian and Taylor（2003）は、マクロ構造モデルがランダムウォーク・モデルを打ち負かすことができない理由として、①線形的な平均回帰を想定するモデルの特定化の拙さ（非線形的な回帰を想定する必要性）、②データの少なさ、③マクロ構造モデルは為替レートのファンダメンタルズからの乖離が大きい場合にのみ有効である可能性（ただし、サンプルサイズがかなり大きくないと、こうしたイベントをサンプルに含めることができない）を指摘した。

　Neely and Sarno（2002）は、マネタリーモデルについて、同モデルの3つの構成要素である貨幣需要の均衡式、購買力平価、UIPのいずれのパフォーマンスも必ずしもよくないことと、現実を過度に単純化していることが為替予測力の低さにつながっていると指摘している。また、Neely and Sarno（2002）は、マネタリーモデルが為替レート予測の最良のモデルである保証がないにもかかわらず、同モデルの説明力の低さをもって、マクロ・ファンダメンタルズモデルによって為替レートを予測することはできないとの結論を導きがちな、研究者の傾向にも言及している。

---

[40] Meredith and Chinn（1998）はUIP、Mark（1995）は硬直価格マネタリーモデルが、中長期的に影響力を持ち得ることを指摘した。Chinn and Meese（1994）はいくつかのモデルは中長期的には有意にパフォーマンスを向上させるが、out-of-sampleの予測力はin-sampleよりも劣ることを示した。

第7節　決定理論を巡る最近の動き

　長きにわたってマクロ構造モデルがランダムウォーク・モデルを打ち負かすことができないなかで、1990年代以降、為替レートの決定理論の新たな方向性を探るべく、さまざまな取り組みがなされているが、その方向性は大きく2つに分かれる。

　1つ目の方向性は、マクロ・ファンダメンタルズから離れ、ミクロの要因に着目するマーケット・マイクロストラクチャー理論によるアプローチである。もう1つの方向性は、既存とは異なるマクロ構造モデルの開発であり、具体的には、テイラールールなどの金融政策の政策反応関数（reaction function）をモデルに取り込む試みや、Gourinchas and Rey（2007）が提唱した、純輸出の不均衡是正に対するバリュエーションの影響を考慮するモデルがあげられる。

1　マーケット・マイクロストラクチャー理論

　マーケット・マイクロストラクチャー理論はもともと、株式市場における価格形成メカニズムの研究から派生しており、先駆的研究としてKyle（1985）、Glosten and Milgrom（1985）などがある。O'Hara（1995）はマイクロストラクチャーを、「明確な取引ルールの下における資産の交換プロセスとその結果」と定義している。

　上述したように、外国為替の研究者が、マクロ要因による為替レートの予測はランダムウォークを上回ることができないというMRパズルに対して明確な回答を与えられないままに10年が経過した1990年代半ば頃から、為替レートの決定理論の新たな方向性として、マーケット・マイクロストラクチャー理論が注目され始めた[41]。

　Lyons（2001）によると、外国為替におけるマーケット・マイクロストラクチャー理論は、アセット・アプローチと同様に資産市場における需給関係を分

41　先駆的研究としてはLyons（1995）など。

析するものであり、アセット・アプローチとは補完的であり、必ずしも競合するものではないが、いくつかの重要な違いがある。

マーケット・マイクロストラクチャー理論の特徴は、アセット・アプローチにおけるいくつかの厳格な前提を緩和している点にある。効率的市場仮説に立脚するアセット・アプローチでは、すべての情報はすべての市場参加者にとって等しく利用可能であり、瞬時に資産価格に反映される。また、市場参加者は同質的であり、情報に対する反応が異なることはない（ある米国経済指標に対して、参加者Aがドルを売り、参加者Bがドルを買うような状況は想定されない）。

他方、マーケット・マイクロストラクチャー理論では、必ずしもすべての情報がすべての市場参加者にとって利用可能ではなく、市場参加者の属性によって価格への影響は異なり得る（たとえば、ヘッジャーと投機筋では取引行動が異なる）。

オーダーフロー

Lyons（2001）によると、マクロ構造モデルでは取り扱わないマーケット・マイクロストラクチャー理論に特有の変数は「オーダーフロー」とビッド・アスク・スプレッドであり、とりわけ重要なのはオーダーフローである。

オーダーフロー＝量、ビッド・アスク・スプレッド＝価格と置き換えると、マーケット・マイクロストラクチャー・モデルの構成要素は通常の需給分析と同様になるが、こうした理解は必ずしも適切ではない。Lyons（2001）によれば、オーダーフローは売買量の「シグナル」であって、必ずしも実際の取引量と合致しない。たとえばいま、ドル/円のスポット・レートが115円45銭（ビッド）/50銭（オファー）であるとき、あるプレイヤーが10本（1,000万ドル）分の米ドルを115円60銭で売りたいというオーダーを出したとする。このケースでは、115円60銭でドル/円10本の売りというオーダーは実際の取引額ではなく、「その時点で」115円60銭の水準で10本のドル売り/円買い需要が存在するというシグナルである。その後、ドル/円が115円60銭まで上昇すれば実際に取引が行われるが[42]、ドル/円が115円60銭に達する前にオーダーがキャンセルされたり、ドル/円が115円60銭に達しなかった場合には、米ドル10本分のドル売り/円買いは実現しない。

図表1−35は、外国為替取引におけるオーダーフローのイメージである。この例では、売りオーダー（280本）を大きく上回る買いオーダー（970本）が存在しており、ドル買い/円売り需要の強さが示されている。オーダーフローを用いた分析では、ネットのオーダーフロー（このケースではネットで690本のドル買い/円売り）を使うケースが多い。

　オーダーフローによるシグナルは市場参加者の取引行動に影響を及ぼすと考えられ、こうした影響の分析はマーケット・マイクロストラクチャー理論の主

図表1−35　外国為替取引におけるオーダーフローのイメージ

	価格	数量(本)	
売りオーダー	116円00銭 115円75銭 115円70銭 115円60銭	100 20 100 50	⎫ ⎬116円00銭までに280本の売りオーダー ⎭
現在の価格（オファー）	115円50銭	10	
現在の価格（ビッド）	115円45銭	20	
買いオーダー	115円40銭 115円35銭 115円30銭 115円25銭 115円20銭 115円15銭 115円10銭 115円05銭 115円00銭	100 50 100 50 100 50 100 100 300	⎫ ⎬115円00銭までに970本の買いオーダー ⎭

出所：筆者作成

---

[42] 厳密には、ドル/円が115円60銭に達したからといって、必ず50本分の米ドル売り/円買いが行われるわけではない。たとえば、115円60銭が高値になる場合には、115円60銭の売りオーダーがすべて実施されない（50本中25本しか売れないなど）ケースもあり得る。高値が115円60銭を超えた場合には、同レベルにおける売りオーダーはすべて執行されているはずである。買い手の立場からすると、115円60銭の売りオーダーが残っているのであれば、特殊なケースを除いて115円61銭で買うインセンティブはない。「特殊なケース」には意図的に価格を押し上げたい場合などが含まれるが、この場合でも115円60銭の売りオーダーはすべて執行される。

第7節　決定理論を巡る最近の動き　77

要な研究テーマである。オーダーフローは2段階のプロセスを経て、ディーラーの価格設定行動に影響を及ぼすと考えられる。まず、ヘッジファンドや機関投資家等、ディーラー以外のプレイヤーがファンダメンタルズ分析や独自に得た「情報」等を基にオーダーフローを出す。ディーラーはこれを「解釈」して売買の価格を設定する（図表1-36）。

　ここで、オーダーフローが伝達する「情報」とは、具体的にはどのようなものだろうか。オーダーフローが伝達する「情報」のなかで為替レートにとってより重要なのは、「プライベートな情報」である。Lyons（2001）によると、プライベートな情報とは、すべての人々にとって利用可能ではなく、それを知ることによって、パブリックな情報しかない場合に比べて将来の価格をよりよく予測できるような情報、である。

　さらにLyons（2001）は、プライベートな情報は将来のペイオフに関する情報と、割引率に関する2種類の情報（在庫効果とポートフォリオ・バランス効果）に分類されるとしている。将来のペイオフに関する情報には、通貨当局による為替介入に関する情報や、中央銀行による政策金利変更に関する情報、マクロ・ファンダメンタルズに関する情報などが含まれる。理論的には、現在の価格は予想されるペイオフを一定の割引率で現在価値に割り戻したものと定義される。ここで、割引率はリスクフリー・レートとリスク・プレミアムに分類される。Lyons（2001）はこのリスク・プレミアムのうち、一時的なものを在庫効果、持続性があるものをポートフォリオ・バランス効果に分類している。

図表1-36　情報が価格に反映されるプロセス：マーケット・マイクロストラクチャー・モデルと従来のマクロ・モデルの比較

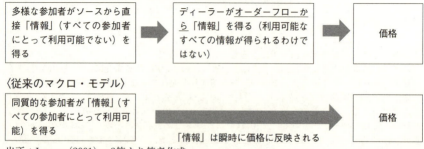

出所：Lyons（2001）p.8等より筆者作成

在庫効果の具体例としては、ディーラーが意図しないポジションの保有に対して支払うリスク・プレミアムがあげられる。たとえば、流動性が低い市場環境下で、取引の背景（前出の用語を使って言い換えるのであれば、オーダーフローに含まれる情報）がわからない先から大口取引のビッドとアスク双方（two-way price）の提示を求められたとする。相手先が何らかの情報（たとえば介入に関する）に基づいて短期的な市場の方向性について確信を持っている（たとえば、まもなく米ドル買い介入が行われるのであれば、少なくとも短期的には米ドルは上昇する可能性が高いだろう）一方で、それを受けるディーラーが情報を持っていない場合（買いオーダー/売りオーダーとは異なり、two-way priceのケースでは取引が成立するまでディーラーに売買の方向性がわからない）、ディーラーは損失のリスクに晒されることになる。たとえば、市場のベスト・ビッド/アスクが115円45/50銭のとき、このプライスで相手先のドル買いが成立すると、ディーラーは一時的に115円50銭でのドル売り持ちポジション（在庫）を抱えることになるが、その直後にドル買い介入が行われてドル高が進んだ場合には、ドル売り持ちポジションは含み損を抱えることになる。ディーラーは前出のような状況でプライスを提示する際、こうしたリスクを回避するために、プライスにある程度のバッファーを持たせるかもしれない。この場合のtwo-way priceのビッド/アスク・スプレッドは、ベスト・ビッド/アスクよりも両サイドに広いものになるだろう[43]。

　ポートフォリオ・バランス効果は、いわゆる「買い切り・売り切り」の取引によって生じる。売り切り・買い切りの取引には、たとえば、輸出入企業による為替取引や直接投資などの長期的な投資に付随する為替取引などが含まれる。前出の在庫効果とポートフォリオ・バランス効果の違いは、前者の影響が一時的にとどまる一方で、後者の影響が持続性を持つ点である。たとえば、日本企業が米国企業を買収するために大量の米ドル買い/円売りを行った場合、その他の条件が一定であれば、このフローはドル/円市場の需給バランスを恒久的に変化させることになろう。もともと米ドルが100、日本円が100で均衡し

---

[43] ディーラーが取引先の属性等から売買の方向性をある程度推測できる場合には、ビッド/アスク・スプレッドは両サイドに均等には広がらず、いずれかの方向に偏るかもしれない（買いの可能性が高いと推測するのであれば、アスク・サイドのバッファーを大きくする、など）。

ていたところに買収がらみのドル買い/円売りが20出た場合、新たな均衡は米ドル80、日本円120となるが、同額の反対売買が出ないのであればこの均衡は持続性を持つ。以前の均衡に比べて米ドルの相対的な希少性が増加したことは米金利の上昇を招来し、これが持続的であれば、割引率も持続的に変化させることになる。

実証研究

　Lyons（2001）によると、オーダーフローが実際にinformativeであるか否かをテストする方法には、①オーダーフローの価格への影響の持続性を調べる、②ビッド/アスク・スプレッドに対する「逆選択効果」を調べる、③ボラティリティの持続性を調べる、④ディーラーに対するサーベイ調査などがある。

　①オーダーフローの価格への影響の持続性に関する研究には、Evans and Lyons（2005a）、Killeen et al.（2006）、Berger et al.（2008）などがある。②ビッド/アスク・スプレッドに対する「逆選択効果」とは、前出の、損失回避のために意図的にビッド/アスク・スプレッドを拡大させるようなディーラーの行動を指す。「逆選択効果」の存在を裏付ける研究には、Lyons（1995）、Naranjo and Nimalendran（2000）などがある。③についての代表的な研究には、Ito et al.（1998）がある。Ito et al.（1998）は1994年12月に東京外国為替市場における昼休みが廃止された後、ランチタイムのドル/円のボラティリティが倍増したことを示した。④について、オーダーフローの情報に関する代表的なサーベイ調査には、Cheung and Yuk-Pang（2000）、Cheung and Chinn（1999a、1999b）、Cheung et al.（2000）などがある。Cheung and Yuk-Pang（2000）によると、約半数の回答者が、大規模な金融機関はよりよい情報と広い顧客ベースから競争優位を獲得していると回答した。

　以上のように、オーダーフローがinformativeであることが異なるアプローチのさまざまな実証分析によって裏付けられている。

　オーダーフローがinformativeであるとの見方が学界でコンセンサスになるのに伴い、オーダーフローを説明変数としたモデルで為替レートの動きを説明しようとする実証研究が活発化した。たとえば、Evans and Lyons（1999）は、以下のようなマクロとミクロのハイブリッド・モデルを構築した。

$$\Delta P_t = \beta_1 \Delta (i_t - i_t^*) + \beta_2 \Delta X_t + \varepsilon_t \qquad \text{(式 1 − 13)}$$

ここで、ΔP_tは日次ベースの為替リターンの変化、$i_t - i_t^*$は二国間の金利差[44]（マクロ・ファクター）、Xはオーダーフロー（ミクロ・ファクター）である。Evans and Lyons（1999）は、日次の為替のリターンを金利差とオーダーフローに対して回帰し、オーダーフローの説明力が金利差に比べてはるかに高いことを示した。オーダーフローが為替レートの動向に対して説明力を持つという仮説は、Evans and Lyons（1999）の後、Evans and Lyons（2005a、2005b）、Killeen et al.（2006）、Daníelsson and Love（2006）などによる研究でも支持された。また、Evans and Lyons（2005a）、Killeen et al.（2006）、Berger et al.（2008）などは、オーダーフローの為替レートへの影響が1週間〜1カ月にわたって持続することを示した。

オーダーフローがプライベートな情報を伝達する役割を担っているのであれば、オーダーフローには過去の為替レートの動きを説明するだけでなく、将来の為替レートの動向を予測する力もあるかもしれない。この問題に初めて取り組んだのはEvans and Lyons（2005b）であり、1日〜1カ月のスパンで、オーダーフローの予測力がランダムウォークを有意に上回ることを示した。同様の結果は、Daníelsson et al.（2012）やRime et al.（2010）によっても示された。Evans and Lyons（2007）やRime et al.（2010）によれば、オーダーフローが為替レートの予測力を持つ理由は、オーダーフローが為替レートに影響を及ぼし得るマクロ指標についての予測力を持つためである。他方、ロイター、ロイヤルバンク・オブ・スコットランド（RBS）、J.P.モルガンのデータを用いたSager and Taylor（2008）ではオーダーフローの予測力は裏付けられなかったが、これは彼らが用いたオーダーフローのデータが非金融企業主体であったことや、オーダーフローを取引額ではなく取引数に基づいて推計したことなどが原因とされた。

オーダーフローの背景にある顧客タイプについて、市場関係者の間では非金

---

[44] マクロ・ファクターには金利差以外にもさまざまなものがあるが、金利差が選択された理由はデータの頻度である。金利差のデータが日次ベースで利用可能である一方、成長率、マネーサプライ、物価指数などのマクロ指標の発表頻度は、典型的には月次ないしは四半期ごとである。

融企業よりも金融機関のほうがよりよい情報（為替レートの予測力を高めるような情報）を有しているとの見方が一般的だが、こうした直観は多くの実証研究によって裏付けられている（Lyons（2001）、Evans and Lyons（2007）、King et al.（2013）、Osler et al.（2011）など）。また従来は、ディーラーはプライベートな情報を持たないとの見方が一般的だったが、Moore and Payne（2011）などでは、ディーラー自身がプライベートな情報を有するケースがあり得ることが示されている。

　Fan and Lyons（2003）はオーダーフローの背景にある顧客のタイプによって、オーダーフローに含まれる情報の質が異なることを示した。Fan and Lyons（2003）はシティバンクから得たデータ（1993年～1999年のユーロ/米ドルと米ドル/円の月次データ[45]）を用いてオーダーフローを非金融企業、レバレッジ投資家（ヘッジファンドなど）、非レバレッジ投資家（保険会社、年金基金など）の3つのタイプに分類、1998年秋の米ドル/円為替レートの急落を主導したフローを明らかにした。Fan and Lyons（2003）によると、1998年秋の米ドル/円の急落[46]を主導したのは非レバレッジ投資家によるドル売り/円買いであり、非金融企業とレバレッジ投資家は米ドル/円急落時にはむしろ買い手側に回っていた（もっとも、レバレッジ投資家は急落の数カ月前に大きく米ドル/円を売っていた）。一般的に、当時の米ドル/円急落はヘッジファンドによる「円キャリー・トレード」の大規模な巻き戻しが主導したとみられていることから、Fan and Lyons（2003）はこれに対する反証ともみなされる。また、Lyons（2001）はユーロ/米ドル、米ドル/円の為替レートの動きを前出の3種類のオーダーフローに回帰して、ユーロ/米ドルでは非レバレッジ投資家、米ドル/円ではレバレッジ投資家のオーダーフローの説明力が最も高いことを示した。

　Osler and Vandrovych（2009）はRBSから提供されたデータを用いて、6つの顧客タイプ（レバレッジ投資家、ブローカー・ディーラー、機関投資家、大企業、中小企業、政府および中央銀行）と4つの銀行タイプ（RBS、グロー

---

[45] Fan and Lyons（2003）によれば、当時同行の主要通貨の為替取引における市場シェアは10～15％であった。
[46] 当時の動きに関する研究として、他にCai et al.（2001）がある。Cai et al.（2001）は当時の動きを説明するうえで、為替介入とマクロ・ファンダメンタルズ要因を考慮しても、オーダーフローの影響が最も大きかったと結論付けた。

バル銀行、ある国の大手銀行、小規模な銀行）についてオーダーフローが為替レートの動向に対する説明力を有するか否かを分析し、顧客のなかではレバレッジ投資家（ヘッジファンド）のみがプライベートな情報を持っていることを示した。また、さまざまな顧客からの情報を利用することができる銀行は、情報の優位性を有することが示された（銀行の情報の優位性を裏付けるその他の研究に、Moore and Payne（2011）がある）。また、Moore and Payne（2011）はある通貨（たとえば米ドル）を専門に扱うトレーダーのほうが、さまざまな通貨を扱うトレーダーよりも担当通貨について情報優位性を示すことを明らかにした。

2　その他のマクロ構造モデル

　近年の為替レートの決定理論研究のもう１つの方向性は、これまでとは異なる方法でマクロ・ファンダメンタルズ要因をモデルに取り込む方法である。たとえばChinn（2011）によると、近年では、テイラールールなどの金融政策の政策反応関数（reaction function）をモデルに取り込む試みが盛んに行われている。一般的なテイラールールは、「政策金利＝均衡実質利子率＋目標インフレ率＋1.5＊インフレ・ギャップ＋0.5＊需給ギャップ」と表現されることから[47]、為替レートの決定モデルにテイラールールを導入することは、需給ギャップとインフレ・ギャップが為替レートの決定に影響を及ぼすことを意味する。

　この分野における先駆的研究はEngel and West（2005）である。Engel and West（2005）は、自国と相手国の需給ギャップとインフレ・ギャップの差の現在価値から実質為替レートの理論値を算出し、これと実際の米ドル/ドイツ・マルク・レートの間に相関がみられることを示した。また、Molodtsova and Papell（2009）は、OECD12カ国の対米ドル為替レートについてテイラールールを内包したモデルによるサンプル期間の予測力について実証研究を行い、対象12カ国中11カ国でテイラールールに基づくモデルが予測力を持たないという帰無仮説が5％水準で棄却されることを示した。

　その他の主要な動きとしては、Gourinchas and Rey（2007）が提唱した、

---

[47] Taylor（1993）。

純輸出の不均衡是正に対するバリュエーションの影響を考慮するモデルがあげられる。従来の理論では、ある国におけるある時点の経常収支赤字は将来の経常収支黒字によって修正されるが、Gourinchas and Rey（2007）はこうした不均衡の是正に対して経常収支だけでなく、内外資産の相対パフォーマンスが影響を及ぼすモデルを提唱した。Gourinchas and Rey（2007）によれば、たとえば米国の貿易赤字は、将来の貿易黒字だけでなく、米国人が保有する対外資産のリターンが、外国人が保有する米国資産のリターンを上回ることによっても修正され得る。ここで、内外資産のリターンの差には為替のバリュエーションも影響する。その他の条件を一定とすれば、将来ドル安が進んだ場合、ドル建てでみた米国人の対外資産からの受取りが増加する一方で、外国人が保有するドル建て米国資産に対する米国の支払いが減少することによって、米国の対外不均衡が修正されることになる[48]。このように、Gourinchas and Rey（2007）のモデルでは、現在の貿易赤字は将来の自国通貨安をもたらすと想定される。Gourinchas and Rey（2007）は彼らのモデルが、1～12四半期のすべてのタイムスパンにおいてランダムウォーク・モデルを凌駕したと主張している。

---

[48] Gourinchas and Rey（2007）によれば、過去の米国における対外不均衡の修正の31％はこうしたバリュエーション・チャネルを通じてもたらされた。

第8節　為替の「ファンダメンタルズ」と誘導形モデル

1　為替の「ファンダメンタルズ」とは？

　2022年9月22日、財務省は1998年以来となる円買い/ドル売り介入を実施した。介入にあたって鈴木俊一財務相は「足元の為替市場では投機的な動きも背景に、急速で一方的な動きが見られます。政府としてはこうした過度な変動を憂慮しているところでございます。為替相場は市場で決定されるのが原則ではありますが、投機による過度な変動が繰り返されることは決して見過ごすことができません。このような考え方から、本日為替介入を実施いたしました」等と発言した。

　過去の7カ国財務大臣中央銀行総裁会議（G7）では、「為替レートは経済ファンダメンタルズを反映すべき。為替レートの過度の変動や無秩序な動きは、経済成長にとって望ましくない」ことが繰り返し確認されてきた[49]。G7の一員として、日本政府による介入はG7の合意に基づいて行われたものと解釈できる。すなわち、通常は為替レートの決定は市場に委ねるべきだが、過度の投機等によって経済のファンダメンタルズから逸脱した動きがみられた場合には、例外的な措置として介入が容認されるケースもあり得る、ということである。神田財務官は介入に踏み切る2週間前の2022年9月8日に、9月6～7日の円安を「ファンダメンタルズだけでは正当化できない急激な動き」として警告を発していた。

　ところで、そもそも「為替のファンダメンタルズ」とは、具体的に何を指しているのだろうか。G7はファンダメンタルズの内容には具体的に言及しておらず、筆者が知る限りでは日本の財務省も具体的な内容に言及したことはない。

---

[49]　もっとも、「為替レートは経済ファンダメンタルズを反映すべき」という文言が実際のG7声明に盛り込まれたのは、2007年10月のワシントンD.C.での会合が最後であり、それ以降は「従来のG7の為替に対するコミットメントを再確認した」といった形で省略されるケースが多い（詳細については第3章第6節1参照）。

したがって、為替のファンダメンタルズに関して広く受け入れられている定義は存在しないといってよいだろう。為替のファンダメンタルズの定義は各人が各々の判断に基づいて決めることになる。たとえば、公益財団法人国際通貨研究所（「為替相場変動の予測〜その1：ファンダメンタルズ分析」）は、財政収支、経常収支、インフレ率、生産性上昇率、経済成長率、失業率をファンダメンタルズの具体例としてあげ、「これらファンダメンタルズが為替相場の動きを説明する、という考え方を「ファンダメンタルズ理論」といいます。ファンダメンタルズ理論には、より健全な経済状況にある国の通貨がそうでない国の通貨よりも価値が将来高くなるという考え方がありますが、これは当然のことです。ただしこの考え方は5年、10年と長期的にみれば機能しますが、1年、2年といった比較的短期の相場展開を読むにあたっては、ファンダメンタルズに過度の信頼をおくことは危険です」と指摘している。

財政収支、経常収支、インフレ率、生産性上昇率、経済成長率、失業率といったマクロ要因が「経済の」ファンダメンタルズであるとの見方に対する異論は少ないと考えられることから、為替のファンダメンタルズ理論とは、為替レートを被説明変数、経済のファンダメンタルズを構成するマクロ要因を説明変数とする理論とみなすことができるかもしれない。

経済のファンダメンタルズを構成するマクロ要因と為替レートを結びつける経済理論としては、フロー・アプローチ（経常収支が説明変数）と（相対的）購買力平価（インフレ率が説明変数）が考えられる。財政収支、生産性、経済成長率、失業率などを直接説明変数として取り扱っている為替のマクロ構造モデルは筆者が知る限りでは存在しないが、これらの動きはインフレ率や金利に影響を及ぼすと考えられることから、購買力平価や金利平価に基づくモデルにこれらの変数を取り込むことは可能かもしれない。

ここで、金利平価説などのアセット・アプローチが想定する為替レートの決定は、経済のファンダメンタルズのみに影響されるわけではない点には注意が必要である。たとえば、金利平価では為替レートは内外資産の期待収益率が等しくなる水準で決まるが、こうした裁定は主として、経済のファンダメンタルズに直接影響を受けない投機的フローに主導されるとの見方がより現実的であろう。したがって、経済理論に基づいて推計される為替レートが経済のファンダメンタルズと整合的であるか否かは、推計に用いられる理論によって大きく

異なると考えられる。

　経済のファンダメンタルズを構成するマクロ要因を説明変数とする理論にフロー・アプローチと購買力平価があると述べたが、前述したように、経常収支と為替レートの相関関係は弱いことから、フロー・アプローチに基づくモデルを構築することは困難である。他方、数年ないしはそれ以上といった比較的長いタイムスパンでは購買力平価が成立することは、実務、学界の双方である程度コンセンサスになっている模様である。しかし、前述したように、購買力平価によって示唆される水準への回帰は最終的に生じるとしても数年の期間を要し、回帰が生じない可能性も排除できない。また、図表１－37が示すように、為替レートは通常、サンプル期間のほとんどで購買力平価から乖離した水準で推移する。たとえば、2023年11月時点の購買力平価に基づくドル/円レートはCPIベースで71円、PPIベースで77円（1990年１月基準）であったが、多くの市場参加者にとって「購買力平価が成立するならドル/円は長期的に70円台に下落する可能性があるが、永久に戻らない可能性も排除できない」という情報は有益ではないだろう[50]。

　換言すれば、購買力平価に基づく為替レートは「ファンダメンタルズに見合った為替レート」とみなしてよいと思われるが、その場合、実際の為替レートはほとんどの期間において「ファンダメンタルズから大きく乖離した水準」ということになってしまう。ファンダメンタルズから大きく乖離していることが常態であるなら、ファンダメンタルズと整合的な為替レートがわかったとしても実務上はほとんど役に立たないであろう。

　前出の国際通貨研究所の解説では、「ファンダメンタルズ理論には、より健全な経済状況にある国の通貨がそうでない国の通貨よりも価値が将来高くなるという考え方がありますが、これは当然のことです。ただしこの考え方は５年、10年と長期的にみれば機能しますが、１年、２年といった比較的短期の相

---

[50] 21世紀のほとんどの期間においてドル/円の実勢値はPPPに基づくレートよりもドルが割高/円が割安であった。数年前までは、ドル/円の実勢値はPPPレートを中心に上下動しているようにもみえなくなかったため、PPPを根拠とした円高見通しも一定数存在したが、2021年以降の円安を受けてドル/円実勢値とPPPの比較がなされることはほとんどなくなったように感じられる。ドル/円の現状水準（執筆時点で144円台）は円が割安との見方が多いが、PPPを根拠に長期的に70円台までドル/円が下落するとの見方は、筆者が知る限り皆無である。

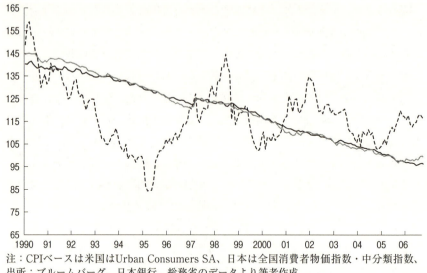

図表1-37　購買力平価に基づくドル/円レートと実勢値の比較

注：CPIベースは米国はUrban Consumers SA、日本は全国消費者物価指数・中分類指数、
出所：ブルームバーグ、日本銀行、総務省のデータより筆者作成

場展開を読むにあたっては、ファンダメンタルズに過度の信頼をおくことは危険です」としているが、筆者の見方では、これはファンダメンタルズ分析の能力を過大評価している。前節までの議論を踏まえると、経済理論との関連では、「ファンダメンタルズ分析は1年以内といった比較的短期の相場展開を読むにあたってはほとんど役に立たず、5年、10年と長期的にみれば機能する可能性があるが、機能しない可能性も排除できない」という評価のほうが、より現実的だろう。

　また、「より健全な経済状況」が何を意味するかも不透明である。常識的には、より健全な経済状況は高い成長率を意味すると考えられるが、通常高い成長率はインフレを伴う。購買力平価によれば、インフレ率が高い国の通貨の名目為替レートはインフレ率が低い国の通貨に対して減価する。他方、経済が低迷し、ディスインフレないしはデフレに苦しむ国の通貨の為替レートの増価は購買力平価によって説明可能な「ファンダメンタルズ」に沿った動きといえるが、こうした国の経済状況を「健全」とみなす向きは多くないだろう。2012年にかけての円高局面では「経済が低迷し、デフレに苦しむ日本の通貨である円が買われるのはおかしい」という声がよく聞かれたが、経済理論の観点から

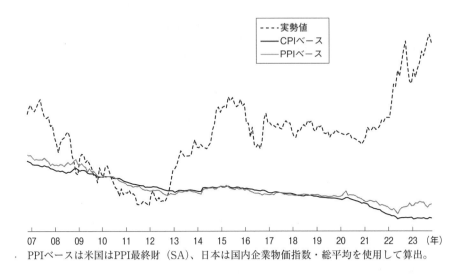

PPIベースは米国はPPI最終財（SA）、日本は国内企業物価指数・総平均を使用して算出。

は、当時の円高は購買力平価によって説明可能な、「ファンダメンタルズ」に沿った動きであった。

2　誘導形モデル

　前項の議論では、経済のファンダメンタルズを構成すると考えられているマクロ要因を説明変数とするマクロ構造モデルの一例として、購買力平価説が長期的にファンダメンタルズと整合的な為替レートを示し得ることを示した。他方、MRパズルが示したように、少なくとも1年以内といった比較的短い期間においては、経済のファンダメンタルズを構成するマクロ要因を説明変数とする構造モデルで為替レートの動きをうまく説明することはできない。

　こうしたなか、実務上は、経済理論の裏付けの有無にかかわらず為替レートの動向に影響を及ぼしそうなマクロ要因と為替レートの間に相関がみられ、為替レートが相関から示唆される水準から逸脱していない場合に為替レートはファンダメンタルズに沿った水準、逸脱している場合にはファンダメンタルズから乖離した水準とみなされることが多い。

　必ずしも経済理論の裏付けを必要とせず、為替レートの動向に影響を及ぼし

そうなマクロ要因と為替レートの間に相関がみられる場合にその関係を用いてファンダメンタルズに沿った為替レートの水準を推定するという実務上の取り組みは、マクロ構造モデルで為替レートを予測・説明することが難しいなか、誘導形のモデルでファンダメンタルズと整合的な為替レートの推定を行おうとする取り組みといえるかもしれない。

　前出のIMFによるREERモデルは、こうした誘導形モデルの1つとみなすことができる。そのほかの代表的な誘導形モデルとして、Clark and MacDonald（1998）が提唱したBEER（Behavioral Equilibrium Exchange Rate）がある[51]。Clark and MacDonald（1998）のモデルでは、非貿易財の貿易財に対する相対価格の内外格差（バラッサ・サミュエルソン効果を反映）、対外純資産残高、交易条件、実質金利差、（公的債務残高の増加関数として定義される）リスク・プレミアムを説明変数として、これらの「ファンダメンタルズ」と整合的な実質実効為替レートの均衡レートを推定する[52]。

　図表1－38は、新興国の実質実効為替レートのミスアライメントの推定に用いられた要因をまとめたものであるが[53]、図表は、経済学者がどのような要因を為替の「ファンダメンタルズ」とみなしているかを示している。ほぼすべての研究が交易条件を取り上げており、資本フローに着目した研究も多い（図中のシャドー部分）。そのほか、多くの研究で取り上げられている要因として、成長率、生産性、政府支出、経済の開放度、金利差、対外債務、対外資産などがあげられる。

　日本経済研究センターは日本経済新聞社と共同で、前出のClark and MacDonald（1998）や金京（2010）などを参考に11通貨の均衡為替レートを算出、四半期に一度推計値を公表している。説明変数候補は交易条件、非貿易財/貿易財相対価格、実質金利、対外純資産対名目GDP比率、経常収支対名目GDP比率、政府債務対名目GDP比率であり、これらの変数のさまざまな組み合わ

51　BEERと類似の概念に、FEER（Fundamental Equilibrium Exchange Rate）がある。金京（2010）によれば、FEERは対内均衡および対外均衡と整合的な均衡為替レートである。対内均衡は国内経済が完全雇用にあり、インフレが安定している状態を指す。対外均衡は経常収支が持続可能な状態にあることを指す。適切な経常収支の水準を明示的にモデルに内包していることから、IMFのREERモデルのコンセプトはBEERよりもFEERに近いといえる。

52　モデルの詳細については、Clark and MacDonald（1998）、金京（2010）など参照。

53　Edwards and Savastano（1999）。

図表1-38　新興国の実質実効為替レートのミスアライメントの推定に用いられた要因

著者	説明変数
Edwards (1989)	交易条件
	資本フロー
	輸入関税 政府支出 生産性格差（トレンド） 国内信用の過剰 名目為替レートの切り下げ
Edwards and Savastano (1999)	交易条件
	経済の開放度
	ネット資本フロー
	国内信用の過剰 GDP成長率 海外のインフレ 時系列トレンド
Ghura and Grennes (1993)	交易条件
	対内資本フロー
	経済の開放度 国内信用の過剰 名目為替レートの切り下げ 時系列トレンド
Elbadawi (1994)	交易条件
	対内資本フロー
	経済の開放度 政府支出 輸入関税 生産性格差（トレンド） 国内信用 名目為替レートの切り下げ
Edwards and Savastano (1999)	交易条件
	1人当りGDP

第8節　為替の「ファンダメンタルズ」と誘導形モデル　91

著者	説明変数
Ades (1996)	インフレ税
	交易条件
	経済の開放度
	対内資本フロー
	政府支出 海外金利 テクノロジー（トレンド） 金融環境の海外比較 リスク・プレミアム 外貨準備
Soto (1996)	交易条件
	政府支出
	対内資本フロー
	輸入関税 対外債務 Financial Distortion Index 金利差
Montiel (1997)	交易条件
	経済の開放度 政府支出 公共投資 海外金利 海外のインフレ 従属人口比率
Warner (1997)	原油価格 政府支出 輸入関税 対外債務に対する利払い費 非貿易財価格の貿易財価格比 資本収支バランス 相対マネーサプライ 相対GDP成長率 金利差

92　第1章　為替レートの決定理論：実務的アプローチ

著者	説明変数
Soto (1997)	交易条件
	政府支出 公共投資 全要素生産性
	資本インフロー
	経済の開放度 輸入関税 金利差
Razin and Collins (1997)	交易条件
	長期資本インフロー
	資源バランス 1人当り生産量の伸び マネーの伸びの過剰 生産、アブソープション、マネーサプライへの短期ショック
Broner et al. (1997)	非貿易財価格の貿易財価格比 ネット対外資産
Elbadawi and Soto (1997)	交易条件
	経済の開放度
	長期資本インフロー
	政府支出 公共投資 海外金利 カントリーリスク
Halpern and Wyplosz (1997)	生産者の実質賃金 貿易財セクターの限界生産性 失業 為替レートの上昇率 金利差
Baffes et al. (1997)	交易条件
	経済の開放度 資源バランス

著者	説明変数
Soto and Vades（1998）	投資シェア 海外物価 交易条件 生産性格差（貿易財vs.非貿易財） ネット対外資産 民間アブソープション

出所：Edwards and Savastano（1999）より筆者作成

せを試し、符号要件を満たすもののうち、決定係数が最大となる推計式を選択するという手法を採用している。

図表1－39は渡部ほか（2019）による推定結果であるが、経常収支は日本（円）の推定式には含まれていないが米国（米ドル）、ユーロ圏（ユーロ）の推定式には含まれている。他方、政府債務は日本、米国には含まれているがユーロ圏には含まれていないなど、採用されている説明変数は通貨にとってまちまちである。また、交易条件、非貿易財/貿易財相対価格、実質金利はすべての通貨の推定式に含まれているが、符号要件は満たしているものの統計的に有意でないケースが散見される（日本のケースでは実質金利が該当）。たとえばシンガポールのケースでは、5つの説明変数のうち、パラメータが統計的に有意なのは政府債務だけである。

渡部ほか（2019）では、経常収支が日本の推定式には含まれないのに米国やユーロ圏の推定式には含まれる理由や、なぜシンガポールの推定式で政府債務のみが統計的に有意なのかなどについては検討されていない。これは、渡部ほか（2019）のモデルが説明変数と為替レートの関係を説明するいかなる経済理論にも依拠していないからと考えられる。

3　為替のファンダメンタルズ分析の有用性

図表1－38が示すように、BEERやFEERのような誘導系のモデルで説明変数として選択される要因のほとんどは、一般的に経済のファンダメンタルズとみなされているものである。特徴として、クロスボーダーのフロー関連の指標のほとんどは国際収支統計に反映されるものであり、投機的フローがほとんど

考慮されていない点が指摘できる。

　ここで、投機的取引の影響を捨象して、経済のファンダメンタルズを構成する要因だけで為替レートを説明しようとすることが適切なのか否か、という問題が生じる。前述したように、経済理論を背景としたマクロ構造モデルは、そのすべてが経済のファンダメンタルズを構成する要因を説明変数としているわけではない。それどころか、アセット・アプローチの一部のように、経常取引関連の為替取引よりも資本取引関連の為替取引のほうが圧倒的に規模が大きいことを根拠として、経常取引関連の為替取引の影響をモデルから捨象しているケースすら存在する。

　「経常取引関連の為替取引よりも資本取引関連の為替取引のほうが圧倒的に規模が大きい」という前提が正しいのであれば、主として経常取引に着目する為替の「ファンダメンタルズ理論」は適切でないことになるが、筆者が知る限りでは、誘導形モデルを取り扱った研究でこの前提を精査したものはない。

　ここで、経常取引に着目した理論と、資本取引、とりわけ投機的取引に着目した理論は、必ずしもどちらかが正しくどちらかが間違っているという関係にあるわけではない点には注意が必要である。なぜなら、経済ファンダメンタルズに基づいた投機が為替レートの動きを主導すれば、見かけ上経済ファンダメンタルズと為替レートの間に相関関係が存在するようにみえるためである。誘導形モデルのように相関に経済理論による裏付けを求めないのであれば、「見せかけの相関」はあまり問題視されないかもしれない。

　以下で述べるように、金融機関の為替アナリスト等による分析（基本的に誘導形モデルに依拠していると考えられる）でよく取り上げられる金利（金利差）、相対マネタリーベース、国際収支フローと為替レートの（必ずしも経済理論に裏付けられていない）相関関係は、これらの要因を材料とする投機的な取引なくしては実現し得ない。

金利（金利差）

　一般的に、金利差と為替レートの間に一定の相関関係があり、且つ為替レートが相関から示唆される水準から大きく乖離していない状況では、為替レートはファンダメンタルズと整合的とみなされる。もっとも筆者は、こうした見方はいくつかの点から、必ずしも適切ではないと考えている。

図表1-39　渡部ほか（2019）による推計

	日本	米国	中国	ユーロ圏	英国
交易条件	0.54403 (2.51)*	0.38909 (1.14)	−0.04644 (−0.32)	2.33602 (4.47)**	−1.34539 (−7.01)**
非貿易財/ 貿易財相対価格	3.86329 (6.33)**	0.80118 (1.91)	2.8299 (20.65)**	0.9107 (2.69)*	0.42972 (2.20)*
実質金利	0.00051 (0.05)	0.02729 (3.80)**	0.01653 (5.18)**	0.00615 (0.99)	0.06162 (10.32)**
対外純資産対GDP比	0.00156 (0.84)				
経常収支対GDP比		0.03188 (4.11)**	0.02165 (7.78)**	0.03598 (5.48)**	0.00908 (1.91)
政府債務対GDP比	−0.35058 (−5.60)**	−0.44669 (−9.38)**			
アジア危機ダミー					
リーマンダミー					
定数項	5.80753 (28.12)**	5.26947 (123.43)**	4.44591 (317.58)**	4.59779 (414.86)**	4.74671 (254.43)**
推計開始期	1Q00	4Q01	4Q03	1Q10	1Q99
サンプル数	77	70	62	37	81
自由度調整済決定係数	0.82914	0.79037	0.9457	0.78925	0.80963

注：括弧内はt値。*は5％、**は1％水準で統計的に有意であることを示す。
出所：渡部ほか（2019）より筆者作成

　まず第一に、前述したように、名目為替レートと名目金利（金利差）の持続的な相関関係を説明する経済理論は存在しない。したがって、為替と金利の相関関係を主導しているのは、金融政策見通し等に着目した投機的取引や、理論の裏付けがない表面的な相関関係（見せかけの相関）に基づいた取引による自己実現的な動きであると考えられる。
　第二に、名目金利（金利差）と名目為替レートの相関を説明する代表的な経済理論はUIPであるが、UIPを含むアセット・アプローチは、為替レートの決定において投機フローが一定の役割を果たすことを想定している。アセット・アプローチは、仮定の強弱はあるものの、基本的に投資家は同質的であり、為替レートは内外資産の期待収益率が等しくなる水準に一意的に決まることを想

	韓国	台湾	インドネシア	マレーシア	シンガポール	タイ
	0.56395 (9.24)**	0.62831 (22.00)**	−0.25128 (−1.60)	0.46348 (2.46)*	−0.16526 (−0.55)	0.73042 (13.80)**
	2.6062 (12.25)**	0.60068 (5.95)**	0.50908 (6.08)**	0.04214 (0.22)	0.10277 (1.35)	0.61526 (1.17)
	0.02332 (5.04)**	0.00641 (2.42)*	0.00562 (0.80)	0.00705 (1.26)	0.00121 (0.31)	0.01066 (2.53)*
	0.00358 (5.37)**		0.0047 (2.25)*			
				0.01051 (4.78)**	0.00666 (1.07)	0.00241 (1.71)
					−0.72140 (−3.78)**	
	−0.30314 (−5.53)**					
	−0.22068 (−5.75)**					
	4.7379 (586.04)**	4.62646 (1054.44)**	4.7592 (54.01)**	4.45466 (161.80)**	5.34712 (37.42)**	4.59937 (564.57)**
	3Q97	3Q97	1Q10	1Q10	1Q08	1Q00
	87	87	37	37	45	77
	0.72377	0.92727	0.60248	0.81127	0.55898	0.7464

定している。たとえば、米国経済指標の予想よりも強い結果等を受けてFRB利上げ期待が高まり、米ドルの期待収益率が高まった際には米ドルが買われるといった動きはUIPによって説明可能だが、日々発表される経済指標に逐一反応して資金を動かすのは、中長期的な観点から投資を行う機関投資家ではなく、ヘッジファンド等の投機筋であるケースが多いであろう。ここで、機関投資家による「投資」はファンダメンタルズに沿っているが、ヘッジファンドによる「投機」はファンダメンタルズに沿っていない、といった見方が妥当なのか否かという疑問が惹起されるが、アセット・アプローチの枠組みでは基本的に両者を区別していない。

　第三に、言うまでもなく為替だけでなく金利のマーケットでも投機は存在

し、金利水準は常に（金利市場の）ファンダメンタルズに合致しているわけではない。「投機的」に決まった金利水準と整合的な為替レートは、同様に「投機的」とみなすのが妥当であろう。

マネタリーベース

　マネタリーベースの相対規模と整合的な名目為替レートは、マネーの供給量の差によって名目為替レートが決まるというマネタリー・アプローチに依拠しており、ファンダメンタルズに沿っているように思われる。

　もっとも上述したように、実際にはマネタリーベースからはほとんど為替取引が発生しないとみられることや、マネーストックのほうがマネタリーベースよりもはるかに規模が大きいことから、マネーのプロキシーとしてはマネタリーベースよりもマネーストックのほうが適切であると考えられる。しかし、日米マネタリーベースの相対規模と米ドル/円為替レートの間に一定の相関関係が存在する時期があるのに対して、日米マネーストック比率と米ドル/円の間には全く相関がみられない。

　マネーストックの相対規模よりもマネタリーベースの相対規模のほうが為替レートとの相関関係が強いことの背景には、①マネタリーベースは金融政策スタンスのプロキシーとみなすことができることや、②ソロス・チャートの有効性を信じる市場参加者の取引による自己実現的な動きがあると考えられる。為替レートとの相関関係の背景が金融政策の先行き見通しに基づく投機か、必ずしも理論的な裏付けを持たない見かけ上の相関関係に基づいた取引であるという点で、マネタリーベースの相対規模と為替レートの相関関係は、二国間金利差と為替レートの相関関係とその性質を同じくしている。

フロー

　経常収支、あるいはより広義に国際収支に起因するフローはどうだろうか。2022年以降の円安局面では、「円安はエネルギー価格高騰を受けた日本の貿易赤字拡大というファンダメンタルズが主導した」との解説が散見された。「日本企業が自動車を輸出して得た外貨を円に換えた結果円が増価」「石油を輸入するために円を売ってドルを買った結果円が減価」といった動きは、ファンダメンタルズに沿ったものといって違和感はないだろう。

もっとも円に関していえば、国際収支（経常収支・金融収支）由来のフローと円の為替レートの間には相関関係がほとんどない（金融収支・証券投資については前述の「投資vs.投機」の問題も残る）。また、国際収支に反映されないオフバランスのフローは国際収支由来のフローよりも規模が大きく、為替レートに与える影響も大きいとみられるが、こうしたフローにはかなりの部分、投機フローも含まれていると考えられる。

4　為替市場の現実を知ることの重要性

冒頭で述べたように、本章での議論の主な目的の1つは、為替レートの決定理論と現実の為替相場の間に存在するギャップを認識し、それを埋めるために必要な取り組みの方向性を探ることであった。両者のギャップの大きさは学界、実業界の双方で広く認識されていると考えられるが、実際のところそれがどの程度大きいかは、あまり明確に認識されていない模様である。

為替レートの決定理論の研究では、研究の対象である為替市場が実際にどのようなものかが特定されていない、あるいは一応特定はされているものの定義が曖昧ないしは広範すぎることが多い。すなわち、ゴールがどこにあるかわからないままにゴールに向かっているようなイメージである。なおこのことは、本章で議論したマクロ構造モデルと誘導形モデルの双方に当てはまる。

実際の為替市場がどのようなものなのか（規模、参加者、取引目的等）を子細にわたって特定する作業はあまり行われていないが、これはこうした作業が重要でないことを必ずしも意味しない。それどころか、筆者の意見では、こうした作業はより適切な為替理論を構築するうえで不可欠である。

たとえば、経常収支と為替レートの間に相関関係があったとしても、経常収支由来の為替取引が取引全体に占めるシェアがごく小さいのであれば、経常収支由来の取引に付随する為替取引（たとえば、輸出における自国通貨買い、輸入における外貨買いなど）が為替レートのトレンドに及ぼす影響も小さいとみるのが自然であろう。そうであれば、為替レートと経常収支の相関は、経常収支由来の取引「以外の」取引によって説明する必要があるだろう。こうした取引の具体例としては、米国の経常赤字拡大を懸念した投機的な米ドル売りなどが考えられる。

経常収支（特に貿易収支）由来のフローによって為替レートを分析するアナ

リストに対して為替取引全体に占める経常収支由来の取引の小ささを指摘すると、「経常収支由来の為替取引が買い切り/売り切りであるのに対して、投機など経常収支外の取引は遠からず反対売買が入って影響が中立化されるため、為替のトレンドをみるうえでは経常収支由来の取引が重要である」といった反論を受けることがある。たとえば、ある日の為替取引が、本邦輸出企業によるドル売り/円買い1本（100万ドル）と投機的なドル買い/円売り100本（1億ドル）とドル売り/円買い100本だったとすると、その日が終わった時点で残っているドル/円のポジションは輸出のドル売り/円買い1本だけになる。このケースでは、グロスのフローの規模は投機的取引のほうが圧倒的に大きいが、ネット・ベースでみると経常収支由来のほうが大きい（投機フローはネットではゼロ）ということになる。こうした考え方は理論的には正しいが、実際の為替市場に該当するか否かの検討は、筆者が知る限りではほとんどされていない。この点については、第2章で検討する。

　また、アセット・アプローチの一部は効率的市場仮説に基づいて同質的な投資家を想定しているが、こうした見方についても議論の余地がある。民間銀行、ヘッジファンド、年金基金、保険会社、中央銀行、個人投資家などさまざまなタイプの投資家が為替市場で取引を行っているが、これらすべての投資家が経済合理的で、投資行動が全く同じという前提は、直観的にも現実離れしていると考えられる。次節で述べるように為替の実務家の間ではアセット・アプローチが省みられることはあまりないが、この背景には日々現実の為替市場に対峙する実務家が、投資家のタイプによる取引スタイルの大きな違いを目の当たりにしているため、同質的な投資家という理論の前提を実感として共有できないことがあるかもしれない。

　また、上述したように、マーケット・マイクロストラクチャー理論に依拠する実証研究では、ヘッジファンドなどの投機筋による取引が為替レートを有意に予測・説明するケースが報告されているが、これは必ずしも、一部のヘッジファンドが「聖杯」を有することを意味しない。毎年同じファンドが勝ち続けているのであれば、そのファンドが採用しているモデルが為替レートの決定理論における「聖杯」ということになるが、為替をうまく予測できるファンドは毎年異なっており、各々のファンドが異なるモデルを用いているのであれば、ヘッジファンドによる為替の説明力・予測力はかなり割り引いて考える必要が

あるだろう（個人的には、後者の仮説のほうがより現実に近いと考える）。

　以上のように、分析対象としての為替市場をできる限り詳細に描写することは、より適切な理論を構築するために不可欠の作業といえる。そうであるにもかかわらずこうした作業があまり活発に行われていない理由としては、データの制約が大きいと考えられる。こうした点を踏まえて、次章では、さまざまなデータを基に円相場の構造を特定することを試みる。

第9節 実務者の視点からの若干のコメント

　本章の冒頭で、ブレトンウッズ体制が崩壊して多くの主要国が変動相場制に移行した1970年代以降の為替レートの決定理論の歴史的変遷と、その内容について概観した。1970年代初頭に主流だったフロー・アプローチは早々に廃れ、その後の多くの時間はアセット・アプローチの発展に費やされた。従来のマクロ・ファンダメンタルズに基盤を置くマクロ構造モデルが限界を露呈すると、アカデミックな関心はマーケット・マイクロストラクチャー理論に移ったが、前述したように、マーケット・マイクロストラクチャー理論はアセット・アプローチの前提条件を大きく緩和して、現実の為替市場のメカニズムをよりよく描写する理論であり、大きな意味合いではアセット・アプローチの一分野である。つまり、国際収支に起因する取引からの為替需給に着目するフロー・アプローチは、1970年代に廃れて以来、アカデミックな世界ではほとんど顧みられることがなかったのである。

　それでは、為替の実務の世界では、為替レートの決定理論はどのように扱われてきたのだろうか。アカデミックの世界と同様に、フロー・アプローチは早々に見切りをつけられ、アセット・アプローチが幅を利かせてきたのだろうか。結論から先にいえば、為替の実務の世界ではフロー・アプローチは依然健在であり、主に国際収支に起因するフローにおける為替の需給に着目した分析が散見される。

　その一方で、アセット・アプローチに基づく分析はそれほど盛んには行われていないように思われる。二国間の金利差は重要なファクターとみなされているが、後述するように必ずしも金利平価を想定しているわけではない。また2000年代以降、一部の中央銀行が量的緩和政策を導入するなかではマネタリー・アプローチに基づく分析が散見されたが（ソロス・チャートを用いた分析など）、これはむしろ例外的な動きとの印象である。

　たとえば、大島・斉藤（2023）による2024年のドル/円相場見通しでは、長期トレンド要因として「実質為替レート」と「将来の長期均衡インフレ率」、中短期要因として「政策金利を含む金利差」があげられている。これに加え

て、国際収支由来の各種フローについて詳細に分析している。こうしたファクター選択は、細部の違いこそあれ、基本的に民間金融機関の為替レート予測に共通している。

　前出のファクターのうち金利差は、UIPが成立するという前提で用いられているわけではなく、金利差と為替レートの相関が継続するという前提で参照されることが多い。しかし前述したように、UIPでは、何らかのショックによって金利水準および金利見通しが変化した場合には金利と為替の正の相関（金利上昇→通貨高）が想定されるが、平時において高金利通貨は低金利通貨に対して減価するため、金利差と為替レート間の正の相関は持続しない。

　多くの場合、金融機関等による為替予測は経済理論に基づいたマクロ構造モデルによってではなく、その時々で為替との相関が強いファクターを識別して、相関関係が続くとの前提で行われることが多い。この意味で、金利差は金利平価に基づいて参照されているわけではなく、さまざまなファクターのうち、「たまたま」そのときに為替との相関が強いので参照されていると考えることができる。つまり、金融機関による典型的な為替予測における金利と為替の関係の解釈は、その背景に特定の経済理論を想定していないという意味において、前節で紹介した誘導形のモデルと同様である。

　国際収支に起因するフローの需給分析は、ヘッドラインをそのまま使うのではなく、各項目別に実際に為替取引が発生する可能性が高い部分を抽出する形で行われることが多い（大島・斉藤（2023）でも同様の手法が用いられている）。価格と需給の関係について、経済学者は均衡価格に向けて需給が調整されるという見方をすることが多いのに対して、市場参加者は需給の結果として価格が存在するという見方をすることが多く、需給の結果決まった価格が均衡水準か否かについてはあまり関心を払わないように見受けられる。というよりも、為替レート予測に際して市場参加者が用いるフレームワークはマクロ経済理論の裏付けを持たないため、均衡価格という概念自体が内包されていないという解釈がより実態に近いのかもしれない。

　また、実質為替レートでバリュエーションの割高・割安をみることは、基本的に購買力平価説に依拠しているのと同義である。もっとも、多くの市場参加者の主要な関心事である向こう数カ月程度の相場の動きを予測するうえで購買力平価がほとんど役に立たないことは広く認識されており、向こう数カ月の見

通しが購買力平価が示唆する方向性と反対になることも珍しくない。具体的には、「実質為替レートでみると円は歴史的な割安水準にあるが（通常であれば円高のリスクが大きいことを示唆）、FRBによる利上げとそれを受けた米国金利上昇を受けてドル高／円安が進む可能性が高い」といった見方がこれに該当する。

　以上のように、実務としての為替レート予測において経済理論が参照されることはほとんどないが、その最大の理由は、主たる関心事である数週間～数カ月先の為替レートを予想するうえで信頼に足るマクロ構造モデルが存在しないことと考えられる。こうした状況における現実的な対応として、その時々で為替レートと強い相関が観察される変数をピックアップし、これを軸に見通しを組み立てるという手法がとられている。

　理論の裏付けを必要としないのであれば、究極的には分析に用いるファクターは何でもよいとも考えられるが、アナリストはシナリオに説得力を持たせる必要があるため、ファクターの選択はある程度保守的にならざるを得ない。特に、為替市場参加者および関連メディアの間では、二国間金利差と為替レートの相関は議論の余地がない公理のように捉えられている節があるため、金利差との相関を軸にした予想には反論が出づらく、予想が外れたときに批判を受けづらいというメリット（？）がある。したがって、自らの為替予想の理論的フレームワークによほどの自信がない限り、金利差との相関を無視した予想を構築するのは困難であるという、極めてプラクティカルな事情も存在するように思われる。

　他方、為替の実務の世界ではあまり顧みられることはないが、前述したように、学界ではランダムウォーク理論を有意にアウトパフォームし得るモデルとして、マーケット・マイクロストラクチャー理論におけるオーダーフローの分析が台頭している。経済学者は多くの場合、オーダーフローのデータを金融機関から入手せざるを得ないが、オーダーフローを日々観察し得る立場にあり、膨大なデータを蓄積している金融機関は、データへのアクセスの点で圧倒的な優位にある。金融機関がこの優位性を活かすべくオーダーフローを使ったモデル構築に取り組めば、どことなく厭戦ムードが漂う為替レートの決定理論の領域で、新たな興味深い展開がみられるかもしれない（顧客情報の保護等、クリアすべき難しい問題はあるが）。

第10節 本章のポイント

1. 経常収支と為替レートの関係に関する議論は、為替レートの経常収支への影響に着目するものと、経常収支のフローで為替レートの動きを説明しようとするものがある。アカデミックな関心は前者に集中している。後者はフロー・アプローチと呼ばれ、いまでは学界でほとんど顧みられることがないが、実業界では根強い支持を得ている。

   経常収支と為替レートの因果関係は、経常収支→為替レートと為替レート→経常収支の双方があり得る。経常収支のフローで為替レートの動きを説明しようとする理論は「フロー・アプローチ」と呼ばれるもので、1970年代にブレトンウッズ体制が崩壊し、主要先進国通貨が変動相場制に移行した後に流行したが、経常収支の為替レートに対する説明力が低いことや、資本取引関連の為替取引の規模が経常取引関連を大きく上回る規模に増大し、為替レートにとっては経常取引由来よりも資本取引由来の取引が重要となったこと等を背景に衰退した。こうしたなか、アカデミックな関心は為替レートの変化が経常収支に与える影響に集中している。これとの関連で、学界では、為替レートのパススルーやインボイス通貨の選択などが活発に議論されている。経常収支と為替レートの関係を記述するモデルの1つに、IMFがESR（External Sector Report）で用いているEBA（External Balance Assessment）モデルがある。

2. 購買力平価説は二国間の物価上昇率格差によって為替レートが決まるという理論であり、一物一価を前提とする絶対購買力平価とインフレ率を用いる相対購買力平価がある。長期的には購買力平価説で為替レートの動向を説明できるとの見方が、学界、実務の双方でコンセンサスになっている模様である。他方、均衡値への回帰にはかなりの時間（数年ないしはそれ以上）を要することも広く知られている。

   以前は購買力平価によって導き出される為替レートと実勢値の乖離が修正されないという帰無仮説を統計的に棄却できないとの研究結果が多かった。購買力平価からの為替レートの持続的な乖離を説明する理論としては、バラッサ・

サミュエルソン（BS）仮説が有名である。BS仮説は、貿易財セクターの生産性が高い場合に、非貿易財価格が相対的に大きく上昇することが一般物価の上昇につながり、実質為替レートの持続的な増価を招くというものである。1990年代以降は分析手法の発展やデータの蓄積により、乖離が最終的に修正されることを示唆する研究結果が報告されるようになったが、乖離の修正には数年間を要するというのがコンセンサスであり、乖離が修正できないとの帰無仮説を棄却できないケースも依然として存在する模様である。

3．二国間金利差と為替レートの相関が長期間継続することを説明する経済理論はない。カバーなし金利平価説（UIP）は、定常状態では高金利通貨の為替レートが低金利通貨に対して減価することを示唆。金利平価の含意を考えるうえでは、金利の水準（高低）と方向性（上昇・低下）を明確に区別することが重要である。

　為替レートは二国間の金利差で決定されるとの見方は広く一般に受け入れられているが、金利差と為替レートの相関が中長期的に持続することを説明する経済理論は存在しない。金利（金利差）と為替レートの関係を説明する代表的な理論である金利平価説によれば、内外資産の収益率を平準化するために、定常状態において高金利通貨は低金利通貨に対して減価することが想定されているが、これは直観に反する動きである。ここで、高金利通貨Aと低金利通貨Bがあるとき、何らかの要因によって通貨Aの金利がジャンプして期待収益率が上方シフトした場合には、ファースト・リアクションとして通貨Aは買われる。もっとも、新たな定常状態で高金利の通貨Aは低金利の通貨Bに対して売られるため、金利上昇を受けた通貨Aの上昇は持続しない。金利平価説の為替レートへの含意を考えるうえでは、金利の方向性（上昇・低下）と金利の水準（高低）を明確に区別する必要がある。以上の議論は、金利平価が成り立つのであれば、金利上昇は通貨買い要因だが、高金利は通貨安要因であるとも整理できる。このため、金利平価が成り立つ世界では金利差と為替レートの正の相関関係は持続しない。

4．長期金利差と為替レートの正の相関関係をもたらしている要因は、①金融政策見通しに基づく投機か、②金利差と為替レートの相関に基づいた取引。

一方、債券フローの観点から金利と為替の正の相関関係を説明するのは困難。

　2021年から2023年にかけてFRBが大規模な利上げを行った際には、FF金利先物等に織り込まれた利上げ期待と米長期金利の間に強い相関があり、ドル/円為替レートはFF金利先物、米長期金利の双方と強い相関関係があった。このことは、米長期金利はFRBの金融政策見通しのプロキシーであり、FRBの金融政策見通しがドル/円為替レートのメイン・ドライバーであったことを示唆している。2023年9月のFOMCで利上げ打ち止めが示唆された後FF金利先物と米長期金利の相関が崩れた際、ドル/円と米長期金利の相関も崩れたことから、ドル/円にとって重要なのは米長期金利の水準ではなくFRBの金融政策見通しであることが示唆された。「FRBの利上げ期待が高まったので米ドルを買う」といった取引は、基本的には投機であると考えられる。

　そのほかの可能性として、金利（金利差）と為替レートの相関関係を前提とした（ただし、経済理論の裏付けを必ずしも必要としない）取引が一定の規模に達すると、自己実現的に金利（金利差）と為替レートの相関が強まると考えられる。米金利（日米金利差）が上昇（拡大）したら自動的にドル/円を買うプログラムに基づく取引などが考えられるが、こうした取引も基本的には投機である。すなわち、金利（金利差）と為替レートの持続的な相関関係は、さまざまな投機フローを想定しなければ実現し得ないことになる。

5．**マネタリー・アプローチに基づくと、その他の条件が一定なら、二国間の貨幣供給量の差異に基づいて名目為替レートの調整が行われることになる。マネーのプロキシーとしてはマネーストックのほうがマネタリーベースよりも適切だが、日米相対マネタリーベースとドル/円為替レートの間に相関関係がみられる時期があったのに対して、日米相対マネーストックとドル/円為替レートはほぼ無相関である。**

　為替取引の発生可能性（マネタリーベースからは基本的に為替取引は発生しないと考えられる）と規模（マネーストックのほうがマネタリーベースよりもはるかに規模が大きい）の双方の観点から、マネーのプロキシーとしてはマネタリーベースよりもマネーストックのほうが適切と考えられる（実際、マネタリー・アプローチに基づくモデルを用いた実証分析で説明変数として用いられ

第10節　本章のポイント　107

るのはほとんどがマネーストックである)。

　そうであるにもかかわらず、日米マネタリーベース比率(いわゆる「ソロス・チャート」)とドル/円の間に相関関係が存在した時期が散見される一方、日米マネーストック比率とドル/円はほぼ無相関である。この理由として、中央銀行がコントロール可能なマネタリーベースが金融政策スタンスのプロキシーとみなせることや(マネーストックは基本的にコントロールできない)、ソロス・チャートの有効性を信じた投機的取引があげられる。以上は、金利(金利差)と為替レートの相関と同様、マネタリーベース比率と為替レートの相関も何らかの投機フローを想定しなければ成り立たないことを示唆している。

6．**Meese and Rogoff (1983) 以降、学界では、短期的にはマクロ構造モデルのサンプル期間外の予測力がランダムウォーク・モデルを有意に上回らない(MRパズル)ことがほぼコンセンサスとなっている。**

　Meese and Rogoffは1983年の有名な論文で、伸縮価格マネタリーモデル、硬直価格マネタリーモデル、経常勘定を取り入れた硬直価格マネタリーモデルの12カ月先までの予測精度が、ランダムウォーク・モデルを有意に上回ることができなかった(MRパズル)との研究結果を報告した。この結果は学界に衝撃を与え、その後MRパズルを解決すべく多くの研究がなされたが、成果は芳しくなく、経済理論に基づくマクロ構造モデルがランダムウォーク・モデルをアウトパフォームすることの困難さを裏付ける結果となっている。為替市場の複雑な構造を過度に単純化したことによって理論の説明力が損なわれている可能性があるが、この点については第2章で改めて議論する。

7．**MRパズルを解き明かすことができないなか、1990年代以降、為替レートの決定理論の新たな方向性を探るべく、さまざまな取り組みがなされている。主なものはマーケット・マイクロストラクチャー理論の応用と、既存とは異なるアプローチのマクロ・モデルの開発である。**

　Lyons (2001) によれば、マクロ構造モデルが取り扱わないマーケット・マイクロストラクチャー・モデルに独自の変数のなかで、とりわけ重要なのは「オーダーフロー」である。マーケット・マイクロストラクチャー理論に基づくいくつかの実証研究では、ある種のオーダーフローが為替レートの説明力・

予測力を持つことが報告されている。

新たなマクロ・モデルの代表的なものは、テイラー・ルールなど金融政策の政策反応関数をモデルに取り込むものや、純輸出の不均衡是正に対するバリュエーションの影響を考慮するモデル等があげられる。

8. 「為替のファンダメンタルズ」＝「経済のファンダメンタルズ」とみなすことは可能だが、経済のファンダメンタルズを説明変数とする理論モデルが適切とは限らない。

一般に「経済のファンダメンタルズ」という際に想定されるのは、経済成長率、インフレ率、労働生産性、雇用関連指標、国際収支などのマクロ要因である。これらのマクロ要因はさまざまな形で為替レートに影響を及ぼしていると考えられることから、「為替のファンダメンタルズ」≒「経済のファンダメンタルズ」とみなすことができるかもしれない。

もっとも、経済のファンダメンタルズを構成する要因を説明変数とするモデルが望ましいモデルであるとは必ずしもいえない。たとえば、広く受け入れられている「経常取引由来の為替取引よりも資本取引由来の為替取引のほうがはるかに規模が大きい」という仮説が正しいのであれば、貿易フローに着目したモデルは適切ではないかもしれない。また、前出の仮説が正しいにもかかわらず、貿易関連指標と為替レートの間に相関関係が認められる場合、その関係を主導しているのは実際の貿易関連の為替取引ではなく、貿易に着目した投機的取引かもしれない。この場合、貿易指標と為替レートの相関関係は「見せかけの相関」ということになる。

9. より適切な為替理論を構築するためには、現実の為替市場がどのようなものかをできる限り明確に定義する必要がある。

為替理論に関する議論では、分析対象である為替市場の構造が明確化されていないケースが散見される。たとえば、為替取引全体に占める投機的取引のシェアが圧倒的に大きいのであれば、こうした取引を行うヘッジファンドなどの投資家の行動に依拠した理論モデルが適切であろう。もっとも実際には、主としてデータの制約等により、為替市場の構造を明確化するような研究は少ない。この点については第2章で検討する。

〈参考文献〉

Ades, A. (1996) "GSDEEMER and STMPIs: New Tools for Forecasting Exchange Rates in Emerging Markets," Economic Research, Goldman Sachs.

Allen, Cian., C. Casas., G. Ganelli., L. Juvenal., D. Leigh., P. Rabanel., C. Rebillard., J. Rodriguez., and J. T. Jalles. (2023) "The External Balance Assessment Methodology: 2022 Update," IMF Working Paper, No. 2023/47, International Monetary Fund.

Avdjiev, Stefan., W. Du., C. Koch., and H. Shin. (2017) "The dollar, bank leverage and the deviation from covered interest parity," BIS Working Papers No. 592.

Baba, Naohiko., and F. Packer. (2009) "From turmoil to crisis: dislocations in the FX swap market before and after the failure of Lehman Brothers," *Journal of International Money and Finance* Vol. 28, pp. 1350-1374.

Baba, Naohiko, and Y. Sakurai. (2011) "When and how USD dollar shortages evolved into the full crisis? Evidence from the cross-currency market," *Journal of Banking and Finance* 35, pp. 1450-1463.

Baffes, J., I. Elbadawi., and S. O'Connell. (1997) "Single Equation of the Equilibrium Real Exchange Rate," in L. Hinkle and P. Montiel (eds), *Estimating Equilibrium Exchange Rates in Developing Countries*, Washington D.C., The World Bank.

Bahmani-Oskooee, Mohsen., and A. Ratha. (2004) "The J-Curve: A Literature Review," *Applied Economics* 36, pp. 1377-1398.

Bahmani-Oskooee, Mohsen., and G. G. Goswani. (2003) "A Disaggregated Approach to Test the J-Curve Phenomenon: Japan versus Her Major Trading Partners," *Journal of Economics and Finance*, 27(1), pp. 102-113.

Bahmani-Oskooee, Mohsen., and T. J. Brooks. (1999) "Bilateral J-Curve between US and her trading partners," *Weltwirtschaftliches Archiv* 135, pp. 156-165.

Balassa, Bela. (1964) "The Purchasing Power Parity Doctrine: A Reappraisal," *Journal of Political Economy* Vol. 72, pp. 584-596.

Berger, David. W., A.P.Chaboud., and S. V. Chernenko. (2008) "Order Flow and exchange rate dynamics in electronic brokerage system data," *Journal of International Economics* Vol. 75, No. 1, pp. 93-109.

Bergstrand, Jeffrey. H. (1991) "Structural Determinants of Real Exchange Rates and National Price Levels: Some Empirical Evidence," *American Economic Review*, Vol. 81, No. 1, pp. 325-334.

Betts, C., and M. B. Devereux. (2000) "Exchange Rate Dynamics in a Model of Pricing to Market," *Journal of International Economics* Vol. 50, No. 1, pp. 215-244.

Bilson, John F.O. (1978) "Rational expectations and the exchange rate," J. Frankel and H. Johnson eds., *The economics of exchange rates*, Addison-Wesley Press, Reading.

Bilson, John. F.O. (1979) "The deutsche mark/dollar rate：A monetary analysis,"

Karl Brunner and Allan H. Meltzer eds., Policies for prices and exchange rates, Carnegie-Rochester Conference 11, North-Holland Publishing Company, Amsterdam.

Borio, C., McCauley, R., McGuire, P., and Sushko, V. (2016) "Covered interest parity lost: understanding the cross-currency basis," *BIS Quarterly Review,* September 2016.

Broner, F., N. Loayza., and J. Lopez. (1997) "Misalignment and Fundamentals: Equilibrium exchange rates in some Latin American countries," unpublished draft, The World Bank.

Cai, Jun, Y.L. Cheung, R. S. K. Lee., and M. Melvin. (2001) "'Once-in-a-generation' yen volatility in 1998: fundamentals, intervention and order flow," *Journal of International Money and Finance* 20, pp. 327-347.

Campa, J.M., and L.S. Goldberg. (2002) "Exchange Rate Pass-Through into Import Prices: A Macro or Micro Phenomenon?" NBER Working Paper, No. 8934.

Campa, J.M., and L.S. Goldberg. (2005) "Exchange Rate Pass-Through into Import Prices," *Review of Economics and Statistics* Vol. 87, No. 4, pp. 679-690.

Cassel, Karl. Gustav. (1918) "Abnormal Deviations in International Exchanges," *The Economic Journal,* 28, pp. 413-145.

Cenedese, Gino. (2012) "Safe Haven Currencies: A Portfolio Perspective," Bank of England Working Paper No. 533.

Cheung, Yin-Wong., and M. D. Chinn. (1999a) "Traders, market microstructure and exchange rate dynamics," NBER Working Paper, No. 7416.

Cheung, Yin-Wong., and M. D. Chinn. (1999b) "Macroeconomic Implications of the Beliefs and Behavior of Foreign Exchange Traders," NBER Working Paper, No. 7417.

Cheung, Yin-Wong., and C. Yuk-Pang. (2000) "A survey of market practitioners' views on exchange rate dynamics," *Journal of International Economics* Vol. 51, pp. 401-419.

Cheung, Yin-Wong., M. D. Chinn., and A. G. Pascual. (2005) "Empirical exchange rate models of the nineties: Are any fit to survive?" *Journal of International Money and Finance* Vol. 24, pp. 1150-1175.

Cheung, Yin-Wong., M. D. Chinn., and I. Marsh. (2000) "How do UK-based foreign exchange dealers think their market operates?" NBER Working Paper, No. 7524.

Chinn, Menzie. D. (2011) "Macro Approaches to Foreign Exchange Determination," Chapter 2 for *Handbook of Exchange Rates,* Edited by James, Jessica., Marsh, Ian. W., and Sarno, Lucio., John Wiley & Sons, Inc.

Chinn, M.D., and R. A. Meese. (1994) "Banking on Currency Forecasts: How Predictable Is Change in Money?" *Journal of International Economics* Vol. 38, pp. 161-178.

Clark, Peter. B., and R. MacDonald. (1998) "Exchange Rates and Economic Fundamentals: A Methodological Comparison of BEERs and FEERs," IMF Working Paper, WP/98/67.

Daniélsson, Jon., and R. Love. (2006) "Feedback trading," *International Journal of Finance and Economics* 11(1), pp. 35-53.

Daniélsson, Jon, J. Luo., and R. Payne. (2012) "Explaining and forecasting exchange rates," *European Journal of Finance* 18(9), pp. 823-840.

Dornbusch, Rudiger. (1976) "Expectations and exchange rate dynamics," *Journal of Political Economy*, Vol. 84, pp. 1161-1176.

Du, Wenxin., A. Tepper., and A. Verdelhan. (2017) "Deviation from covered interest rate parity," NBER Working Paper, No. 23170.

Edwards, Sebastian. (1989) *Real Exchange Rates, Devaluation and Adjustment: Exchange Rate Policy in Developing Countries*, Cambridge, MIT Press.

Edwards, Sebastian., and M. A. Savastano. (1999) "Exchange Rates in Emerging Economies: What Do We Know? What Do We Need to Know?" NBER Working Paper, No. 7228.

Elbadawi, Ibrahim. (1994) "Estimating Long-Run Equilibrium Real Exchange Rates," in J. Williamson (ed.), *Estimating Equilibrium Exchange Rates*, Washington D.C., Institute for International Economics.

Elbadawi, Ibrahim., and R. Soto. (1997) "Estimating Long-Run Equilibrium Real Exchange Rates," in J. Williamson (ed.), *Estimating Equilibrium Exchange Rates*, Washington D.C., Institute for International Economics.

Engel, Charles., and K.D. West. (2005) "Exchange Rate and Fundamentals," *Journal of Political Economy*, Vol. 113, No. 3, pp. 485-517.

Evans, Martin. D. D., and R.K. Lyons. (1999) "Order Flow and Exchange Rate Dynamics," NBER Working Paper, No. 7317.

Evans, Martin. D. D., and R.K. Lyons. (2005a) "Do currency markets absorb news quickly?" *Journal of International Money and Finance* Vol. 24, No. 6, pp. 197-217.

Evans, Martin. D. D., and R.K. Lyons. (2005b) "Meese-Rogoff Redux: micro-based exchange rate forecasting," *American Economic Review* Vol. 95, No. 2, pp. 405-414.

Evans, Martin. D. D., and R.K. Lyons. (2007) "Exchange Rate Fundamentals and Order Flow," NBER Working Paper, No. 13151.

Fan, Mintao., and R. K. Lyons. (2003) "Customer trades and extreme events in foreign exchange," in P. Mizen. (ed.), *Monetary History, Exchange Rates and Financial Markets*, chapter 6, Edward Elgar Publishing.

Flood, R.P., and A.K. Rose. (1995) "Fixing Exchange Rates: A Virtual Quest for Fundamentals," *Journal of Monetary Economics* Vol. 36(1), pp. 3-37.

Frankel, Jeffrey. A. (1979) "On the mark: A theory of floating exchange rates based on real interest differentials," *American Economic Review* Vol. 69, No. 4

(Sep 1979), pp. 610-622.

Frankel, Jeffrey. A. (1981) "On the mark: Replay," *American Economic Review* Vol. 71, No. 5 (Dec 1981), pp. 1075-1082.

Frankel, Jeffery. A., D. C. Parsley., and S. Wei. (2005) "Slow Passthrough Around the World: A New Import for Developing Countries?" NBER Working Paper, No. 11199.

Frenkel, Jacob. A. (1976) "A monetary approach to the exchange rate: Doctorial aspects and empirical evidence," *Scandinavian Journal of Economics* 78, pp. 200-224.

Ghura, D., and T. Grennes. (1993) "The Real Exchange Rates and Macroeconomic Performance in Sub-Saharan Africa," *Journal of Developing Economics*, Vol. 42, pp. 155-174.

Glosten, L., and P. Milgrom. (1985) "Bid, ask, and transaction prices in a specialist market with heterogeneously informed agents," *Journal of Financial Economics* 14, pp. 71-100.

Gourinchas, Pierre-Oliver., and H. Rey. (2007) "International Financial Adjustment," *Journal of Political Economy,* Vol. 115, No. 4 (August 2007), pp. 665-703.

Habib, Maurizio. Michael., and L. Stracca. (2011) "Getting Beyond Carry Trade: What Makes a Safe Haven Currency?" ECB Working Paper Series No. 1288/January 2011.

Halpern, E., and C. Wyplosz. (1997) "Equilibrium Exchange Rates in Transition Economies," IMF Staff Paper, Vol. 44, No. 4.

Hattori, Takahiro., A. Tomita., and K. Asao. (2023) "The accumulation of income balance and its relationship with real exchange rate: Evidence from Japan," PRI Discussion Paper Series (No.23A-01)

Hooper, Peter., and J.E. Morton. (1982) "Fluctuations in the dollar: A model of nominal and real exchange rate determination," *Journal of International Money and Finance* Vol. 1, pp. 39-56.

Hossfeld, Oliver., and R. MacDonald. (2015) "Carry funding and safe haven currencies: A threshold regression approach," *Journal of International Money and Finance* Vol. 59, pp. 185-202.

Ihrig, Jane. E., M. Marazzi., and A. D. Rothenberg. (2006) "Exchange-Rate Pass-Through in the G-7 Countries," FRB International Finance Discussion Papers, No. 851.

Iida, Tomoyuki, T. Kimura., and N. Sudo. (2017) "Regulatory Reforms and the Dollar Funding of Global Banks: Evidence from the Impact of Monetary Policy Divergence," Bank of Japan Working Paper Series, No. 16-E-14, August 2016.

Ito, Takatoshi., R. Lyons., and M. Melvin. (1998) "Is there private information in the FX market? The Tokyo experiment," *Journal of Finance* 53, pp. 1111-1130.

Ivashina, V., D. S. Scharstein., and J. C. Stein. (2015) "Dollar funding and the lending behavior of global banks," *Quarterly Journal of Economics* 130(3), pp. 1241-1281.

Kilian, Lutz. (1999) "Exchange rates and monetary fundamentals: what do we learn from long-horizon regressions?" *Journal of Applied Econometrics* 14, pp. 491-510.

Kilian, Lutz., and M. P. Taylor. (2003) "Why is it so difficult to beat the random walk forecast of exchange rates?" *Journal of International Economics* Vol. 60, Issue 1, May 2003, pp. 85-107.

Killeen, William. P., R. K. Lyons., and M. J. Moore. (2006) "Fixed versus flexible: lessons from EMS order flow," *Journal of International Money and Finance* Vol. 25, No. 4, pp. 551-579.

King, Michael. R., C. L. Osler., and D. Rime. (2013) "The market microstructure approach to foreign exchange: Looking back and looking forward," *Journal of International Economics* Vol. 38, pp. 95-119.

Kyle, A. (1985) "Continuous auctions and insider trading," *Econometrica* 53, pp. 1315-1335.

Lyons, Richard. K. (1995) "Tests of microstructural hypothesis in the foreign exchange market," *Journal of Financial Economics* 39, pp. 321-351.

Lyons, Richard. K. (2001) *The Microstructure Approach to Exchange Rates*, The MIT Press.

Mark, Nelson. C. (1995) "Exchange Rate and Fundamentals: Evidence on Long-Horizon Predictability," *American Economic Review*, Vol. 85, No. 1 (Mar 1995), pp. 29-52.

Marazzi, Mario., and N. Sheets. (2007) "Declining Exchange Rate Pass-Through to U.S. Import Prices," *Journal of International Money and Finance* Vol. 26, No. 6, pp. 924-947.

Meese, Richard. (1990) "Currency Fluctuations in the Post-Bretton Woods Era," *Journal of Economic Perspectives* Vol.4 No. 1, Winter 1990, pp. 117-134.

Meese, Richard, A., and K. Rogoff. (1983) "Empirical Exchange Rate Models of The Seventies," *Journal of International Economics* Vol. 14, pp. 3-24.

Meredich, G., and M.D. Chinn. (1998) "Long Horizon Uncovered Interest Parity," NBER Working Paper, No. 6797.

Molodtsova, Tanya., and D.H. Papell. (2009) "Out-of-sample exchange rate predictability with Taylor rule fundamentals," *Journal of International Economics* Vol. 77, pp. 167-180.

Montiel, P. (1997) "Exchange Rate Policy and Macroeconomic Management in ASEAN Countries," in J. Hicklin et al. (eds) *Macroeconomic Issues Facing ASEAN Countries*, Washington D.C., IMF.

Moore, Michael, J., and R. Payne. (2011) "On the sources of private information in FX markets," *Journal of Banking and Finance* 35(5), pp. 1250-1262.

Naranjo, A., and M. Nimalendran. (2000) "Government Intervention and adverse selection costs in foreign exchange markets," *Review of Financial Studies* 13, pp. 453-477.

Neely, Christopher. J., and L. Sarno. (2002) "How Well Do Monetary Fundamentals Forecast Exchange Rates?" *Federal Reserve Bank of St. Louis Review* 84, pp. 51-74.

Obstfeld, Maurice., and K. Rogoff. (2004) "The Unsustainable U.S. Current Account Positions Revisited," NBER Working Paper, No. 10869.

Officer, Lawrence. H. (1976) "The Purchasing Power Parity Theory of Exchange Rates: A Review Article," IMF Staff Paper, 23(3), pp. 1-60.

O'Hara, Maureen. (1995) *Market Microstructure Theory,* Cambridge, MA: Blackwell Business.

Osler, Carol. L., A. Mende., and L. Menkhoff (2011) "Price discovery in currency markets," *Journal of International Money and Finance* Vol. 30, No. 8, pp. 1696-1718.

Osler, Carol. L., and V. Vandrovych. (2009) "Hedge Funds and the Origins of Private Information in Currency Markets," Available at SSRN : https://ssrn.com/abstract=1484711 or http://dx.doi.org/10.2139/ssrn.1484711.

Otani, Akira., S. Shiratsuka., and T. Shirota. (2003) "The Decline in the Exchange Rate Pass-Through: Evidence from Japanese Import Prices," *Monetary and Economic Studies* Vol. 21, No. 3, pp. 53-82.

Otani, Akira., S. Shiratsuka., and T. Shirota. (2005) "The Decline in the Exchange Rate Pass-Through: Further Evidence from Japanese Import Prices," IMES Discussion Paper Series, No. 2005-E-6.

Ranaldo, Angelo., and Söderlind, Paul. (2009) "Safe Haven Currencies," *Review of Finance* 14(3), pp. 385-407.

Razin, O., and S. Collins. (1997) "Real exchange rate misalignments and growth," NBER Working Paper, No. 6174.

Rime, Dagfinn., L. Sarno., and E. Sojli. (2010) "Exchange rate forecasting, order flow and macroeconomic information," *Journal of International Economics* Vol. 80, pp. 72-89.

Rogoff, Kenneth. (1996) "The Purchasing Power Parity Puzzle," *Journal of Economic Literature* Vol. XXXIV (June 1996), pp. 647-668.

Rose, A.K., and J. Yellen. (1989) "Is there a J-curve?" *Journal of Monetary Economics* Vol. 24, pp. 53-68.

Sager, Michael. J., and M. P. Taylor. (2008) "Commercially available order flow data and exchange rate movements: "Caveat Emptor"," *Journal of Money, Credit and Banking* 40(4), pp. 583-625.

Samuelson, Paul.（1964）"Theoretical notes on Trade Problems," *Review of Economic and Statistics* Vol. 46, pp. 145-154.

Sato, Kiyotaka., J. Shimizu., N. Shrestha., and S. Zhang.（2012）"Industry-specific Real Effective Exchange Rates for Japan," RIETI Discussion Paper Series 12-E-044.

Soto, Claudio., and R. Vades.（1998）"Desalineamiento del Tipo de Cambio Real en Chile," mimeo.

Soto, Reimundo.（1996）"El tipo de cambio real de equiliribio: un modelo no lineal de series de tiempo," in *Analisis Empirico del tipo de Cambio en Chile,* Felipe Morande, and Rodrigo Vergara（eds）.

Soto, Reimundo.（1997）"Estimation del desequilibrio del tipo de cambio real en Chile," mimeo, Central Bank of Chile.

Sushko, V., C. Borio., R. McMauley., P.McGuire.（2016）"The failure of covered interest parity: FX hedging demand and costly balance sheets," BIS Working Papers No. 590.

Taylor, J. B.（1993）"Discretion versus policy rules in practice," Carnegie-Rochester Conference Series on Public Policy 39, pp. 195-214.

Warner, A.（1997）"Mexico's 1994 exchange rate crisis interpreted in light of the non-traded model," NBER Working Paper, No. 6165.

安達誠司（2016）「マネタリーモデルによる為替レート決定理論の試み―「ソロスチャート」再考―」、証券経済研究第93号（2016年3月）。

植田健一、服部孝洋（2019）「グローバル・インバランスとIMFによる対外バランス評価（EBA）モデルについて」、財務総合政策研究所、PRI Discussion Paper Series（No.19-RP-06）。

大島一宏、斉藤郁恵（2023）「2024年為替アウトルック（日本円）：円安トレンド変調の年」、J.P.モルガン。

太田康夫（2019）『誰も知らない金融危機：LIBOR消滅』、日本経済新聞出版社。

小川英治、川﨑健太郎（2007）『MBAのための国際金融』、有斐閣。

加納隆（2013）「為替レートのランダムウォークネスとファンダメンタルズ：動学的確率的一般均衡分析からの視点」、一般財団法人全国銀行協会　平成24年度金融調査研究会「国際通貨制度の諸課題――アジアへの含意」報告書第5章。

金京拓司（2010）「均衡為替レートの概念と推定法」、『神戸大学経済学研究年報』57、pp.19-38。

塩沢裕之、古賀麻衣子、木村武（2009）「キャリー・トレードと為替レート変動―金利変動が市場参加者のリスク認識に与える影響―」、日銀レビュー、2009-J-5。

清水順子、佐藤清隆（2014）「アベノミクスと円安、貿易赤字、日本の輸出競争力」、独立行政法人経済産業研究所、RIETI Discussion Paper Series、14-J-022。

高木信二（2011）『入門国際金融［第4版］』、日本評論社。

棚瀬順哉（2019）『国際収支の基礎・理論・諸問題：政策への含意及び為替レートと

の関係』、財経詳報社。
棚瀬順哉（2023）「為替市場の構造と理論への含意：CLSデータを用いた円相場の検証」、日本国際経済学界編『国際経済』第75巻。
日本銀行金融市場局・金融機構局、金融庁総合政策局・監督局（2022）「円LIBOR移行対応の振り返りと今後の取り組み」、日銀レビュー、2022-J-8。
服部孝洋（2017）「ドル調達コストの高まりとカバー付き金利平価」、『ファイナンス』2017年10月号、pp.56-63。
服部孝洋（2023）『日本国債入門』、金融財政事情研究会。
服部孝洋、浅尾耕平、冨田絢子（2021）「IMFによる経常収支の為替レートに対する弾力性の推定方法について」、財務総合政策研究所、財務総研リサーチ・ペーパー（No.21-RP-03）。
深尾光洋（1983）「変動相場制度下における為替相場決定理論の発展」、日本銀行金融研究資料（1983年3月）。
藤井英次（2013）『コア・テキスト国際金融論［第2版］』、新世社。
渡部肇、小野寺敬、田原健吾（2019）「実質実効レートに基づく対ドル均衡値の推計」、研究員報告、公益社団法人日本経済研究センター。

第 2 章

外国為替市場の構造と決定理論への含意

外国為替市場の際立った特徴は、その規模の大きさ、取引目的および市場参加者の多様性である。

　外国為替市場の規模に関して、国際決済銀行（BIS）が3年に一度実施しているTriennial Central Bank Survey of Foreign Exchange and Over-the-Counter Derivatives Market（以下、「Triennial Survey」）は、市場関係者の間で外国為替市場の取引高や参加者の動向をみるうえで最も信頼性が高いデータと広くみなされている。直近のTriennial Survey（2022）によると、2022年4月の1日の為替の平均取引高は合計7.5兆ドル[1]にのぼった。1年＝240営業日として計算すると、1年の為替取引高は約1,800兆ドルにも達する。2022年の世界の名目GDPは約100兆ドルであったことから、この18倍もの規模の取引が外国為替市場において行われていたことになる。

　為替取引の目的および市場参加者の多様性を理解するうえでは、国際収支統計の各項目に由来する為替取引を検討することが有益かもしれない。国際収支由来の為替取引は、経常収支に反映される取引に起因する取引と、金融収支に反映される取引に起因する取引に大別できる。前者には、輸出入、海外子会社の稼得利益の本国送金や、海外旅行、特許料やロイヤリティの授受に関連する外国為替取引などが含まれる。後者には、対外対内直接・証券取引に関連する外国為替取引などが含まれる。

　こうした外国為替市場の規模の大きさと取引目的および参加者の多様性に加えて、外国為替市場には株式や債券のように取引所が存在せず、ほぼすべての取引が相対取引（Over the Counter：OTC）であることが、外国為替市場の全貌を把握することを困難にしている。前出のTriennial Surveyは3年に一度しか発表されないが、にもかかわらずこれが外国為替市場の規模と参加者に関するデータとして不動の地位を占めている理由は、外国為替市場があまりに巨大且つ多様であるがゆえに、当データに比肩する包括性、一貫性を備えた代替データが存在しないことであると考えられる。

　外国為替の実際の取引が行われる場としてのプラットフォームやそれにアク

---

[1] BISのTriennial Surveyではスポット（Spot）、為替スワップ（FX swaps）、アウトライト・フォワード（Outright forwards）、通貨スワップ（Currency swap）、オプション（Options）の5種類のインスツルメントについて取引高を集計している。7.5兆ドルはこれら5系列の合計である。

セスする参加者は時代とともに変化しているが、近年ではその多様化・複雑化に拍車がかかっており、外国為替市場の構造は以前とは全く異なるものになっている。たとえば、1990年代までの外国為替市場では、輸出入企業や投資家といった顧客が直接インターバンク市場にアクセスすることはなく、直接外国為替を取引するのは「ディーラー」[2]と呼ばれる金融機関のみであった。しかし近年では、金融機関の顧客であるヘッジファンドなどがその金融機関との契約の下でインターバンク市場に直接アクセスすることを可能にするプライムブローカレッジ・サービスの普及などにより、「ディーラー」以外の参加者が直接インターバンク市場にアクセスするケースが増加している。

またかつては、A銀行のトレーダーが顧客から購入した米ドルをインターバンク市場でB銀行に売却し、B銀行がそれをC銀行に売却するといった一連の取引[3]がインターバンク市場における取引高を嵩上げしていたが、近年では個別行が提供する取引プラットフォーム内で顧客フローがネッティングされる仕組みの発展等もあり、後述するように取引全体に占めるインターバンクのシェアは低下傾向を辿っている。加えて、アルゴリズム取引や、その一種である高頻度取引（High-Frequency Trading：HFT）の発展も、外国為替市場の構造変化に寄与していると考えられる。

以上のような事情を反映して、「外国為替市場では誰が、何の目的で、どのような取引を、どのくらいの規模で行っているのか」といった、誰もが抱きそうな基本的な疑問に明確な回答を与える文献は、思いのほか少ない。

現在の外国為替市場の構造を理解するうえでは、前出のプライムブローカレッジのほか、CLS、SBT（Single Bank Trading Systems）、MBT（Multibank Trading Systems）などに対する理解が不可欠であるが、筆者が知る限りではこれらに網羅的に言及している日本語の文献は、わずかに中島（2016）が存在する程度である。しかし、外国為替レートの変動が国家、企業、個人のあらゆるレベルの経済活動に重要な影響を及ぼし得ることを踏まえると、外国為替市場の全体像を把握し、外国為替市場のメカニズムについて理解を深める

---

[2] 「ディーラー」と「トレーダー」という用語に厳密な定義はなく、両者は同じ意味合いで用いられることもあるが、本書ではBISのTriennial Survey関連の一連の文献やKing et al.（2011）などに準じて、外国為替取引を取り扱う金融機関を「ディーラー」、金融機関に所属し、実際に外国為替の売買を執行する個人を「トレーダー」と呼称する。
[3] こうした取引は「Hot Potato Trading」と呼ばれる。（Lyons（1997））。

作業は不可欠といってもよいだろう。

　外国為替市場の動向に関する包括的且つ信頼に足るデータが事実上BISのTriennial Surveyしか存在しない状況を反映して、外国為替市場の構造に関する主な文献は、BISのスタッフが各回のTriennial Surveyの結果を分析したものが主体となる。Triennial Surveyが行われた年の第4四半期のBIS Quarterly Reviewに掲載されるサーベイ結果の分析は、その代表的なものである。これらのペーパーは基本的に前回サーベイから当回までの3年間に生じた変化の背景について論じたものだが、Triennial Surveyの結果を踏まえつつ、より包括的な分析を試みたものにKing et al.（2011）、中島（2016）などがある。当該分野に関する日本語の文献は少なく、中島（2016）のほかには、日本銀行のスタッフによるいくつかの文献[4]が存在する程度である。

　また、アルゴリズム取引についてはChaboud et al.（2009）、福間・門川（2020）、アルゴリズム取引のなかで特にHFTにフォーカスしたものとしては、BIS（2011）などがある。Triennial Survey以外の代替的なデータの利用可能性について論じたものには、Bech（2012）、Bech and Sobrun（2013）、Hasbrouck and Levich（2017）などがある。

　本章で取り上げる内容は、以下のとおりである。第1節では、外国為替市場の概観について述べる。第2節および第3節では、外国為替市場の構造を理解するうえで参照される代表的なデータであるTriennial Surveyおよび、代替的なその他のデータについて解説する。第4節～第6節では、外国為替市場を構成するさまざまなフローについて述べる。第4節では国際収支統計に計上される経常・資本取引に関連するさまざまなフローを概観し、その為替レートとの関係について議論する。第5節では、ネット・ベースでみたフローとグロス・ベースでみたフローに違いについて検討し、日本の事例を取り上げて「資本取引に起因する為替取引の規模は経常取引由来のものよりもはるかに大きい」という通説が、グロス・ベースでは当てはまるがネット・ベースでは必ずしも当てはまらないことを示す。第6節では短期のフローとして、通貨オプション関連のフローやHFT関連のフローを紹介する。第7節では、第4節～第6節で

---

[4] 古賀・竹内（2013）、王ほか（2014）など。日本銀行は日本においてTriennial Surveyの取りまとめを行っているうえ、半期に一度の中央銀行サーベイも行っているので、当該分野の知見の蓄積がなされていると考えられる。

取り上げたものをはじめとする各種フロー・データを基に円相場の全体像を示し、為替レートの決定理論への含意について検討する。また第8節では、CLSフロー・データを国際収支統計と関連付けたうえで実証分析を行い、円の為替レートに対して説明力を有するのは国際収支統計に計上されない「オフバランス」のフローであり、国際収支統計に計上される取引に起因する各種フローは説明力を持たないことを示した。

第1節　外国為替市場の概観

　外国為替市場については膨大な先行研究が存在するが、主としてデータの制約により、外国為替市場の実像を明確且つ詳細に示す文献はほとんどない。たとえば、「貿易など経常取引に関する為替取引よりも資本取引に関する為替取引のほうがはるかに大きいため、外国為替レートに与える影響は資本取引のほうが大きい」という説は広く受け入れられている（実際、第1章で述べたように、これは為替レートの決定理論の主流であるアセット・アプローチにおける重要な前提である）が、この通説の妥当性について十分に検証が尽くされているとは言いがたい。

　第1章で述べたように、為替レートの決定理論については、過去数十年間膨大な先行研究が存在するにもかかわらず、いまだにランダムウォーク・モデルを有意にアウトパフォームするマクロ構造モデルは見出されていない状況であるが、分析の対象である為替市場についての理解が十分でないことがその理由であるとの見方も存在する。こうした状況に鑑みて、なるべく具体的に外国為替市場の全体像を示し、より適切な理論の方向性を考えるうえでの基盤を提供することが本章の目的である。

1980年代以降の外国為替市場の構造の変遷[5]

　1980年代以降の外国為替市場の変化を要約すれば、「技術進歩がカタリストとなってプレイヤーが多様化し、インターバンク市場と対顧客市場の境界が曖昧になった」ということになろう。以下ではこの点についてやや詳しくみていく。

　1980年代の外国為替市場では、ディーラーによって形成されるインターバンク市場と対顧客市場が完全に分離されていた。たとえば、顧客（輸出入企業や投資家など）が米ドルを100万ドル分対円で購入したいときには、まず外国為替銀行（仮に「A行」とする）の営業担当者（セールス）にその旨をオーダー

5　本項の記述はKing et al.（2011）および中島（2016）に多くを拠っている。

し（典型的には電話連絡）、営業担当者がそれを自行のトレーダーに引き継ぎ、トレーダーがインターバンク市場でオーダーを執行する。この際A行のトレーダーはB行のトレーダーから100万ドルを購入し、100万ドル分の円を売却する。トレーダー間の取引のマッチングは、電話等を通じて直接行われるか（ダイレクト・トレード）、ボイスブローカーを通じて行われる。ボイスブローカーは複数の銀行のオーダー（売りたい価格＝オファー、買いたい価格＝ビッド）を絶えずクオートし、その価格で取引したい銀行がいる場合には取引を成立させる。以上のプロセスからわかるように、実際の外国為替取引は外国為替銀行のトレーダーとボイスブローカーで形成されるインターバンク市場でのみ行われ、顧客は直接インターバンク市場にアクセスすることはできなかった。

　1990年代に入っても顧客市場とインターバンク市場の分離という構造には変化はなかったが、この時期にはICT技術の進歩により、コンピュータを用いた電子ブローキングが発展した。電子ブローキングの先駆けとなったのは、1987年にロイター社がローンチしたThomson Reuters Dealingである。ロイター社は1992年に電子ブローキングシステムにリミット・オーダーを導入（Thomson Reuters Matching）したが、ロイター社によるインターバンク取引の独占を懸念した外国為替銀行がコンソーシアムを形成、Thomson Reuters Matchingに対抗する電子ブローキングシステムであるEBS（Electric Broking Service）をローンチした。

　電子ブローキングシステムの発展は、為替市場における価格の透明性（電子ブローキングシステム上のリミット・オーダーはいわゆる「気配値」ではなく、取引可能な価格である）および取引の効率性の向上に大いに貢献した。もっとも、電子ブローキングシステムは本質的に、従来のボイスブローキングや（電話などを通じた）ダイレクト・ディーリングをコンピュータによるプラットフォームで代替したにすぎず、顧客市場とインターバンク市場の分離という外国為替市場の構造を変えるものではなかった。

　顧客市場とインターバンク市場の分離という外国為替市場の構造に大きな変化が始まったのは1990年代後半であり、その流れが加速したのは21世紀に入ってからである。前述した、「技術進歩がカタリストとなってプレイヤーが多様化し、インターバンク市場と対顧客市場の境界が曖昧にな」る動きは、1980年代〜1990年代半ばにおいてはほとんど生じておらず、それが加速したのは21世

第1節　外国為替市場の概観　125

紀に入ってからである。この観点から、外国為替の入門書や教科書（特に日本語の文献）における外国為替市場の描写は、1990年代半ば頃の様相のまま止まっているケースが大宗であるように感じられる。

1990年代後半以降の外国為替市場の構造変化に対して大きな影響を及ぼした新たなプラットフォームやビジネスモデルとしては、Multibank Trading Systems（MBT）、Single Bank Trading Systems（SBT）、Retail Aggregator（RA）（以上はプラットフォーム）、外為プライムブローカー（PB）業務などがあげられる。以下で、各々の概要を説明する。

MBTとは、顧客のレート照会に対して複数の銀行が売買可能価格を提示するシステムであり、顧客は提示された複数のレートから最良のレートを選択することができる。代表的なMBTには、FX all、Currenex、FX Connect、ブルームバーグが運営するFXGO、360T、FSS（FX Spot Stream）などがある。

SBTは、各金融機関が自社の顧客に対してシステムのスクリーン上で売買可能な価格を提示するシステムであり、顧客が端末（ポータル）からレートを照会すると条件に応じたレートがマージンを加味した形で自動的に提示される（このプロセスでは、後述するアルゴリズム取引の技術が用いられることが多い）。代表的なSBTには、ドイツ銀行のAutobahn、UBSのFX Trader、バークレイズのBARX、シティグループのVelocity、J.P.モルガンのExecuteなどがある。

外為プライムブローカー（PB）業務は、ヘッジファンド等の顧客が特定の金融機関との契約の下、その金融機関の名義を借りてインターバンク市場において他のディーラー（金融機関）と直接為替取引を行うことを可能にするサービスである。この際、顧客のクレジットリスクはその顧客とPB契約を結んでいる銀行が負担する。ヘッジファンド等の顧客にとっては、プライムブローカーの高い信用力をバックに直接為替取引ができることや、為替取引の効率化[6]、ネッティング効果[7]といったメリットがある。他方、PBサービスを提供する金融機関にとっては、手数料収入を得るとともに顧客との関係を強化でき

---

6 顧客は為替取引に係る契約関係を1つの機関に集約し、証拠金や担保の差し入れも1つの機関に対してのみ行えばよい。

7 顧客と金融機関の最終的な決済は、多くの取引をネッティングした差額について行えばよいため、各々の取引を別々の金融機関と行った場合に比べて、決済の件数や必要額を大きく圧縮することができる。

るというメリットがある（中島（2016））。

RAは、個人投資家による小口の為替取引を集約する機能を担う。RAは小口取引を集約し、ある程度まとまった額の為替取引をディーラー（金融機関）と行う。日本においては、個人投資家は多くの場合外為証拠金業者（FX業者）を通じて取引を行うが、こうした業者がRAとしての機能を担っている。

図表2−1〜図表2−3は以上の議論を踏まえ、1980年代から現在までの外国為替市場の構造変化を図示したものである。1990年代半ばまではインターバンク市場（図表の網掛け部分）の参加者はブローカーと金融機関に所属する外

図表2−1　1980年代の外国為替市場

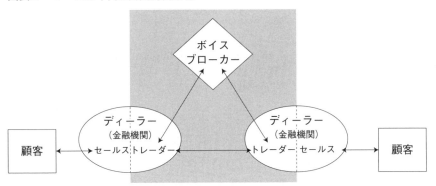

出所：King et al.（2011）などより筆者作成

図表2−2　1990年代前半〜半ばの外国為替市場

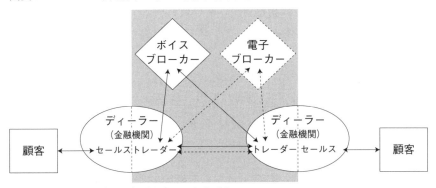

注：点線は電子的に取引が処理されることを示す。
出所：King et al.（2011）などより筆者作成

図表2－3　1990年代後半以降の外国為替市場

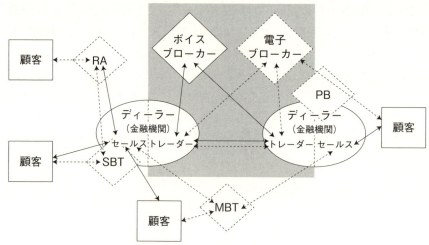

注：SBT＝Single Bank Trading Systems、MBT＝Multibank Trading Systems、PB＝Prime Broker、RA＝Retail Aggregator。
出所：King et al.（2011）などより筆者作成

為トレーダーのみであり、顧客の為替市場へのアクセスは金融機関のセールスに限定されていた。その後、1990年代半ば以降に大きな構造変化が生じたが、それは、①顧客の為替市場へのアクセス多様化、②電子的に処理される取引の増大、③一部顧客がPBを通じて直接インターバンク市場にアクセスすることが可能になったこと、と要約できよう。

以上の議論はサプライサイドのイノベーションに関するものだが、近年はディマンドサイドでも、技術進歩がカタリストとなってさまざまなイノベーションが生じている。具体的には、アルゴリズム取引や、その一形態としてのHFTなどがあげられる。

アルゴリズム取引は、投資判断や約定までの一連の取引をプログラムに基づいて自動的に行うものであり、技術の進歩に伴い2000年代半ば頃から普及し始めた。King and Rime（2010）は、為替市場におけるアルゴリズム取引に関して、EBSが2004年にアルゴリズム取引のシステムとEBSのスポット・マーケットを結ぶEBS Spot Aiをローンチしたことが重要な契機になったと指摘している。これにより、2004年時点ではEBSの取引全体のわずか2％にすぎなかったアルゴリズム取引のシェアは、2007年には48％に急上昇した。EBSの取引に占

めるアルゴリズム取引のシェアはその後も増加を続け、2019年には全体の7〜8割に達した（Schrimpf and Sushko（2019））。

第2節　BIS Central Bank Triennial Survey

1　データの概要

　BISおよび各国・地域の中央銀行は3年に一度、外国為替市場およびデリバティブ市場の実態を明らかにすることによってその透明性を高め、中央銀行や金融監督当局、市場参加者による金融動向調査に貢献し、金融機関のリスク管理や金融市場の安定性向上に資するために、多くの金融機関の協力を得てTriennial Central Bank Survey of Foreign Exchange and Over-the-Counter (OTC) Derivatives Market[8]を実施している。この調査の前身である外国為替取引に関する調査は1986年に開始され、1995年からデリバティブ取引が調査項目に加えられて現在の形となった。その後も、市場の実態をよりよく捉えることを目的として、さまざまなマイナーチェンジが行われている。直近に実施された2022年の調査では、世界52カ国・地域における1,200を超える金融機関が参加した。当調査は金融機関の自主的な参加に基づいて行われており、参加を承諾した金融機関に対して世界共通のフォーマットに則った調査票が送付される。

　当調査の対象となる項目は、所在地ベースの取引高と連結ベースの残高に大別される。所在地ベースの取引高とは、調査対象金融機関が、ある取引地（国・地域）において一定期間中に新たに契約した取引の金額（フロー）を指す。たとえば、米国に本社を置く銀行の東京支店が行った為替取引は、米国ではなく、日本のフローとして計上される。他方、連結ベースの残高とは、ある時点において各金融機関が抱えているデリバティブ取引の総額（ストック）を指す。このケースでは、米国に本社を置く銀行の東京支店が保有する取引残高は、日本ではなく米国に帰属するものとして計上される。

　本書で分析対象とするのは主として外国為替取引のフロー・データであるが、取引高については、商品別内訳（スポット、為替スワップ、アウトライ

8　日本語では「外国為替およびデリバティブに関する中央銀行サーベイ」と呼ばれる。

ト・フォワード、オプションなど）、通貨別内訳（米ドル、ユーロ、日本円など）、取引相手別内訳（報告対象金融機関（当調査に参加している銀行・証券会社などの金融機関）、報告対象外金融機関（機関投資家やヘッジファンドなど）、非金融機関顧客（事業会社や政府部門など））について調査される。

Triennial Surveyは広く市場関係者の間で、外国為替市場の規模や参加者に関する最も包括的かつ信頼できるデータとみなされている。外国為替市場は規模が大きいうえ取引のほとんどがOTCであるため、債券や株式に比べて包括的なデータベースの構築が困難であり、Triennial Survey以外には選択肢がほとんどない。

「ネット・グロス」vs.「ネット・ネット」

以下では、スポット取引に関して、Triennial Surveyの集計方法を説明する。Triennial Surveyの集計方法はやや独特であるため、集計方法を理解しておくことは当データのインプリケーションを考えるうえで重要である。

例として、本邦機関投資家（非報告対象金融機関）A社が100万米ドル（1本[9]）相当の豪国債を購入するために、報告対象金融機関B行（邦銀）から100万米ドル分の豪ドル買い/円売りを行うケースを考えてみよう。ここで、B行はC行に対する豪ドル買い/米ドル売り、D行（C行、D行のいずれも邦銀で、報告対象金融機関）に対する米ドル買い/円売りによって、A社との取引から生じたポジション（豪ドルの円に対するショート・ポジション）をカバーするとする。そして、C行とD行は、豪州に拠点を置くE行、F行との取引によってB行との取引で生じたポジション（C行は豪ドルの米ドルに対するショート・ポジション、D行は米ドルの円に対するショート・ポジション）を解消するとする。

このケースではまず、非報告対象金融機関A社との豪ドル/円の1本分の取引が報告対象金融機関B行によって日本の通貨当局に報告される。他方、A社は非報告対象なので、B行との取引を報告しない。B行はこれに加えて、C行との豪ドル/米ドルの取引1本分とD行との米ドル/円の取引1本分も日本の通貨当局に報告する。さらに、C行は豪ドル/米ドルの取引1本分、D行は米ド

---

[9] 為替市場参加者は慣行で、100万ドルを「1本」と呼ぶ。

ル/円の取引1本分を日本の通貨当局にそれぞれ報告する。一連の取引のうち、実需（すなわち、A社による1本分の豪国債購入）に直接対応しているのは1本分の豪ドル/円の取引のみだが、上述のケースでは、3種類の通貨ペア（豪ドル/円、豪ドル/米ドル、米ドル/円）の5本分の取引が報告されている（BISはこれを「グロス・グロス」シリーズと呼んでいる）。

　ここで、B行とC行およびD行との取引の報告はダブルカウントとなるので、2で割って調整が行われる。したがって実際に計上されるのは、豪ドル/円が1本、豪ドル/米ドルが1本（B行の報告分1本＋C行の報告分1本/2）、米ドル/円が1本（B行の報告分1本＋D行の報告分1本/2）である。これは、「ネット・グロス」シリーズと呼ばれる。

　以上、Triennial Surveyにおける「グロス・グロス」シリーズと「ネット・グロス」シリーズを紹介したが、同サーベイにはこれ以外に「ネット・ネット」シリーズがある。「ネット・ネット」と「ネット・グロス」シリーズの違いはクロスボーダーの取引におけるダブルカウントの調整の有無であり、「ネット・グロス」ベースでは調整が行われない一方で、「ネット・ネット」シリーズでは調整を行う。前出の事例でいえば、邦銀C行と豪銀E行、邦銀D行と豪銀F行の取引が、「ネット・ネット」シリーズの調整対象となる。C行とD行は日本の、E行とF行は豪州の通貨当局に同じ取引をそれぞれ報告するため、ダブルカウントが生じる。ここで、「ダブルカウント」という言葉の意味合いが、「ネット・グロス」と「ネット・ネット」で異なる点に注意が必要である。前者は2つの金融機関が同一の取引を報告することによって生じるのに対して、後者は「ネット・グロス」の数字が異なる2つの通貨当局に報告されることによって生じる。

　「ネット・グロス」と「ネット・ネット」の区別が重要になるのは、主要7カ国・地域（米国、英国、日本、シンガポール、カナダ、豪州、香港）中央銀行主催のForeign Exchange Committee（FXC）が、Triennial Surveyと同様の手法で自らが管轄する国・地域について半年に一度行っているサーベイ（以下、「FXCサーベイ」）のデータとTriennial Surveyのデータを比較するケースである。FXCサーベイではクロスボーダー取引のダブルカウントについて調整を行っていないため、Triennial Surveyと比較する場合は「ネット・ネット」シリーズではなく「ネット・グロス」シリーズを用いるのが適当である。

上述したTriennial Surveyの集計方法のインプリケーションはさまざまなものが考えられるが、特に注意が必要なのは①実際に市場で取引されない取引が計上されるケースがあることと、②Triennial Surveyに計上される為替取引の額は、ある実需取引との関連で実際に発生する取引よりもかなり大きくなることである。

　①に関して、たとえば前出の例では、A社とB行間の豪ドル/円の取引は実際には市場で取引されず、取引されるのはB行－C行間の豪ドル/米ドルの取引とB行－D行間の米ドル/円の取引のみである。

　②に関して、A社による豪国債購入という「実需」に対応する為替取引はA社とB行間の豪ドル/円の1本分の取引のみであるが、B行－C行間の豪ドル/米ドル1本、B行－D行間の米ドル/円1本など、実需取引から派生するさまざまな取引が計上される。B行－C行間およびB行－D行間の取引は、B行がA社との取引によって持たされたポジションを解消するためのものであり、A

図表 2 － 4　Triennial Surveyの計上方法

	日本		豪州

	AUD/JPY（100万ドル）		
グロス・グロス	AUD/JPY（100万ドル）	AUD/USD 200万ドル USD/JPY 200万ドル	AUD/USD 200万ドル USD/JPY 200万ドル
ネット・グロス	AUD/JPY（100万ドル）	AUD/USD 100万ドル USD/JPY 200万ドル	AUD/USD 100万ドル USD/JPY 200万ドル
ネット・ネット	AUD/JPY（100万ドル）	AUD/USD 100万ドル USD/JPY 100万ドル	AUD/USD 100万ドル USD/JPY 100万ドル

注：網掛けは報告される取引。
出所：筆者作成

第2節　BIS Central Bank Triennial Survey　133

図表2－5　各シリーズ間の比較

（単位：万ドル）

	AUD/JPY	AUD/USD	USD/JPY	合計
グロス・グロス	100	400	400	900
ネット・グロス	100	300	300	700
ネット・ネット	100	200	200	500

出所：筆者作成

社－B行間の取引を「実需取引」と呼ぶのであれば、これらは「カバー取引」とも呼ぶべきものである。そして、Triennial Surveyの集計方法では、実需取引よりもカバー取引のほうがはるかに大きくなる。図表2－4と図表2－5が示すように、前出の例ではカバー取引を含めた全体の取引額は「ネット・ネット」でも実需取引（100万ドル）の5倍、「ネット・グロス」では7倍、「グロス・グロス」シリーズでは9倍にも達する。また、E行、F行でカバー取引が終了するとは限らず、E行、F行によるカバー取引にまで範囲を広げれば、全体の取引額は実需に基づく取引の10倍を軽く超えてしまうことになる。

2　BIS Triennial Surveyが示す外国為替市場の構造変化

　以下では、Triennial Surveyの各種データを時系列に辿り、その背景にある外国為替市場の構造変化について概観する。

　図表2－6が示すように、Triennial Surveyによるとグローバルの為替取引高はほぼ一貫して増加基調にあり、1989年の調査開始以降、対前回調査比で取引高が減少したのは2001年と2016年の2回のみである。前者は共通通貨ユーロの誕生や銀行セクターの統廃合、1990年代後半の一連の危機を受けた投資家のリスク回避姿勢の強まりなど[10]、後者はテーパータントラム（2013年）、チャイナ・ショック（2015年）による投資家のリスク回避姿勢の強まりの影響が大きかったと考えられる。直近（2022年4月）のサーベイでは、取引高の合計は7.5兆米ドル/日（月中平均）と、過去最高を記録した。

　インスツルメント別の数字をみると、スポットと為替スワップが大宗を占める構造は一貫しているが、両者の増加は必ずしもパラレルではなく、増加ペー

10　Galati and Melvin（2004）。

図表2－6　各インスツルメントの取引高[11]

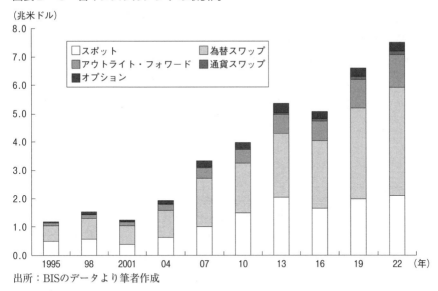

出所：BISのデータより筆者作成

図表2－7　各インスツルメントの取引高のシェア

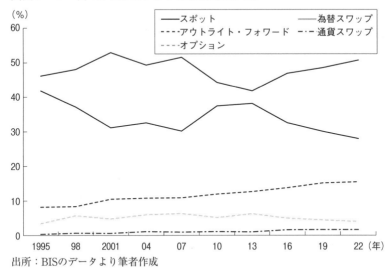

出所：BISのデータより筆者作成

11　Triennial Surveyは1986年に始まったが、現在の5種類のインスツルメントの計数が公表されるようになったのは1995年からであるため、図表2－6、図表2－7は1995年以降とした。

第2節　BIS Central Bank Triennial Survey　135

スには時期によって顕著な差異が認められる（図表2－7）。1995年から世界金融危機（Global Financial Crisis：GFC）の直前（2007年）までは為替スワップの増加のほうがスポットよりも大きく、同期間に為替スワップの取引高は1.2兆ドルと、スポット（0.5兆ドル）の2倍以上増加した。2007年から2013年にかけては逆にスポット（＋1.0兆ドル）が為替スワップ（＋0.5兆ドル）の2倍のペースで増加したが、その後は再び為替スワップの増加ペースが加速している（2013年から2022年にかけて、スポットの取引高が0.1兆ドル増にとどまった一方で為替スワップは1.6兆ドル増加）。こうした動きの背景には、外国為替市場の構造変化やその他金融市場を取り巻く状況の変化など、さまざまな要因が影響していると考えられる。

　カウンターパーティ別の数字をみると、2019年調査までは報告対象金融機関のシェア低下と非報告対象金融機関のシェア上昇のトレンドが顕著であった。1990年代には7割を超えていた報告対象金融機関のシェアは2019年には4割を割り込んだ一方で、非報告対象金融機関のシェアは2019年には58％に達した。2022年調査では逆の動き（報告対象金融機関のシェア上昇と非報告対象金融機関のシェア低下）がみられたが（背景については後述）、2019年までにみられていたトレンドは取引の内部化（後述）をはじめとする外国為替市場の構造変化を反映したものとみられることから、2022年の反転は一時的な動きにとどま

図表2－8　カウンターパーティ別シェア（合計）

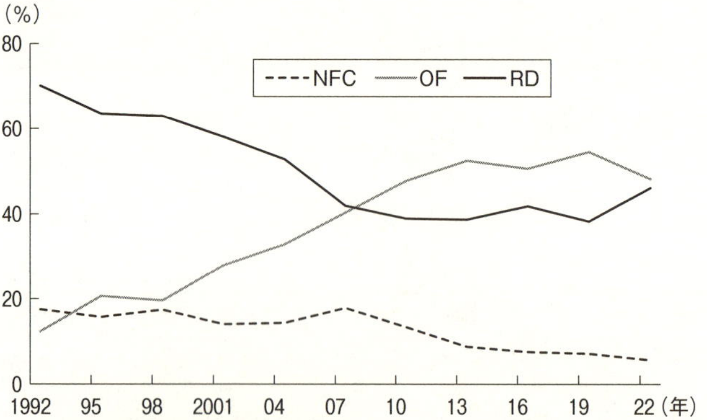

注：NFC＝非金融機関顧客、OF＝非報告対象金融機関、RD＝報告対象金融機関。
出所：BISのデータより筆者作成

る可能性が高いと考えられる（図表2－8）。

インスツルメント別にみると、特にスポットにおいて非報告対象金融機関のシェア上昇が著しく、2019年には6割を上回った（他方、報告対象金融機関は3割に低下。図表2－9）。為替スワップでも同様に、2019年までは非報告対象金融機関のシェア上昇・報告対象金融機関のシェア低下のトレンドがみられていたが、両者の差はスポットにおけるほど顕著ではない。2019年には非報告対象金融機関が初めて報告対象金融機関を上回ったが、両者のシェアは49％対48％と拮抗しており、2022年には再び報告対象金融機関が上回った（図表2－10）。

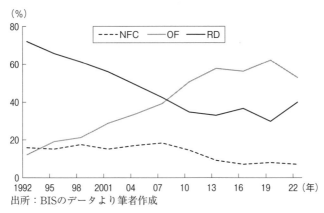

図表2－9　カウンターパーティ別シェア（スポット）
出所：BISのデータより筆者作成

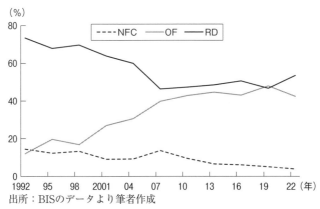

図表2－10　カウンターパーティ別シェア（為替スワップ）
出所：BISのデータより筆者作成

第2節　BIS Central Bank Triennial Survey　137

取引の内部化

　非報告対象金融機関のシェア上昇の一因は、MBT、SBTといった電子プラットフォームの発展を受けた「取引の内部化（Internalization）」とみられる。図表2－11はSBTを利用した取引の内部化のイメージ図である。従来、ディーラーは顧客からの売買注文をその都度インターバンク市場で執行することが一般的であった。図表2－11の左側はこれを図示したものであるが、顧客からの5本の売買注文に対応して、注文を受けたディーラーはその都度ポジションをスクエアにするためにインターバンク市場で他のディーラーを相手に5回取引を行っている。

　他方、図表2－11の右側はSBTを利用して取引の内部化を図るケースを図示している。ここでは、顧客からの売買注文をシステム内でネットアウトして、残った部分だけがインターバンク市場に出てくる。顧客からの5本の注文のうち2本のドル買い/円売りが2本のドル売り/円買いによって相殺され、残りの1本分のドル買い/円売りだけがインターバンク市場で執行される。

　こうした内部化は、Triennial Surveyの計数に大きな影響を及ぼすと考えられる。従来のケース（図表2－11の左側）では、報告対象金融機関の取引が5本、非報告対象金融機関の取引が4本、非金融機関顧客の取引が1本記録される。他方、内部化が行われるケース（図表2－11の右側）では、非報告対象金

図表2－11　取引の内部化（Internalization）

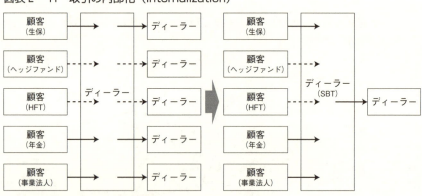

　──▶ 100万ドル分のドル買い/円売り
　---▶ 100万ドル分のドル売り/円買い
出所：筆者作成

融機関の取引が4本、非金融機関顧客の取引が1本記録される点は従来のケースと同様だが、従来5本だった報告対象金融機関との取引はわずか1本に減少する。

　以上のようなメカニズムにより、取引の内部化が進むと対顧客（非報告対象金融機関および非金融機関顧客）取引に対する報告対象金融機関の取引の比率が低下することから、内部化は2019年にかけてみられた為替取引全体に占める報告対象金融機関のシェア低下の大きな要因になっている可能性が高いと考えられる。King and Rime（2010）によると、2007年のTriennial Surveyで25％にすぎなかった内部化の比率は2010年には80％に急上昇しており、この期間に取引の内部化の動きが急加速したことが示されている。

　上述した事例（機関投資家A社による豪ドル/円の購入とB銀行によるカバー取引）では、非報告対象金融機関と報告対象金融機関の間の取引（豪ドル/円の売買）が、報告対象金融機関によって形成されるインターバンク市場における実際の取引（前出の事例ではB行による豪ドル/米ドルと米ドル/円の取引）と異なり得ることが示された。

　こうした理由により、非報告対象金融機関による取引のシェア上昇は、実際には行われていない取引のシェアの上昇につながる可能性があると考えられる。たとえば、豪ドル/円、加ドル/円といったクロス円取引はインターバンク市場ではほとんどの場合米ドルを介して取引されているが、非報告対象金融機関のシェアが上昇すると表面上クロス円取引が増加しているようにみえるケースが起こり得る。

　図表2-11でいえば、顧客との取引がすべて豪ドル/円1本で、ディーラー（報告対象金融機関）がそれを豪ドル/米ドル1本と米ドル/円1本でカバーするとしよう。報告対象金融機関による取引の内部化が進んでいない図表2-11左側のケースでは、報告される取引の合計は豪ドル/円が5本、豪ドル/米ドルが5本、ドル/円が5本となり、豪ドル関連取引のうち（実際には取引されていない）豪ドル/円のシェアは50％となる。ここで、取引の内部化が進み、取引全体に占める非報告対象金融機関のシェアが上昇した図表2-11右側のケースでは、豪ドル/円が5本、豪ドル/米ドルが1本、ドル/円が1本となり、豪ドル取引に占める豪ドル/円のシェアが83％に跳ね上がるが、これは必ずしも豪ドル/円のクロス・マーケットが拡大していることを意味しない。

為替取引高の通貨別シェア

図表2−12は為替取引高の通貨別シェアの時系列推移をみたものであるが、米ドルは常に90％程度と、圧倒的に大きなシェア（シェアは合計200％となる）を占めており、米ドルを基軸通貨とする国際通貨システムの強い慣性を示唆しているようにもみえる。他方、ユーロと円のシェアが若干低下している一方で「その他」のシェアが増加している点が特徴的である。

図表2−13は「その他」の内訳をみたものであるが、最も顕著な動きは人民元のシェア上昇であろう。人民元のシェアは2000年代初頭にはほぼゼロで、GFC（2008年〜2009年）前の時点でもまだ0.5％にすぎなかったのが、2022年には7.0％まで上昇した。とはいえ、人民元の取引高は世界第二位の中国の経済規模との比較で極めて小さなものにとどまっている。

各通貨の投資主体別シェア

2013年のTriennial Surveyから非報告対象金融機関の内訳（非報告対象銀行、機関投資家、ヘッジファンド、公的セクター、その他）の発表が開始され、より詳細な分析が可能になった。図表2−14は先進国通貨、図表2−15は

図表2−12　為替取引高の各通貨別シェア

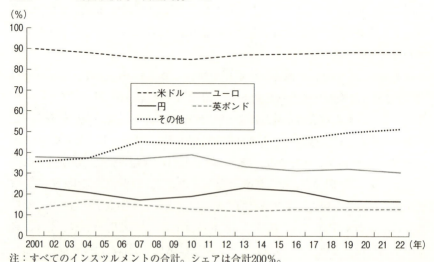

注：すべてのインスツルメントの合計。シェアは合計200％。
出所：BISのデータより筆者作成

140　第2章　外国為替市場の構造と決定理論への含意

図表2－13　為替取引高の各通貨別シェア（「その他」の内訳）

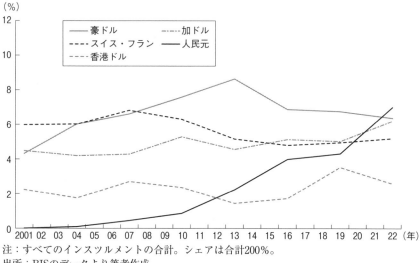

注：すべてのインスツルメントの合計。シェアは合計200％。
出所：BISのデータより筆者作成

新興国通貨について、投資主体別シェアをみたものである（2022年4月のデータ）。

特に興味深いのは新興国通貨における「ヘッジファンド・PTFs」のシェアで、南アフリカ・ランドの14.0％からブラジル・レアルの1.3％[12]まで、大きなバラツキがある。一般的に、新興国通貨においてはヘッジファンド等の投機筋のプレゼンスが高いイメージがあるが、（図表2－14、図表2－15）はこうしたイメージが必ずしも妥当ではないことを示唆している。ちなみに、ヘッジファンド・PTFs（Principal Trading Firms）のシェアが最も高いのはノルウェー・クローネの17.3％で、NZドルの15.2％が続く。

新興国におけるヘッジファンド・PTFsのシェアは、前出のブラジル・レアルやインド・ルピー（2.9％）、台湾ドル（4.0％）など取引規制が強い通貨で低く、メキシコ・ペソ（14.5％）、南アフリカ・ランド（14.0％）、ハンガリー・フォリント（12.7％）など規制が弱い通貨で高くなっているようにもみえる。また、ヘッジファンド・PTFsのシェアが高い通貨はプライムブローカ

---

[12] 最も低いのはロシア・ルーブルの0.5％であるが、ロシアのウクライナ侵攻後のさまざまな動きの影響を受けていると考えられるため、比較対象として適切でない。

第2節　BIS Central Bank Triennial Survey　141

図表2-14　各通貨の投資主体別シェア（先進国通貨）

		AUD	CAD	CHF	DKK
報告対象金融機関		41.6	38.9	45.0	42.9
非報告対象金融機関					
	非報告対象銀行	20.6	20.9	18.0	16.7
	機関投資家	10.7	12.5	15.5	14.0
	ヘッジファンド・PTFs	12.7	12.7	10.9	3.5
	公的	0.4	1.0	0.9	0.5
	その他	7.8	7.7	5.3	7.3
	非金融企業	6.2	6.3	4.5	15.1
プライムブローカレッジ		45.7	45.4	38.4	13.4
リテール		6.0	3.1	4.0	3.3

出所：BISのデータより筆者作成

図表2-15　各通貨の投資主体別シェア（新興国通貨）

		BRL	CNY	HKD	HUF	INR
報告対象金融機関		23.5	43.7	41.9	42.0	39.3
非報告対象金融機関						
	非報告対象銀行	20.8	24.9	19.6	19.9	20.5
	機関投資家	13.6	8.7	14.9	7.3	6.5
	ヘッジファンド・PTFs	1.3	7.0	6.6	13.8	2.9
	公的	1.4	0.5	1.7	0.4	2.8
	その他	20.4	4.9	7.6	8.6	12.1
	非金融企業	19.1	10.4	7.8	8.0	15.9
プライムブローカレッジ		2.8	22.0	17.6	42.0	5.2
リテール		1.8	1.1	4.5	14.1	0.3

出所：BISのデータより筆者作成

(単位：%)

EUR	GBP	JPY	NOK	NZD	SEK	USD
40.3	39.7	37.6	38.2	39.2	36.7	40.4
21.7	21.2	22.8	20.0	21.7	22.8	21.5
11.2	12.1	11.0	8.3	9.5	12.3	10.9
11.2	13.4	8.6	17.3	15.2	11.8	10.8
0.9	0.8	0.2	1.1	2.5	1.2	0.9
8.2	7.8	12.3	9.1	5.7	8.9	8.7
6.5	5.1	7.5	6.0	6.2	6.3	6.7
41.3	43.0	40.7	50.0	50.1	45.3	37.4
3.9	4.7	10.2	2.2	4.2	1.8	4.0

(単位：%)

KRW	MXN	PLN	RUB	SGD	TRY	TWD	ZAR
44.7	36.4	37.5	44.3	42.3	50.7	27.2	35.6
21.6	21.3	20.8	29.0	26.3	18.2	14.6	22.2
8.1	9.5	10.4	2.3	7.5	5.3	12.6	10.8
1.9	14.5	9.2	0.5	12.7	6.6	4.0	14.0
4.0	0.4	0.3	0.9	1.5	7.7	6.8	0.5
10.3	8.6	9.1	12.1	5.1	3.8	18.0	9.2
9.3	9.3	12.7	10.8	4.7	7.7	16.8	7.7
1.6	43.8	40.8	3.0	33.4	22.3	2.3	50.0
0.1	4.2	4.0	3.5	2.3	2.7	2.7	5.8

第 2 節　BIS Central Bank Triennial Survey

レッジ経由での取引シェアも高い傾向がある。規制が弱い新興国通貨については、ヘッジファンドがプライムブローカレッジを利用して活発に取引していることがうかがえる。

国別為替取引高

図表2－16は為替取引高の国別シェアの時系列推移を示している。外国為替市場の中心はいまも昔もロンドンであり、2016年の国民投票でEU離脱が決

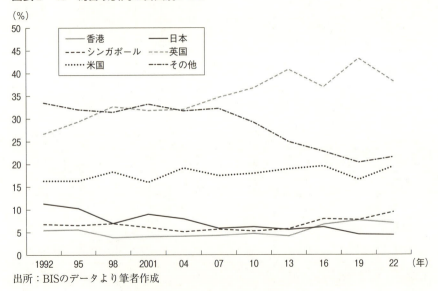

図表2－16　為替取引高の各国別シェア

出所：BISのデータより筆者作成

図表2－17　各国為替取引高の通貨別シェア（2022年4月）

	AUD	CAD	CHF	CNY	EUR	GBP	HKD	INR
香港	9.8	2.0	1.1	27.5	15.3	4.2	14.3	1.5
日本	7.4	1.7	1.0	1.2	13.9	4.6	0.7	0.2
シンガポール	8.8	2.8	2.1	10.9	16.1	6.0	4.1	3.2
英国	5.4	6.4	5.4	4.0	33.9	18.7	1.6	1.2
米国	6.9	10.6	5.6	4.4	29.9	12.4	1.8	0.6

出所：BISのデータより筆者作成

まったにもかかわらず（当時、ブレグジットは金融センターとしてのロンドンの地位にネガティブな影響を及ぼすと考えられていた）、英国のシェアは2019年には過去最高の43.2％まで拡大した。2022年は38.1％に低下したが、依然としてEU離脱を問う国民投票が行われた2016年を上回っている。

2019年に2016年の19.5％から16.5％に低下した米国のシェアは2022年には過去最高に迫る19.4％に上昇した。それでも、英国のシェアは米国の約2倍であり、為替取引の中心地としてのロンドンの揺るぎないプレゼンスを示している。

1990年代初頭には10％を超えていた日本のシェアは、一貫して低下基調を辿っている。2019年には5％を割り込み、2022年にはさらに低下して4.4％と過去最低を記録した。2013年に香港とシンガポールに抜かれて以来、日本はアジアで三番手が定位置となっており、とりわけ2022年に9.4％と過去最高を記録したシンガポールには大きく差をつけられている。

図表2−17は各国の為替取引高における通貨のシェアをみたものである。網掛けは当該通貨のシェアが最大であることを示している。

英国と米国の通貨構成は似通っており、概ね図表2−12、図表2−13で示した取引高全体の通貨シェアと同様となっている。ロンドンとNYは世界の為替市場の縮図といえるだろう。

他方、アジアの3センター（香港、シンガポール、東京）における通貨シェアには顕著な差があり、グローバルの通貨構成ともかけ離れている。たとえば日本は、自国通貨である円のシェアが極端に大きくなっている（81.7％）。他方、香港では人民元のシェア（27.5％）が自国通貨である香港ドル（14.3％）

（単位：％）

JPY	KRW	MXN	NOK	NZD	SEK	SGD	TWD	USD	ZAR
13.7	2.3	0.3	0.3	2.1	0.3	4.2	2.2	96.4	0.2
81.7	0.2	0.8	0.2	1.5	0.3	0.5	0.1	80.6	0.9
25.4	3.0	0.4	0.5	2.3	0.7	10.7	3.3	90.7	0.4
13.7	1.2	1.2	1.9	1.5	2.9	1.6	0.8	90.5	1.2
14.7	1.5	3.2	1.9	1.8	1.7	1.6	0.4	89.5	1.0

よりも大きく、香港が中国と諸外国の取引の窓口となっていることを裏付けている。またシンガポールは、自国通貨のシンガポール・ドルをはじめインド・ルピー、韓国ウォン、台湾ドルなど複数のアジア通貨で最大のシェアを占めている（人民元も香港に続いて第二位）。

　日本が円、香港が人民元、シンガポールがその他アジア通貨という色分けが鮮明であり、為替取引における円のプレゼンスの低下と人民元およびその他アジア通貨のプレゼンスの高まりが、国・地域間の力関係に直接反映されているようにもみえる。

BOX　2004年以降のTriennial Surveyのレビュー

　以下では、前回調査比で外国為替取引高が急増した2004年以降のTriennial Surveyをレビューし、同サーベイの計数から読み取れる外国為替市場の構造変化について概観する。

　2004年のTriennial Surveyでは、全体の取引高は2001年の1.38兆ドルから1.88兆ドルに急増した。Galati and Melvin（2004）によると、同期間の為替取引急増の理由は、モメンタム・トレードやキャリー・トレードの活発化（同期間に豪ドル（＋98％）、NZドル（＋152％）の取引が急増）や、為替レートの大幅な変動を受けて為替リスクをヘッジする動きが活発化したことであった。同期間のアウトライト・フォワードの取引急増は、ヘッジニーズの強さを反映するものとみられる。また、株や債券のリターン低下を受けて外為投資の相対的なリターンが向上した結果、リアルマネー投資家やレバレッジ投資家が外国為替をアセットクラスの１つとみなす傾向が強まったことも、為替取引の活発化につながった。機関投資家（年金基金、保険会社など）、ヘッジファンド、CTAs、商業銀行のプロップ・トレーディング・デスク、カレンシー・オーバーレイ・マネジャー（COMs）など多様なプレイヤーの取引が活発化した結果、非報告対象金融機関の取引高が急増した。豪州など一部の国では、機関投資家の対外証券投資を促すような規制の変更も、取引高急増の一因となったとみられる。

　2007年のTriennial Surveyでは、為替取引高は2004年のサーベイからさ

らに70％以上も急増した。Galati and Heath（2007）によると、同期間にみられた顕著な動きは①為替スワップ、通貨スワップ、オプションといったデリバティブ取引の急増、②報告対象金融機関のシェア低下・非報告対象金融機関のシェア上昇のトレンドの加速、③新興国通貨の取引高急増、であった。②に関して、ヘッジファンド等によるキャリー・トレードが引き続き活発に行われたことに加えて（プライムブローカレッジ・サービスの発展もヘッジファンドの取引増加に寄与）、アルゴリズム取引や個人投資家によるレバレッジをかけた為替取引が増加した。また、Galati and Heath（2007）は、MBTの拡大にも言及している。

　2010年のTriennial Surveyでは、為替取引高は2007年から20％増加して4兆ドル/日に達した。2007年から2010年にかけてみられた変化のうち特に顕著なものは、非報告対象金融機関の取引高増加（当該期間の取引高増加の85％は非報告対象金融機関によるものであり、この結果取引高全体に占めるシェアで非報告対象金融機関が初めて報告対象金融機関を上回った）と、スポットの取引高増加（当該期間の増加の75％）であった。King and Rime（2010）によると、同期間における非報告対象金融機関の取引高増加は、①HFT、②小規模銀行、③個人投資家が主導した[13]。②に関して、ICT技術の進歩に伴い、為替取引が大規模なICT投資が可能な大手金融機関に集中してますます効率化するなか、小規模銀行はマーケットメイキングにおいて大銀行と競争することを諦め、主要通貨の取引については大銀行の顧客に転じたとの見方が示されたが、これは為替取引の大規模銀行への集中を示唆するデータとも整合的である。

　また、HFTや個人投資家による為替取引はスポットが主体とみられるが、上述したように2007年から2010年にかけての取引高増加の75％はスポット取引によってもたらされた。HFTなどのアルゴリズム取引や個人投資家の取引の活発化には、技術の進歩を背景に取引の電子化が進んだことが大きく寄与したとみられる。King and Rime（2010）は、為替取引の50％以上が電子取引（EBSなどの電子ブローキング、MBT、SBT）で行

---

[13] 当時のTriennial Surveyには非報告対象金融機関の内訳はなかったが、King and Rime（2010）はTriennial Surveyにおけるその他の利用可能なデータやその他のデータの分析、市場参加者からの聞き取り等から上記の結論を導き出している。

われているとの、Greenwich Associateの調査結果を引用している。また、電子取引はカウンターパーティ・リスクが相対的に小さいスポット取引でより活発に使用されると考えられる。2010年のTriennial Surveyによると、英国、米国、日本ではスポット取引のうち電子以外の部分（Inter-dealer directとボイスブローカーの合計）のシェアが31％にとどまっているのに対し、為替スワップでは同シェアは46％に達している。

　King and Rime（2010）はアルゴリズム取引について、EBSが2004年に、アルゴリズム取引のシステムとEBSのスポット・マーケットを結ぶEBS Spot Aiをローンチしたことがターニング・ポイントになったと指摘している。これにより、2004年にEBSの取引全体のわずか2％にすぎなかったアルゴリズム取引のシェアは、2007年には48％に急上昇した。

　アルゴリズム取引の一種であるHFTについて、King and Rime（2010）は為替取引全体に占めるHFTのシェア（一説には25％程度といわれる）を特定することは困難としつつも、HFTの増加は非報告対象金融機関による取引、スポット取引（電子ブローキングによるアクセスの容易さと低い取引コスト）、米ドルやユーロといった主要通貨（最も流動性が高い）の取引、米国・英国（HFTのプレイヤーがオフィスを構える）での取引、EBSなどの電子ブローキングを通じた取引を増加させる一方で平均取引サイズが縮小するとの仮説を立て、2010年のTriennial Surveyの結果はこうした仮説を裏付けるものと結論付けている。

　King and Rime（2010）によると、電子ブローキングの発展は個人投資家の為替取引への参加を促し、関連フローはグローバルの為替取引の8〜10％を占めると推計される。日本の個人投資家はよりアクティブで、円のスポット取引のうち約3割を占めるとしている。個人投資家のカウンターパートは、顧客フローを集約してディーラー（大手金融機関）と取引するRetail Aggregator（RA）[14]である。

　2013年のTriennial Surveyでは、為替取引高は前回サーベイから35％増加して5.3兆米ドルと、過去最高を更新した。カウンターパーティでは非

14　King and Rime（2010）はRAの具体例として、FXCM、FX Dealer Direct、Gain Capital、OANDA（米）、Saxo Bank、IG Markets（欧州）、外為どっとコム（日本）をあげている。

報告対象金融機関（増加の67％）、インスツルメントではスポット（増加の41％）が取引高の増加を主導するトレンドが継続した。また、インターバンク市場における報告対象金融機関（ディーラー）の取引のシェア低下とSBTなどの利用拡大による非報告対象金融機関のシェア増大のトレンドも継続した。Rime and Schrimpf（2013）によれば、同期間の為替取引高の増加はアセットクラスとしての為替取引というよりも、グローバルなポートフォリオの多様化の副産物である可能性が高い。

2013年のサーベイから非報告対象金融機関の内訳（非報告対象銀行、機関投資家、ヘッジファンド、公的セクター、その他）の発表が開始され、GFC後の為替取引高増加のメインドライバーである非報告対象金融機関の動向についてより詳細な分析が可能になった。Rime and Schrimpf（2013）によれば、各々の投資家の動向はインスツルメントによって異なっており、非報告対象銀行がスポットで最大のシェア（全体の25％）を占めるのに対して、為替スワップでは機関投資家（19％）、オプションではヘッジファンド（21％）がそれぞれ最大のシェアを占めている。

ロケーション別にみると、機関投資家とヘッジファンドの取引は英国（ロンドン）と米国（NY）に集中している。この背景には、プライムブローカレッジ（PB）・サービスを利用する投資家が増えているなか、PBサービスを提供する金融機関がロンドンとNYに集中していることがあると考えられる。PBを通じた取引は米国と英国では全体の23％を占めるが、他の地域ではこれよりもかなり少ない。またインスツルメント別ではPBを通じた取引が最も活発に行われているのはスポットであり、英国＋米国のスポット取引高のうちPBによるもののシェアは38％に達する。ミリセカンドレベルの速さを競うHFT（大部分がスポット取引）ではシステムを電子トレーディング・プラットフォームのメインサーバーのなるべく近くに置くことが求められるが、米国と英国への集中はこうした事情を反映しているものとみられる。

Rime and Schrimpf（2013）は、アルゴリズム取引の重要性はさらに高まったが（EBSに占めるアルゴトレードのシェアはさらに拡大して68％に）、HFTは過当競争により頭打ちとなっており、2010年〜2013年の為替取引高増加への貢献は限定的だった可能性が高いとしている。

2016年のTriennial Surveyでは、合計取引高は2001年以来15年ぶりに前回サーベイ対比で減少を記録した（5％減）。減少の内訳はまちまちで、カウンターパーティ別では非報告対象銀行とヘッジファンド、非金融機関顧客の取引高が減少した一方で、機関投資家の取引高は増加した。また、インスツルメント別では、スポットとオプションの取引高が減少した一方で、為替スワップの取引高は増加した。これは、投機筋のリスクテイク意欲が減衰した一方で、機関投資家による投資と、それに関連するヘッジニーズが堅調だったことを示唆している。

　同期間にはPBサービスを通じた為替取引が急減（－22%）、特にスポットにおける減少（－30％）が顕著だった。Moore et al.（2016）によると、この背景にはGFC後の金融セクターに対する規制強化の流れのなか、金融機関がPB業務の見直しを図ったことがあった模様である[15]。また、Moore et al.（2016）はこの期間に生じた顕著な動きとして、流動性の供給者としてのノンバンクの台頭（トレーディングからマーケットメイキングに軸足をシフトさせたHFTなど[16]）および、伝統的な匿名の取引からSBTなどを通じたリレーションシップ・ベースの取引（マーケットメイカーにとっては、匿名の顧客よりも素性が明らかな顧客のほうがリスクが小さいので、よりよいプライスを提示できる）へのシフトを指摘している。

　2019年のTriennial Surveyでは、2016年の前回サーベイから為替取引高は大きく増加して過去最高の6.6兆米ドル/日に達した。2016年の取引高減少の主因だった非報告対象金融機関の取引高が増加に転じたことが、取引高増加を主導した。インスツルメント別では、為替スワップとアウトライト・フォワードの増加が顕著だった。非報告対象金融機関が為替スワップの取引高増加を主導した一方で、機関投資家による為替スワップ取引は減少した。これは、世界的な低金利環境下でヘッジ付き外債投資の魅力が低下したためとみられる。アウトライト・フォワードの取引増加は、新興国

---

15 Moore et al.（2016）はインタビューに基づき、金融機関はPB業務について、マーケットメイキングに従事する大口顧客にフォーカスし、RA、ヘッジファンド、HFTとの取引を縮小したとしている。
16 Moore et al.（2016）は、EBSその他のプラットフォームが導入した"Speed Bump"がHFTにトレーディング業務からの撤退を促したと指摘している。

通貨投資に絡むNDF（ノン・デリバラブル・フォワード）の取引増が主導したとみられる[17]。一方、2016年サーベイで前回サーベイ比大きく減少したスポットの増加は、緩やかにとどまった。また、2016年サーベイで減少したPBサービスを通じた取引も増加に転じた。

　2022年のTriennial Surveyでは、2019年の前回サーベイから為替取引高は一段と大きく増加して、7.5兆ドル/日と再び過去最高を更新した。Drehmann and Sushko（2022）は、為替取引増加の主因は、満期が短い為替デリバティブの取引増加およびインターバンク取引（報告対象金融機関）の増加であり、いずれもサーベイ期間の為替市場のボラティリティの高さがその背景にあると指摘している。他方、投資家のリスク回避姿勢が強いなかで、非報告対象金融機関による為替取引は縮小した。ヘッジファンドやPTFsによる取引の減少がPBを通じた為替取引の減少につながったが、これはノンバンクによる流動性供給が減少したことを意味する。

　長期低下傾向にあったインターバンク取引のシェアは大きく反発したものの、電子ブローカーを通じた取引のシェアは低下を続けた。一方で増加したのが、「bilateral form」の取引であった。

---

[17] Patel and Xia（2019）。

第3節　代替的なデータ

1　代替的なデータのアベイラビリティ

　外国為替市場における取引データは、サーベイデータと取引プラットフォームや決済プラットフォームが提供するデータの2つのタイプに分類される（Bech and Sobrun（2013））。

　代表的なサーベイデータは、Triennial SurveyとFXCの取引高調査である。他方、取引プラットフォームや決済プラットフォームが提供するデータには、CLS、SWIFT、EBS、ロイターなどが提供するデータがある。取引高データが信頼性を備えるためにはその提供元が当該アセットクラスの取引高全体の一定のシェアを占めることが必要だが、取引のほとんどがOTCで行われ、さまざまな取引プラットフォームが乱立する外国為替市場のフラグメントな性質が、こうしたデータの存在を難しくしている。たとえば、最も代表的な取引プラットフォームであるEBSとトムソン・ロイター（TR）を合計してもスポットの取引高は約0.15兆ドル/日[18]と、Triennial Survey（2.1兆ドル）[19]の10分の1以下にすぎない。したがって、Triennial Surveyの代替となり得るのは事実上、FXCの取引高調査、CLSのデータ、SWIFTのデータの3つのみと考えられる。以下、これらのデータの概要を説明する。

2　FXC取引高調査

　英国、米国、日本、シンガポール、豪州、カナダの外国為替委員会（Foreign Exchange Committee：FXC）によって半期に一度行われる取引高調査は、カバレッジおよびTriennial Surveyとの整合性（FXCには通常、Triennial Surveyを実施する各国中央銀行も参加しており、取引高サーベイはTriennial Surveyと整合的な形で行われている）の観点から、外国為替に関するデータとしての信頼性はTriennial Surveyに次ぐものといえよう。

---

[18]　2023年12月時点。
[19]　2022年4月時点。

図表2−18　FXC取引高調査とTriennial Surveyの取引高比較

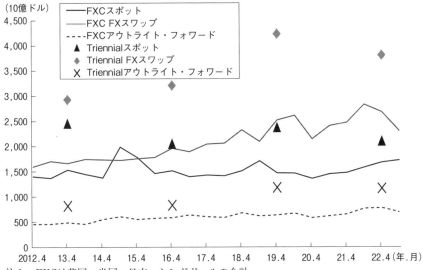

注1：FXCは英国、米国、日本、シンガポールの合計。
注2：FXCの英国の2012年〜2014年の数字は利用可能でないため、2015年以降の英国とその他3カ国の合計との比率を用いて推計。
注3：Triennial Surveyは「ネット・グロス」ベース。
出所：英国、米国、日本、シンガポールのFXCおよびBISのデータより筆者作成

　図表2−18はFXC取引高調査とTriennial Surveyの関係をみたものである。FXC取引高調査におけるスポット、為替スワップ、アウトライト・フォワードの取引高は、Triennial Surveyの50〜80％程度に当たる。

3　CLS[20]データ

　長い間、為替取引高に関する信頼に足るデータは事実上、Triennial SurveyとFXCによるセミアニュアル・サーベイ以外には存在していなかったが、近年ではCLSにおける決済額が急増するなかで、同社が提供するデータが高頻度[21]且つ一定の信頼性を備えたデータ・セットとして認識されつつある。
　CLSは外為決済に特化したプラットフォームである。CLSの一般的な認知度はあまり高くないが、後述するように、長年の懸案事項であった時差による為

20　本項の記述は中島（2016）に多くを拠っている。
21　CLSはHourlyのデータも提供している。

第3節　代替的なデータ　153

替決済リスクを解決するために長い年月をかけ、紆余曲折を経て稼働に至ったものであり、いまや円滑な為替取引に不可欠なプラットフォームとなっている。

CLSが稼働を開始したのは2002年9月であり、それほど長い歴史を有しているわけではないが、決済額は順調に増加して2023年12月時点で決済額はスポットで0.5兆ドル/日と、EBS/TR（同0.15兆ドル/日）の約3〜4倍、Triennial Survey（同2.1兆ドル/日。2022年4月時点）の24％に達した[22]。

CLSが提供するデータの大きな利点の1つは、当データがFXCサーベイのデータと同様の方法で集計されているため、FXCサーベイのデータおよびTriennial Surveyのデータ（「グロス・ネット」ベース）と整合的であることである。後述のSWIFTのデータはカバレッジの点ではCLSのデータを凌駕するが、Triennial SurveyおよびFXCサーベイのデータとの整合性ではCLSのデータに軍配が上がる。

外為決済の概要

以下では、CLS設立の経緯とその概要について述べる。CLSは外国為替の決済プラットフォームであることから、CLSについて理解を深めるためには為替決済そのものに関する基本的な知識が不可欠である。この点に鑑みて、以下ではまず、為替決済の概要について簡単に説明し、それを踏まえたうえでCLS設立の経緯と概要について述べる。

為替取引における各通貨の決済は、それぞれの通貨が発行された国の市場において行われる。たとえば、米ドルに対して円を売買した場合には、米ドルは米国の大口決済システムである「CHIPS（Clearing House Interbank Payment System）」、円は「外為円決済システム」と「日銀ネット」[23]で決済される。

したがって、ある国（たとえば日本）の銀行が為替取引（たとえば米ドルと円の交換）を円滑に行うためには、その取引を取引通貨の発行国（たとえば米

---

[22] 為替スワップ等も含む全体の数字はCLS2.0兆ドル、Triennial Survey7.5兆ドルで、CLSの比率は27％。

[23] 2008年に「日銀ネットへの外為円取引の集約化」が行われ、現在では外為円決済システムに送られた決済指図は外為円決済システムを経由して日銀ネットに送られ、各参加行が日本銀行に保有している口座で資金の振替えが行われる。

154　第2章　外国為替市場の構造と決定理論への含意

国）で適切に処理してくれるパートナーが必要である。多くの大手銀行は世界各国に支店を有するが、主要業務の１つである為替取引を円滑に行うこともその理由と考えられる。

　もっとも、採算上の理由等から、為替取引が発生し得るすべての国に支店を設置することは難しいかもしれない。こうしたなか、銀行は、支店が存在しない国において為替取引を円滑に行うために、その国の金融機関に支店機能の一部を遂行してもらうよう契約する。こうした契約を「コルレス[24]契約」、契約先の銀行を「コルレス銀行」と呼ぶ。中島（2016）によると、為替取引に際してコルレス銀行が必要となる理由は①当該通貨の決済システムに参加している必要があることと、②現地通貨の調達能力（通常、現地行の調達能力が高い）である。図表２−19は、英国の銀行（図中の「Ａ行」）がフランスの銀行（同「Ｂ行」）に円を売却し、米ドルを得る取引を示している。両行とも、米銀を米国におけるコルレス先、邦銀を日本におけるコルレス先として使っており、米銀がCHIPSで米ドルを、邦銀が日銀ネットで円を決済する。

図表２−19　コルレス銀行を通じた為替取引の例

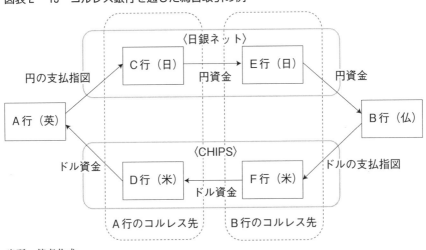

出所：筆者作成

---

[24] コルレス契約は英語でcorrespondent agreementであり、correspondentを略して「コルレス」となったとされる。

外為決済のリスク

為替取引には信用リスク（カウンターパーティ・リスク）や流動性リスクなど、そのほかの金融商品の取引と同様のリスクのほか、「時差によるリスク」が存在する。これは、為替取引が2種類の通貨による決済を伴い、各通貨を決済する市場が開いている時間帯に時差によるずれが存在することに起因する。たとえば、前出（図表2－19）の取引では、日本円の決済がアジア時間帯に日本で行われる一方で米ドルの決済が米国時間帯に米国で行われるため、円の決済が先に発生する。アジア時間帯にB行が円を受け取った時点ではA行への米ドルの受け渡しは完了していないが、仮にその日の米国時間帯の前にB行に問題が発生した場合、A行は円を既に支払ってしまったにもかかわらずその見合いの米ドルを受け取れないという事態が発生し得る。

こうしたリスクが現実のものとなった最も有名なイベントが、1974年の「ヘルシュタット銀行事件」であり、時差に起因する為替決済のリスクは一般的に、同行の名をとって「ヘルシュタット・リスク」と呼ばれている。

西ドイツ・ケルン所在の中堅銀行だったヘルシュタット銀行は為替取引で多額の損失を出し、ブンデスバンクは1974年6月26日、同行の銀行免許を取り消し、精算を命じた。この銀行免許取り消しはフランクフルト市場におけるドイツ・マルクの決済がすべて終了した現地時間15時30分（NY時間午前10時30分）に行われたため、同行に対してドイツ・マルク売り・米ドル買いを行っていた銀行はヘルシュタット銀行に対してドイツ・マルクを支払ったにもかかわらず米ドルを受け取ることができず、巨額の損失（総額2億ドルとされる）を被った。そのほか、ヘルシュタット・リスクが顕在化したイベントとしては、1991年7月の「BCCI事件」、2008年9月（つまり、リーマン・ショック発生時）の「KfW事件」などがあげられる。

CLS設立の経緯

ヘルシュタット・リスクが顕在化した一連のイベントを受けて外為決済リスクが国際金融システムの安定を脅かすことへの懸念を強めた各国中央銀行は、BISを中心に対応策を協議、BISの決済システム委員会（CPSS）は1996年に『オールソップ・レポート』[25]を発出した。当レポートでは、PVP（Payment versus Payment）決済（一方の通貨の最終決済は他方の通貨の最終決済が行

われる場合のみ行われる）やネッティングの採用などを内容とする多通貨決済サービスの構築を勧告、このアイデアがCLSの基盤となった。『オールソップ・レポート』の勧告を受けて業界グループが検討を行い、2通貨の決済を同じ場所で同時に行うことでヘルシュタット・リスクを低減する仕組みとして1999年11月にCLSが設立され、二度の延期を経て、2002年9月に稼働を開始した。

CLSの概要

CLSで為替取引の決済を行うためにはいくつか条件がある。第一に、取引通貨が限られる。CLSの取扱通貨は設立当初は7通貨（米ドル、加ドル、英ポンド、ユーロ、スイス・フラン、日本円、豪ドル）のみであった。その後随時取扱通貨が拡大され、現在は18通貨（40通貨ペア）にのぼるが、依然人民元は取り扱っていない（したがって必然的に、CLSのデータには現在動向が注目されている人民元は含まれていない）。

第二に、取引の種類である。CLSでの取引はスポット、フォワード、為替スワップなどが大宗を占めるが、NDF（ノン・デリバラブル・フォワード）は取引できない[26]。最後に、CLSで決済を行うためには、取引の両方の当事者がCLSの参加者である必要がある。CLSの参加者にはCLSに口座を有し、直接取引を行う「決済メンバー」と、決済メンバーのCLS口座を利用して間接的に取引を行う「サードパーティ」がある。

CLSデータとFXC取引高調査の比較

図表2-20と図表2-21は米ドルと円についてFXCのデータをCLSのデータと比較したものであるが、両系列は概ね同じような動きをしていることがわかる（特に円については相関が強く、チャートで示した期間の決定係数は0.58程度となっている）。以上のようにCLSデータはFXC取引高調査と連動しており、カバレッジも代替的データのなかではおそらく最も高い（Triennial Surveyの20～30％程度：図表2-22）ことから、Triennial Surveyのプロキシーとして適切であるといえる。

---

[25] 当レポートを作成したワーキング・グループの議長を務めたピーター・オールソップ（当時イングランド銀行）にちなむ。
[26] 2007年12月～2013年10月には取引できたが、現在は中止されている。

図表 2 －20　CLSデータとFXC取引高調査の比較（米ドル・スポット）

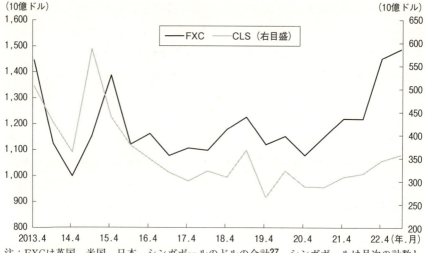

注：FXCは英国、米国、日本、シンガポールのドルの合計[27]。シンガポールは月次の計数しかないため、21（営業日）で割って算出。CLSはAUD/USD、EUR/USD、GBP/USD、USD/CAD、USD/CHF、USD/JPYの合計（月次の計数を21（営業日）で割って算出）。
出所：CLSおよび各国FXCのデータより筆者作成

図表 2 －21　CLSデータとFXC取引高調査の比較（円・スポット）

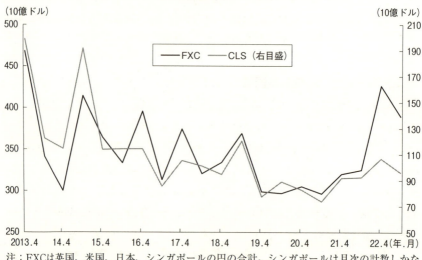

注：FXCは英国、米国、日本、シンガポールの円の合計。シンガポールは月次の計数しかないため、21（営業日）で割って算出。CLSはAUD/JPY、CAD/JPY、CHF/JPY、EUR/JPY、GBP/JPY、USD/JPYの合計（月次の計数を21（営業日）で割って算出）。
出所：CLSおよび各国FXCのデータより筆者作成

図表2−22　1日の平均取引高：Triennial Survey、FXC、CLSの比較（スポット 2022年4月時点）

（単位：10億ドル）

	USD			JPY		
	Triennial（注）	FXC	CLS	Triennial（注）	FXC	CLS
2013年4月	1,691	1,448	543	612	470	191
16年4月	1,385	1,166	407	395	397	115
19年4月	1,387	1,125	311	299	265	77
22年4月	1,807	1,451	345	439	426	107

注：Triennial Surveyは「ネット・グロス」系列を使うのが望ましいが、通貨別/インスツルメント別の「ネット・グロス」系列が利用可能でないため、「ネット・ネット」系列を使用。FXCは英国、米国、日本、シンガポールの合計。シンガポールは月次の計数しかないため、21（営業日）で割って算出。CLSのUSDはAUD/USD、EUR/USD、GBP/USD、USD/CAD、USD/JPY、USD/CHFの合計、JPYはAUD/JPY、CAD/JPY、CHF/JPY、EUR/JPY、GBP/JPY、USD/JPYの合計を21（営業日）で割ったもの。
出所：BIS、CLSおよび各国FXCのデータより筆者作成

先行研究

　CLSデータを用いた実証研究が行われるようになったのは最近のことであり、その数は必ずしも多くない（Hasbrouck and Levich（2017）、Ranaldo and Magistris（2019）、Ranaldo and Somogyi（2021）、Cespa et al.（2021）など）。もっとも、上述したようにカバレッジと頻度のバランスおよびBISデータとの整合性等の観点から、当データの有用性は明らかであり、今後は当データを用いた実証研究がより活発に行われることが予想される。

4　SWIFT[28]のデータ

SWIFTの概要

　「SWIFT」はSociety for Worldwide Interbank Financial Telecommunicationの略であり、「金融機関の金融取引に関するメッセージ通信（金融メッセージング・サービス）を国際的なネットワークにより提供する組織」（中島

---

[27] 2013年〜2014年の英国についてはデータが存在しないので、2015年以降の英国と米国＋日本＋シンガポールの平均相対シェアを用いて推計。たとえば、2015年〜2022年のドルの英国における取引高は平均で米日シンガポールの合計の1.2倍だったことから、2013年、2014年の英国のドルの取引高は当該年の米日シンガポールの合計の1.2倍とした。
[28] 本項の記述は中島（2009）に多くを拠っている。

第3節　代替的なデータ　159

(2009))である。SWIFTは自らを、「安全な金融メッセージング・サービスのグローバルな提供者」と位置付けている。

つまり、SWIFTは金融機関を対象とする情報通信会社であり、金融機関ではない。また、SWIFTが扱っているのは「メッセージ」であり、SWIFTのプラットフォーム上では実際の為替取引もその決済も行われない。しかし、200カ国、1万1,000以上の金融機関[29]を結んで送金メッセージの伝達を一手に引き受けるSWIFTは、グローバル金融システムを支える不可欠なインフラとなっている。

SWIFTは1973年に協同組合としてベルギーに設立された。1960年代にクロスボーダーの資金移動が急増したが、それを担うコルレス銀行（前出）間のやりとりは、紙ベースのテレックスによって行われていた。国際金融取引の急増を受けて手作業では事務処理が追いつかなくなり、関係者の間で共通のネットワークによる標準化されたメッセージング・サービスの必要性が強く意識されることとなった。欧州の銀行を中心にこうしたサービスに関する検討が行われ、1973年5月、欧米15カ国、239行が参加して、SWIFTが設立された。実際のメッセージング・サービス開始まではその後しばらく時間を要し、実際にサービスが開始されたのは1977年5月であった。

SWIFTメッセージ

SWIFTの中核業務であるFIN（Financial Messaging）サービスでは、業務分野ごとにカテゴライズされ、定型化されたメッセージタイプ（MT）を用いてやりとりが行われる。MTは9つの業務分野とカテゴリーnの共通グループメッセージの10分類に分かれている（図表2-23）。

また、各々のメッセージタイプにはそれぞれ3桁のMT番号が付されており、各メッセージの機能を特定している。MT番号は、百の位がカテゴリー、十の位がグループ、一の位がタイプを表している。たとえば、MT100番台（顧客送金と小切手）には21のMTがあり、MT102は複数の顧客送金、MT103は単一の顧客送金である。

---

[29] 出所 https://www.swift.com/about-us（2024年2月22日アクセス）。

図表2-23　SWIFTのメッセージタイプ（MT）のカテゴリー

MTのカテゴリー		メッセージの内容
カテゴリー1	顧客送金と小切手	顧客から依頼を受けた送金をコルレス先に通知し、支払いを指示するメッセージや、小切手の通知・支払い停止などのメッセージ
カテゴリー2	金融機関間の資金移動	インターバンクでの資金移動をコルレス先に指示するメッセージ
カテゴリー3	外国為替、マネーマーケット、デリバティブ	外為取引、コール取引、デリバティブ取引に関するコンファメーション、決済指図などのメッセージ
カテゴリー4	取立とキャッシュレター	取立依頼やキャッシュレターに関するメッセージ
カテゴリー5	証券市場	証券の売買注文、出来通知、アロケーション、コンファメーション、決済指図などのメッセージ
カテゴリー6	貴金属とシンジケーション	貴金属取引に関するメッセージや共通融資の金額、金利、手数料に関するメッセージ
カテゴリー7	荷為替信用状と保証	貿易取引に基づく信用状や保証の発行、条件変更などのメッセージ
カテゴリー8	トラベラーズ・チェック	トラベラーズ・チェックの販売、決済等に関するメッセージ
カテゴリー9	キャッシュマネジメントと顧客状況	口座保有者に対する残高報告、取引明細の通知等に関するメッセージ
カテゴリーn	共通グループメッセージ	手数料の通知、照会や回答、フリー・フォーマットのメッセージ等

出所：筆者作成

MT103とMT202

　図表2-23に示したようにSWIFTのメッセージにはさまざまなものがあるが、このうちクロスボーダーの資金フローの分析に用いられるのは、顧客が金融機関に送金を依頼した際に用いられるMT103[30]および金融機関同士の送金に用いられるMT202[31]であり、SWIFT自身はネットのMT103を経常収支、ネッ

ト[32]のMT202を金融収支と比較する分析を行っている（Ooi et al.（2020））。

以下ではMT103やMT202が具体的にどのように利用されているかを概観する。図表2－24はMT103による送金指図のイメージである。ここでは日本企業Ａ社が米国企業Ｂ社から製品を輸入、その代金を支払うケースを考える。まずＡ社が、取引先銀行である邦銀Ｘ行に対してＢ社が米銀Ｙ行に保有する口座への送金を依頼する。ここでＸ行とＹ行がコルレス関係にある場合には、Ｘ行からＹ行への送金に伴い、MT103を発出することにより送金指図が行われる。ここでは、Ｘ行が送金銀行（仕向銀行）、Ｙ行が受取銀行（被仕向銀行）となっており、Ｘ行のMT103は「sent」、Ｙ行のMT103は「received」となる。

図表2－24では邦銀Ｘ行と米銀Ｙ行がコルレス関係にあったが、特に貿易の相手先が新興国である場合等では、その企業が口座を保有する銀行（被仕向先／受取銀行）が邦銀Ｘ行とコルレス関係にないケースも想定できる。図表2－

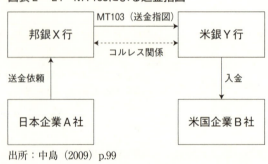

出所：中島（2009）p.99

30　MT103にはMT103＋とMT103REMITというサブセットが存在し、MT103を用いた分析ではしばしばこの3系列の合計値が使われる。MT103＋はSTP処理が可能である点が特徴である。MT103REMITは「フィールド77T」（Envelop Contents）を用いることにより、最大9,000字までのメッセージを添付できる点が特徴である。中島（2016）によると、MT103＋とMT103REMITのいずれも、日本ではあまり利用されていない。

31　MT202には、MT202COVというサブセットが存在する。MT202には送金の依頼先および最終的な受取人に関する情報が含まれていなかったため、マネーロンダリングやテロリスト資金を捕捉することができない点が問題視され、こうした情報を含むものとしてMT202COVが導入された。

32　Ooi et al.（2020）はreceivedからsentを引いたものを「ネット」として、経常収支、金融収支と比較している。たとえば、企業Ａが企業Ｂへの輸入代金の支払いを銀行Ｃに依頼した場合、銀行Ｃは企業Ｂのコルレス先にMT103を「送り」、企業Ｂのコルレス先はMT103を「受け取る」。このため、輸入は「sent」、輸出は「received」となる。

図表2-25　MT103とMT202

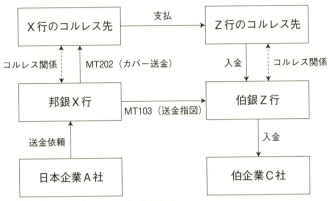

出所：中島（2009）p.116より筆者作成

25は日本企業A社がブラジル企業C社に送金を行うケースを示しているが、C社が口座を保有するブラジルのZ行は邦銀X行のコルレス先ではない。こうしたケースでは、X行のコルレス先とZ行のコルレス先を経由して送金が行われるが、こうした金融機関同士の送金は「カバー送金」と呼ばれ、カバー送金の指図にMT202が用いられる。

International MT103とInternational MT202

前出（図表2-24）では日本企業A社の送金先である企業（B社）とB社が口座を保有している銀行（Y行）の所在国はいずれも米国であったが、企業と企業が口座を保有する入金先銀行の所在国が異なるケースも考えられる。図表2-26は、日本企業A社がメキシコのD社から輸入を行うが、送金先はD社が口座を保有する米国のY行であるケースを示している。このケースにおいて、従来のMT103では仕向先は米国となっていたが、当該取引は日本とメキシコ間の貿易であることから、SWIFTデータ（ここではMT103）を貿易データのプロキシーとして用いるのであれば、仕向先はメキシコであるほうが望ましい。こうした点を踏まえた調整が施されたものが「International」と呼ばれるもので、SWIFT自身は、SWIFTデータと経常収支等を比較する際にはInternationalシリーズを用いることをベストプラクティスとして推奨している。

第3節　代替的なデータ　163

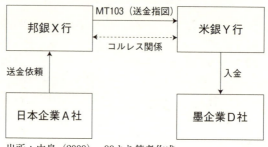

図表2−26 MT103とInternational MT103

出所：中島（2009）p.99より筆者作成

MT700

二国間の貿易取引に関連する資金フローは大部分がInternational MT103で捕捉可能と考えられるが、特に新興国の貿易取引においてはL/C（Letter of Credit：信用状）を用いた取引が行われるケースもある。L/Cは輸入者の取引銀行が輸出者に対して発行し、輸出者がL/Cの条件どおりの書類を提出することを条件に、輸入者に代わって輸出者に代金を支払うことを保証するものである。これにより、輸出者は資金回収のリスクを、輸入者は資金を支払ったにもかかわらず商品を入手できない、ないしは商品が当初の想定と異なるリスクを回避できる（輸出者はL/C条件どおりの書類の提出を求められるため、契約不履行のリスクが低減する）。このように、L/Cは商品の授受と代金の支払いについて存在するリスクを銀行が肩代わりして貿易取引を円滑に進める仕組みである。

L/Cを利用した貿易取引に際しては、送金と受取りにMT103が用いられるのに加えて、MT700というSWIFTメッセージが用いられる。

MT202とMT300

クロスボーダー取引では、送金依頼者（図表2−25では日本企業A社）と資金の受け手（同伯企業C社）との間で生じる一連の取引のどこかで、為替取引が発生するケースが多いと考えられる。たとえば、図表2−25で日本企業A社が伯企業C社に対してブラジル・レアルで支払いを行う場合、A社の送金依頼を受けた邦銀X行はほかの銀行からレアルを購入するかもしれない。

こうした銀行間の為替取引については、MT202による送金依頼とともに、

図表2-27 MT202とMT300

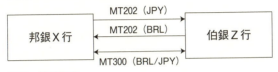

出所:筆者作成

MT300で取引のコンファメーションが送られるケースがある。図表2-27は、邦銀X行が伯銀Z行からブラジル・レアル（BRL）を購入する一方で日本円（JPY）を支払うケースを示しているが、ここでは、BRLとJPYの送金がMT202でやりとりされるとともに、MT300でBRL/JPY取引のコンファメーションが行われる。

もっとも、すべての為替取引についてMT300が付随するわけではなく、たとえば、為替取引における代表的な決済プラットフォームであるCLSで決済される取引にMT300は付随せず、MT202のみが送られる。もっとも、取引される通貨ペアのどちらか一方でも非CLS通貨の場合には、MT300でコンファメーションが行われる（図表2-27で示したBRL/JPYのケースではJPYはCLS通貨であるが、BRLが非CLS通貨であるため、MT300でコンファメーションが行われる）。

先行研究

SWIFTが提供するデータはそのカバレッジと詳細さから、外国為替の研究に資するところが大きいと考えられるが、実際にはSWIFTデータを用いた分析は極めて少なく、SWIFT自身によるものを除けば、Grolleman and Jutrsa（2017）とCarton et al.（2020）がある程度である。Grolleman and Jutrsa（2017）は、SWIFTデータを用いてコルレス銀行のモニタリング・フレームワークを提供した。Carton et al.（2020）は貿易金融に使われるMT700が、貿易フローの先行指数になり得ることを示した。

クロスボーダーの貿易・金融取引のプロキシーとしてのメインのデータはMT103（貿易）とMT202（金融）と考えられるが、これらを使った研究はほとんど行われていないのが実情である。この主な理由は、①データへアクセスが限定的であることと、②データの解釈が難しいことであるとみられる。

前者に関して、SWIFTのデータはSWIFTのメンバー以外には利用可能でなく、SWIFTのメンバーであってもSWIFTデータを用いた分析を公表することには制限がある模様である。②に関して、SWIFTはグローバルに行われる金融取引の大部分をカバーしておりカバレッジが広すぎることが、データの解釈を難しくしている。たとえば、グローバルの貿易（特に先進国間の貿易）において貿易金融が用いられるケースは稀であり、SWIFTデータと貿易取引の関係を分析するうえでは本来、MT700（貿易金融）よりもMT103を用いるほうが適切だろう。にもかかわらずCarton et al.（2020）がMT700を用いた理由は、MT700のほうがMT103よりも解釈の余地が小さいことであるかもしれない。

第4節 国際収支と中長期のフロー[33]

　為替取引の背景には実に多様な理由が存在するが、最終的な為替レートの動きは、上がるか下がるかの二通りしかない。さまざまな目的で行われる為替取引の「ネット」のフローがその時々の為替レートの動向を決定するが、前節までで取り上げたBIS Triennial SurveyやFXCサーベイの取引高データは「グロス」のデータであり、これらは外国為替市場の規模やその内容（通貨別、投資主体別、地域別など）を明らかにしている一方で、為替レートの方向性にとってより重要な「ネット」のフローの情報は提供しない。

　以下では、為替レートに影響を及ぼす可能性があるさまざまなフローについて検討する。為替レートへの影響を考えるうえでは、ある取引が成立した後、反対売買が発生するまでの時間が重要であるが、これにはHFTに代表されるミリセカンド単位で反対売買が出るものから対外直接投資（FDI）のように半永久的に反対売買が出ないものまで、かなりの幅がある。中長期的な為替レートの動向への影響の観点からは、一定期間反対売買が出ない取引がより重要である（本書では「短期」を1日以内、「中長期」を1日以上と定義する）。いかに取引の規模が大きくても、すぐに反対売買が生じるのであれば為替レートへの影響は基本的に中立であると考えられる。前出のHFT関連のフローとFDI関連のフローを比較すると、グロス・ベースの規模は前者が圧倒的に大きいが、瞬時に反対売買が入りネット・ベースでの為替レートへの影響が中立化されるため、中長期的な為替レートへの影響はネット・ポジションが長期間残存する後者のほうが大きくなると考えられる。

　以上を踏まえ、本節では中長期的なフローについて検討する。こうしたフローは国際収支統計に計上される取引に起因するものと（たとえば、前出のFDIフローは国際収支・金融収支・直接投資に計上される）、国際収支統計に計上されないもの（筆者は「オフバランス」のフローと呼んでいる）に大別される。

---

[33] 本節の内容の詳細については、棚瀬（2019）を参照されたい。

1　国際収支統計

　本節では外国為替市場におけるさまざまなフローを概観するが、為替取引が付随するクロスボーダーのフローに関する最も広範且つ信頼できるデータは、各国の国際収支統計である。

　国際収支統計は一定期間における一国のあらゆる対外経済取引を体系的に記録した統計であり、IMFが2008年に発表した「国際収支マニュアル［第6版］」（BPM6）[34]によれば、(1)財貨・サービス・所得の取引や経常移転を記録する経常収支、(2)対外金融資産・負債の増減に関する取引を記録する金融収支、(3)生産資産（財貨・サービス）・金融資産以外の資産の取引や資本移転を記録する資本移転等収支からなる。経常収支は「貿易収支」「サービス収支」「第一次所得収支」「第二次所得収支」、金融収支は資産負債の種類に応じて、「直接投資」「証券投資」「金融派生商品」「その他投資」および「外貨準備」に区分される。

　国際収支統計では、複式計上の原理に基づいて各取引を貸方、借方それぞれに同額計上する。このため、原則として、貸方の項目の合計と借方の項目の合計は常に一致する。国際収支統計では、財貨・サービスの輸出、所得の受取り、資産の減少、負債の増加は貸方に計上し、財貨・サービスの輸入、所得の支払い、資産の増加、負債の減少は借方に計上されることとなっている（図表2−28）。

　図表2−29は、国際収支統計における計上の具体例を示したものである。ここでは、①日本企業が自動車を米国に輸出して、10億円相当の米ドルを受け取り、米国銀行における同企業の口座に預金する、②10億円相当の米ドルを全額

---

[34]　BPM5からの主な変更点は、①「資本収支」と「外貨準備増減」が統合されて「金融収支」となったほか、「資本収支」から「その他資本収支」が切り出されて、「経常収支」「金融収支」と並ぶ大項目である「資本移転等収支」となった点と、②国民経済計算（System of National Account：SNA）との整合性を強化するため、金融資産・負債の符号表示が変更された点。②に関して、以前の「投資収支」および「外貨準備増減」では資金の流出入に着目し、流入をプラス、流出をマイナスとしていたが、新たな「金融収支」では資産・負債の増減に着目し、資産・負債の増加をプラス、減少をマイナスで表現することとなった。この結果、負債（対内投資）側の符号は以前と同様だが、資産側の符号は以前と反対になり、国際収支の恒等式は以前の「経常収支＋資本収支＋外貨準備増減＋誤差脱漏＝0」から「経常収支＋資本移転等収支−金融収支＋誤差脱漏＝0」に変化した。

図表2−28　国際収支の計上方法

貸方	借方
輸出	輸入
受取り	支払い
資産の減少	資産の増加
負債の増加	負債の減少

出所：筆者作成

図表2−29　国際収支の計上方法の具体例

	貸方	借方	
経常収支			
貿易収支	①10億円		→ 10億円の経常黒字
金融収支			
証券投資		②10億円	
その他投資・現預金	②10億円	①10億円	→ 10億円の資産増加

出所：筆者作成

米国債に投資するという、2つの取引を想定している。輸出が10億円、輸入がゼロ円であるので、輸出入の収支である貿易収支は10億円の黒字となり、そのほかに経常収支項目に計上される取引がないので、経常収支は10億円の黒字となる。他方、対外金融資産が10億円（当初は預貯金、その後債券として）増加しているので、金融収支は10億円の資産増加となる（BPM6では、金融収支について「黒字」「赤字」という呼称を用いない）。

恒等式「経常収支−金融収支＝ゼロ」の意味

　国際収支統計の各項目間では、「経常収支＋資本移転等収支−金融収支＋誤差脱漏＝0」という恒等式が成立する。資本移転等収支と誤差脱漏を除いて移項すると、「経常収支＝金融収支」となるが、これは経常収支が黒字（赤字）であれば金融収支は同額の対外資産増加（減少）となることを意味している[35]。この恒等式は広く知られているが、メディアやエコノミスト、ストラテジストによる関連コメントをみると、この恒等式について多くの誤解が存在す

第4節　国際収支と中長期のフロー　169

るように感じられる。

　国際収支の恒等式に関する典型的な誤解は、経常収支と金融収支の間に何らかの因果関係を想定するものであろう。具体的には、たとえば、経常黒字が1兆円増加したら、恒等式を成立させるために対外直接投資ないしは対外証券投資が1兆円増加「しなければならない」といった言説が散見されるが、実際には恒等式における経常収支と金融収支は同時決定であり、両者の間には何らの因果関係も存在しない。たとえば、図表2－29の事例では、経常収支の貸方に輸出が10億円計上されれば、「同時に、必ず」金融収支の借方に10億円が計上される。このことは、国際収支に計上される取引が、基本的に国境をまたいだ「等価交換」であると捉えると理解しやすいかもしれない。等価交換であるからには、何かを渡したら必ず等価の何かを受け取ることとなる。

　また、対外資産の増加というと、対外直接・証券投資の増加をイメージしがちであるが、「経常収支＝金融収支」の恒等式が成り立つためには、金融収支における経常収支の見合い項目は、必ずしも対外直接・証券投資である必要はない。たとえば、前出の図表2－29の事例では、10億円の経常収支黒字に対応する金融収支の項目は、「その他投資・現預金」であった。

　また、金融取引は金融収支内で借方、貸方双方に計上され、収支尻が必ずゼロになる点も重要である。したがって、金融取引は「経常収支＝金融収支」の恒等式には影響しない。図表2－29の事例では、自動車を輸出した代金として10億円相当の米ドルを受け取った日本企業は米ドルを米国債に投資、この結果「金融収支・証券投資」の貸方に10億円が立ったが、この見合いは「金融収支・その他投資」に計上されている現・預金の減少であるため、この取引は金融収支内で完結しており、経常収支には影響しない。したがって、「経常収支＝金融収支」の恒等式にも影響せず、「経常収支＝金融収支」の恒等式を変化させ得るのは、前出の自動車を輸出して受け取った代金のような、経常収支に計上される項目の見合いとして金融収支に計上される項目のみである。

35　国際収支統計に長く親しんでこられた向きにとっては、IMFの「国際収支マニュアル［第5版］」（BPM5）準拠の「経常収支＝－資本収支」（経常黒字であれば同額の資本収支赤字が計上される）の恒等式のほうがイメージしやすいかもしれないが（金融収支では「黒字」「赤字」という言葉を用いず、資本流出の符号がプラスなので、ややイメージしづらい）、意味合いはいずれの恒等式でも全く同じである。

2　中長期的なフロー

　中期的な為替レートのトレンドに影響を及ぼし得るフローを分析するうえでは、クロスボーダーのフローに関する最も包括的な統計である国際収支統計を出発点にするのがリーズナブルであると考えられるが、第1章でも述べたように、貿易収支など国際収支統計に計上されるフローと為替レートの相関は必ずしも高くない。

　このため、国際収支のフローに由来する為替需給が為替レートの方向性を規定するというフロー・アプローチは、少なくとも学会ではかなり早い時期にメインストリームから外れ、その後再び脚光を浴びることはなかった（Lyons (2001) はマーケット・マイクロストラクチャー理論との対比でフロー・アプローチを論じているが、注目されたのはフロー・アプローチの欠点であった）。

　フロー・アプローチの説明力が高くない理由としては、①国際収支のフローと為替取引の関係が単純でないことや、②国際収支統計に計上されないフローの影響が大きいことが考えられる。

　①に関して、相手国通貨による受取りと自国通貨による支払いが即時に自国通貨および相手国通貨に転換されれば、ネットの為替インパクトは、たとえば「日本の2兆円の経常黒字＝2兆円分の円買い」のように考えることが可能である。しかし実際には、(1)受取り（支払い）が相手国（自国）通貨でないケースや(2)さまざまな理由によって為替取引が発生しないケースなどから、為替インパクトはより複雑になっている。

　上記(1)に関して、財務省が公表している「貿易取引通貨別比率」の直近（2023年下期）の数字をみると、日本からの輸出のインボイス通貨は米ドルが51.0％、円が33.8％であるのに対して、輸入は米ドルが69.5％、円が23.4％となっている。輸出における円の比率が高いのは、最大の輸出先であるアジア向け輸出の44.0％が円建てであることが主因である。他方、輸入における米ドルのシェアが高いのは、コモディティ輸入の大部分がドル建てであるためである。このことは、貿易収支が黒字であっても、貿易収支から発生するネットの為替需給が米ドル買い/円売りとなるケースもあり得ることを意味している。

　上記(2)に関して、たとえば、第一次所得収支の「直接投資収益・再投資収益」では定義上為替取引が発生しない。また、同じく第一次所得収支の「証券

図表2−30　日本の経常収支に起因する円の推計為替フローと実際の経常収支の比較

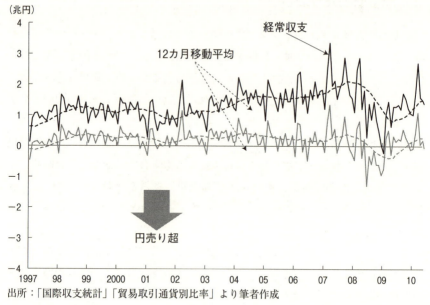

出所：「国際収支統計」「貿易取引通貨別比率」より筆者作成

投資収益・債券利子」のうち、再投資される部分については為替取引が発生しない可能性が高いと考えられる。機関投資家による対外債券投資のかなりの部分は外貨調達（銀行）や為替ヘッジ付き（生保）とみられるが、こうした取引のスポット為替レートへの影響は基本的に中立と考えられる。

　図表2−30、図表2−31は、上記のような事情を考慮して推計した日本の経常収支および金融収支に起因する円の為替フローの額[36]と、経常収支、金融収支を比較したものである。日本の経常収支は一貫して黒字であり、これに起因する為替需給は一貫して円買いと捉えられがちであるが、実際には経常黒字に起因する円買いは黒字額よりもかなり小さく、収支が黒字であっても推計為替フローがネット円売りというケースもそれほど珍しくない。前述したように両者の乖離の主な原因は、輸出のかなりの部分が円建てであることと、第一次所

---

[36] 貿易収支については財務省が公表している「貿易取引通貨別比率」を使用して外貨建ての輸出入を推計。第一次所得収支については、「再投資収益」は0％、「配当金・配分済支店収益」および「証券投資収益・債券利子」は80％、そのほかの部分では100％で為替取引が発生すると仮定している。これらの計数は主に本邦企業・金融機関へのヒアリングに基づくものだが、その妥当性については検討の余地がある。

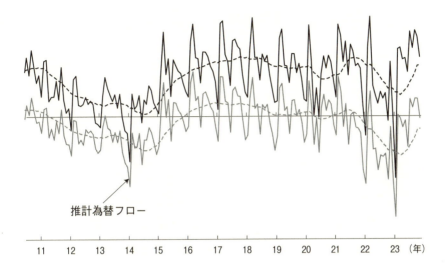

推計為替フロー

得収支のかなりの部分で為替取引が発生しないとみられることである。

金融収支に計上される取引[37]に起因する為替需給をみると、2008年～2009年のGFC以降は基本的に資金流出超となっている。

図表2-32は経常収支に起因する推計為替フロー、金融収支に起因する推計為替フローに為替介入のフロー[38]を加えたものの合計と円の名目実効為替レートの関係をみたものであるが、両者の間にはほとんど相関がない。

図表2-32が示すように、実際に為替取引が発生するとみられる項目のみを抽出した場合ですら国際収支に起因する円の需給と円の為替レートがほぼ無相関となっていることは、国際収支に反映されないフローが円の為替レートに与える影響の大きさを示唆していると考えられる。

この点に鑑み、棚瀬（2019）は、以下の方法で国際収支に反映されないフ

---

[37] 「金融派生商品」「その他投資」「外貨準備」は推計から除外した。
[38] 為替介入のフローは金融収支の「外貨準備」に反映されるが、金融収支の「外貨準備」はクーポン収入等も含むため、実際に為替取引が発生するフロー部分だけをみるには介入額そのものを用いたほうが適切であると考えられる。

第4節 国際収支と中長期のフロー

図表2−31　日本の金融収支に起因する円の推計為替フロー

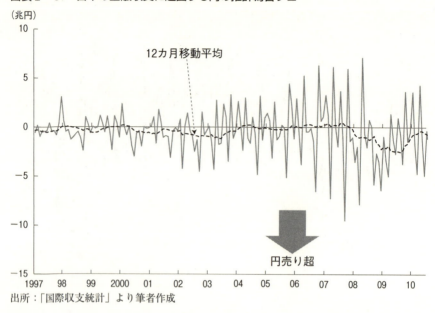

出所:「国際収支統計」より筆者作成

図表2−32　国際収支に起因する円の推計為替フローと円の名目実効為替レート

出所:「国際収支統計」「貿易取引通貨別比率」、J.P.モルガンのデータより筆者作成

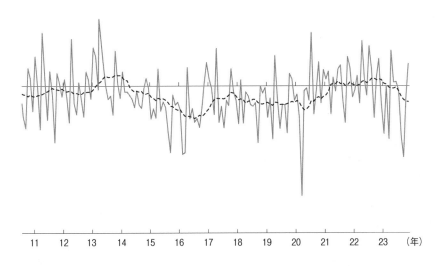

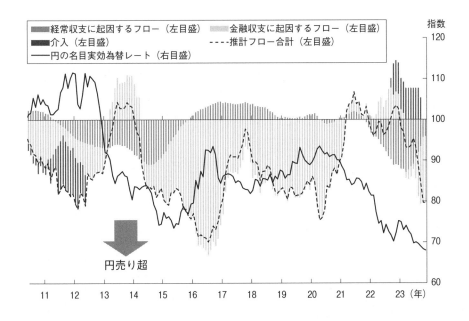

第4節 国際収支と中長期のフロー

図表2-33 国際収支に起因するフローとオフバランス・フロー、円の名目実効為替レート

出所：「国際収支統計」「貿易取引通貨別比率」、J.P.モルガンのデータより筆者作成

ロー（オフバランス・フロー）を推計している。①国際収支由来の円の推計フローと円の名目実効為替レートの間に一定の相関が認められる時期の関係からフローの規模と円の為替レートの水準の関係を推計する[39]、②①の推計結果を基に円の為替レートの水準からその時々に存在したであろうフローの規模を逆算する、③②で求めたフローと国際収支に起因する円のフローの残差として、オフバランス・フローの規模を推計する。

図表2-33はこの方法に基づいて推計されたフローと国際収支に起因するフローを比較したものである。オフバランスのフローには、ヘッジファンド等による投機や各種のヘッジに伴うフローなどが含まれていると考えられる（詳細については後述）。

---

[39] 具体的には、国際収支由来の推計フローと円の名目実効為替レートの36カ月ローリング相関が最も高くなる2016年1月までの36カ月間の相関関係から得られるパラメータを使用して推計。この期間の相関を用いる妥当性については検討が必要だが、当時は歴史的にみても国際収支由来のフローの規模が大きかったため、国際収支由来のフローの為替レートへの影響が大きかった可能性がある。

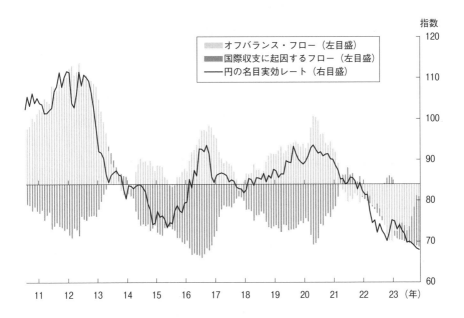

図表2-33からは、以下のようなことがわかる。

・1998年～2000年の円高は、オフバランスの円売りの減少→円買いが主導した（投機的な円ショート・ポジションの巻き戻しを反映する動きとみられる）。
・2005年～2007年の円安はオフバランスの円売りが主導した（他方、日本の国際収支由来の円のフローは概ね均衡していた）。
・2008年～2009年の円高は、オフバランスの円売りの減少→円買いが主導した（1998年～2000年と同様の動き）。
・2009年～2012年の円高は、オフバランスの円買いが主導した（当時、日本の国際収支由来のフローは一貫して円売りだった）。
・2012年～2014年の円安は、当初はオフバランスの円買いの減少（投機的な円ロング・ポジションの巻き戻し）、その後は日本の国際収支由来の円売りが主導した。
・2022年～2023年の円安は、当初はオフバランスの円売りの拡大[40]と円買いの減少（投機的な円ロング・ポジションの巻き戻し）、その後はオフバランス

第4節　国際収支と中長期のフロー　177

の円売りと日本の国際収支由来の円売りがいずれも円安に寄与した。

以上から、GFC以前の円相場の大きな動きは基本的にオフバランスのフローが主導していた一方で、近年は日本の国際収支由来のフローが円相場のトレンドを主導するケースが増加していることがわかる。このことは、GFC後段階的に実施された金融機関に対する規制強化によって金融機関のリスクテイク能力が低下したため、GFC以前に比べて投機的フローが為替レートの中長期的なトレンドに与える影響が低下したことを反映している可能性がある。

Triennial Surveyと国際収支由来のフローの規模の比較

前出の推計に基づき円の為替取引の月次フローの絶対値の平均[41]を比較すると、経常収支に起因するフローが0.5兆円、金融収支に起因するフローが2.0兆円、オフバランスのフローが2.5兆円となる。他方、BISのTriennial Central Bank Surveyによると、2022年4月の円の1日当たりの取引高は平均1.25兆ドル（約162兆円）[42]であり、1カ月＝21営業日とすると月間の取引高は実に約3,400兆円にものぼることになる。国際収支統計に反映されるフローとオフバランス・フローの合計でもBISの数字よりもはるかに小さいが、両者の大きな乖離は何に起因するのであろうか。

Lyons（2001）は、貿易収支と為替レートの相関が低い理由として、「財・貿易の取引規模が平均1.5兆ドルにものぼる日々の為替取引の5％以下にすぎないことを踏まえると驚きではない」としているが、Lyons（2001）が引用した1.5兆ドル/日は1998年のTriennial Surveyの合計の数字と考えられる（図表2－6）。同年の世界貿易の合計額は10.8兆ドル[43]だったので、1年＝200営業日として計算すると貿易取引の規模は為替取引の規模（1.5兆ドル×200営業日＝300兆ドル）の3.6％となる。また、直近（2022年）のデータに基づいて同様の計算を行うと1.6％[44]となる。

このように、Triennial Surveyの合計の数字と貿易額を比較する手法は一般

40　当時、日米金融政策見通しの乖離に着目した投機的な米ドル買い/円売りが活発に行われたとみられる（第1章第4節2参照）。
41　1996年2月〜2023年11月の平均。
42　すべてのインスツルメントの合計。2022年4月末のドル/円レート＝129.70円で換算。
43　出所：JETRO。
44　貿易額24.58兆ドル。為替取引は2022年4月の1日平均が7.5兆ドル。

的なものであり、多くの場合Triennial Surveyと貿易額の残差はすべて資本取引とみなされる。第1章で述べたように、為替レートの決定理論は多かれ少なかれこうした事実認識に基づいて、貿易など経常収支に反映されるフローの影響を軽視（多くの場合無視）し、資本取引にフォーカスしてきた。

　もっとも、Triennial Surveyの計数を解釈するうえでは、以下の点に注意する必要がある。

　第一に、Triennial Surveyの計数はその包括的な性質上、ごく短期間しか保有されず、中長期的な為替レートのトレンドとほぼ無関係な取引を多く含んでいるとみられるため、中長期的な為替インパクトを分析するうえで額面の数字をそのまま用いることは適切ではない。ここでいう「ごく短期間しか保有されないポジション」には、HFTなど短期の鞘抜きを目的とした投機的な取引のほか、金融機関のトレーダーが顧客からの注文を市場で執行するカバー取引や、トレーダーが保有する通貨オプションのポジションに起因するリスクをヘッジするための取引等が含まれる（短期フローの詳細については本章第6節参照）。

　また一般論として、純粋に売買差益を狙った投機的な取引においては、ポジションを保有する期間が短ければ短いほど大規模な取引が可能になる。通常、プロの投資家は許容できるリスク量が厳密に決められている。この点について、棚瀬（2019）は具体例をあげて以下のように説明している。

　　「たとえば、1億ドルのドル/円のポジションをとったとしても10銭しか損失を許容しないのであれば、100万ドルのポジションで10円の損失を被るのとリスク量は同じであるが、前者のポジションのサイズは後者の100倍にも達する。同様の観点から、日中に持てるポジションの量（リスク量）と翌日に持ち越せるポジションの量（リスク量）が異なるといったケースも想定可能である。この場合、あるディーラーが日中に大規模な短期トレードを繰り返したとしても、翌日に繰り越すポジションは小規模なものにとどまるといったことが起こり得る。たとえば、1億ドルのサイズで日中に売りと買いをそれぞれ4回行った後、200万ドル分のポジションだけを翌日に繰り越すとすると、1日の締めの時点のポジションは200万ドルに過ぎないが、その日の取引高は合計で8億200万ドルにものぼることになる。国際収支統計から推計した前出の「オフバランス・フロー」は

ここで言う200万ドルの部分だけを捕捉しており、Triennial Surveyの数字はそれ以外の8億ドルも含んでいるというイメージである。また仮に、この日に生じた経常収支、金融収支に起因するフローが合計200万ドルあったとすると、これとオフバランス・フローの合計は400万ドルとなり、1日の取引高（8億400万ドル）に占めるシェアはわずか0.5％である。しかし、前出のネットとグロスの議論からもわかるように、ある程度長い期間の為替レートの方向性に対する影響の観点からは、この一見小さく見えるフローがより重要であると考えられる」

第二に、Lyons（2001）がいうところの「1.5兆ドル」は為替取引全体の数字であり、スポット（0.57兆ドル）のほかにも為替スワップ（0.73兆ドル）を含んでいる。一般的に我々が「為替レートの方向性」等という際に参照する為替レートは、スポット・レートである。他方、為替スワップは同規模の売りと買いがセットで行われるため、スポット・レートの方向性には基本的に影響を及ぼさない。

第1章で述べたように、マーケット・マイクロストラクチャー理論によれば、「オーダーフロー」は為替レートの動向に対して一定の説明力を有するが、「オーダーフロー」は買いオーダーと売りオーダーをネットアウトしたネットのフローである。オーダーフローの概念を用いるのであれば、為替スワップのオーダーフローは常にゼロであり、（スポット）為替レートの動向に影響しない（Lyons（2001））。したがって、Triennial Surveyの計数から為替レートの方向性を論じるうえでは全体の数字ではなく、スポットの数字のみを用いるのが適切と考えられる。

第5節　グロスのフローとネットのフロー

1　規模の比較：グロスvs.ネット

　前出のLyons（2001）によるTriennial Surveyと貿易額の比較はグロスの数字同士の比較であるが、為替レートの方向性に与える影響の観点からは、グロスの数字よりもネットの数字のほうが重要であると述べた。

　たとえば、2022年の日本の輸出（国際収支ベース）は98.7兆円、輸入は114.5兆円であり、貿易収支は15.8兆円の赤字であった。ここで、議論を単純化するために輸出のすべてで円買い・外貨売り、輸入のすべてで円売り・外貨買いが生じるとすると、グロスの数字は98.7兆円の円買いと114.5兆円の円売りとなり、両者を合計すると為替取引高は213.2兆円となる。

　他方、ネットの数字は15.8兆円の円売りであり、グロスの数字に比べてはるかに小さくなるが、輸入に起因する114.5兆円の円売りのうち98.7兆円分は輸出の円買いで相殺されるため、実際に為替インパクトが生じるのは両者の差額（つまりネットの数字）である15.8兆円分の円売りのみである。

　棚瀬（2019）による各種フローの推計値はすべてネットの数字であることから、Triennial Surveyの計数との意味のある比較を行うためにはネットの数字を使う必要がある。Triennial Surveyにネットの系列は存在しないが、ネットの数字がグロスの数字よりもかなり小さいことは確実である。以下ではこうした観点から、米国と日本の対内対外証券投資データについて、グロスのフローとネットのフローの規模の比較を試みる。

　国際収支統計では、金融収支・証券投資の資産サイド（対外証券投資）と負債サイド（対内証券投資）の金額を合計したものを「グロス」と称する場合があるが、国際収支において資産、負債に記載されているのは、それ自体が「ネット」の数字である点に注意が必要である（ここでは、こうした数字を「グロス・ネット」の数字、資産、負債をさらにネットアウトしたものを「ネット・ネット」の数字と呼ぶ。これは前出のTriennial SurveyやFXCサーベイにおける同名のシリーズとは無関係である）。

日本の国際収支統計では、金融収支・証券投資の資産サイドに計上されるのは本邦投資家による海外資産の購入から売却を引いた額、負債サイドに記載されるのは海外投資家による本邦資産の購入から売却を引いた額である。他方、輸出額と輸入額の合計でみたグロスの貿易フローと比較すべきは、本邦勢による海外資産の購入額と売却額、海外勢による本邦資産の購入額と売却額の4系列の合計（「グロス・グロス」の数字）であると考えられる。

　以上、国際収支統計の証券投資データにおいては、「ネット・ネット」「グロス・ネット」「グロス・グロス」の3系列が存在することがわかった。以下では日米のデータについて各々の系列の規模を比較して、「資本取引が経常取引よりもはるかに大きい」という通説がデータによって裏付けられるか否かを検証する。

　図表2-34は、非居住者による米国証券の取得・処分とネット買越額をみたものである。取得・処分の各々が「グロス・グロス」、ネット買越額が「グロス・ネット」に該当し、これが国際収支・金融収支・証券投資の「負債」に該当する。図表2-35は米国人による海外証券の取得・処分とネット買越額であり、このネット買越額（グロス・ネット）が国際収支・金融収支・証券投資の

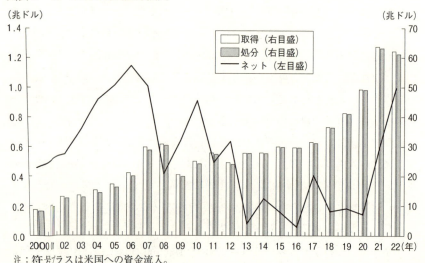

図表2-34　米国の対内証券投資

注：符号プラスは米国への資金流入。
出所：米財務省のデータより筆者作成

図表2－35　米国の対外証券投資

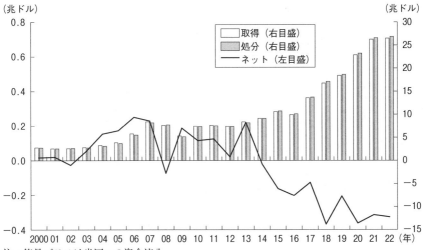

注：符号プラスは米国への資金流入。
出所：米財務省のデータより筆者作成

図表2－36　米国の対内対外証券投資：「グロス・ネット」と「ネット・ネット」

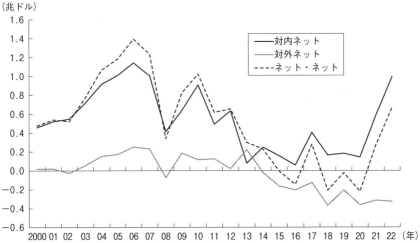

注：符号プラスは米国への資金流入。
出所：米財務省のデータより筆者作成

第5節　グロスのフローとネットのフロー　183

図表2-37　日本の対内証券投資

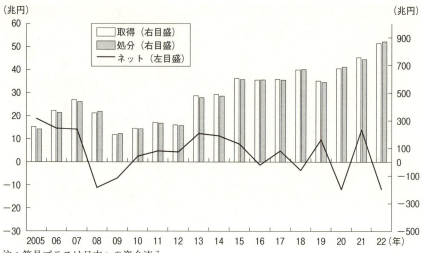

注：符号プラスは日本への資金流入。
出所：日財務省のデータより筆者作成

図表2-38　日本の対外証券投資

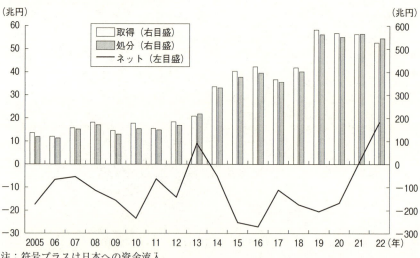

注：符号プラスは日本への資金流入。
出所：日財務省のデータより筆者作成

図表 2 −39　日本の対内対外証券投資：「グロス・ネット」と「ネット・ネット」

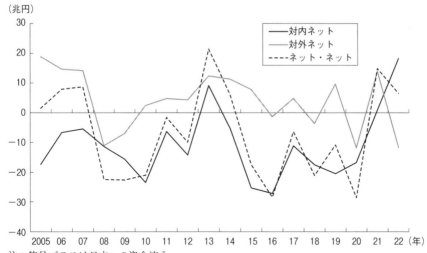

注：符号プラスは日本への資金流入。
出所：日財務省のデータより筆者作成

「資産」に該当する。図表 2 −36はグロス・ネットの数字をネットアウトした「ネット・ネット」の系列を示している。図表 2 −37〜図表 2 −39は図表 2 −34〜図表 2 −36と同様の系列を日本についてみたものである。

　貿易収支との対比では、輸出と輸入の絶対値を合計した数字に該当するのが「グロス・グロス」系列であり、ネットのフローとしての貿易収支に該当するのが「ネット・ネット」系列である（貿易収支には「グロス・ネット」に該当する系列はない）。

　図表 2 −40、図表 2 −41は、日米双方について貿易と証券投資の「グロス・グロス」の数字を比較したものである。「グロス・グロス」ベースでみると証券投資フローの規模が圧倒的に大きい。特に近年では証券投資フローが急激に拡大している結果、両者の差は一段と拡大している。

　たとえば、米国の「グロス・グロス」ベースの証券投資はGFC直後の2009年の51兆ドルから2022年には177兆ドルと 3 倍以上に拡大しているのに対して、貿易フローは2009年の3.6兆ドルから7.0兆ドルへの増加にとどまっている。この結果、2009年に 7 ％だった貿易フローの証券投資フローに対する比率は、2021年には3.3％まで低下した（2022年は4.0％に上昇）。これは、前出の

図表2－40　米国の貿易フローと証券投資フローの規模の比較（「グロス・グロス」ベース）

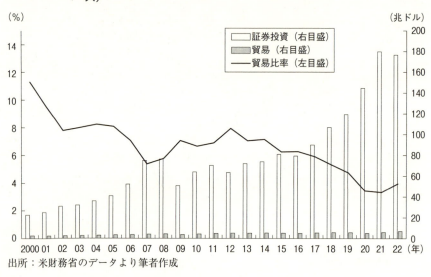

出所：米財務省のデータより筆者作成

図表2－41　日本の貿易フローと証券投資フローの規模の比較（「グロス・グロス」ベース）

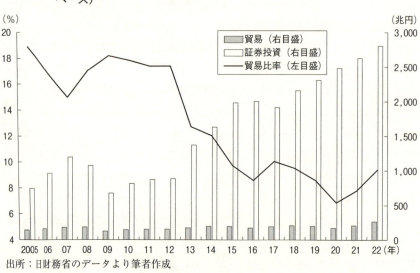

出所：日財務省のデータより筆者作成

186　第2章　外国為替市場の構造と決定理論への含意

図表2−42 米国の貿易フローと証券投資フローの規模の比較(「ネット・ネット」ベース)

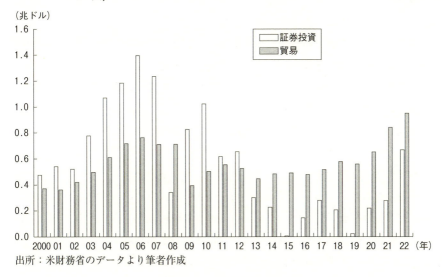

出所:米財務省のデータより筆者作成

図表2−43 日本の貿易フローと証券投資フローの規模の比較(「ネット・ネット」ベース)

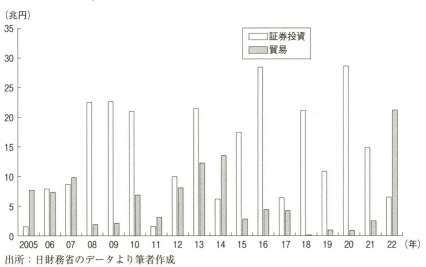

出所:日財務省のデータより筆者作成

第5節 グロスのフローとネットのフロー 187

Lyons（2001）による「財・貿易の取引規模は平均1.5兆ドルにものぼる日々の為替取引の5％以下にすぎない」との主張とも整合的であり、資本取引が経常取引よりもはるかに大きいことを裏付けている。

　日本では貿易の証券投資に対する比率が米国よりはやや大きいが、証券投資の規模が貿易よりも圧倒的に大きい点は同様である。

　もっとも、「グロス・グロス」ベースでみて資本取引の規模が経常取引よりもはるかに大きいことは、為替レートの動向にとって資本取引フローのほうが経常取引フローよりも重要という通説の妥当性を証明するものではない。上述したように、為替レートの動向に対してはグロスのフローよりもネットのフロー（本節の議論でいうところの「ネット・ネット」のフロー）のほうが重要と考えられるためである。図表2-42、図表2-43はこの観点から、日米の貿易収支と証券投資の「ネット・ネット」のフローの規模をみたものである（規模の比較がしやすいように数字はフローの絶対値とした）。

　米国の「ネット・ネット」ベースの数字をみると、証券投資と貿易のフローの規模は拮抗しており、2000年～2022年の平均は貿易、証券投資のいずれも0.57兆ドルとなっている。また、2012年まではリーマン・ショックが発生した2008年以外のすべての年において証券投資フローのほうが貿易フローよりも大きかったが、2013年に逆転した後は、10年連続で貿易フローのほうが大きくなっている。

　日本では2005年以降の平均をみると証券投資フローが14.3兆円、貿易フローが6.1兆円と前者が後者の2倍強の規模となっているが、両者の差は「グロス・グロス」ベースのように「何十倍」といった規模感ではない。

2　Triennial Surveyのネットの規模

　為替レートに与える影響の観点からはグロス・ベースのフローよりもネット・ベースのフローのほうが重要という見方に依拠するのであれば、「資本取引に起因する為替取引は経常取引に起因する為替取引よりもはるかに規模が大きいので、為替レートに与える影響も大きい」という一般的に広く受け入れられている仮説を検証するうえでは、しばしば行われている（Lyons（2001）など）BIS Triennial Surveyの全体の数字と貿易のグロスの数字（輸出入額の合計）との比較よりも、Triennial Surveyのスポット部分のネットの数字と貿易

収支を比較することがより適切である。

　Triennial Surveyでは本節での定義における「ネット」のフロー[45]に関する数字は利用可能ではないが、前述した証券投資フローにおける「グロス・グロス」と「ネット・ネット」両系列の規模の比較から、Triennial Surveyの「ネット」の規模を類推することができるかもしれない。

　前出の日米の対内対外証券投資についていえば、対外証券投資の取得と処分、対内証券投資の取得と処分の4系列の絶対値を合計したものが「グロス・グロス」系列、ネットの対外証券投資（グロス・ネット）とネットの対内証券投資（グロス・ネット）をさらにネットアウトしたものが「ネット・ネット」系列ということになる。この定義に基づいて日米の「ネット・ネット」の「グロス・グロス」に対する比率を計算すると、米国は2000年以降の平均で1.1%（レンジは0.0～3.0%）、日本は2005年以降の平均で0.6%（同0.2～3.4%）となる。

　2022年のTriennial Surveyによると円の1カ月の取引高は約3,400兆円にのぼると上述したが、これは為替スワップ等も含む全体の合計額である。このうちスポットは約1,195兆円であり、前出の「ネット・ネット」の「グロス・グロス」に対する比率（0.6%）を用いると、「ネット・ネット」ベースのスポットの取引高は7.17兆円と推計される。これは、棚瀬（2019）による国際収支由来のフローの推計額（経常収支0.5兆円＋金融収支2.0兆円＝2.5兆円）よりも大きいが、桁違いというほどではない。

---

[45] 前述したように、Triennial Surveyでは「グロス・グロス」「ネット・グロス」「ネット・ネット」の3系列が存在するが、その定義は本節における同名の系列とは異なっている。たとえば、米国のA銀行が日本のB銀行から円を購入して米ドルを1本（100万ドル）売却した一方で、米国のC銀行が日本のD銀行から米ドルを1本分購入して円を売却した場合、Triennial Surveyの「グロス・グロス」では4本、「ネット・ネット」では2本が計上される。他方、本節の定義では「グロス・グロス」は2本、「ネット・ネット」は0本となる。

第5節　グロスのフローとネットのフロー

第6節　短期のフロー

上述したように、市場参加者の多様性を想定するマーケット・マイクロストラクチャー理論では、短期フローの規模や内容が重要なインプリケーションを持ち得る。本節では、この問題を議論する前提となる知識として、代表的な短期フローである、カバー取引、短期的な投機およびその一タイプとしてのHFT、オプション関連の取引について概観する。

1　カバー取引と「Hot Potato」

カバー取引とは、金融機関のトレーダーなどが顧客との取引において発生したポジションをスクエアにするために行う取引のことである。たとえば、日本の輸出企業Aが金融機関Bに対して10本（1,000万ドル）分のドル売り/円買いを行うと、金融機関Bは10本分のドル買い持ち/円売り持ちポジションを保有することになる（研究者はこうしたポジションを「inventory」と呼ぶ）。ここで、金融機関Bのトレーダーがドル/円の為替レートが上昇するとの見通しを持っていない場合にはドル買い持ち/円売り持ちポジションを保有し続けるインセンティブがないため（マーケット・マイクロストラクチャー理論におけるオーダーフローの「情報」の観点からは、本邦輸出企業によるドル売り/円買いはドル/円の上昇を示唆するような「情報」ではないと考えられる）、可及的速やかにポジションを解消しようとするだろう。

こうした取引の相手先は基本的に非金融顧客ではなく金融機関になるため、たとえば金融機関Bは金融機関Cに対してドル売り/円買いを行う。この結果金融機関Bのポジションはスクエアになるが、その代わりに金融機関Cがドル買い持ち/円売り持ちポジションを保有することになる。金融機関Bによるドル売り/円買いをドル/円上昇を示唆する「情報」とみなさない限り、金融機関Cにドル買い持ち/円売り持ちポジションを保有し続けるインセンティブはないため、金融機関Dに対してドル売り/円買いを行うかもしれない。金融機関が保有するポジションの10%だけを手元に残すとすると（金融機関Bは10本×10%＝1本を手元に残し、9本を金融機関Cに売却）、44回目で0.1本を下回

る。これは、輸出企業Aによってもたらされた10本分のドル売り/円買いのフローを金融システムがほぼ吸収した状態を示しているが、この時点で金融機関による累計取引額は89本にのぼっている。つまり、輸出企業による10本の取引が金融機関によって約9倍に増幅されたのである。また、すべての金融機関が手元にポジションを残さないことを望むのであれば、10本分のドル買い持ち/円売り持ちポジションは、恒久的に金融システム内にとどまり続けることになる。こうした、カバー取引の循環的プロセスは、一部の研究者の間では「ホットポテト（Hot Potato）」と呼ばれている。為替レートの決定理論との関連では、ホットポテトはマーケット・マイクロストラクチャー理論との関連で特に重要である（この分野の先行研究については第1章第7節1を参照されたい）。

2　オプション関連の取引

　メディアや市場関係者等の為替に関するマーケット・コメントで、しばしば「オプション絡みの買い/売り」といったコメントを目にすることがあるが、「オプション絡みの為替取引」とは、具体的にはどのようなものだろうか。

　以下では、「オプション絡みの為替取引」の議論に入る前に、通貨オプションの基本について概観する。なお、ここでの説明は「オプション絡みの為替取引」を理解するのに必要な概念について簡単に述べるにとどめる。より詳細な説明については、ヒックス（2018）などを参照されたい。

通貨オプション、基礎の基礎

　ヒックス（2018）によれば、通貨オプションの定義は、「ある通貨について、あらかじめ決められた量をあらかじめ決められた価格で、将来の期日に、他の通貨に交換する権利をもつが、これは義務ではない」である。

　通貨オプションには、特定の通貨を買う権利であるコール・オプションと、特定の通貨を売る権利であるプット・オプションがある。為替レートが2つの通貨の交換レートであることから、通貨オプションではある通貨のコールはその通貨と交換する通貨のプットとセットになる。つまり、ドル/円という1つのアセットのコールといったオプションは存在せず、米ドルコール/円プットという形になる。通貨オプションでは、通貨ペア、量（想定元本）、権利行使価格、期日はすべて前もって決定される。たとえば、期間1カ月、権利行使価

格115円、想定元本1,000万ドルの米ドルコール/円プット・オプションは、1カ月後にドル/円を115円で1,000万ドル分購入する権利のことを指す。

通貨オプションのリスクは、時間の経過や原資産価格の変化を受けてさまざまに変化する。各種のリスクがギリシャ文字で表されることから、オプションのリスクは「グリークス」と総称される。グリークスには、デルタ（原資産価格の変化に対するオプション・プレミアムの変化）、ガンマ（原資産価格の変化に対するデルタの変化）、ベガ（ボラティリティの変化に対するオプション・プレミアムの変化）、セータ（時間経過に対するオプション・プレミアムの変化）、ロー（金利の変化に対するオプション・プレミアムの変化）などがある。

オプション絡みの為替取引：デルタ・ヘッジ

オプション絡みの為替取引には、大きく分けて2つのタイプがある。1つは、オプション・プレミアムの授受が国境を越えて行われる場合である。日本のプレイヤーが米国の金融機関からオプションを購入するために手元の円を売って米ドルを購入するようなケースがこれに該当する。2つ目は、トレーダーが保有する通貨オプションのポジションに起因するリスクをヘッジするための為替取引である。両者を比べると、後者のほうがより頻繁に取引が発生し、規模もはるかに大きいと考えられる。したがって、「オプション絡みの為替取引」は事実上、後者のヘッジ目的の取引を指しているといえる。なかでも重要なのは、前出のデルタ（スポット為替レートの変化に伴うオプション・プレミアムの変化）リスクをヘッジ（デルタ・ヘッジ）するための為替取引である。

前述したように、デルタの定義は「原資産価格の変化に対するオプション・プレミアムの変化」であるが、これは当該オプションが行使される確率で近似される。たとえば、ドル/円のスポット・レートが現在115円付近で推移しているとき、行使日が翌日、行使価格115円、想定元本100本のコール・オプションが行使される可能性は、かなり高いと考えられる。トレーダーがこのオプションの売りポジションを保有しているとき、翌日のカット・オフタイム[46]にド

---

[46] オプションの権利行使の最終的な締め切り時刻。

ル/円が116円に上昇していたとすると、オプションが行使され、ディーラーはドル/円100本を115円で売らなければならず、115円のドル売り持ち/円買い持ちポジションが100本分発生することになる。この後、仮に全額（100本）を116円で瞬時に買い戻せたとしても、カットオフ・タイムを挟んだわずかな時間に1億円の損失が発生することになる。

　こうした損失を防ぐために行われる取引が、デルタ・ヘッジである。ヘッジ・ポジションを持たずにカットオフ・タイムを迎えてしまうと、上述のように損失を被る可能性が高いので、カットオフを迎える前の時点から、仮にオプションが行使されても損失を被らない（最小限にとどめる）ためにヘッジ・ポジションを構築する。

　デルタ・ヘッジの具体例は、たとえば下記のようなものである（以下の例ではデルタの変化はスポット・レートのみに依存しているが、実際には両国の金利やボラティリティもデルタに影響する）。

　金融機関Aが顧客に、期間1カ月、想定元本100本、権利行使価格115円の米ドル・コール/円プット・オプションを売る。この時点で、原資産である1カ月物のドル/円フォワード・レートは115円で、デルタは50％とする。デルタ50％は、1カ月後にこのオプションが行使される可能性が50％であることを示している。このとき、トレーダーはデルタ・リスクをヘッジするために115円でドル/円を50本（100本×50％）購入する。ここで、ドル/円のスポット・レートが1円下落して114円になったとすると（原資産のフォワード・レートもパラレルにシフトすると仮定）、このオプションはアウト・オブ・ザ・マネーとなり、行使される可能性は低下する。仮にデルタが40％に低下したとすると、50本のドル/円ロングはオーバーヘッジとなるため、余剰分の10本（50本－100本×40％）を売却して、デルタ・ヘッジのためのドル/円ロングを減らす。その後ドル/円が急上昇して116円となり、デルタが60％に上昇した場合にはアンダーヘッジとなるので、不足分の20本（100本×60％－40本）を買い増す。デルタ・ヘッジでは以上のように、行使日に向けてデルタの変化に応じて適宜ポジションを調整していく。

　以上のように、トレーダーの通貨オプションのポジションがショート（ガンマ・ショート）の場合にはデルタ・ヘッジによる売買はスポット為替レートの動きと方向が同じになる（たとえば、ドル/円が上昇したら買い、下落したら

売り）ため、その他の条件が一定であれば、スポット為替レートのボラティリティを高める方向に作用すると考えられる。他方、ディーラーの通貨オプションのポジションがロング（ガンマ・ロング）の場合には、デルタ・ヘッジの方向はこれとは逆（ドル／円が上昇したら売り、下落したら買い）になるため、スポット為替レートのボラティリティを抑制すると考えられる。

　金融機関のトレーダーによるデルタ・ヘッジに伴う取引はオプションの行使日が近づくにつれて増大するが、これは行使日が近づくほどスポット・レート１単位の変化に対するデルタの変化が大きくなるためである。図表２−44は、１カ月物米ドルコール／円プット・オプション（スポット115円、行使価格115円）の行使確率でみたデルタの時系列変化を示しているが、行使１カ月前の時点ではドル／円のスポット・レートの１円の変化に対するデルタ（行使確率）の変化が約20％であるのに対して、行使日には行使価格（115円）を挟んだわずか数銭の変化でデルタは０％近くから100％近くまで大きく変化する。為替市場参加者の間ではしばしば「本日のNYカット[47]で115円ストライク（行使価格）の大きなポジションがある」といった会話がなされるが、これは、行使のタイミングが近づくとデルタ・ヘッジの大きな売買が出て、市場のボラティリティが増幅（抑制）されることを意識したものである。

図表２−44　デルタの時系列変化のイメージ

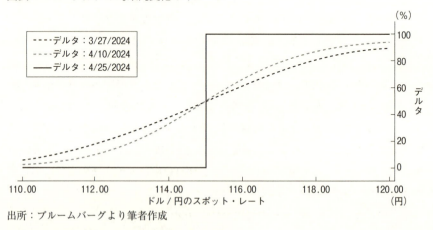

出所：ブルームバーグより筆者作成

47　NY時間午前10時に行使価格の判定が行われること。「東京カット」は日本時間午後３時。

オプション絡みの外国為替取引に関する先行研究は少なく、日本語の文献ではわずかに、武藤・近田（2007）がある程度である。武藤・近田（2007）はディーラーが保有する通貨オプションのポジションの違いによる市場への影響の違い（オプション・ロング（ショート）の際は短期的に為替相場の動きを抑制（助長）する）に言及している。筆者が知る限り、この分野における実証研究は皆無である。

3　短期的な投機と高頻度取引（HFT）

　為替市場で短期的な投機を行う主体としては、ヘッジファンド、機関投資家、金融機関のトレーダーなどが考えられるが、機関投資家は短期間に売買を繰り返して利ざやを稼ぐような取引はあまり行わないとみられる。また、GFC以降の一連の金融規制により、金融機関（特にTriennial Surveyの「報告対象金融機関」に分類される大手の金融機関）のリスクテイク能力が抑制されたことから、銀行のトレーダーによる短期的な投機は金融危機以前ほど活発に行われていない模様である。したがって現在、短期的な投機の大部分は、ヘッジファンドによって行われていると考えられる。2022年のTriennial Surveyによると、ヘッジファンドによるスポット取引は全体の10.6％を占めている。

　大河（2015）によると、為替市場で活動するヘッジファンドは①グローバルマクロ、②CTA、③高頻度取引（High-Frequency Trading：以下、「HFT」）の３つのタイプに分類される。グローバルマクロは、マクロ経済見通しに基づいてディレクショナルな取引を行う。最も有名なグローバルマクロは、1992年のポンド危機を予測して英ポンドのショート・ポジションから巨額な利益をあげたジョージ・ソロス率いるクオンタム・ファンドであろう。ソロスの英ポンド・ショートはシナリオに基づく戦略だが、大河（2015）によると、グローバルマクロの取引戦略にはそのほかに、「順張り」「キャリー・トレード」[48]「レラティブ・バリュー」などがある。

　CTAはデータの統計的な分析に特化したヘッジファンドであり、こうした分析に基づいて見出した市場のアノマリーや値動きの癖を収益の源泉とする。また、先物のみを投資対象とすることが多い点が特徴である。投機筋のポジ

48　キャリー・トレードの詳細については第１章第４節３参照。

ション動向をみるうえでよく参照されるシカゴ・マーカンタイル取引所のIMM（International Monetary Markets）は、グローバルマクロはあまり使用せず、主にCTAのポジション動向を反映しているとみられている。HFTについては以下で説明する。

高頻度取引（HFT）

BIS（2011）によれば、「取引プロセスのいずれかの時点でアルゴリズムを用いた電子取引」がアルゴリズム取引であり、HFTはアルゴリズム取引の一種である。アルゴリズム取引には「取引戦略アルゴリズム」と「執行アルゴリズム」があり、HFTは「取引戦略アルゴリズム」の一種とみなされる（執行アルゴリズムは顧客からの注文を市中で円滑に執行することを目的としたものであり、従来は金融機関のトレーダーが担っていた機能を代替するものと位置付けられる）。

福間・門川（2020）によると、取引戦略アルゴリズムは「マーケットメイク」（マーケットメイカーとしてプライスを提示し、ビッド・アスク・スプレッドから収益を得る）、「ディレクショナル」（トレンドやモメンタムに追随する戦略や、ニュースやイベントに瞬時に反応する戦略など）、「アービトラージ」[49]の3つがあるが、HFTはこのいずれのタイプにも該当し得る。HFTはこうした取引機会をなるべく速く発見し、なるべく速く執行することで利益を出す。こうした戦略は基本的に、流動性が高く、ボラティリティが低い状況で利益が出るようにデザインされているため、ボラティリティが上昇するとHFTのアクティビティは低下するといわれている。

BIS（2011）は、通常のアルゴリズム取引とHFTを区別するのは戦略タイプではなく取引のスピードであると述べている。「何秒以内ならHFTに分類」といった明確な定義があるわけではないが、いくつかのHFT業者は1ミリセカンド以下でレイテンシー裁定を行うと指摘している。前述したように、ミリセカンドレベルの速さを競うHFTではシステムを電子トレーディング・プラットフォームのメインサーバーのなるべく近くに置くことが求められるため、

---

[49] いわゆる「三角裁定」（たとえば、ユーロ/円はドル/円とユーロ/ドルによって複製可能だが、両者の価格に差がある場合には裁定機会が生じる）のほか、「レイテンシー裁定」（市場間の情報到達時刻の差を利用）がある。

HFT会社は米国（NY、シカゴ）と英国に集中している。

BIS（2011）によれば、HFTは当初株式市場で発展し、2000年代初頭から外国為替市場でも行われるようになった。技術の進歩とプライムブローカレッジ・サービスの発展によってヘッジファンドのスポット市場へのアクセスが改善したことがHFTの発展につながったが、近年ではHFTの拡大は頭打ちになっているようだ[50]。その背景には、過当競争によりHFTの限界的な収益性が低下し、投資に見合うリターンを得ることが困難になったことがある模様である。1ミリセカンド以下でレイテンシーを改善するためには多額の技術投資が必要だが、HFTの収益機会がそれに伴って拡大するわけではない（むしろ縮小する可能性もある）。たとえば、三角裁定から得られる利益はHFTが発展する前でもせいぜい1ピップス（ユーロ／円では1銭）程度だったと考えられるが、HFTの発展により裁定の機会は縮小し、1ピップスよりもはるかに小さい利益を追求するために多額の投資が必要になっている状況である。

HFTに関するアカデミックな関心事は、①HFTが市場の効率性を高めるか否か、②HFTが市場のボラティリティを増幅させるか否か、③HFTは市場の流動性を高める否か、などである。ただし、HFTに関する実証研究は株では多数なされているが、外国為替に個別にフォーカスしたものは現時点ではそれほど多くない。

為替のアルゴリズム取引に関する先駆的な研究であるChaboud et al.(2009)は①について、アルゴリズム取引[51]は価格発見プロセスを短縮することによって為替市場の効率性を高めていると指摘した。また、アルゴリズム取引戦略の相関が高いことが、裁定取引の機会減少につながっていることを示した。他方、②についてChaboud et al.（2009）は、アルゴリズム取引間の相関の高さにもかかわらず、それらが市場のボラティリティを上昇させている証拠は見つからないと指摘した。

③については意見が分かれている。BIS（2011）は、HFTは通常は流動性を改善させるが、市場のストレスが高まった際にも流動性を高めるか否かは不透

---

50 Rime and Schrimpf（2013）。
51 Chaboud et al.（2009）はアルゴリズム取引とHFTを明確に区別していないが、アルゴリズム取引の特徴としてスピードの速さ（および戦略間の高い相関）をあげていることから、アルゴリズム取引≒HFTという意味合いでこの言葉を用いていると判断できる。

明としている。福間・門川（2020）は米ドル/円について、2020年3月のコロナ・ショック時に一般的な流動性指標が大きく悪化するなか、アルゴリズム指標はショック以前と見劣りしない水準を維持していたと指摘している。

第7節　外国為替市場の全体像[52]

1　ネット・ベースの構造とグロス・ベースの構造

　前節まででは、外国為替市場におけるさまざまなフローをみてきた。本節では、これらのフローに関する知識を用いて、外国為替市場の全体像のイメージを提供する。

　フローの総体としての外国為替市場の構造は、ネット・ベースのものとグロス・ベースのものが考えられる。為替レートの方向性への影響の観点からはネット・ベースの構造がより重要だが、グロス・ベースの構造はこれとは異なる意味で重要である。グロスのフローに関する分析は外国為替市場の構造を理解するうえで重要であり、グロス・フローの総体としての外国為替市場の構造を理解することは、より望ましい為替理論を構築するうえで重要であるためである。

　たとえば、t期における米国の輸出が1億ドル、輸入が2億ドル、対内証券投資（グロス・ネット）が100億ドルの米国への資金流入、対外証券投資（グロス・ネット）が100億ドルの資金流出、短期のフローが1,000億ドルのドル買いとドル売りであったとする。ネットのフローは貿易赤字1億ドルのみであり、これが同期における米ドルの為替レートの方向性（その他の要因が一定であれば米ドルの減価ということになろう）を決めることになるが、結果的に発生したネットのフローのみに着目して、以下のようなモデルで為替レートを説明することが適切でないのは明らかであろう。

$$S_t = C + TB_t + \varepsilon_t \qquad (式2-1)$$
（S＝米ドルの為替レート、TB＝貿易収支）

　言うまでもなく、t期のネットのフローが1億ドルの貿易赤字分だけであったのは、対内対外証券投資に絡むフローや短期のフローがネット・ベースで

---

[52]　第7節および第8節の記述は棚瀬（2023）を再構成したものである。

「たまたま」ゼロだったからにすぎず、これらのフローの片側（対内証券投資or対外証券投資、短期の買いor売り）に数パーセントの違いが生じるだけで、ネットのフローとその為替レートへの影響は大きく異なり得る。

たとえば、その他の条件一定で対内証券投資が2％多ければ、ネットのフローは当初の1億ドルのドル売りから1億ドルのドル買いに転じる。また、グロス・ベースで規模が大きい短期のフローについては0.数パーセントのずれでも期末のネット・フローに重要なインパクトを及ぼし得る。こうした点を考慮すると、為替レートを説明するモデルは以下のように、外国為替市場を構成するさまざまなフローを包含したものである必要があろう。

$$S_t = C + CA_t + KA_t + SF_t + \varepsilon_t \quad （式2－2）$$
（CA＝経常収支フロー、KA＝金融収支フロー、SF＝短期フロー）

こうした観点から、適切なモデルを構築するためには、グロス・ベースで外国為替市場の構造を把握したうえで、その時々のネットのフローを評価する必要がある。これが、ネット・ベースの構造とグロス・ベースの構造がいずれも重要と前述した理由である。

2　グロス・ベースの構造と為替レートの決定理論の関係

グロス・ベースの外国為替市場の構造をどのように定義するかによって、その帰結としての為替レートの決定理論は大きく異なるものになり得る。ここで特に重要になるのは、グロス・ベースで圧倒的に規模が大きい短期のフローの取扱いである。前述したように、マクロ・ファンダメンタルズに基づく決定理論の主流であるアセット・アプローチは、短期のフローの大部分が投機的なフローであること、そして、為替レートの方向性にとって重要な情報はすべての投資家にとって等しく利用可能であり、投資家の性質は均一（あるニュースに対する反応が同様）であることを想定している。図表2－45はアセット・アプローチが想定するグロス・ベースの外国為替市場の構造を示したものであるが、投資行動において同質的な投資家による投機フローが大部分を占める、極めて単純な姿となっている。

アセット・アプローチでは、投資家は同質的で、市場を動かす情報はすべての投資家にとって等しく利用可能であることを想定する。この前提の下では、

図表2－45 アセット・アプローチが想定する外国為替市場のグロス・ベースの構造

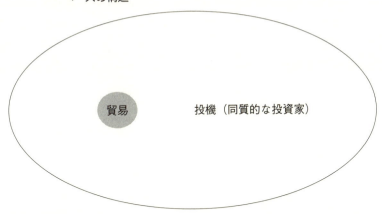

出所：筆者作成

為替レートは内外資産の期待収益率が一致する水準で一意に決まることになり、こうした価格決定メカニズムは取引規模の大小に影響を受けない。たとえば、貿易取引が1、投機が99でも、貿易取引が1、投機が999であっても、価格決定メカニズムは同様であり、したがってそこから導き出される均衡価格もほぼ同じになる（アセット・アプローチでは、貿易フローが50、投機フローが50といった状況はそもそも想定していない）。

もっとも、「同質的な投資家による投機フローが支配する外国為替市場」という認識に立脚したアセット・アプローチは、過去数十年間の膨大な先行研究にもかかわらず、ランダムウォーク・モデルを有意にアウトパフォームする構造モデルを生み出すことができず、図表2－45に示したような、アセット・アプローチが想定する外国為替市場が実態とかけ離れているのではないかとの疑念を惹起することとなった。

アセット・アプローチの苦戦を受けて為替レートの決定理論に関する新たなアプローチへの要請が高まるなか、1990年代半ば以降、最初は株式市場で発展したマーケット・マイクロストラクチャー理論を為替に適用する試みが活発に行われるようになった。

為替レートの決定理論の分野においてアセット・アプローチのある種のアンチ・テーゼとして台頭したマーケット・マイクロストラクチャー理論は、投資

家の多様性と情報の不均一性を想定している（同じ情報に対する投資家の反応は同一ではなく、ある情報はすべての投資家に等しく利用可能であるわけでもない）ことから、アセット・アプローチとは異なってフローの種類と規模が重要な意味を持ち得る。たとえば、マーケット・マイクロストラクチャー理論のいくつかの実証研究では、ヘッジファンドのオーダーフロー（買いオーダーから売りオーダーを差し引いたネットのフロー）が為替レートの動向に対する説明力を有する一方で、その他のオーダーフローには説明力がないことが報告されているが、これはフローの識別が重要であることをと示す一例といえよう。

　図表2－46は、マーケット・マイクロストラクチャー理論が想定する外国為替市場のグロス・ベースの構造のイメージであるが、直観的にもアセット・アプローチが想定する過度に単純化された構造よりも現実に近い印象を受けるだろう。図表2－46では短期のフローを投機、カバー取引、その他（通貨オプションのヘッジなど）の3つに分類しているが、これら3つの短期フローに占めるシェアがどのようなものであるかによって、短期フローと為替レートの関係が異なるものになる可能性もある。たとえば、短期フローの大宗が（為替レートの説明力が高い）ヘッジファンドによる投機であれば（こうした状況はアセット・アプローチが想定するものに近い）、短期フローは為替レートの方向性に対する説明力を有する可能性がある。

図表2－46　マーケット・マイクロストラクチャー理論が想定する外国為替市場のグロス・ベースの構造

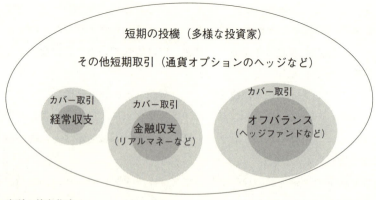

出所：筆者作成

202　第2章　外国為替市場の構造と決定理論への含意

他方、短期フローの大部分がカバー取引や通貨オプションのヘッジである場合には、短期フローは為替レートの方向性に対する説明力を持ち得ないと考えられる。なお、図表2－46におけるフローの分類はあくまで一例であり、この点についてマーケット・マイクロストラクチャー理論の研究者間でコンセンサスが存在するわけではない。

　マーケット・マイクロストラクチャー理論において中心的な役割を果たすオーダーフローはネットの概念であるため、同理論はネット・ベースの構造をより重視していると考えられる。多くの先行研究が、ある種のオーダーフローが為替レートの説明力・予測力を持ち得ることを明らかにして、為替レートの方向性に与える影響の観点からはネットのフローがより重要との説を例証している。

　もっとも、マクロ・ファンダメンタルズに紐付いた、より一般化された理論を構築するうえでは、ネットのフローの分析だけでは限界がある。たとえば、オーダーフローを分析した結果、ヘッジファンドのフローが将来の為替レートの動きに対する説明力を持ち得るという結論を得たとして、このことのみから一般的な為替レートの決定理論を構築することは困難であろう。また、オーダーフローに関する先行研究の多くは金融機関から入手したデータを使って分析を行っているため、データのバイアスを完全に排除することは困難である（他の比較可能なデータとの比較が難しいため、そもそもどこにどのようなバイアスが存在するかを見極めることすら困難）。

　こうした観点から、外国為替におけるマーケット・マイクロストラクチャー理論の主要な研究者であるリチャード・ライオンズ（Lyons（2001））による、外国為替市場のグロス・ベースの構造[53]について理解することは適切な理論を構築するうえで重要、との指摘は興味深い。他方、Lyons（2001）はアセット・アプローチが想定する外国為替市場を、現実から乖離したものとして批判している。

　Lyons（2001）は、グロス・ベースの構造を理解することは、①適切な政策および②「オーダーフロー」が伝達する情報の質の観点からも重要としてい

53　Lyons（2001）では「グロス・ベースの構造」という言葉は用いておらず、「外国為替市場の巨大な規模について」理解することは重要としている。もっとも、ここでいう「巨大な規模」が文脈からグロス・ベースの規模を指していることは明らかである。

る。

　①に関して、たとえば外国為替取引に取引税を課す政策は、短期フローの大宗が投機的なフローであれば投機を抑制して市場のボラティリティを低下させるというポジティブな効果をもたらすかもしれないが、大宗が前出の「ホットポテト」であれば、企業や投資家にとっての取引コストを上昇させることによって、反対に経済にネガティブな影響を及ぼす可能性がある。

　②に関して、Lyons（2001）は、「ホットポテト」は情報の質を低下させると指摘している。顧客のオーダーフローに有益な情報が含まれていたとしても、ディーラーがそれによって生じたポジションを解消する際には、取引の目的はマーケット・マイクロストラクチャー理論の用語でいえば「在庫管理」であり、顧客のオーダーフローによってもたらされた情報をマネタイズすることではないだろう。「在庫管理」を目的とするオーダーフローでは、当初含まれていた有益な情報は大部分が失われていると考えられる。

3　投資家の多様性

　すべての情報はすべての投資家にとって遍く利用可能であり、投資家は同質的で、ある情報に対する投資家の反応は同じになるというアセット・アプローチの仮定がいかに現実離れしているかを示す具体例を提示することは容易である。たとえば、日本の財務省は投資家部門別の対外証券投資データを公表しており、銀行、年金基金、保険会社、投資信託等による投資行動を知ることができる。仮に投資家が同質的であるという仮説が正しいのであれば、異なる投資家によるフローは概ねパラレルに動くはずであるが、図表2－47が示すように、実際には各投資家によるフローの方向性には大きなバラツキがあり、各フロー間の相関は押し並べて低い（図表2－48）。

　投資家間のフローのバラツキは、投資の目的やスタイルが投資家の属性によって大きく異なることを反映していると考えられる。たとえば、銀行による外国債券投資は大宗が比較的短い期間にトレーディング収益を積み上げることを目的としたものとみられるため、売り買いの振れが大きくなっている。他方、保険会社や年金基金（リアルマネー）は将来の保険金や給付金の支払いのために中長期的な視点から債券投資を行う。こうした中長期的な投資家が債券に投資する理由は中長期的に安定的な収益をあげることであるため、銀行に比

図表2－47　投資家部門別対外証券投資（中長期債）

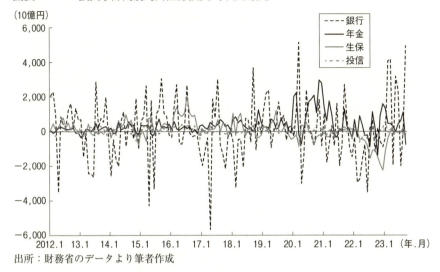

出所：財務省のデータより筆者作成

図表2－48　各投資家によるフロー間の相関
（中長期債・月次：2012年1月～2023年9月）

	銀行	年金	生保	投信
銀行		－0.01	0.08	0.03
年金	－0.01		－0.11	0.28
生保	0.08	－0.11		0.31
投信	0.03	0.28	0.31	

出所：財務省のデータより筆者作成

べてクーポン収入の重要性が高く、より満期保有を前提とした投資スタイルに近くなりやすいと考えられる。投資信託は投資家の多様な投資ニーズを満たすためにさまざまなタイプの商品が存在しているため、フローに明確なパターンは存在しない。以上のように、投資家は明らかに多様であり、情報に対する反応も一様ではない。

4　円相場の構造

本項では円相場に関して、グロス・ベースとネット・ベースの構造を明らか

にする。具体的には、これまでに議論してきた為替市場を構成するさまざまなフローの規模に関する推計値を用いて、円相場の全体像に関するイメージを提供する。

BISのTriennial Surveyに基づくと、2022年4月の円のスポット取引高は約1,195兆円であった[54]。他方、2022年4月の日本の財・サービス貿易のグロス・フロー[55]は20.7兆円（スポットの取引高全体の1.7%）、対内対外直接・証券投資のグロス・フロー[56]が301.1兆円（同25.2%）であった[57]。全体から国際収支由来のフローを引いた873.2兆円（全体の73%）に、オフバランスのフロー（中長期の投機やヘッジ取引など）と短期のフロー（カバー取引、短期的な投機など）が含まれると考えられる（図表2－49）。

短期フローの内訳について、BIS（2011）およびKing and Rime（2010）によると、HFTがスポット取引全体の20～30%を占める。またBIS（2020）によると、執行アルゴリズム取引はスポット取引全体の10～20%を占める。本書の

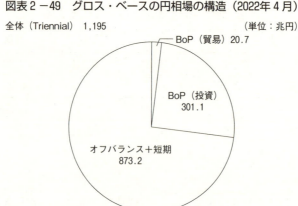

図表2－49　グロス・ベースの円相場の構造（2022年4月）

出所：BIS、財務省、日本銀行のデータより筆者作成

54　2022年4月末のドル/円レート（129.70円）を用いて1カ月＝21営業日として試算。
55　貿易収支の「輸出」「輸入」、サービス収支の「受取」「支払」の合計。内訳は貿易収支が12.9兆円、サービス収支が4.1兆円。
56　直接投資「資産」および「負債」の「実行」・「回収」（計4系列）、証券投資「資産」および「負債」の「取得」・「処分」（計4系列）の合計8系列の合計。
57　月次の数字のブレを考慮して2022年4月単月ではなく2022年の平均値を使って試算すると、経常収支が21.9兆円（1.8%）、金融収支が316.5兆円（26.5%）となり、4月単月の数字とそれほど大きくは変わらない。

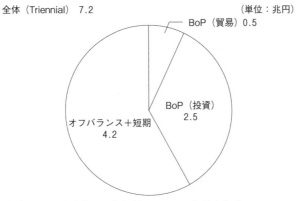

図表2-50 ネット・ベースの円相場の構造（2022年4月）

出所：BIS、財務省、日本銀行のデータより筆者作成

分類では、HFTは短期的な投機、執行アルゴリズムはカバー取引に含まれる。HFTと執行アルゴリズムの合計で全体の約4割を占めるが（執行アルゴリズム以外のカバー取引を含めれば5割を超える可能性もある）、これはグロス・ベースの円の取引のかなりの部分が、中長期的な為替レートの動向に影響を及ぼさない短期的な取引で占められていることを意味している。

図表2-50はネット・ベースの円相場の構造をみたものである。Triennial Surveyにはネット・ベースの計数は存在しないので、ここではグロスの国際収支フローとネットの国際収支フローの比率（ネットがグロスの0.6％）をTriennial Surveyの数字（1,195兆円）にかけた数字（7.2兆円）を、「ネット」のTriennial Surveyの規模とした。また、経常収支および金融収支の計数には、前出の棚瀬（2019）による推計値（経常収支0.5兆円、金融収支2.5兆円）を用いた。

図表2-50の特徴として、①ネット・ベースでみても貿易フローのシェアは小さい（全体の7％）ことと、②金融収支を含めても国際収支関連のフローのシェアは全体の42％にとどまっており、国際収支に反映されないオフバランスのフローが為替レートの決定に大きな影響を及ぼしている可能性が示唆されていることが指摘できる。図表2-33が示すように日本の国際収支由来のフローと円の為替レートの相関は、為替取引が発生するとみられるもののみを抽出した場合ですら低いが、図表2-50はこのこととも整合的である。

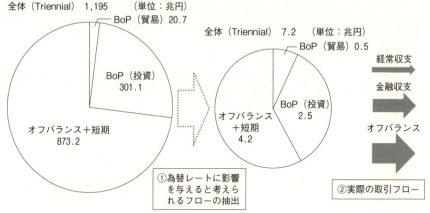

図表2－51 円相場の構造と実際の為替取引フローの関係（2022年4月）

出所：筆者作成

　図表2－51は上記で検討した円相場のグロス・ベース、ネット・ベースの構造と、為替レートの動向に影響を及ぼす実際の取引フローの関係を示したものであるが、円相場を構成するフローで中長期的な為替レートに影響を及ぼし得るのは、経常収支由来のフロー、金融収支由来のフロー、オフバランスのフローと考えられる。経常収支由来のフローよりも金融収支由来およびオフバランスのフローのほうが規模が大きいので、通常はこれらの影響が強いと考えられるが、たまたまこれらのネット・フローが小規模となる結果、一時的に経常収支由来のフローの影響が高まるケースも想定可能である。

　以上を踏まえて構築される為替レートの決定モデルは、以下のようなものとなろう。

$$\Delta S_t = \beta_1 + \beta_2 CA_t + \beta_3 KA_t + \beta_4 OB_t + \varepsilon_t \qquad (式2-3)$$
（OB＝オフバランスのフロー）

　式2－3は前出の式2－2に似ているが、説明変数から短期フロー（SF）が除かれた一方でオフバランスのフロー（OB）が加わっている。これは、本書の分析対象である1日を超える期間の為替レートの動向に対して、短期フローは影響を与えないと考えられるためである。

式２－３は、国際収支に起因するフローの為替レートへの影響を分析している点で伝統的なフロー・アプローチに類似しているが、伝統的なフロー・アプローチでは国際収支由来以外のフローは分析の対象外としていることから、オフバランスのフローの影響を踏まえてフロー・アプローチを拡張したものとも捉えられる。

　Lyons（2001）は、古典的なフロー・アプローチとマーケット・マイクロストラクチャー理論の類似性を指摘しつつ、フロー・アプローチは国際収支由来のフローにのみフォーカスしており投機的なフローを想定していない点を、両者の違いとして指摘している。またLyons（2001）は、国際収支由来のフローが為替レートに影響を及ぼし得ることは認めつつも、これを市場で取引するか否かはトレーダーの判断なので、オーダーフローに着目すれば十分と主張している。

　たとえば、本邦輸出企業が製品の輸出によって得た外貨を円転するために100万ドル分のドル売り/円買いをＡ銀行に対して行ったとしよう。Ａ銀行のトレーダーは100万ドル分のドル・ロング/円ショート・ポジションを保有することになるが、これをそのまま保有し続けた場合には為替取引は発生せず、為替レートにも影響を及ぼさない。また、金融機関のトレーダーは、国際収支由来のフロー以外にもさまざまなフローを取引しており、それらをネットアウトしたオーダーフローのほうが、国際収支由来のフローよりも為替レートに対する説明力は高くなると考えられる。

　Lyons（2001）の主張には一定の説得力があるが、インターバンク市場における最終的な需給のみに着目するというスタンスでは、（Lyons自身が批判している）アセット・アプローチが想定する過度に単純化された為替市場の構造との差異を明示的に示すことができない。この意味で、式２－３はフロー・アプローチに対するLyons（2001）の批判に答えつつ、マーケット・マイクロストラクチャー理論の弱点を補完するものといえるかもしれない。

第8節 CLSデータを用いた円相場の実証分析[58]

本節では、前節で議論した円相場の構造を踏まえて、各種フローと円の為替レートの関係について実証分析を行う。フローのデータは、外為決済プラットフォームであるCLSが提供するデータを使用する。前述したように、近年CLSにおける決済額が急増するなかで、同社が提供するデータは高頻度且つ一定の信頼性を備えた、Triennial SurveyやFXCサーベイに代替し得るデータとして認識されつつある。

1 CLSフロー・データ

CLSが提供するフロー・データは、①カバレッジと信頼性、②ネット・フローのデータが利用可能である点、③国際収支に反映されるフローとオフバランスのフローの双方をカバーしている点、④実際に取引されたフローである点で優れている。

①に関して、取引所が存在せず、取引の大部分が相対（OTC）でなされる為替市場については、然るべきカバレッジを備えた信頼できるデータが少ない。最もカバレッジが広く、信頼度が高いとみられているBIS Triennial Surveyは3年に一度しか公表されないため、サンプル数が極端に少ない。Triennial Surveyに次ぐカバレッジと信頼性を備えるFXCサーベイのデータでも頻度は年2回である。他方、CLSデータはFXCデータに次ぐカバレッジを備えているにもかかわらず（前述したように両者の間には比較的強い相関関係がある）、イントラデー・レベルのデータも利用可能である。

②に関して、上述したように為替レートの方向性という観点からは、グロスのフローよりもネット・フローが重要である。この点、Triennial SurveyとFXCサーベイではグロス・フローのデータのみが利用可能であるのに対して、CLSデータではグロスに加えてネット・フローのデータも利用可能である。

③に関して、CLSのフロー・データは国際収支統計に反映されるフロー（機

---

[58] CLSに関する事実関係の確認にあたっては、平島圭志氏およびその他CLS関係者に多大なご協力をいただいた。深く感謝する。

関投資家による海外証券投資など）とされないフロー（証券投資に紐付かない投機的な為替取引やさまざまなヘッジに伴うフローなど）の双方を含んでいるが、特にほとんど関連データがないオフバランスのフローをカバーしている点が重要である。これにより、CLSデータは前出（式2－3）の3つの説明変数（経常収支に起因するフロー、金融収支に起因するフロー、オフバランスのフロー）をすべてカバーしていることになる。

CLSのフロー・データには、マーケットメイカーのフローを反映する「sellside」と「buyside」の間の取引と、取引主体タイプ別系列である「fund」「corporate」「non-bank」の対銀行（大部分は「sellside」だが、一部「buyside」も含まれる）取引の2つのシリーズがある。「fund」には年金基金、投資信託（ミューチュアル・ファンド）、SWF（ソブリン・ウェルズ・ファンド）などのフロー、「corporate」には事業法人などのフロー、「non-bank」には保険会社、ブローカー、クリアリングハウスなどのフローが含まれる。「sellside」と、「buyside」の「fund」「corporate」「non-bank」以外の部分[59]（以下、「others」）は、大部分が銀行のフローを反映する。

図表2－52は、CLSフロー・データと国際収支統計およびオフバランスのフローの対応関係を示している。日本の国際収支統計では投資家部門別の対外証券投資データが利用可能であるが、このうち「信託銀行（信託勘定）」（年金基金によるフローのプロキシーとみなされる）および「投資信託委託会社等」が「fund」に対応すると考えられる。他方、「生命保険会社」「損害保険会社」が「non-bank」、銀行等（銀行勘定）および信託銀行（銀行勘定）が「others」に対応すると考えられる。「corporate」には、経常収支由来のフロー（貿易収支、第一次所得収支など）および金融収支・直接投資が対応すると考えられる。

CLSのフロー・データに対応するオフバランスのフローの大宗は、銀行によるカバー取引や機関投資家（年金、投資信託、保険会社等）によるヘッジ等に関連する取引とみられる。たとえば、本邦投資家が新規の外国株式投資にあたって100万ドル分の米ドル買い/円売りを行った場合、これは国際収支統計に計上される外国株式投資と1対1の関係（100万ドル分の対外株式投資）にあ

---

[59] 「fund」「corporate」「non-bank」には規模は小さいとみられるが対「buyside」のフローも含まれるため、「buyside」の対「sellside」取引額と、「fund」「corporate」「non-bank」と「others」の合計額は必ずしも一致しない。

図表2-52　CLSデータと国際収支統計の対応関係

		CLS			
		sellside	buyside（注2）		
			others（注1）	corporate	fund	non-bank
国際収支	経常収支 　貿易収支 　第一次所得収支			事業法人 事業法人		
	金融収支 　証券投資 　直接投資		銀行ほか	 事業法人	年金、投資信託、SWFほか	保険会社ほか
オフバランス		銀行ほか	銀行ほか	事業法人	年金、投資信託、SWFほか	保険会社、ブローカー、クリアリングハウスほか

注1：buysideからcorporate、fund、non-bankを除いたもの。
注2：corporate、fund、non-bankには一部buysideとの取引が含まれるため、これら3系列とothersの合計は必ずしもsellsideとは一致しない。
出所：筆者作成

るが、そのポジションをヘッジするための為替取引は国際収支統計に反映されない（したがって、こうした取引は図表2-52の分類では「オフバランス」となる）。

　また多くの場合、こうしたヘッジ取引は1回限りではなく、1つのポジションに対して複数回発生するケースが多いとみられる点に注意が必要である。たとえば、t期末に本邦投資家がスポット市場で100万ドル分のドル買い/円売りを行い、そのドルで米株を購入、100％為替ヘッジするケースを考えてみよう。為替ヘッジの手法はさまざまなものがあるが、ここではスポットでドル売り/円買いを行い、為替スワップで期間を延ばす方法を想定する。米株購入に充てた100万ドル分のドル買い/円売りは国際収支統計に計上される100万ドル分の対外株式投資に対応するが、その後に行われる為替ヘッジを目的とした100万ドル分のドル売り/円買いは、国際収支統計に反映されないオフバランスのフローとなる。

　米株を購入した1カ月後に米株が10％値上がりしたとすると、米株ポジショ

ンは110万ドルに拡大する。このうち為替リスクがヘッジされているのは100万ドル分のみなので、ヘッジ率を100％に維持するためには差額の10万ドル分について改めてスポットでのドル売り／円買い＋為替スワップのヘッジ取引を行う必要がある。さらにその1カ月後、今度は米株が20％下落したとすると、米株のポジションは99万ドルに縮小する。この時点でヘッジ・ポジション（110万ドル）は11万ドル分の「オーバーヘッジ」となるため、ヘッジ率を100％に維持するためには11万ドル分のドル／円を買い戻してヘッジを解消する必要がある。こうしたヘッジ・ポジションの調整は「リバランス」と呼ばれるもので、ヘッジ戦略に大きな変更がないのであれば、ポジションを保有している限り発生し続けることになる。

　ヘッジ取引はオフバランスのフローであることから、対内対外証券投資に付随する為替取引は、「オフバランス」取引のほうが国際収支統計に紐付いているものよりも規模が大きくなると考えられる。これは、対内対外証券投資のフローに付随して発生する為替取引が基本的に1回限り（証券投資ポジションの手仕舞いを含めれば2回）であるのに対して、ストックとしての投資ポジションのメンテナンス（為替ヘッジなど）に付随する為替取引は、ポジションを保有し続ける限り何度でも発生し得るためである。

　財務省が発表している「本邦対外資産負債残高」によると、2022年末時点で日本は244兆円分の「株式・投資ファンド持分」の対外ポジションを保有していた。2022年末時点のドル／円為替レートは131.12円であったことから、このポジションは米ドル換算では1.9兆ドルとなる。ここで、2022年末時点でヘッジ率を100％にしようとすると、まず1.9兆ドル分のドル売り／円買いが発生する。ヘッジ率を100％に維持するために毎月末にヘッジのリバランスを行うとすると、2023年1月末時点で米株（S&P500指数）は2022年12月末から6.2％上昇したことから、米株ポジションは2.02兆ドルに増加（為替レートは一定と仮定。以下同じ）、0.12兆ドル分がアンダーヘッジとなるため、ヘッジ率を100％に保つためにはさらに0.12兆ドル分のドル売り／円買いを行ってヘッジ・ポジションを増やす必要がある。その後、2022年2月末にはS&P500指数は1月末から2.6％下落したことから、ヘッジ率を100％に維持するためにはヘッジ・ポジションを0.05兆ドル縮小させる必要がある（0.05兆ドル分のドル買い／円売り）。さらに、3月末にはS&P500指数は2月末対比で3.5％上昇したことか

ら、新たに0.06兆ドル分のヘッジ・ポジション（ドル売り/円買い）を造成する必要がある。このように、ポジションを維持する限り、ヘッジのリバランスのフローは米株価の変動とヘッジ・ポジションの状況に応じて発生し続けることになる（ここでは為替レートを一定と仮定したが、実際には為替レート変動の影響も受ける）。

　2005年～2022年の「株式・投資ファンド持分」のネット・フローの絶対値の合計は123兆円であり、この部分が国際収支統計の「金融収支・証券投資」に対応する。他方、上述したように2022年末時点の「株式・投資ファンド持分」の対外ポジションは244兆円であり、2005年～2022年の米株（S&P500指数）の月次平均変動率は3.4%であった。これは、平均すると244兆円×3.4％＝8.3兆円のヘッジのリバランスが毎月発生することを意味しており、全期間の合計は8.3兆円×12カ月×19年＝1,892兆円にものぼる。この部分はすべてオフバランス・フローであり、外貨資産購入のための為替取引よりもヘッジのリバランス等オフバランスの為替取引のほうがはるかに規模が大きいとの仮説は、ある程度の妥当性を備えていると考えられる。

　図表2－53はドル/円についてCLSの取引主体別のフローをみたものであるが、「fund」フローの規模が「corporate」に比べかなり大きいことがわかる。

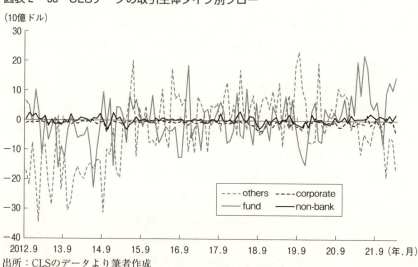

図表2－53　CLSデータの取引主体タイプ別フロー

出所：CLSのデータより筆者作成

「corporate」に反映される事業法人のフローは基本的に国際収支統計に計上される当初取引（輸出入や対外直接投資など）の額から大きく乖離しない一方で、上述したように「fund」のフローはオフバランス取引を含むため、その規模は国際収支統計に反映される取引に比べて大きくなりやすいと考えられる。

図表2－54は各フロー間の相関関係をみたものであるが、総じてみれば相関はあまり強くなく、取引主体によってまちまちの動きとなっており、為替レートの説明力が強いフローと弱いフローの存在が示唆されている。

最後に④について、CLSデータでは実際に取引されたフローのみが計上される。国際収支統計には実際には為替取引が発生しない項目[60]も数多く存在するため、国際収支由来の為替フローを推計するためにはこの点を調整する必要がある（こうした調整の詳細については棚瀬（2019）参照）。他方、CLSデータでは実際に為替取引が生じたフローしか計上されないため、こうした調整を行う必要はない。

CLSが提供するデータを用いた実証研究が行われるようになったのは最近のことであり、いまのところその数は必ずしも多くない（Hasbrouck and Levich（2017）、Ranaldo and Magistris（2019）、Ranaldo and Somogyi（2021）、Cespa et al.（2021）など）。もっとも、上述したCLSデータの優れた特性に鑑みるに、今後当データを用いた実証研究が活発化する可能性は高いと考えられる。

図表2－54　タイプ別CLSフロー間の相関

	others	corporate	fund	non-bank
others		－0.13	－0.16	－0.13
corporate	－0.13		0.04	0.15
fund	－0.16	0.04		0.19
non-bank	－0.13	0.15	0.19	

注：2012年9月～2022年3月の月次の相関。
出所：筆者作成

---

[60] 具体的には、円建ての輸出入、海外留保利益を計上する「第一次所得収支・直接投資収益・再投資収益」および「金融収支・直接投資・収益の再投資」、第一次所得収支・証券投資収益・債券利子の内再投資される部分、ヘッジ付き外債投資に関連する部分など。

2　円相場の構造とCLSデータ

　CLSデータと前節で提示した円相場の構造との間には、どのような対応関係がみられるであろうか。

　図表２－55、図表２－56は2022年４月のグロス・ベース、ネット・ベースの各種CLSフローのシェアをみたものであり、図表２－55が206ページの図表

図表２－55　CLSデータの各取引主体のグロス・フローのシェア（ドル/円：2022年４月）

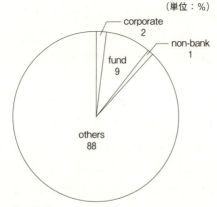

出所：CLSのデータより筆者作成

図表２－56　CLSデータの各取引主体のネット・フローのシェア（ドル/円：2022年４月）

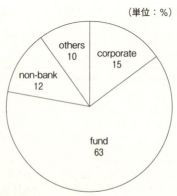

出所：CLSのデータより筆者作成

216　第２章　外国為替市場の構造と決定理論への含意

2−49（円のグロス・ベースの構造）、図表2−56[61]が207ページの図表2−50（同ネット・ベースの構造）にそれぞれ対応する。図表2−52に示した国際収支とCLSデータの関係に照らすと、「corporate」は経常収支関連のフロー（貿易など）と金融収支関連のフロー（企業による対外直接投資など）、「fund」と「non-bank」は金融収支関連のフローとオフバランスのフロー、「others」は金融収支関連のフロー、オフバランスのフローおよびカバー取引などの短期取引を含み得ると考えられる。

　カテゴリーがオーバーラップする部分があることや図表2−55、図表2−56にはマーケットメイカー同士の取引が含まれていないことから図表2−49、図表2−50と直接比較することはできないが、金融収支由来のフローが経常収支由来のフローよりもはるかに大きいことなど、主要な特徴には類似性がみられる。また、ネットのフローの規模はグロスの1.7％となっている（国際収支のケースではネットがグロスの0.6％）。

3　実証分析：モデルと推定結果

　CLSフローとドル/円為替レートの関係をみるために、下記（式2−4）について最小二乗法による推定を行った。ここで、$\Delta lnUSDJPY$はドル/円為替レートの対数階差（月末/月末）、説明変数はCLSデータの各主体別フロー（「others」「corporate」「fund」「non-bank」）である。また、月次ベース（2012年9月～2021年3月）と日次ベース（2013年10月2日～2022年4月22日）のデータの双方について推定を行った（日次ベースの推定では日次ベースの対数階差を使用）。

$$\Delta lnUSDJPY_t = \beta_1 + \beta_2 others_t + \beta_3 corporate_t + \beta_4 fund_t \\ + \beta_5 nonbank_t + \varepsilon_t \quad \text{（式2−4）}$$

　図表2−57は推定結果である。「fund」フローは月次、日次のいずれでも符号要件を満たし、統計的に有意であった。「non-bank」は日次では符号要件を

---

[61] ネット・フローの絶対値を用いて算出。ただし、ネット・フローの方向性がまちまちであるため、合計のネット・フローの絶対値は4系列のネット・フローの絶対値の合計と合致しない。この点に鑑みて、分母には合計のネット・フローの絶対値ではなく、各系列のネット・フローの絶対値の合計を用いた。

図表2－57　推定結果

	月次		日次	
	係数	標準誤差	係数	標準誤差
β_1	－0.0044*	0.0025	0.0000	0.0001
β_2　others	－0.0007***	0.0002	0.0000	0.0000
β_3　corporate	－0.0067***	0.0015	－0.0018***	0.0004
β_4　fund	0.0006**	0.0003	0.0003**	0.0001
β_5　non-bank	0.0010	0.0014	0.0038***	0.0004
標本数	115		2,205	
adj. R2	0.21		0.05	
D-W stats.	2.08		2.05	

注：***は1％、**は5％、*は10％の信頼度で統計的に有意であることを示す。
　　月次データの期間は2012年9月～2022年3月。日次データの期間は2013年10月2日～2022年4月22日。
出所：筆者作成

満たして統計的にも有意であったが、月次では符号要件を満たしたものの統計的に有意ではなかった。「others」と「corporate」は統計的には有意だが、符号要件を満たさなかった。

　以上の推定結果は、銀行以外の金融機関（特にヘッジファンドなどのレバレッジ投資家）のオーダーフローが為替レートの説明力を有する一方で、企業のオーダーフローのリターンがしばしばマイナスであるとの、マーケット・マイクロストラクチャー理論に基づく実証分析の一般的な主張とも整合的である。

「fund」フローの内訳についての検証

　ドル/円為替レートに対する説明力を有する「fund」フローには国際収支・金融収支由来のフローとオフバランスのフローの双方が含まれると考えられるが、「fund」フローのドル/円為替レートの説明力は、これらのうちどのフローに起因するものなのであろうか。この点を検証するために、以下のモデルについて推定を行った。

$$\Delta lnJPYNEER_t = \beta_1 + \beta_2 PIT_t + \beta_3 foreign_t + \beta_4 OB_t + \varepsilon_t \qquad \text{(式2−5)}$$

　ここで、$\Delta lnJPYNEER$は円の名目実効為替レートの対数階差（月末/月末）、PITは本邦年金基金、投資信託による対外証券投資[62]の合計、$foreign$は海外の年金、ミューチュアル・ファンドによる対内証券投資の推計値[63]であり、この2つの説明変数は国際収支由来のフローのプロキシーである。他方、OBはCLSの「fund」フローから年金、投信による対内対外証券投資の合計を除いた残差であり、オフバランス・フローのプロキシーである[64]。

　図表2−58は推定結果である。3種類のフローのうち、符号要件を満たし且つ統計的に有意なのは、国際収支に反映されない「その他」フロー（オフバランスのフロー）のみである。この結果は、CLSの「fund」フローの為替レート

図表2−58　推定結果

		係数	標準誤差
β_1		−0.0069**	0.0030
β_2	対外（年金+投信）	0.0002	0.0004
β_3	対内（年金+投信）	−0.0003	0.0003
β_4	その他	−0.0006**	0.0003
標本数		114	
adj. R2		0.08	

注：**は5％の信頼度で統計的に有意であることを示す。
　　2012年9月～2022年3月の月次データ。
出所：筆者作成

---

[62] 年金基金は財務省「対外及び対内証券売買契約等の状況」の「銀行等及び信託銀行（信託勘定）」、投資信託は同「投資信託委託会社等」。「対外及び対内証券売買契約等の状況」は国際収支統計・金融収支・証券投資との比較で若干カバレッジが小さいが、歴史的に両者は同じような動きを示している。

[63] 対内証券投資については投資家部門別の計数が利用可能でないので、対外証券投資全体における「銀行等および信託銀行（信託勘定）」および「投資信託委託会社等」のシェア（グロス・ベース）の2012年9月～2022年2月の平均（約22％）をネット・ベースの対内証券投資に乗じた数字を使用。

[64] オフバランスのフローにはCLSを経由しないフローも相当程度含まれると考えられることから、この推計はオフバランス・フローの規模を過小評価している可能性がある。

の説明力の源泉が国際収支統計に反映されないフローである可能性が高いことを示唆している。

4 まとめと今後の研究課題

以上では、さまざまなフローの総体としての円相場の構造を明らかにしたうえで、国際収支由来のフローに加えて、国際収支に反映されないオフバランスのフローを考慮したモデルを提示した。これは、伝統的なフロー・アプローチに対するLyons（2001）などの批判を踏まえた、フロー・アプローチの改良版ともいえる。

もっとも、本章で円相場の全体像を提示するために用いたフロー・データは、さまざまな前提条件を置いて推定したものであることから、その妥当性については議論の余地がある。特にオフバランスのフローについては、BIS Triennial Surveyの数字から国際収支フローを除いた残差として推計しているが、異なるアプローチや新たなデータ・セットを用いた検証が必要だろう。主として利用可能なデータの乏しさからこの分野の研究はあまり進んでいないが、本書の目的の1つである理論と現実のギャップを埋めるという観点からは不可欠であることから、今後の進展に期待したい。

次に、以上を念頭に置いたうえで、CLSのフロー・データを説明変数、ドル/円為替レートを被説明変数とするモデルについて推定を行った。この結果、年金、投信などの機関投資家によるフローを含む「fund」フローがドル/円為替レートに対する説明力を有することがわかった。また「fund」フローの内訳についての分析では、「fund」フローのなかでドル/円為替レートの説明力を有するのはオフバランスのフローのみであり、国際収支統計に計上される年金や投信による対外対内証券投資は説明力を有さないことがわかった。これは、機関投資家の対外対内証券投資に関して、当初の証券投資に伴って発生する為替取引よりも、投資ポジションのヘッジ等に伴って発生する為替取引の累計額のほうがはるかに大きいことに起因している可能性がある。

今後の研究課題としては、ドル/円以外の通貨ペアについてもCLSのフロー・データを用いた分析を行い、どのフローが為替レートに対して説明力を有するかを検証することがあげられる。こうした研究では、ドル/円で為替レートに対する説明力を有した「fund」「non-bank」（日次のみ）フローはその他の通

貨ペアでも説明力を有するのか、ドル/円で説明力を持たなかった「others」「corporate」フローが説明力を有する通貨ペアは存在するのか、もしこれらのフローが説明力を有する場合その背景となっている要因は何か、などが主たる関心事となろう。

　ここでは月次のデータを用いて各種CLSフローとドル/円為替レートの関係について分析したが、CLSフローと為替レートの因果関係は明らかにしていない。この点について、より高頻度のCLSデータを用いれば、CLSフローと為替レートの因果関係に関する分析が可能になるかもしれない。マーケット・マイクロストラクチャー理論に基づくいくつかの実証分析では、レバレッジ投資家のフローが為替レートに対する予測力を持つ一方で、企業のフローと為替レートの方向性の逆相関が報告されている。これをCLSフロー・データに敷衍すれば、因果関係は「fund」「non-bank」のフロー→為替レート、および為替レート→「corporate」となっていることが想定されるが、高頻度CLSデータを用いてこの仮説の妥当性を検証することができるかもしれない。もっとも、CLSデータではヘッジファンドのフローの大部分がネット・フローのデータが利用可能でない「sellside」に計上されているため、為替レートへの影響を分析することができない。ヘッジファンドのフローは為替のフロー分析における主要な関心事であるが、これを分析するためにはCLS以外のデータが必要になろう。

第9節　本章のポイント

1. 外国為替市場の際立った特徴は、その規模の大きさ、取引の目的および市場参加者の多様性。これらの特徴に加えて、取引の大宗がOTCであることが、外国為替市場の全貌を把握することを困難にしている。

　国際決済銀行（BIS）のデータによると、2022年4月の為替の1日当り平均取引高は7.5兆ドル、1年に換算すると約1,800兆ドルにのぼった。これは同年の世界のGDPの約18倍に相当する。貿易、海外子会社の稼得利益の本国送金、対外対内直接・証券投資から得られる利子・配当の授受、特許料やロイヤリティに関する支払い等、国際収支・経常収支に計上される取引、対外対内直接・証券投資やクロスボーダーの借入・貸付といった国際収支・金融収支に計上される取引、ヘッジ取引や投機など国際収支統計に計上されない取引など、多種多様な取引が巨大な為替市場を構成している。他方、為替のほとんどはOTCで取引されているため、その全貌を把握するために参照できる、信頼に足るデータが少ない。

2. 1990年代半ば以降の為替市場の構造変化は、①顧客の為替市場へのアクセスの多様化、②電子的に処理される取引の増大、③一部顧客がプライムブローカー（PB）を通じて直接インターバンク市場にアクセス可能になったこと、と要約できる。技術の進歩がこうした変化を支えた。

　1980年代には、為替取引は外為銀行のトレーダーとボイスブローカーで構成されるインターバンク市場のみで行われており、顧客のアクセス・ポイントは外為銀行の営業担当者（セールス）に限定されていた。その後、ボイスブローカーはEBSやロイターなどの電子ブローカーにとって代わられたが、顧客市場とインターバンク市場の分離という構造には大きな変化はなかった。こうした構造が大きく変化したのは1990年代後半以降であり、MBT、SBT、RAといったプラットフォームやプライムブローカー（PB）サービスが顧客のアクセス・ポイントを多様化させ、ヘッジファンドなど一部顧客が直接インターバンク市場にアクセスできるようになった。

3．BISが3年に一度実施しているTriennial Surveyは外国為替市場の規模や参加者に関する最も包括的且つ信頼できるデータと広くみなされている。代替的なデータは少ないが、FXC取引高調査、CLS、SWIFTのデータなどがあげられる。特にCLSデータはカバレッジや頻度、グロスだけでなくネットの計数も利用可能であることなどいくつかのメリットがあり、今後利用拡大が見込まれる。SWIFTデータも同様の特性を備えるが、解釈の難しさや現時点ではアクセスが限定的なことが難点。

　外国為替市場の規模や参加者に関するデータとして、BIS Triennial Surveyが最もカバレッジが大きく信頼性が高いことは衆目の一致するところであるが、3年に一度しか実施されず、サンプル数が極端に少ないことからデータ分析には向いていない。これに代替するものとして真っ先にあげられるのはFXCによる取引高調査であるが、これとて年2回であり、頻度はそれほど高くない。近年では、外為決済プラットフォームであるCLSの取扱高が急増するなか、同社が提供するデータが高頻度且つ一定の信頼性を備えたデータとして存在感を高めている。また、CLSデータにはTriennial Survey、FXC取引高調査とは異なり、実際に取引された金額のデータであることやグロスだけでなくネットの計数も利用可能であるというメリットがある。そのほかの代替的なデータとしてはSWIFTのデータがあげられるが、データへのアクセスや解釈の難しさという問題がある。

4．国際収支統計に計上される取引に起因するフローの為替レートへの影響を検証するためには、こうした取引のうち為替取引が発生するもののみを抽出する必要があるが、それでもなお、国際収支フローと為替レートの相関は低い。このことは、国際収支統計に計上されないオフバランスのフローが為替レートに与える影響の大きさを示唆しているとも考えられる。

　為替取引を伴うクロスボーダーのフローに関する最も広範且つ信頼できるデータは、財貨・サービス・所得の取引等を計上する経常収支、対外金融資産・負債の変化を計上する金融収支等からなる各国の国際収支統計である。一般的に、経常収支黒字＝自国通貨買い、経常収支赤字＝自国通貨売りと捉えられるが、たとえば日本の経常収支が2兆円の黒字であれば2兆円分の円買い／外貨売りが発生するというイメージは、現実とかけ離れており、通常経常収支

と為替レートの相関は弱い。このことは、ヘッジファンド等による投機やさまざまなヘッジ・フローなど、国際収支統計に計上されないオフバランスのフローが為替レートの動向に大きな影響を及ぼしていることを示唆している。

5．**外国為替市場の構造にはグロス・ベースの構造とネット・ベースの構造がある。日米のケースを例にとると、資本取引関連の為替フローはグロス・ベースでみると経常取引関連よりもはるかに大きいが、ネット・ベースでみると両者の差はそこまで大きくない。**

外国為替市場の構造を考えるうえで、グロスの数字とネットの数字の区別は重要である。たとえば、1億ドルの米ドル買い/円売りと1億ドルの米ドル売り/円買いが生じた場合、グロスの取引高が2億ドルである一方でネット・フローはゼロである。為替レートの方向性への影響という観点からはネット・フローがより重要であるが、為替レート変動のマクロ経済への影響を考慮する際にはグロスの数字が重要となる。たとえば、自国通貨安が貿易に与える影響を検討するためには、貿易収支（ネットの数字）の変化のみに着目するのは適切ではなく、輸出、輸入それぞれへの影響を個別に検討する必要があろう。

また、日米の貿易（経常収支のプロキシー）および対内対外証券投資（金融収支のプロキシー）のグロス、ネット双方の数字をみると、グロス・ベースでは対内対外証券投資が圧倒的に大きい。他方ネットでは、平均をみると依然対内対外証券投資のほうが大きいが、グロスのように何十倍という規模感ではなく、年によっては貿易フローのほうが大きいこともある。「経常取引よりも金融資本取引のほうが圧倒的に大きいので、為替レートへの影響も金融資本取引のほうが大きい」という説は広く受け入れられているが、（為替レートへの影響の観点からより重要とみられる）ネット・ベースの金融収支が経常収支よりも圧倒的に大きいわけではないという事実は、前述の仮定に基づいて構築された理論モデルが必ずしも妥当でないケースがあり得ることを示唆している。

6．**棚瀬（2023）は、BIS Triennial Surveyの計数や棚瀬（2019）による国際収支由来のフローの推計値等を用いて、円相場の全体像を提示した。棚瀬（2023）によれば、グロスだけでなくネット・ベースでも、国際収支統計に計上されないオフバランス・フローの規模が最大であり、こうしたフローが**

円の為替レートの動向に与える影響の大きさが示唆されている。

　棚瀬（2023）によれば、グロス・ベースでみたとき、2022年4月の日本の財・サービス貿易のスポット取引全体（BIS Triennial Surveyによる）に占めるシェアは1.7％、対内対外直接・証券投資フローのシェアは25.2％であり、残りの73％はオフバランス・フロー（中長期的な投機やヘッジなど）と短期フロー（カバー取引、短期的な投機など）であった。ネット・ベースでみても経常収支フローのシェアが最小、国際収支統計に計上されない「オフバランス＋短期」のシェアが最大という図式に大きな変化はなく、「オフバランス」フローが為替レートの方向性に与える影響の大きさが示唆された。

7．棚瀬（2023）は、CLSのフロー・データを用いて円の為替レートに対する説明力を有するフローの識別を試みた。実証分析の結果、円の為替レートに対して説明力を有したのはオフバランス・フローのみであり、円相場の構造（オフバランス・フローのシェアが最大）と整合的な結果となった。

　CLSのフロー・データの利点として、前述の点に加えて国際収支に反映されるフローと反映されないオフバランスのフローの双方をカバーしていることがあげられる。特に、関連データがほとんど存在しないオフバランス・フローをカバーしている点が重要である。CLSフロー・データには取引主体のタイプ別データがあり、「fund」は年金基金、投資信託、SWFなどのフロー、「corporate」は事業法人などのフロー、「non-bank」は保険会社、ブローカー、クリアリングハウスなどのフローを反映する。

　棚瀬（2023）はまず、ドル/円為替レートを被説明変数、CLSの取引主体タイプ別フローを説明変数とするモデルについて回帰分析を行い、ドル/円為替レートに対する説明力を有するのは「fund」フローのみであるとの推定結果を得た。その後、円の実効為替レートを被説明変数、年金および投資信託の対外対内証券投資フロー（これらは国際収支統計に計上される）と、「fund」フロー全体から年金および投資信託の対外対内証券投資フローを除いたもの（オフバランス・フローのプロキシー）を説明変数とするモデルについて回帰分析を行い、円の為替レートに対する説明力を有するのはオフバランスのフローのみであるとの推定結果を得た。これは、「fund」フローの説明力の源泉が、国際収支統計に反映されないオフバランス・フローであることを示唆している。

〈参考文献〉

Bech, Morten. (2012) "FX volume during the financial crisis and now," BIS Quarterly Review March 2012, Bank for International Settlements.

Bech, Morten., and J. Sobrun. (2013) "FX market trends before, between and beyond Triennial Surveys," *BIS Quarterly Review* December 2013, Bank for International Settlements.

BIS Study Group established by the Markets Committee. (2011) "High-frequency trading in the foreign exchange market," Bank for International Settlements.

BIS Study Group established by the Markets Committee. (2020) "FX execution algorithms and market functioning," Bank for International Settlements.

Carton, Benjamin., N. Hu., J. Mongardini., K. Moriya., and R. Aneta. (2020) "Improving the Short-term Forecast of World Trade During the COVID-19 Pandemic Using Swift Data on Letters of Credit," IMF Working Paper, WP/20/247.

Cespa, Giovanni., A. Gargano., S. J. Riddiough., and L. Sarno. (2021) "Foreign Exchange Volume," CEPR Discussion Paper No. DP16128.

Chaboud, Alain., B. Chiquoine., E. Hjalmarsson., and C. Vega. (2009) "Rise of Machines: Algorithmic Trading in Foreign Exchange Market," International Finance Discussion Paper: Board of Governors of the Federal Reserve System.

Drehmann, Mathias., and V. Sushko. (2022) "The global foreign exchange market in a higher-volatility environment," *BIS Quarterly Review* December 2022, Bank for International Settlements.

Galati, Gabriele., and A. Heath. (2007) "What drives the growth in FX activity? Interpreting the 2007 triennial survey," *BIS Quarterly Review*, December 2007, Bank for International Settlements.

Galati, Gabriele., and M. Melvin. (2004) "Why has FX trading surged? Explaining the 2004 triennial survey," *BIS Quarterly Review*, December 2004, Bank for International Settlements.

Grolleman, Dirk. Jan., and D. Jutrsa. (2017) "Understanding Correspondent Banking Trades: A Monitoring Framework," IMF Working Paper, WP/17/216.

Hasbrouck, Joel., and R. M. Levich. (2017) "FX Market Metrics: New Findings on CLS Bank Settlement Data," NBER Working Paper Series 23206.

King, Michael. R., and D. Rime. (2010) "The $4 trillion question: what explains FX growth since the 2007 survey?" *BIS Quarterly Review*, December 2010, Bank for International Settlements.

King, Michael. R., C. Osler., and D. Rime. (2011) "Foreign exchange market structure, players and evolution," Norges Bank Working Paper, No. 10.

Lyons, Richard. K. (1997) "A simultaneous trade model of the foreign exchange hot

potato," *Journal of International Economics* 42（1997）, pp. 275-298.
Lyons, Richard, K.（2001）*The Microstructure Approach to Exchange Rates*, The MIT Press.
Moore, Michael., A. Schrimpf., and V. Sushko.（2016）"Downsized FX markets: causes and implications," *BIS Quarterly Review*, December 2016, Bank for International Settlements.
Ooi, Chinpinn., D. Dugauquier., G. Huguet., and T. Bong.（2020）"Data as a lighthouse in uncertain times," unpublished presentation, SWIFT.
Patel, Nikhil., and D. Xia.（2019）"Offshore markets drive trading of emerging market currencies," *BIS Quarterly Review December* 2019, Bank for International Settlements.
Ranaldo, Angelo., and F. Somogyi.（2021）"Asymmetric information risk in FX markets," *Journal of Financial Economics,* Vol. 140, Issue 2, May 2021, pp. 391-411.
Ranaldo, Angelo., and P.S. Magistris.（2019）"Trading Volume, Illiquidity and Commonalities in FX Markets," Working Papers on Finance 18/23, University of St. Gallen, School of Finance, revised Oct 2019.
Rime, Dagfinn., and A. Schrimpf.（2013）"The anatomy of the global FX market through the lens of the 2013 triennial survey," *BIS Quarterly Review*, December 2013, Bank for International Settlements.
Schrimpf, A., and V. Sushko.（2019）"FX trade execution : complex and highly fragmented," *BIS Quarterly Review,* December 2019, Bank for International Settlements.
王悠介、高田良博、菅山靖史（2014）「最近の外国為替市場の構造変化」、日銀レビュー、2014-J-5。
大河理沙（2015）「外国為替市場におけるヘッジファンド：市場構造や価格形成へのインプリケーション」、日銀レビュー、2015-J-1。
古賀麻衣子、竹内淳（2013）「外国為替市場における取引の高速化・自動化：市場構造の変化と新たな論点」、日銀レビュー、2013-J-1。
棚瀬順哉（2019）『国際収支の基礎・理論・諸問題：政策へのインプリケーションおよび為替レートとの関係』、財経詳報社。
棚瀬順哉（2023）「為替市場の構造と理論への含意—CLSデータを用いた円相場の検証」、日本国際経済学会編『国際経済』第75巻。
中島真志（2009）『SWIFTのすべて』、東洋経済新報社。
中島真志（2016）『外為決済とCLS銀行』、東洋経済新報社。
ヒックス・アラン著、金融先物取引業協会監訳（2018）『通貨オプション入門』、金融財政事情研究会。
福間则貴、門川洋一（2020）「外国為替市場におけるアルゴリズム取引の概要と市場流動性に与える影響」、日銀レビュー、2020-J-8。

武藤崇、近田健（2007）「通貨オプション取引の増加と市場取引への影響」、日銀レビュー、2007-J-12。

第3章

為替政策

「為替政策」とは、具体的にどのような政策を指すのだろうか。また、それは金融政策とどのように関係しているのだろうか。
　一般論として、金融政策と為替政策の違いは、金融政策の対象が自国通貨（日本の場合は円）である一方、為替政策の対象は自国通貨の他国通貨との関係—主に為替レート—であると整理できる。具体的には、金融政策は自国通貨の供給量の管理等を通じて自国通貨の購買力の安定を図り、為替政策は望ましい為替相場制度のデザインや為替介入等の政策を通じて為替レートの安定を図っている。
　ここで、完全変動相場制を採用している国にとっては、為替レートは金融政策運営に影響を及ぼし得る外生変数の1つという位置付けになる。多くの中央銀行は自国通貨の価値の安定を国内のインフレ率で測っており、特定水準のインフレ率（典型的には消費者物価指数前年比＋2％）を目指すインフレ・ターゲティング政策を採用している。自国通貨の減価（増価）が国内のインフレ上昇（低下）を招来してインフレ・ターゲットからの乖離が生じた場合には、中央銀行はさまざまな政策手段を用いてインフレ・ターゲットを維持するよう努めるだろう。つまり、為替レートの変動が金融政策に影響を及ぼすのは、それが国内物価の変動につながる場合のみである。換言すれば、金融政策の運営において重要なのは為替レートの変化が国内物価に及ぼす影響であり、為替レートそのものではない。
　為替レートは金融政策運営と密接な関係があるため、中央銀行が金融政策とともに為替政策を管轄する国が多い。もっとも、日本のように政府・財務省が為替政策を管轄する国や、米国、英国のように政府・中央銀行の双方が為替政策を管轄しつつ、政府がより主体的な役割を果たす国もある。
　また、外国為替取引は二国間の通貨の交換であることから、為替政策においては国際的な協調が不可欠であるが、ここでは政府が重要な役割を果たすことになる。このことは、為替レートの国際協調において重要な役割を果たしているフォーラムである「7カ国財務大臣中央銀行総裁会議（G7）」や「20カ国財務大臣中央銀行総裁会議（G20）」に中央銀行総裁だけでなく財務大臣が出席することにも表れている。これは、中央銀行が為替政策を所管している国も同様である。
　本章では、為替政策の主なトピックとして、「為替相場制度」（第1節）、「為

替介入」（第4節）、「外貨準備」（第5節）、「国際協調」（第6節）を取り上げる。これらは独立した政策ではなく、互いに密接に関連し合っている点に注意が必要である。たとえば、為替レートを一定のレンジ内にとどめる管理フロート制を採用している国では、自国通貨の為替レートが増価してレンジを抜けそうになった場合には、制度を維持するために自国通貨売り/外貨買い介入を実施して為替レートをレンジ内にとどめる必要がある。そして、自国通貨売り介入を通じてその国の通貨当局が購入した外貨は、外貨準備として保有・運用されることになる。また各国の為替政策は、G7やG20における合意と整合的なものである必要がある。たとえば、G20声明では為替レートの競争的な切り下げを禁じている。為替介入等で為替レートの変動を抑制する政策を採用している国が、為替レートを輸出競争力維持のために割安な水準にとどめているとみなされた場合には、G20の合意に違反することになる。

　為替政策のデザインと運営においては、為替相場制度の選択、アンカー通貨の選択など、さまざまな選択がなされる。第2節ではこうした選択に関する理論を概観する。また、通貨危機はこうした選択が適切に行われなかったことの帰結として捉えることができる。第3節ではこの問題について検討する。

第1節　為替相場制度

1　IMFのAREAERによる分類

　為替相場制度は固定相場制と変動相場制に大別されるが、実際にはこの中間に位置するさまざまな制度が存在する。為替相場制度の定義としては、1950年に発行が開始されたIMFのAnnual Report on Exchange Rate Arrangements and Exchange Restrictions（以下、「AREAER」）が参照されるケースが多い。

　長い歴史を持つAREAERにおける為替相場制度の定義はその時々の実情を反映する形で何度も改訂されており、直近の改訂は2009年に行われた。以前のAREAERでは基本的にIMF加盟国による発表ないしは申告に基づいて分類が行われていたが、実際の制度運営が分類と大きく異なるケース（たとえば、変動相場制に分類されている国が実際には積極的に為替介入を行っており実態は管理フロート制に近いといったケース）が散見されるとの批判があった（Calvo and Reinhart（2002）など）[1]。

　こうした問題を解決すべく行われた2009年の改訂は、計量データを用いた実態ベース（de facto basis）の分類（これに対して従来の申告・発表ベースの制度をde jure arrangementと呼称）と、過去の為替レートの動向に基づいたバックワード・ルッキングな分類を特徴とする。以下では、Habermeier et al.（2009）に基づき、2009年の改訂を経た現在のAREAERにおける為替相場制度の分類の概要を紹介する。

　AREAERではまず、為替相場制度を、ハードペッグ、ソフトペッグ、フローティング・アレンジメントの3つに大別する。このうち、ハードペッグは①独自の法定通貨が放棄された為替相場制（Exchange arrangements with no specific separate legal tender）と②カレンシーボード制（Currency board arrangement）、ソフトペッグは③通常のペッグ制（Conventional pegged arrangement）、④Stabilized arrangement、⑤クローリング・ペッグ制（Crawling

---

[1] 改訂の内容や、改訂前後のde jureとde factoの為替制度の詳細については、出口（2021）参照。

pegs)、⑥Crawl-like arrangement、⑦バンド付きのペッグ制（Pegged exchange rate within horizontal bands）にそれぞれ分類される。また、フローティング・アレンジメントは⑧管理フロート制（Floating）と⑨完全変動相場制（Free floating）に分類される。上記①⇒⑨の順に、為替レートの柔軟性が高まると考えられる。

2009年の修正による大きな変更点は、その前[2]の分類では通常のペッグ制（Conventional fixed peg）とされていたものが、通常のペッグ制（Conventional pegged arrangement）とStabilized arrangementの２つに分類された点と、フローティング・アレンジメントのManaged floatingがFloatingに、Independently floatingがFree floatingにそれぞれ名称が変更された点である（図表３−１）。以下では、AREAERの「2009年分類」に基づき各制度の概要を述べる。

〈ハードペッグ〉

① 独自の法定通貨が放棄された為替相場制（Exchange arrangements with no specific separate legal tender）

他国の通貨（多くは米ドル）を唯一の法定通貨とする制度であり、当該国当局によるコンファメーションを要する（*de jure* arrangement）。この制度の下では、国内金融政策の独立性は完全に失われる。AREAER 2021[3]では、エクアドル、エルサルバドルなどが米ドルを、アンドラ、コソボ、モンテネグロ、サンマリノがユーロを法定通貨として用いている。

② カレンシーボード制（Currency board arrangement）

カレンシーボード制は通貨当局によるコンファメーションを要する。カレンシーボード制を採用する国の通貨当局は自国通貨を一定の為替レートで特定の外国通貨に交換することを明示的に保証する。また、当制度の下では、通貨当局は自国通貨を当該国が保有する外貨資産の規模を超えて発行することができない。カレンシーボード制を採用している代表的な例は香港であり、香港の外貨準備の規模はマネタリーベースの1.7倍にのぼっている（2023年９月末時点）。カレンシーボード制の下では金融政策の独立性はかなりの部分失われるが、制度設計次第である程度の独立性を残すことは可能である。

---

2 2009年の前に修正が行われたのは1998年。
3 調査対象期間は2020年５月１日〜2021年４月30日。

図表３−１　AREAERにおける為替相場制度の分類

柔軟性	1999年分類		国数	2009年分類
低 ↑	ハードペッグ		23	
		法定通貨なし	10	１．法定通貨なし
		カレンシーボード制	13	２．カレンシーボード制
	ソフトペッグ		81	
		通常のペッグ制	68	３．通常のペッグ制
				４．Stabilized arrangement
		緩やかなペッグ制	13	
		バンド付きのペッグ制	3	７．バンド付きのペッグ制
		クローリング・ペッグ制	8	５．クローリング・ペッグ制
		クローリング・バンド制	2	６．Crawl-like arrangement
	変動相場制		84	
		管理フロート制（Managed float）	44	８．管理フロート制（Floating）
↓ 高		完全変動相場制	40	９．完全変動相場制
	その他		0	10．その他
	合計		188	

出所：Habermeier et al.（2009）、AREAER 2021より筆者作成

〈ソフトペッグ〉

③　**通常のペッグ制**（Conventional pegged arrangement）

　当該国は公式に自国通貨を他の特定の通貨ないしは通貨バスケットに対してペッグする。アンカー通貨（ペッグ先の通貨）は公表されるか、IMFに通知される。通貨当局は直接ないしは間接的な為替介入を通じて、為替レートの平価を維持する。平価は変更可能だが、これに分類されるためには、過去６カ月間に為替レートが中心値プラスマイナス１％のレンジ（ないしは２％のレンジ）内にとどまる必要がある。サウジアラビアを含む中東の産油国の多くが自国通貨を米ドルにペッグしている。他方、デンマークやアフリカの一部の国々は自国通貨をユーロにペッグしている。

de jure or de facto	固定vs.変動	国数	国数（2020年）
		23	25
de jure	固定	10	14
de jure	固定	13	11
		78	92
de jure	固定	45	40
de facto	固定	22	24
		11	28
de jure	ある程度変動	3	1
de jure	ある程度変動	5	3
de facto	ある程度変動	3	24
		75	64
de facto	ある程度変動～変動	39	32
de facto	変動	36	32
		12	12
		188	193

④　Stabilized arrangement

　当該国が変動相場制を採用しておらず、過去6カ月間の自国通貨の対特定通貨若しくは対通貨バスケットのスポット・レートが2％の変動幅に収まった場合、Stabilized arrangementに分類される。為替レートの表面上の動きは③通常のペッグ制と同様だが、ペッグに対する当局のコミットメントがない点が異なる。

⑤　クローリング・ペッグ制（Crawling pegs）

　過去の主要貿易相手国とのインフレ格差などのマクロ指標に基づいて、平価の修正を行う。当局によるコンファメーションが必要であり、平価の変更に影響するルールやパラメータは公表されるかIMFに報告される。

⑥ Crawl-like arrangement

　変動相場制ではなく、過去6カ月間ないしはそれを上回る期間、当該国の為替レートの変動が2％以内にとどまる。他方で通常、Crawl-like arrangementにおける為替レートの変動はStabilized arrangementより大きくなり、最低年率1％の変動が求められる。当局によるコンファメーションはない。

⑦　バンド付きのペッグ制（Pegged exchange rate within horizontal bands）

　自国通貨の特定の外国通貨ないしは通貨バスケットに対する為替レートの変動を一定のバンド（最低中心値プラスマイナス1％）内に維持する制度。当局のコンファメーションが必要であり、バンドの中心値およびバンドの幅は公表されるか、IMFに報告する必要がある。AREAER 2021では、これに分類される国はモロッコのみであった。

〈フローティング・アレンジメント〉

⑧　管理フロート制（Floating）[4]

　為替レートに対して特定のパスは想定されず、基本的に市場メカニズムによって決定される。為替レートの過度な変動を抑制するために直接/間接的な為替介入が実施されるが、特定の水準を維持するための介入は行われない。AREAER 2021では、多くの主要新興国（ブラジル、ハンガリー、インド、インドネシア、韓国、タイ、マレーシア、トルコ、南アフリカなど）がこのカテゴリーに分類されている。先進国ではニュージーランドがこのカテゴリーに分類されている。

⑨　完全変動相場制（Free Floating）

　Floatingのうち、介入が例外的なケースにしか行われず、過去6カ月間に最大3シリーズ（3営業日以上続かない）以下の介入しか実施されていないことが当局の報告ないしはデータで確認される場合、Free Floatingに分類される。他方、関連の情報ないしはデータがIMFにとって利用可能でない場合には、Floatingに分類される。AREAER 2021では、G7通貨（米ドル、ユーロ、円、英ポンド、加ドル）はすべてこのカテゴリーに分類されている。また、新興国ではチリ、チェコ、メキシコ、ロシア、ポーランドがこのカテゴリーに分類さ

---

[4]　英語表記は「1999年分類」の「Managed float」から「Floating」に変更されているが、定義の内容は引き続き管理フロート制のイメージにより近いことから、日本語訳は1999年分類と同様に「管理フロート制」とした。

れている。

〈その他（Other managed arrangement）〉

上述①～⑨に該当しない場合は、その他（Other managed arrangement）に分類される。また、頻繁にカテゴリーが変わるケースもこれに分類される。

上述したように、AREAERの「2009年分類」では、当局の発表等によって公式に裏付けられた制度（*de jure* arrangement）に加えて、実際の為替レートの変動等を基にした事実上の（*de facto*）制度を重視している点が特徴的である。このことが最もよく反映されているのは、ソフトペッグにおける③通常のペッグ制と④Stabilized arrangement、および⑤クローリング・ペッグ制と⑥Crawl-like arrangementの対比である。③通常のペッグ制と④Stabilized arrangement、⑤クローリング・ペッグ制と⑥Crawl-like arrangementでは、為替レートの値動きに関する基準は同様であり、両者を区別するのは制度に対する当局のコンファメーションの有無である。コンファメーションがあれば*de jure* arrangement、なければ*de facto* arrangementとなる（図表3－1）。換言すれば、AREAERの「2009年分類」では、*de jure* or *de facto*の区分および為替レートの柔軟性（固定～変動）の2つの軸で為替相場制度を分類している。

代替的な定義

前述したように、2009年の定義変更以前はAREAERの定義に基づく制度（基本的に*de jure*）と実際（*de facto*）の制度が大きく乖離するケースが散見され、為替相場制度に関する実証分析を行う際の大きな障害となっていたことから、より実態を反映した分類に関する試みが多くなされた。

代表的な研究はReinhart and Rogoff（2004）である。Reinhart and Rogoff（2004）はサンプル期間の最低80％でアンカー通貨に対する変動が1％未満のケースを「ペッグ」、2％未満を「ナローバンド」、5％未満を「ワイドバンド」と定義付けている。管理フロート制と変動相場制の区別は、以下の手順で行われる。まず、月次の為替レート変動の5年移動平均（ε）を算出し、それを月次変動が1％以下にとどまる可能性（$P(\varepsilon<1\%)$）で除した数字を算出する（下式）。

$$\varepsilon/P(\varepsilon<1\%)$$

この式で算出される数値は、為替レートが硬直的であればあるほど（固定相場制に近ければ近いほど）小さくなる。次に、完全変動相場制を採用している通貨ペア[5]と管理フロート制の可能性がある通貨ペア（たとえばUSD/BRL）についてこの数値を算出、後者が前者のレンジの99%信頼区間内にあれば変動相場制、区間外にあれば管理フロート制に分類する[6]。
　Levy-Yeyati and Sturzenegger（2010）はこうした分類手法に関するサーベイを提供している[7]。このなかでLevy-Yeyati and Sturzenegger（2010）は、多くの代替的手法が為替レートのボラティリティに着目して分類を行う一方で為替介入の影響を無視していることを問題視している。その他の条件が一定であれば、介入によってボラティリティが低く抑えられていればペッグに近く（＝為替レートの柔軟性が低い）、介入が行われないか、極めて限定的にしか行われない結果為替レートのボラティリティが高ければ変動相場制に近い（為替レートの柔軟性が高い）と考えられる。
　もっとも、言うまでもなく各通貨を取り巻く状況は一定ではない。たとえば、為替レートのミスアライメントの程度が世界中の通貨で全く同じという状況は、現実にはあり得ないであろう。ミスアライメントの程度がさまざまであるなか、A国で大規模なミスアライメントの修正が生じ、それを抑制するために大規模な介入が行われ、B国では為替レートのミスアライメントが小さいなか、全く介入をしなくても為替レートのボラティリティが抑制されるようなケースもあり得る。このケースでは、為替レートのボラティリティだけをみて分類を行うと、A国が変動相場制でB国がペッグと、分類が実際の政策とは全く逆になってしまうかもしれない。
　こうした点に鑑み、Levy-Yeyati and Sturzeneggerは一連の取り組み（2001、

---

[5] Reinhart and Rogoff（2004）ではEUR/USD、USD/JPY、GBP/USD、AUD/USD、NZD/USD。

[6] 理論的には管理フロート制の通貨の変動は変動相場制の通貨に比べて小さくなるはずだが、実際には管理フロート制に分類される通貨（主に新興国通貨）の変動は変動相場制の通貨（主に先進国通貨）よりも大きい。この点を踏まえてIlzetzki et al.（2019）は為替介入や資本規制によって為替レートの変動を抑制しようとした証拠によって管理フロート制と変動相場制を区別する方法を導入した。

[7] Levy-Yeyati and Sturzenegger（2010）が自身（2001、2005、2007）の研究以外に取り上げたのは、Ghosh et al.（1997）、Ghosh et al.（2003）、Bailliu et al.（2003）、Reinhart and Rogoff（2004）、Shambaugh（2004）、Dubas et al.（2005）である。

2005、2007）で、為替レートのボラティリティと外貨準備のボラティリティの関係から為替制度の分類を行った。これは、以下の考え方に基づくものである。固定相場制に近い国では積極的な為替介入の結果為替レートのボラティリティが低下する一方で、外貨準備のボラティリティは上昇する。他方、変動相場制に近い国は介入をほとんど行わないため、外貨準備のボラティリティが低下する一方で為替レートのボラティリティは上昇する。

　Levy-Yeyati and Sturzenegger（2010）は為替相場制度の分類に関する残された課題として、①参照通貨の問題（制度を分類するうえではペッグ先（アンカー通貨）に対する当該国通貨の動向をみる必要があるが、アンカー通貨は常に明らかにされているわけではない）、②通貨同盟の取扱い、③闇レート、④（外貨準備の変化につながらないような）非伝統的手法による介入の扱いをあげている。加えて、Levy-Yeyati and Sturzenegger（2010）は介入の非対称性[8]をどう扱うかという問題にも言及している。

2　為替相場制度の選択

　AREAERの大分類にもあるように、為替相場制度は大きく分けて固定相場制と変動相場制、およびこの中間の制度の3つに分類される。それでは、(i)各国はどのように自国の為替相場制度を選択するのであろうか。また、(ii)為替相場制度と経済成長の間にはどのような関係があるのだろうか。

　これらは、国際金融の分野で長らく議論されてきた問題であり、大量の先行研究が存在するが、いまだに明確な結論は出ていない。たとえば、前出(i)に関して、Juhn and Mauro（2002）は為替相場制度の決定要因に関する過去の研究のサーベイを提供している。為替相場制度の決定要因として取り上げられるファクターは研究によってまちまちだが、ほとんどの研究が最適通貨圏（後述）に関連する要因を分析している。これには、貿易の開放度（典型的には、輸出入の合計の対GDP比率で表される）、GDPでみた経済規模、経済の発展度合い（1人当りGDP）、貿易相手国の集中度などが含まれる。このほかの要因としてはインフレ（あるいはインフレ格差）、外貨準備、資本市場の開放度（IMFのAREAER等による*de jure*なものと、対外債権債務の相対規模で測った

---

[8] たとえば、輸出競争力を重視する国の介入は自国通貨売り/外貨買い方向にバイアスがかかると考えられる。

*de facto*なものがあり得る)、さまざまなマクロ、マーケット・ファクターのボラティリティなどがあげられる。他方で、この問題に関して政治的要因を考慮した研究は少ない。

Juhn and Mauro (2002) によれば、ほとんどの研究で経済規模と為替レートの柔軟性の間には正の相関関係が存在することが指摘されている。直観的には、経済規模が大きくなればなるほど貿易や投資に関連する為替取引の量は大きくなり、為替レートの管理が困難になるため（換言すれば固定相場制を維持するコストが高くなるため）、為替レートの変動を容認せざるを得なくなるという仮説は、正しいように思われる。

図表3－2は、AREAERにおける為替相場制度の定義に基づいて①ハードペッグ、②通常のペッグ、③緩やかなペッグ、④管理フロート制、⑤変動相場制の5つのグループに分け、各々のグループにおける名目GDPの平均値をみたものであるが、経済規模が大きいほど為替相場制度が柔軟になる傾向がみられている。

もっとも、Juhn and Mauro (2002) によれば、直観的に正しいと思われる経済規模と為替レートの柔軟性の正の相関すらそれほど頑健ではなく、そのほかの要因についての推定結果はまちまちとなっている。

また前出(ii)に関して、Levy-Yeyati and Sturzenegger (2010) は、為替相場

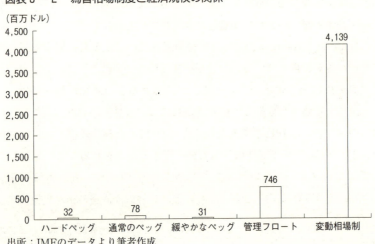

図表3－2　為替相場制度と経済規模の関係

出所：IMFのデータより筆者作成

制度と経済成長の関係に関する実証研究のサーベイを行っているが、こちらもまちまちの結果となっている（たとえば、固定相場制の経済成長への影響に関して、ポジティブな結果とネガティブな結果の双方が存在）。

結局のところ、Frankel（1999）が指摘するように、「どの国にとっても、どんなときでも最適な唯一の為替相場制度は存在しない」。したがって、各々の国・地域はその時々の経済環境に応じて為替相場制度を選択することとなり、経済環境が変化すれば最適な為替相場制度は変化し得る。

固定相場制と変動相場制、およびその中間に位置する制度のいずれにもメリットとデメリットが存在し、理論的には各国・地域は各々の制度のネット便益を勘案したうえで制度を選択する。Frankel（1999）などによれば、固定相場制のメリットは為替レートの安定による不透明感の低下が貿易やクロスボーダーの投資を活発化させることや、（インフレが抑制されている国の通貨にペッグすれば、という条件付きではあるが）為替レートがインフレ抑制のアンカーになること、デメリットは金融政策の自律性が失われることや為替レートによって国際収支の不均衡を修正できないことである。

他方、変動相場制のメリット・デメリットは固定相場制の裏返しである。メリットは金融政策の自律性を担保できることや為替レートによる国際収支の修正が期待できること、デメリットは為替レートの変動が貿易や投資の停滞につながる可能性があることである。

固定相場制のメリットはその多くが為替レートの安定から生じるが、どの通貨にペッグするかによってそのインプリケーションは大きく異なり得る。固定相場制を採用する国の取引相手国のうち複数が変動相場制を採用している場合、すべての取引相手国通貨に対して自国通貨の為替レートを固定することは不可能である。

たとえば、A国が自国通貨を米ドルにペッグした際にユーロの対米ドル為替レートが変動した場合、A国通貨の対ドル為替レートは不変でも対ユーロの為替レートは（ユーロの対米ドルの変動と同じだけ）変動する。ここで、A国の最大の貿易相手がユーロ圏であるにもかかわらず米ドルにペッグしていた場合、A国経済にとってより重要な対ユーロの為替レートが変動してしまう結果、固定相場制のメリットを十分に享受できない可能性もある。こうした事態を回避する手法としてよく提案されるのが、貿易シェアでウェイト付けした通

貨バスケットに対するペッグである。これは、米ドル、ユーロといった特定通貨に対する為替レートの安定ではなく、名目実効為替レートの安定を意図したもの、とも捉えられよう。

また、自国（A国）のインフレ率がペッグの相手先国よりも恒常的に高い場合、A国通貨の実質実効為替レートが過大評価になってしまう点には注意が必要である。こうしたミスアライメントが拡大すると、最終的に固定相場制を維持することが困難になる。1990年代～2000年代初頭の新興国における通貨危機のうちいくつかは、こうしたメカニズムによって発生した。

以上の議論は、固定相場制においては実質実効為替レートを安定させることが重要であり、これに失敗した場合、固定相場制のメリットが十分得られなかったり、最悪の場合固定相場制自体が維持できなくなる可能性があることを示唆している。

3　国際金融の「トリレンマ」と「中間的制度」

バイポーラー・ビュー

1990年代には多くの新興国が固定相場制を維持できなくなり、固定相場制の崩壊が経済・通貨危機を招来した。一連の新興国危機は、クロスボーダーの資本フローが増大するなか、ハードペッグか完全変動相場制という「両極端な」為替相場制度のみが維持可能であり、その中間に位置する中間的な制度は投機の圧力に耐えることができず長続きしないという「バイポーラー・ビュー（bipolar view）」をサポートするものとみなされた。

バイポーラー・ビューの代表的な論者であるアイケングリーンは、「政策当局者は結局、変動相場制と通貨同盟の間での選択を迫られる」と結論付けている（Eichengreen (1994)）。また、Fischer (2001) は前出のAREAERの定義に基づき、1991年から1999年にかけて「Hard Peg」が16％から24％、「Float」が23％から42％にそれぞれ増加した一方で、「Intermediate」が62％から34％に減少したことを示し、バイポーラー・ビューの「勝利」を印象付けた。

以上のように、1990年代から2000年代初頭にかけては、為替相場制度に関する議論においてはバイポーラー・ビューが主流であったが、Frankel (1999) はバイポーラー・ビューの全盛期にあって、大規模な資本移動がない新興国等一部の国において中間的制度が有効である可能性を指摘した点で注目に値す

る。バイポーラー・ビューの全盛期に中間的制度の有効性を指摘した論者としては、フランケル以外にウィリアムソンがあげられる[9]。

国際金融のトリレンマ

自由な資本移動、為替レートの固定相場制、自律的な金融政策の3つを同時に実現することはできないとする「国際金融のトリレンマ」(以下、「トリレンマ」)は国際金融における有名な定理であるが、これは為替相場制度の選択と密接に結びついている。

トリレンマのフレームワークを用いて説明するのであれば、バイポーラー・ビューは、グローバル経済の統合が進むなかで自由な資本移動を所与の条件とすると、各国当局は、為替レートを固定したうえで金融政策の自律性を放棄するか、変動相場制を採用して為替レートのボラティリティを甘受する対価として金融政策の自律性を維持するかの二者択一を余儀なくされるという説である。

国際金融のトリレンマのフレームワーク自体は、「ある程度」資本移動を制限することによって、為替レートの安定と金融政策の自律性を「ある程度」維持するという「中間的制度」[10]を否定するものではない。アイケングリーンらバイポーラー・ビューの提唱者があらゆる「中間的制度」が持続不可能と結論付けた主な根拠は、投機的フローの存在である。アイケングリーンによれば、クロスボーダーの資金フローの拡大に伴って投機筋が投機アタックに利用できる資金の規模が増大していることに加え、トレーディング技術の改善や資本規制の撤廃も、為替レートの限界点に対する当局のコミットメントを投機筋がテストするコストを低下させる一方で、各国の通貨当局が為替レートの目標を維

---

9 Williamson (2000) など。
10 前出のIMF・AREAERの分類に従えば、「ソフトペッグ」に分類される制度が「中間的制度」に該当すると考えられる。他方、筆者が知る限り、「管理フロート制」の扱いについてはコンセンサスが存在しない。「管理フロート制」には、「ソフトペッグ」に近いものから「変動相場制」に近いものまでかなり幅があり、ソフトペッグに近いものは「中間的制度」に分類する一方、変動相場制に近いものは分類しないという考え方には反論は少ないだろうが、両者の線引きは困難である。また、管理フロート制を採用する国の為替介入の強度は必ずしも一定はなく、これまでは積極的に介入を実施していた結果ソフトペッグに近かったのが、何らかの理由で介入姿勢が弱まり、むしろ変動相場制に近くなるといったケースも想定可能である。

持するコストを上昇させる。

　つまり、クロスボーダーの資金フローの拡大を背景に投機筋のプレゼンスが高まるなかで中間的制度を維持することが困難になった結果、為替相場制度はスペクトラムの両極、すなわちハードペッグか変動相場制に収れんする、というのが、バイポーラー・ビューの主張であり、1990年代に発生した一連の通貨危機（ESM危機と一連の新興国危機）は、こうした主張を例証するものと考えられた。

　バイポーラー・ビューの主張者たちは上記の考えに基づき、21世紀には為替相場制度の二極化が進むと考えたが、今世紀入り後の動向はこうした予想に反するものとなっている。

　図表3－3はAREAERの定義に基づいて各国の為替相場制度を「ハードペッグ」「中間的制度」「完全変動相場制」の3つに分類し[11]、全体に占めるシェアの推移をみたものであるが、総じてみれば各カテゴリーのシェアは安定してお

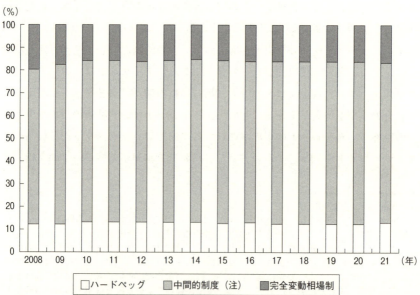

図表3－3　為替相場制度のシェアの推移（2008年以降）

注：ハードペッグ（No separate legal tenderおよびCurrency Board）と完全変動相場制（Free Floating）以外の合計。
出所：IMF AREAER 2014、AREAER 2021より筆者作成

り、バイポーラー・ビューが想定したハードペッグor完全変動相場制の二極化の動きはみられておらず、維持不可能と考えられていた中間的制度が安定的にマジョリティの座をキープしている。

トリレンマのモデル化—Trilemma Index

上述のように、バイポーラー・ビューの予想に反して、今世紀入り後のクロスボーダーの資本フローの拡大にもかかわらず為替相場制度の二極化は進まず、多くの国が中間的制度（ソフトペッグ）を安定的に維持している。

バイポーラー・ビューは何を誤ったのか。上述したように、バイポーラー・ビューはクロスボーダーの資本フローの拡大を背景に、国際金融のトリレンマにおいて自由な資本移動を所与の条件としたことの論理的帰結として、持続可能な為替相場制度はハードペッグか変動相場制以外にあり得ない[12]と結論付けた。この観点から、為替相場制度を国際金融のトリレンマのフレームワークとの関連で整理することで、バイポーラー・ビューの予想が外れた原因について何らかのヒントが得られるかもしれない。

上述したように、トリレンマにおける選択は為替相場制度の選択と密接に結びついているが、真正面から両者の関係を分析した研究はそれほど多くない。この理由の1つは、トリレンマのモデル化および（*de jure*でなく*de facto*の）為替相場制度の類型化がいずれも困難であることと考えられる。

トリレンマのモデル化に関する最初の取り組みは、Aizenman et al.（2008）が開発したTrilemma Index[13]とされる。以下は、Trilemma Indexの算出方法の概要である。

〈為替レートの安定〉 為替レートの安定（Exchange Rate Stability：ES）のプロキシーとして、自国通貨の相手国通貨に対する為替レートの変動の月次の標準偏差（年率）が使われる[14]。数値が1に近いほど、為替レートの変動が小

---

11 管理フロート制（Floating）は「中間的制度」に分類。
12 バイポーラー・ビューをトリレンマの三角形上に図示すると、一方の頂点は自由な資本移動に固定され、残りの2つの頂点—為替相場の安定と自律的な金融政策—から1つを選択し、1つを完全に諦めるという姿になる。バイポーラー・ビューが「ツーコーナー・ソリューション」と別称される所以である。
13 Trilemma IndexおよびKAOPEN indexはhttp://web.pdx.edu/~ito/trilemma_indexes.htmからダウンロード可能である。

さいことを示す。

〈資本市場の開放度〉　資本市場の開放度のプロキシーとしては、Chinn and Ito（2006、2008）によって開発されたThe index of capital account openness（*KAOPEN*）を用いる。*KAOPEN*はIMFのAREAERで報告されている資本規制の情報に基づいて算出される。したがって、*KAOPEN*は*de jure*な指標であり、*de facto*（たとえば、Lane and Milesi-Ferretti（2001、2007）など）ではない。Chinn and Ito（2006、2008）が*de jure*な指標を重視した理由は、*de jure*な指標が政策当局者の意図をよりよく反映する一方で、*de facto*な指標は必ずしも政策的意図とは関係ない外部要因に大きく左右される可能性があるためである。*KAOPEN*は0から1の数値をとるように標準化されており、1に近づくほど資本市場の開放度が高い。

〈金融政策の独立性〉　自国の金利と相手国の金利の相関を金融政策の独立性（Monetary Independence：MI）のプロキシーとして用いる[15]。たとえば、カレンシーボード制を採用している香港のケースでは、自国通貨（香港ドル）を米ドルにペッグしているため、香港は金融政策の独立性を喪失し、米国の金融政策に追随している。この結果、香港の国内金利と米国金利の間には極めて高い相関がみられる。

図表3−4は、G7諸国[16]のTrilemma Indexの単純平均値の推移であるが、1990年代半ば以降は資本市場の開放度（FO）の指数が一貫して「1」となっている（定義により、これは資本取引についていかなる規制も存在しないことを示す）。他方、新興国[17]のTrilemma Indexをみると（図表3−5）、1990年

14　標準偏差は下式によって0から1の間の値に転換される。

$$ERS = \frac{0.01}{0.01 + stdev(\Delta(\log(exchange\ rate)))}$$

15　二国間の金利の相関は、下式によって0〜1の数字に転換される。ここで、i_iはホームカントリーの金利（香港のケースでは香港の金利）、i_jはベースカントリーの金利（香港のケースでは米国の金利）である。金融政策の独立性が高いほど、数値は1に近づく。

$$MI = 1 - \frac{corr(i_i, i_j) - (-1)}{1 - (-1)}$$

16　カナダ、フランス、ドイツ、イタリア、日本、英国。
17　トルコ、南アフリカ、アルゼンチン、ブラジル、チリ、コロンビア、メキシコ、イスラエル、香港、インド、インドネシア、韓国、マレーシア、フィリピン、シンガポール、タイ、中国、ハンガリー、ポーランド。

図表3−4　G7諸国のTrilemma Indexの平均

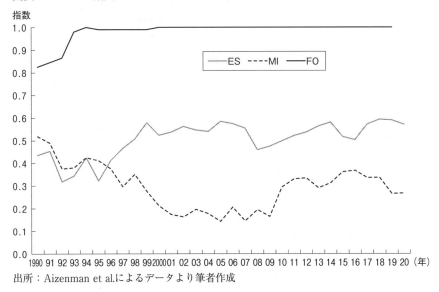

出所：Aizenman et al.によるデータより筆者作成

図表3−5　新興国のTrilemma Indexの平均

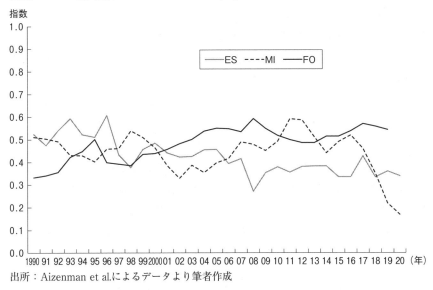

出所：Aizenman et al.によるデータより筆者作成

第1節　為替相場制度　247

代以降資本市場の開放度（FO）が高まる一方で為替レートの安定（ES）が低下する傾向がみられていたが、GFC後は両者とも概ね横ばいで推移している。また、近年は自律的な金融政策（MI）の指数が大きく低下している点が特徴的である。

　図表3－6、図表3－7は、新興国の資本市場の開放度（FO）および為替レートの安定（ES）を地域別にみたものである。資本市場の開放度は、1990年代はアジアが最も高かったが、足下ではCEEMEA（中東欧・中東・アフリカ）のほうが高くなっている。他方、為替レートの安定はアジアが最も高くなっており、アジア諸国は為替レートの安定を重視する一方で資本市場の開放に慎重になっているようにもみえる。

　前述したように、バイポーラー・ビューは今世紀入り後もクロスボーダーのフローが拡大し続けるなかで新興国の資本市場の開放度が一段と高まる結果、中間的制度が維持不可能になることを想定していたとみられる。しかし実際には、GFCの影響もあって予想よりも遅いペースでしか資本市場の開放が進まなかった結果、バイポーラー・ビューが予想した為替相場制度の両極への収れんが起こらず、中間的制度が維持されていると整理できるかもしれない。

Trilemma Indexの問題点とその背景、代替指標

　トリレンマの観点からは、変動相場制を採用しており、資本勘定もほぼ自由化されているG7諸国は、為替レートの安定を諦めて、自由な資本移動と金融政策の独立性を選択していると解釈できる。これが理想的な形でTrilemma Indexに反映されれば、MIとFOのスコアは「1」、ESのスコアは「0」になるはずであるが、実際にはそうなっていない。FOのスコアは1だが[18]、理論上1であるべきMIスコアはそれよりもかなり低くなっており、表面上は金融政策の独立性があまりないようにみえている。他方、理論上はゼロであるべきESスコアはかなり高く出ており、変動相場制を採用しているにもかかわらず為替レートのボラティリティがかなり抑制されていることを示している。

---

[18] Trilemma IndexにおいてG7諸国のFOのスコアが1になっているのは、当指数ではデータや制度による特段の裏付けがなく、先進国のFOスコアが無条件に1とされているためであり、FOスコアの算出方法の妥当性がMIやESスコアに比べて高いことを必ずしも意味しない。

図表3－6　新興市場各地域のFOスコアの平均

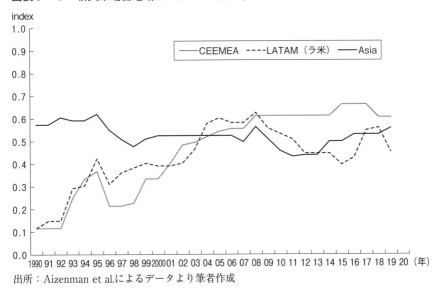

出所：Aizenman et al.によるデータより筆者作成

図表3－7　新興市場各地域のESスコアの平均

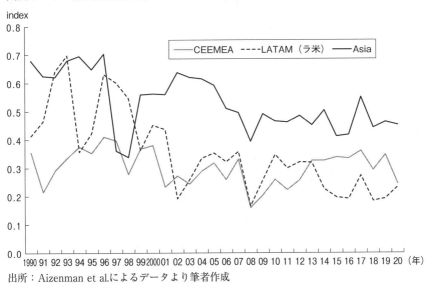

出所：Aizenman et al.によるデータより筆者作成

また、先進国との比較で新興国は資本移動の自由度が低い結果、為替レートの安定を得る代わりに、金融政策の独立性を失うことが想定されるが、図表３－５、図表３－６に示された先進国（G7）と新興国のTrilemma Indexはこれとは逆のことを示している。すなわち、本来新興国のほうが高くなるべきESスコアは先進国のほうが一貫して高く、本来先進国のほうが高いはずのMIスコアは、2019年に逆転されるまでは新興国のほうが高くなっていた。この背景には以下のような理由があると考えられる。

　ESスコアは単純に為替レートの変動の大きさのみに基づいて算出されており、変動の背景については考慮していない。このことは、主に以下の２つの観点から問題である。第一に、大規模な外貨建て債務や経常赤字、（経済政策運営の失敗に起因する）高いインフレ率などといった脆弱な経済ファンダメンタルズや、政治的不透明感が非常に高い国は、しばしば大規模な自国通貨の減価に見舞われるが、こうしたケースは先進国よりも新興国においてより多く生じ得ると考えられる（近年では、アルゼンチン・ペソやトルコ・リラが大規模な下落に見舞われた[19]）。こうした事態は資本取引の自由度が低くても生じ得るため、理論的に想定される資本市場の自由度と為替レートの安定との逆相関関係を不安定化すると考えられる。

　第二に、固定相場制ないしはそれに準ずる為替相場制度を採用している国のES指数は、サンプル期間に平価切り下げが発生するか否かによって大きく異なるものになると考えられる。固定相場制を採用している国のES指数はサンプル期間に平価切り下げが行われなければ１に近くなると考えられるが、平価切り下げが行われれば１から大きく離れて低下することになる。平価利下げをその経済が内包する潜在的なコストと考えるのであれば、平価切り下げが生じた期間をあえて外してサンプル期間を選択することは妥当ではないだろう。

　また、先進国のMIスコアが新興国よりも低くなっていることについては、グローバリゼーションが進むなかで開放度が高い経済の景気サイクルがシンクロナイズする傾向が強まっている結果、金融政策もシンクロナイズしやすくなっていることが一因になっている可能性がある。

　図表３－８は米英10年国債金利および金利差の推移をみたものであるが、

---

[19] 背景については棚瀬（2019）など参照。

2016年6月の英国のEU離脱を問う国民投票の前までは、米英10年国債金利は概ね同じような動きを示し、金利差はおよそプラスマイナス1％ポイントのレンジにとどまっていた。2016年6月以降、米英10年金利差はプラスマイナス1％ポイントのレンジを上回って拡大したが、これは、それまでは概ねシンクロしていた米英の金融政策の方向性が、国民投票の結果を受けて乖離したことが一因になったと考えられる。

当時、FRBが既に利上げサイクルに入っていた一方で、英国では国民投票を受けた先行き不透明感の高まりを背景にイングランド銀行（BoE）が利下げを余儀なくされた。米英金利の乖離はしばらく続いたが、2020年3月のコロナ・ショックを受けて各国中央銀行が積極的な金融緩和に踏み切るなかで米英の金融政策の方向性が再び一致したことを受けて、米英金利差は従来のプラスマイナス1％ポイントのレンジ内に回帰している（図表3-9）。

図表3-10は米国と中国の10年国債金利の推移をみたものである。中国は、その時々で強弱はあるものの、基本的に同国の通貨人民元の為替レートの対米ドルでの変動を抑制する政策をとっている。トリレンマのフレームワークを用いるならば、（対米ドルでの）為替レートの安定を得る代わりに金融政策の独立性を放棄する政策を採用していることになり、理論上MIスコアは低く（ゼロに近く）なるはずである。もっとも実際には、本来低く出るはずの中国のMIスコアは、金融政策の独立性が保証されている英国よりも高くなっている。これは、資本取引にさまざまな規制が存在するなか、中国の国内金利動向はグローバル・トレンドからの乖離が生じやすくなっているためと考えられる。この見方が正しいのであれば、Trilemma IndexにおけるMIスコアのように、海外金利との相関で金融政策の独立度合いを測ることは、グローバリゼーションが進展した現在の状況下ではあまり適切でないかもしれない。

Ito and Kawai（2012）は、上述のようなTrilemma Indexの欠点を補う新たな指数を開発した。以下は、Ito and Kawai（2012）によるトリレンマの構成3要素のプロキシーの算出方法の概要である。

〈為替レートの安定〉 為替レートの安定のプロキシーを算出するにあたって、Frankel and Wei（1994）によって開発された、仮想通貨バスケットの構成通貨のウェイトを推定するモデルの自由度修正済み決定計数の移動平均を為替レートの安定のプロキシーとしている。このモデルでは、固定相場制であれば

第1節　為替相場制度　251

図表3－8　米10年国債金利、英10年国債金利と米英10年金利差

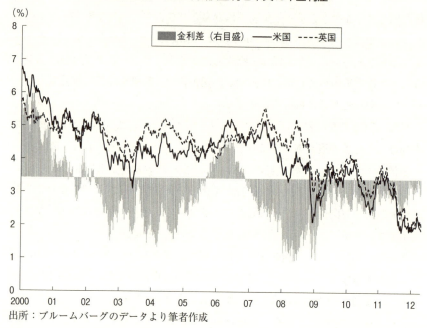

出所：ブルームバーグのデータより筆者作成

図表3－9　米英の政策金利

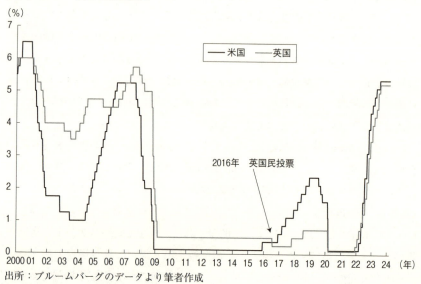

出所：ブルームバーグのデータより筆者作成

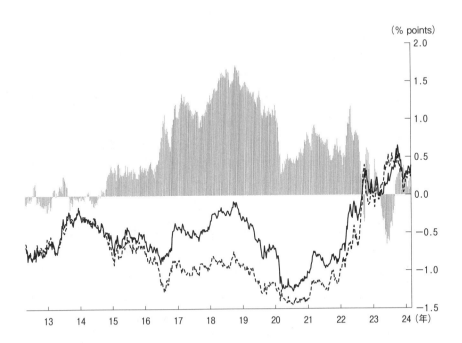

図表 3 − 10　米10年国債金利と中国10年国債金利

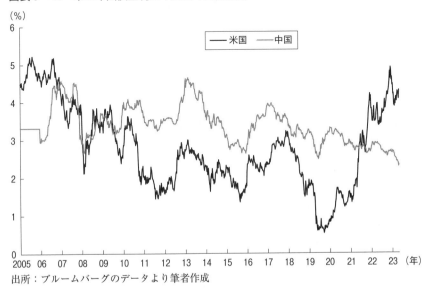

出所：ブルームバーグのデータより筆者作成

第 1 節　為替相場制度　253

適合度はほぼ1となる一方、変動相場制では適合度が低くなる（モデルの詳細については後述する）。

〈資本市場の開放度〉 資本市場の開放度のプロキシーを算出するにあたって、Lane and Milesi-Ferretti（2001、2007）による各国の対外資産と対外債務のデータを用いている。まず、対外資産と対外負債の合計から外貨準備を除いたものをGDPと貿易額（輸出＋輸入）で割って得られた2つの数字の平均を求める。これについて、資本市場が完全に自由化されている先進国を1として、それに対する比率で新興国の開放度を算出する。この方法に基づいて算出されたプロキシーは1と0の間の値をとり、1に近いほど資本市場の開放度が高いことになる。

〈金融政策の独立性〉 Ito and Kawai（2012）では、自国の金利の決定要因を当該国の金融政策の独立性のプロキシーとしている。具体的には、①自国金利の変化を海外金利とマクロ要因（需給ギャップ、インフレギャップ、原油価格）の双方で説明するモデル、②マクロ要因のみで説明するモデル、③海外金利のみで説明するモデルの3本の式について、各々の自由度調整済決定計数を推定して①に対する②と③の比率を計算、この2つの比率の大きいほうをプロキシーとする。たとえば、当該国が固定相場制を採用して金融政策の自律性を放棄しており、①と③の相関が1の場合は、プロキシーは1である。この方法に基づいて算出されたプロキシーは1と0の間の値をとり、0に近いほど金融政策の独立性が高いことになる。

トリレンマの決定要因

トリレンマの3要素（ES、MI、FO）のうち2つしか満たすことができないことは、ある要素が完全に達成された状態を1とすると、ES＋MI＋FOは3にはなり得ず、最大値は2であることを示している。したがって、各国の政策当局がトリレンマの問題にどう対処するかは、以下の制約の下での最適化問題と捉えることができる。

$$0 \leq ES, FO, MI \leq 1 \quad \text{and} \quad ES + FO + MI = 2$$

Ito and Kawai（2014）はこのフレームワークを用いて、トリレンマの決定要因について分析している。具体的には、経済規模、1人当り所得、貿易の開

図表3－11　トリレンマの3要素とマクロ要因の関係に関する実証分析の結果（Ito and Kawai（2014））

	為替レートの安定（ES）		金融市場の開放度（FO）		金融政策の独立性（MI）	
	予想	結果	予想	結果	予想	結果
経済規模	－	－	＋／－	－	＋	＋***
1人当り所得	－	－**	＋	＋**	＋	－*
貿易の開放度	＋	＋**	＋	＋	－	－**
外貨準備	＋	－***	＋	＋／－	＋	＋**
貿易相手国の集中度	＋	＋**	？	－**	？	0／＋
コモディティ輸出のシェア	＋	－	＋	＋	？	＋／－
金融の発展度	－	－**	＋	＋***	？	－**
国内貯蓄	＋	＋***	－	－**	？	0／－
交易条件ショック	＋／－	＋／－	＋／－	＋／－	＋	＋

***は1％、**は5％、*は10％水準で統計的に有意であることを示す。
出所：Ito and Kawai（2014）より筆者作成

放度、外貨準備、貿易相手国の集中度、輸出に占めるコモディティの比率、国内金融セクターの発展度、国内貯蓄、交易条件ショックのそれぞれについて、トリレンマの3要素との関係を推定している。図表3－11は経済理論や過去の研究等から示唆される、トリレンマの3要素と潜在的な決定要因の想定される関係と、Ito and Kawai（2014）の推定結果の関係を示している。Ito and Kawai（2014）の推定結果は経済理論等から想定される結果と概ね整合的であったが、一部例外もみられた。Ito and Kawai（2014）は特に顕著なものとして、1人当り所得とMIスコアの負の相関、外貨準備とESスコアの負の相関、輸出に占めるコモディティ比率とESスコアの負の相関をあげている。

第2節 為替に関するさまざまな「選択」

　為替相場制度の選択は為替に関する「選択」の1つであるが、こうした「選択」にはさまざまなレベルのものがあり得る。たとえば、ある国が固定相場制、管理フロート制など、何らかの形で通貨の変動を抑制する制度を採用した場合、こうした国は自国通貨をペッグする先の通貨（アンカー通貨）を選択する必要がある。為替相場制度とそれに付随するアンカー通貨の選択は、基本的に国レベルのアクションである。

　それでは、各国はアンカー通貨をどのように選択するのであろうか。アンカー通貨の選択にはさまざまな要因が影響を及ぼし得るが、貿易建値通貨（インボイス通貨）もそれに含まれよう。たとえば、貿易の大部分が米ドル建てで行われている国においては、自国通貨の対米ドル為替レートの安定が重要であるため、米ドルがアンカー通貨として選択される可能性が高いと考えられる。

　インボイス通貨の選択は基本的に、各企業レベルのミクロな意思決定に依存すると考えられるが、企業レベルの選択の総体として、国レベルのインボイス通貨のシェアが存在し得る。たとえば、2023年下期の財務省の「貿易取引通貨別比率」によると、日本の輸出におけるインボイス通貨のシェアは、米ドルが49.6％、日本円が35.7％、ユーロが7.0％であった。アンカー通貨の選択は、こうした国レベルのインボイス通貨の使用状況にも大きく左右されると考えられる。

　図表3-12は以上の議論をまとめたものである。ある国はまず為替相場制度を選択するが、ここで変動相場制が選択された場合にはアンカー通貨の選択は問題にならない。固定相場制ないしは中間的な制度（管理フロート制など）を選択した場合には、どの通貨に対して自国通貨の為替レートをペッグするかという、アンカー通貨選択の問題が発生する。アンカー通貨の選択に際してはさまざまな要因が考慮されるが、各企業レベルでのインボイス通貨選択の総体としての、国全体の貿易におけるインボイス通貨のシェアもそれに含まれよう。

　以上に鑑み、以下ではインボイス通貨とアンカー通貨の選択について、その内容を明らかにしたうえで代表的な先行研究をレビューし、各々に関する理論

図表3−12 為替に関するさまざまな「選択」の関係

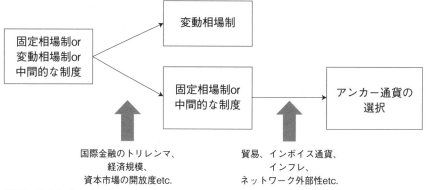

出所：筆者作成

的フレームワークを提示する。

1 インボイス通貨選択の理論[20]

インボイス通貨の選択は長い間、国際金融の分野における主要なテーマであり、その理論に関する先行研究は数多く存在する。嚆矢とみなされているのはGrassman（1973、1976）によるスウェーデンの貿易データを用いた研究であり、Grassmanは①先進国間の貿易では輸出国（自国）通貨がインボイス通貨として用いられることが多く、②先進国と新興国間の貿易では先進国通貨か第三国通貨が用いられることが多いという傾向を見出した。これに、McKinnon（1979）が主張した③一次産品等の同質的な財は米ドルなどの基軸通貨で取引される一方で製品差別化可能な財は輸出国通貨建てで取引される[21]という傾向を加えた3つは、インボイス通貨選択の「3つの定型化された事実（Stylized Fact）」と呼ばれている。

---

20 大井ほか（2003）はインボイス通貨選択の理論研究に関する優れたサーベイである。本項の記述は一部大井ほか（2003）を参考にしている。
21 差別化の進んだ財は価格弾力性が低いため、自国通貨建て価格を固定した際に自国通貨の為替レートが輸出先国通貨に対して増価して輸出先国通貨建ての価格が上昇したとしても、売上数量に与える影響は相対的に軽微と考えられる。こうした状況下で、輸出企業は自国通貨建てで輸出することにより、為替レートの変動によるリスクを回避することを望むかもしれない。

インボイス通貨の選択にあたって、輸出企業には自国通貨（Producer Currency Pricing：PCP）、輸出相手国（現地）通貨（Local Currency Pricing：LCP）、第三国通貨（Vehicle Currency Pricing：VCP）の3つの選択肢がある。前出のGrassman（1973、1976）、McKinnon（1979）が提示した「3つの定型化された事実」は、先進国同士の貿易ではPCP、先進国—新興国間貿易では先進国通貨ないしはVCP、財の差別化の程度が低い場合にはVCP（米国を除く）、高い場合にはPCPが選択されることを示唆している。

インボイス通貨の内生的決定理論

「3つの定型化された事実」は必ずしも理論的な裏付けによって導かれたものではなかったため、1980年代後半以降、インボイス通貨の選択に関する理論研究が活発に行われるようになった。理論上、インボイス通貨は、ある不確実性に直面した企業の期待収益を最大化するように決定される。こうした研究は、為替レートの変動にのみ不確実性を認める部分均衡モデルと、マクロ要因の外生的ショック（為替レートはこれを受けて内生的に変化）の影響も考慮する一般均衡モデルに大別される。また、部分均衡モデルには、1つの独占的な企業のみが存在する最も単純な独占企業モデルと、少数の独占的な企業の競争を想定する寡占企業モデルがある。以下では、Bacchetta and van Wincoop（2002）が提示した部分均衡モデル（独占企業モデル）の概要を紹介する[22]。

Bacchetta and van Wincoop（2002）では、PCPにおける期待収益EU（Π^p）とLCPにおける期待収益EU（Π^L）を比較、前者のほうが大きい場合（EU（Π^p）＞EU（Π^L））にはPCPが、後者のほうが大きい場合（EU（Π^p）＜EU（Π^L））にはLCPが選択される。PCPにおける収益（Π^p）とLCPにおける収益（Π^L）は、以下のように定義できる。

$$\Pi^p = p^p D\left(\frac{p^p}{e}\right) - C\left[D\frac{p^p}{e}\right] \qquad （式3-1）$$

---

[22] この分野の先駆的研究としてはGiovannini（1988）、Donnenfeld and Zilcha（1991）などがあるが、結論はBacchetta and van Wincoop（2002）と同様、企業が輸出する財の差別化の度合いや競争力が高い（低い）ほど需要の価格弾力性が小さく（大きく）なり、企業は自国通貨（輸出相手国通貨）建てでの輸出を選択する、というものである。

$$\Pi^L = e p^L D(p^L) - C[D(p^L)] \qquad (式3-2)$$

ここで、p^p は自国通貨建て価格、p^L は輸出先国通貨建て価格、e は為替レートである。$D(p)$ は製品 p に対する需要関数、$C(p)$ は費用関数である。

Bacchetta and van Wincoop (2002) は、PCPとLCPの下での期待効用の差（$EU(\Pi^p) - EU(\Pi^L)$）と、部分均衡モデルにおける不透明性の源泉である為替レートの変動（為替レートの分散（σ^2）として表現）の関係を、以下のように定式化している。

$$EU(\Pi^p) - EU(\Pi^L) = 0.5 U' \frac{\partial^2 (\Pi^p - \Pi^L)}{\partial e^2} \sigma^2 \qquad (式3-3)$$

式3-2から、Π^L の為替レートに対する二次微分はゼロであることから、式3-3は Π^p が為替レートに対して凸の場合（$\frac{\partial^2 \Pi^p}{\partial e^2} > 0$）には自国通貨がインボイス通貨として選択され、凹の場合（$\frac{\partial^2 \Pi^p}{\partial e^2} < 0$）には現地通貨がインボイス通貨として選択されることを示している。

収益関数の形状は需要関数と費用関数の形状に依存する。需要関数を $D(p) = p^{-\mu}$、費用関数を $D(q) = \omega p^\tau$ として式3-3に代入すると、下式が得られる（μ は需要の価格弾力性、ω は賃金である）。

$$EU(\Pi^p) - EU(\Pi^L) = 0.5 U'(\mu - 1) \bar{p}^{1-\mu} [1 - \mu(\tau - 1)] \sigma^2 \qquad (式3-4)^{23}$$

ここで、$\mu(\tau-1) < 1$ ならば収益関数が凸となるため自国通貨が選択され、$\mu(\tau-1) > 1$ ならば収益関数は凹となるため現地通貨が選択される。μ は需要の価格弾力性であることから、製品の差別化の度合いが高く、競争力が高いほど小さくなると考えられる。したがって式3-4は、τ を一定と仮定すると、製品の差別化の度合いおよび競争力が高いほど（製品の価格弾力性が小さいほど）自国通貨が選択されやすくなることを示唆していると考えられる。

Bacchetta and van Wincoop (2002) は独占企業に関する以上のモデルを拡

---

23 $\bar{p}$ は $E(e) = 1$ と仮定した場合の企業の最適な価格であり、$\bar{p}^p = \bar{p}^L = \bar{p}$ が成立する。

張して、複数企業の競争が存在する場合のインボイス通貨選択についても検討している。収益曲線が凸のケースにおける含意は独占企業モデルと同様（PCPを選択）だが、収益曲線が凹のケースにおける含意は自国におけるシェア次第でさまざまなケースがあり得る（すべての企業がLCPを選択、すべての企業がPCPを選択、LCPとPCPが混在)[24]。

Bacchetta and van Wincoop (2002)、あるいはGiovannini (1988)やDonnenfeld and Zilcha (1991) のモデルでは企業の選択肢はPCP（自国通貨）とLCP（現地通貨）の二択だったが、Friberg (1998) やJohnson and Pick (1997) はVCPを選択肢に加えたモデルを構築し、インボイス通貨として第三国通貨が選択される条件を理論的に示した。以下にFriberg (1998) によるモデルの概要を示す。

Friberg (1998) は、インボイス通貨の選択は前出のBacchetta and van Wincoop (2002) のモデルが示した収益関数の形状だけでなく、現地通貨の自国通貨および第三国通貨に対する為替レートの不確実性の大きさにも依存することを示した。大井ほか (2003) はBacchetta and van Wincoop (2002) のフレームワークを用いて、第三国通貨が選択される条件を以下のように定式化している。

$$\mathrm{EU}(\Pi^o) - \mathrm{EU}(\Pi^L) = 0.5 U' \frac{\partial^2 \Pi^o}{\partial (e^0)^2}(\sigma^0)^2 \qquad （式3-5）$$

$$\mathrm{EU}(\Pi^o) - \mathrm{EU}(\Pi^p) = -0.5 U' \frac{\partial^2 \Pi^p}{\partial e^2}\partial^2 + 0.5 U' \frac{\partial^2 \Pi^o}{\partial (e^0)^2}(\sigma^0)^2 \qquad （式3-6）$$

ここで、企業が所与の為替レートの下で適切な価格決定を行っていることと、$\mathrm{E}(e) = \mathrm{E}(e^o) = 1$であることを仮定すると、式3-3、式3-5、式3-6よりインボイス通貨選択に関する以下の条件が得られる。

(1) 収益関数（Π^o）と（Π^p）が為替レートe^oおよびeに対していずれも凹である場合（$\partial^2\Pi^o/\partial(e^o)^2 < 0$　$\partial^2\Pi^p/\partial e^2 < 0$）はLCPが最も高い収益をもたらす。また、第三国通貨の現地通貨に対する為替レートの変動が自国通貨の変

---

[24] 詳細についてはBacchetta and van Wincoop (2002) 参照。また、大井ほか (2003) はこれに関する簡潔なサマリーを提供している。

動よりも小さい場合には、第三国通貨が二番目に高い収益をもたらす。

(2) 収益関数（Π^o）と（Π^p）が為替レートe^oおよびeに対していずれも凸である場合（$\partial^2\Pi^o/\partial(e^o)^2>0$　$\partial^2\Pi^p/\partial e^2>0$）には、自国通貨と第三国通貨のうちで現地通貨に対する変動が大きいほうが最も高い収益をもたらし、LCPの収益が最低となる。

上述したように、Friberg（1998）ではインボイス通貨の選択に対する取引コスト（Friberg（1998）では為替の変動として表現）の影響は一様ではないが、Swoboda（1968）を嚆矢とする一連の研究[25]では、取引コストの観点から第三国通貨が選択されると主張している。

これまでにみてきた部分均衡アプローチでは、為替レートの変動についてのみ外生的な不確実性を想定していたが、実際には外生ショックによって生じた経済全体の変化のなかで為替レートが内生的に変化するという仮定のほうがより現実的である。こうした観点から一般均衡アプローチに基づく分析が行われているが[26]、現時点では部分均衡アプローチよりも頑健な結論を提示するには至っていない模様である[27]。

大井ほか（2003）は、インボイス通貨選択の理論研究から得られた含意を図表３－13のようにまとめている。

これまでみてきたように、従来の理論研究におけるインボイス通貨の選択肢

図表３－13　輸出におけるインボイス通貨選択の条件

		高い/大きい	低い/小さい
1	輸出相手国通貨に対する第三国通貨の為替レートの分散と比較した自国通貨の分散	VCP	PCP
2	財の差別化度合い	PCP	LCP
3	輸出先における自国のシェア	PCP	LCP
4	自国の規模	PCP	LCP
5	自国のマネーサプライの分散の外国との比率	LCP	PCP

出所：大井ほか（2003）より筆者作成

25　McKinnon（1979）、Krugman（1980）、Goldberg and Tille（2008）など。
26　Bacchetta and van Wincoop（2002）、Devereux and Engel（2001）など。
27　Gourinchas（2002）など。

は自国通貨（PCP）、現地通貨（LCP）、第三国通貨（DCP）の3つであったが、Bahaj and Reis（2020）は新たな第三国通貨（Rising Currency Pricing：RCP）が採用される可能性について検討している。Bahaj and Reis（2020）によれば、新たな第三国通貨（たとえば人民元）の対自国通貨為替レートの変動が従来の第三国通貨（たとえば米ドル）や現地通貨の対自国通貨為替レートよりも小さいケースや、新たな第三国通貨のファンディングコストが自国通貨よりも低い場合には、新たな第三国通貨が選択される。

　従来の理論研究ではインボイス通貨は輸出企業によって決定されると仮定されていたが、Goldberg and Tille（2013）は、輸出企業と輸入企業の交渉によってインボイス通貨が決定されるメカニズムを示した。その他の近年の代表的な研究としては、為替のパススルーとインボイス通貨の選択の関係に関するGopinath and Stein（2018）などがあげられる。またChung（2016）は、中間財の輸入依存度が輸出企業によるインボイス通貨の選択に与える影響を分析した。Chung（2016）は英歳入税関庁による非公開の詳細な貿易データを用いて、輸入中間財が外国通貨建てである場合には、英国の輸出企業はインボイス通貨として自国通貨（英ポンド）ではなく中間財の建値通貨（外国通貨）を選択する傾向があることを明らかにした。

データ・セットの構築と実証分析

　2000年代以降、従来のインボイス通貨選択行動に関する理論研究に加えて、インボイス通貨のデータ・セット構築や、インボイス通貨の決定要因に関する実証研究が活発化した。

　インボイス通貨に関する統一的なデータ・フォーマットは存在せず、ディスクロージャー・レベルもまちまちであるため、このテーマに取り組む研究者はデータの制約に直面してきた。こうした制約を克服すべくKamps（2006）、Goldberg and Tille（2008）、Ito and Chinn（2014）などがデータ・セットの構築に取り組んできた。筆者が知る限りでは、こうした取り組みのなかで最新のものはBoz et al.（2022）である。Boz et al.（2022）は新たなデータ・セットを用いて、インボイス通貨における米ドルの支配的な地位とインボイス通貨のパターンの安定性という先行研究の知見を確認したうえで、一部アフリカ諸国など、欧州外でもユーロが支配的なインボイス通貨として用いられている

ケースがあることを示した。もっとも、こうしたデータ・セットの多くは国レベルであり、貿易相手国・地域別や製品別、産業セクター別など、詳細な分析を行うには限界がある。

インボイス通貨の決定要因を詳しく分析するためには当該国のインボイス通貨の国別シェアなどより詳細なデータが必要になるが、こうしたデータのアベイラビリティは限定的である。このため、関連研究の多さに比してインボイス通貨の決定要因に関する実証分析は少なく、Donnenfeld and Haug（2003）、Goldberg and Tille（2016）、Devereux et al.（2017）によるカナダに関する研究や、Kamps（2006）のユーロ圏に関する研究、Ligthart and da Silva（2007）によるオランダに関する研究などが存在する程度である。

Ligthart and da Silva（2007）は、インボイス通貨の選択に関する広範なサーベイを基に、「4つの仮説」を提示、これに関連するデータを説明変数、オランダのインボイス通貨のシェアを被説明変数として、パネル推定を行った。「4つの仮説」は、以下のとおりである。

1) 世界貿易におけるシェアが大きい国は、インボイス通貨として自国通貨を選択する。
2) 相対的に低いインフレ率が見込まれ、インフレ見通しの不透明性が低い国の通貨がインボイス通貨として選択される。
3) 国内金融市場に厚みがあり、銀行セクターが発達している国の通貨がインボイス通貨として選択される。
4) 輸出企業は輸出先の需要の減少に直面した場合には、インボイス通貨として現地通貨を選択する。

また、Kamps（2006）は、インボイス通貨におけるドル、ユーロ、自国通貨のシェアを被説明変数、米国（ユーロ圏）向け輸出のシェア、米国（ユーロ圏）とのインフレ格差、米ドル（ユーロ）に対する自国通貨のボラティリティ、輸出に占める差別化された製品のシェア、ダミー変数（EU/ユーロ参加ダミー、ドル・ユーロへのペッグダミー）を説明変数としてパネル分析を行い、EUおよびユーロへの参加が輸出のインボイス通貨におけるユーロのシェア上昇につながっていることを示した。また、Vehicle Currencyとしての使用は米ドルが支配的であり、ユーロの使用は米ドルに比べると小規模にとどまっていることを示した。

2　新興国におけるインボイス通貨の選択：タイのケース[28]

　前述したように、インボイス通貨の選択は長い間国際金融の分野における主要なテーマであり、その理論に関する先行研究は数多く存在するが、インボイス通貨として新興国通貨が選択されるケースに関する先行研究は少ない。他方で近年、世界経済・貿易における中国の台頭を受けて人民元がインボイス通貨として選択されるケースに対する関心が高まっている。もっとも、人民元がインボイス通貨として選択される条件を明らかにするためには、新興国通貨がインボイス通貨として選択する条件を明らかにする、新たなフレームワークが必要となる。

　こうした点に鑑み、以下ではタイのデータを用いて、新興国通貨がインボイス通貨として選択される条件を明らかにすることを試みる。前述したように、インボイス通貨の選択に関する研究では、実証研究は理論研究に比べて少ないが、これは主としてデータの制約によるものである。データの制約は新興国においてより強いが（たとえば、中国は貿易のインボイス通貨のデータを公表していない）、タイは輸出入の国別・通貨別データを公表している[29]。

タイにおけるインボイス通貨の動向

　「3つの定型化された事実（Stylized Fact）」でも指摘されているように、新興国の貿易におけるインボイス通貨では米ドルが支配的であることはよく知られており、タイも例外ではない。図表3−14、図表3−15はタイの輸出入における通貨シェアを示しているが、輸出入のいずれでも米ドルが圧倒的なシェアを占めていることがわかる。

　他方、タイ、マレーシア、インドネシアの3カ国間で締結されているLCSF（Local Currency Settlement Facility：指定銀行間での現地通貨の直接交換を可能にする措置が含まれる）や日本円—タイ・バーツの直接取引[30]などの措置

28　本項は棚瀬（2024）を再構成したものである。
29　東アジアでは、自国の輸出入の相手国別のインボイス通貨のデータを提供しているのは、タイと韓国のみである。また、これらの国についても、タイは対中国のデータがなく、韓国は対中国のデータはあるもののASEANは一括りにされており国別データがないなど、国によってカバレッジやフォーマットが異なる。
30　2018年3月に締結された「円・バーツの直接交換拡大」に関する覚書に基づく措置

図表3−14　タイの輸出におけるインボイス通貨のシェア

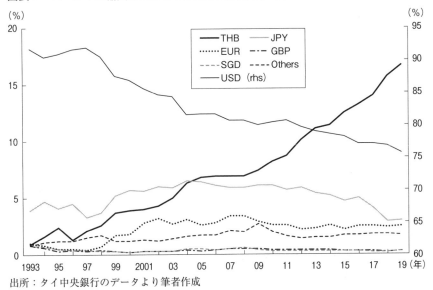

出所：タイ中央銀行のデータより筆者作成

図表3−15　タイの輸入におけるインボイス通貨のシェア

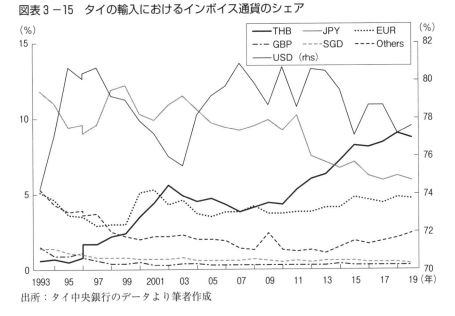

出所：タイ中央銀行のデータより筆者作成

第2節　為替に関するさまざまな「選択」　265

は、タイ企業が自国通貨建てで輸出入を行うことで為替リスクを回避するインセンティブを有していることを示していると考えられる。それにもかかわらずタイの貿易におけるインボイス通貨として米ドルが支配的なシェアを占めている理由としては、通貨取引を含む資本取引に対する規制および「三角貿易」という、新興国に特有の事情が考えられる。

タイ・バーツのように取引が規制されている通貨は、クロスボーダー取引の決済における使い勝手が悪い。これが、タイの貿易でより使い勝手がよい米ドルがインボイス通貨として選択されている大きな理由であると考えられる。

「三角貿易」は、たとえば、A国が中間財をB国に輸出、労働コストが安いB国で組み立てを行って最終製品をB国から最終需要者であるC国（多くの場合先進国）に輸出するようなケースである。ここで、A国が日本、B国がタイ、C国が米国である場合には、インボイス通貨としてタイ・バーツではなく米ドルが選択される可能性が高いと考えられる。

新興国の貿易における米ドルの使用に関する以上の見方が正しければ、資本規制が緩和されて新興国通貨の使い勝手がよくなったり、輸出先の新興国が製品の最終需要地であるケースが増加すれば、インボイス通貨として新興国通貨の利用は増加する可能性がある。

図表3-16は2004年から2020年にかけてのタイの輸出の増加額を輸出先国・地域別、通貨別にみたものであるが、タイ・バーツの使用が最も多く増えているのはASEAN向けである。したがって、タイの貿易のインボイス通貨におけるタイ・バーツ使用の条件を特定するために、タイの対ASEAN貿易を分析対象とすることは妥当と考えられる。

図表3-17はタイからASEAN諸国への輸出のインボイス通貨のシェアをみたものであるが、国によってかなりまちまちであることがわかる。特にラオス、ミャンマーなどの小国においてバーツのシェアが高い点が顕著な特徴として指摘できる。

先行研究のレビュー

タイの貿易におけるインボイス通貨の選択に関する先行研究は極めて少ない。Hayakawa et al.（2019）は数少ない先行研究の1つであるが、これは輸出の経験の蓄積に伴うインボイス通貨の変化に関するものである。Hayakawa

図表3−16 タイの輸出額の2004年〜2020年の変化（国・地域別、通貨別）

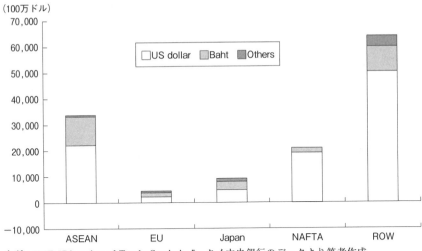

出所：IMF "Direction of Trade Statistics"、タイ中央銀行のデータより筆者作成

et al.（2019）は、①最初の輸出では為替リスクを避けるためにPCPが選択される可能性が高い、②輸出の経験が蓄積されると為替リスクのマネジメント技術等が向上することからLCPないしはVCPが選択される、という2つの仮説を検証している。②でLCPおよびVCPが選択される理由は、リスク回避的な輸出先がPCPの為替リスクを許容しないケースにおいて（タイの輸出企業がPCPを選択するとその企業にとっての為替リスクはなくなるが、輸出先は自国通貨の対バーツの為替リスクを負担する）、LCP/VCPを選択することでこうした先に対する売上げが増加する可能性があるためである。Hayakawa et al.（2019）の実証結果はインボイス通貨変更における慣性（inertia）を裏付けたが、インボイス通貨を決定する要因については明らかにしていない。

アジア諸国の貿易のインボイス通貨に関するその他の研究としては、Fukuda and Ono（2004）の韓国に関する研究があるが、これは韓国において対米国、中国、香港の貿易[31]以外でも米ドルがインボイス通貨として用いられていることを示すにとどまり、その決定要因についての分析には踏み込んでいない。

---

31 中国と香港は自国通貨の対米ドルでの変動を抑制する政策を採用していることから、米ドルをインボイス通貨として選択することは合理的と考えられる。

図表3－17　タイのアジア向け輸出におけるインボイス通貨のシェア（国別、2020年）

	Brunei	Cambodia	Indonesia	Japan	Lao
EUR	0.0	0.1	1.0	0.0	0.1
JPY	0.9	0.2	0.7	29.7	0.0
MYR	0.0	0.0	0.0	0.0	0.0
SGD	6.1	0.0	0.2	0.0	0.0
THB	10.2	42.8	12.1	12.9	66.1
USD	81.5	56.8	84.6	57.2	33.8
Others	1.2	0.1	1.5	0.2	0.1

出所：タイ中央銀行のデータより筆者作成

実証分析

図表3－17が示すように、タイの輸出に占めるタイ・バーツのシェアには輸出先国によって大きな差異が認められる。以下では、こうした差異の背景にある要因を特定するために、インボイス通貨の決定要因に関する代表的な実証研究であるKamps（2006）やLigthart and da Silva（2007）を参考にした以下のモデルを用いて実証分析を行う。

$$ccyshare_{it} = \beta_1 + \beta_2 tradeshare_{it} + \beta_3 relativegdp_{it} + \beta_4 fdi_{it} + \beta_5 ifigdp_{it}$$
$$+ \beta_6 triangul_{it} + \beta_7 distance_i + \beta_8 dborder_i + \varepsilon_{it}$$

ここで、被説明変数（$ccyshare$）は、タイのASEAN諸国向け輸出入[32]のインボイス通貨におけるタイ・バーツのシェアである。図表3－14、図表3－15はタイのASEAN諸国向け輸出入におけるタイ・バーツのシェアの推移を示しているが、そのトレンドと水準には相手国によって大きなバラツキがある。

Kamps（2006）、Ligthart and da Silva（2007）の研究ではいずれも、価格決定力のプロキシーとしての貿易シェアがインボイス通貨における自国通貨のシェアにポジティブ且つ有意な影響を及ぼすとの推定結果が得られていたこと

---

[32] ブルネイは、ASEAN諸国間貿易におけるプレゼンスが微少であることおよび、シンガポール・ドルをアンカー通貨とするカレンシーボード制という特殊な為替相場制度を採用していることを考慮して、分析対象から除外した。

(単位：％)

Malaysia	Myanmar	Philippines	Singapore	Vietnam
0.7	0.6	0.8	0.3	1.0
0.6	0.6	0.7	0.7	0.7
2.0	0.0	0.0	0.1	0.0
0.2	0.0	0.0	4.7	0.0
18.4	57.8	23.1	6.7	17.8
78.0	40.9	73.0	87.3	80.0
0.0	0.2	2.3	0.2	0.5

を踏まえて、タイの貿易相手国の輸出入におけるタイのシェア（tradeshare）を説明変数に加える。また同様の観点から、タイと貿易相手国の名目GDPの相対規模（タイGDP/相手国GDP：relativegdp）も説明変数に加える。他方、Kamps（2006）、Ligthart and da Silva（2007）では為替レートのボラティリティなど為替リスクのプロキシーのインボイス通貨の選択に対する影響が不透明であると指摘されたことを踏まえて、為替レート関連の指標は説明変数には加えないこととする。

　本書におけるモデルはKamps（2006）およびLigthart and da Silva（2007）を参考にしているが、Kamps（2006）、Ligthart and da Silva（2007）とは異なり、本項では新興国（タイ）からの輸出において新興国通貨（タイ・バーツ）がインボイス通貨として選択される条件を分析しようとしているため、この点を踏まえた説明変数を新たに加える必要がある。こうした観点から、「リインボイス」（詳細は後述）のプロキシーとしてタイからASEAN諸国への対外直接投資の累計額（fdi）、資本規制のプロキシーとしてタイの金融市場の対外開放度および貿易相手国との比較（ifigdp）[33]、三角貿易のプロキシーとして輸出先国の輸出における米国のシェア（triangul）を説明変数に加えた。また、タイと国境を接している国々において国境付近の小口取引の決済にタイ・

---

[33] タイ自身の開放度はモデル式中の$ifigdp_{it}$ではなく$ifigdp_t$となる。

第2節　為替に関するさまざまな「選択」　269

バーツが多く用いられているとのアネクドータルな情報を検証するために、輸出先国のタイからの距離（*distance*）および国境ダミー（タイと国境を接している＝1、接していない＝0：*dborder*）を説明変数に加えた[34]。以下では各データの詳細について述べる。

データ

タイの貿易相手国の輸出入におけるタイのシェアおよびタイと貿易相手国の相対的な経済規模は、タイ企業の価格決定力に影響すると考えられる。輸出先国の貿易におけるタイのシェアが高いほど、またタイの経済規模が輸出先国対比で大きいほど、タイ企業の価格決定力が強まると考えられる。こうした状況では、タイ企業はバーツ建てで輸出を行い、自国通貨建ての製品価格について為替リスクを負わないことを望むかもしれない。こうした考え方は、伝統的なインボイス通貨の選択理論とも整合的である。

図表3－18、図表3－19はASEAN諸国の輸出入に占めるタイのシェアの推移を示している。輸入（タイからの輸出）では、タイのシェアが突出して高いのはラオスで、ピーク時には約7割に達していた。そのほかでは、カンボジアとミャンマーでタイのシェアが高い。輸出（タイの輸入）ではラオスとミャンマーでタイのシェアが高いが、近年ラオスでタイのシェアが上昇しているのに対してミャンマーではタイのシェアは低下しており、トレンドはまちまちである。

図表3－20は、2020年のASEAN諸国の名目GDP（米ドル換算）のASEAN全体に占めるシェアをみたものである。ASEAN最大の国はインドネシアで全体の34％を占め、以下、タイ（16％）、フィリピン（12％）、ベトナム、シンガポール、マレーシア（各11％）と続く。図表3－21は名目GDPの推移をみたものであるが、2000年以降の伸び率はラオスが最大で、同国の名目GDPは2000年から2020年にかけて9.9倍に増加している。伸びが大きい国は以下、ミャンマー（9.5倍）、ベトナム（7.7倍）、カンボジア（5.9倍）となっており、相対的に経済規模が小さい国の伸びが目立っている。説明変数として用いたのは各国の名目GDPのタイとの相対規模（タイGDP/相手国GDP。数字が大

---

[34] タイと国境を接しているのは、カンボジア、ラオス、マレーシア、ミャンマーの4カ国。

図表3-18 ASEAN諸国の輸入に占めるタイのシェア

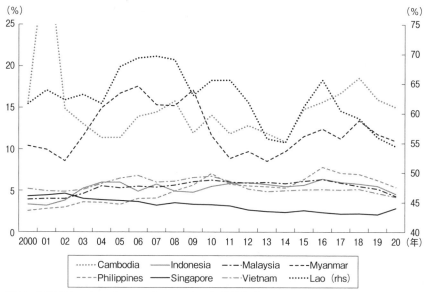

出所：IMF "Direction of Trade Statistics" より筆者作成

図表3-19 ASEAN諸国の輸出に占めるタイのシェア

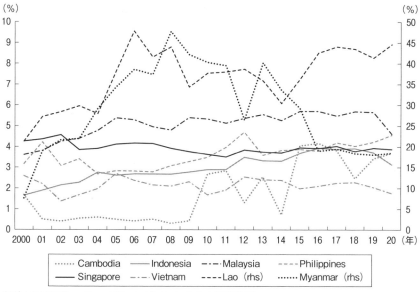

出所：IMF "Direction of Trade Statistics" より筆者作成

第2節　為替に関するさまざまな「選択」　271

図表3−20　ASEAN諸国の2020年名目GDP　ASEAN全体に占めるシェア

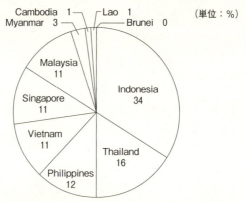

出所：IMF "World Economic Outlook Database" のデータより筆者作成

図表3−21　ASEAN諸国の名目GDPの推移

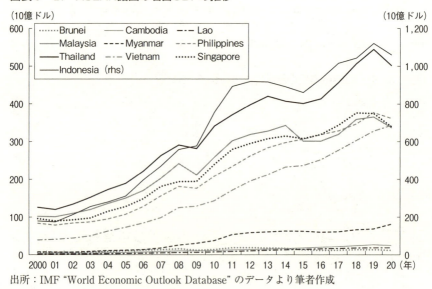

出所：IMF "World Economic Outlook Database" のデータより筆者作成

きくなることはタイの相対規模の上昇を意味する）であるが、名目GDPの伸びがタイ（3.0倍）よりも大きい国（前出4カ国とインドネシア、フィリピン）ではタイの相対規模が縮小し、小さい国（シンガポール、マレーシア）ではタイの相対規模が拡大している。

図表3−22は、タイからの対外直接投資（ネット）の累積額の対名目GDP比をみたものである。アネクドータルな情報によれば、近年、タイ企業が中間財をより労働コストが安い国に設立した現地法人に輸出、そこで組み立てた製品をいったんタイに戻して、改めて輸出するオペレーションが増加している模様である。こうした仕組みは「リインボイス」と呼ばれるもので[35]、現地法人の為替リスク回避と、本社への為替リスクの集約を目的としている。

　タイ企業によるリインボイスの活発化は、タイからの対外直接投資の増加につながると考えられる。タイからの対外直接投資の累積額の対相手国GDP比をみると、ラオスが突出して大きく、ミャンマー、カンボジアが続いている。2004年〜2020年のタイ・バーツ建て輸出の増加分のうち約半分はラオス、ミャンマー、カンボジアの三国によるものだったが、この背景にはタイ企業とこれらの国に設立された現地法人の間でリインボイスを目的としたバーツ建て取引が活発に行われたことがあった可能性がある。

図表3−22　タイの国別累積対外直接投資額の対相手国GDP比

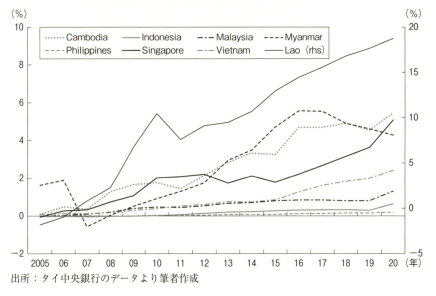

出所：タイ中央銀行のデータより筆者作成

---

[35] リインボイスの詳細については清水ほか（2021）参照。

新興国特有のファクター

インボイス通貨として新興国通貨が選択されるケースを考えるうえでは、従来の研究ではあまり考慮されてこなかった、新興国に特有の要因を検討する必要があろう。たとえば、多くの新興国は為替取引を含む資本取引にさまざまな規制を設けている。自国通貨が完全変動相場制の下で自由に取引されている国に比べて、為替取引にさまざまな規制が存在する国の通貨は市場規模が小さく、流動性に乏しくなると考えられる。

インボイス通貨の選択には通貨に対するアクセスの容易さや流動性も大きな影響を及ぼすと考えられることから、新興国通貨に対する取引規制は、新興国間貿易で米ドルなど完全変動相場制の下で自由に取引されている先進国通貨が用いられてきたことの大きな理由の1つと考えられる[36]。IMFのAREAERによると、東アジアにおいて*de facto*ベースで完全変動相場制を導入している国は日本のみであり、本書で分析対象とするすべてのASEAN諸国は、為替レートのボラティリティを抑制することを目的とした何らかの制度を採用している[37]。

多くの新興国でみられる為替取引およびその他資本取引に対する規制はグローバル金融市場へのアクセスを制限するものであることから、こうした国の通貨はクロスボーダー取引における決済通貨としては使い勝手が悪くなる。このため、金融セクターの対外的な開放度が低い国の通貨は、インボイス通貨として選択されにくいと考えられる。

後述するように、中国人民元の市場規模は中国の経済規模対比で著しく小さいが、人民元取引に関するさまざまな規制による使い勝手の悪さが、この一因になっていると考えられる。自国通貨建てで輸出して為替リスクを回避するインセンティブは中国企業にもあると考えられるが、クロスボーダー取引における人民元の使い勝手の悪さから、決済に他の通貨（主に米ドル）を使わざるを得なくなっているとみられる。タイ・バーツにも取引規制が存在することから、タイ企業も同様の状況（本当はバーツを使いたいが使い勝手の面から米ドルを使わざるを得ない）に直面している可能性が高いと考えられる。以上に鑑み、金融セクターの対外開放度を測る指標として、Lane and Milesi-Ferrettiに

---

[36] Swoboda（1968）など。
[37] Habermeier et al.（2009）の定義に基づく。

よって提唱された対外資産負債合計の対名目GDP比（IFIGDP）を説明変数として採用した[38]。

図表3-23はASEAN諸国と米国、ユーロ圏、日本、中国のIFIGDPをみたものである（国際金融センターであるシンガポールのIFIGDPは例外的に大きいため除外）。2020年の数字をみると、ユーロ圏の対外資産負債残高がGDPの5.8倍、米国と日本がそれぞれ3.7倍に達しているのに対して、ASEAN諸国はカンボジアとマレーシアがやや高い以外は、押し並べて低水準にとどまっている。また、先進国のIFIGDPは2007年～2008年の世界金融危機以降大きく拡大したが、ほとんどのアジア新興国では当時から概ね横ばい～小幅拡大にとどまっている。

IFIGDPに関しては、タイ自身の数字とタイと貿易相手国との格差の両方について推定を行った。タイ自身のIFIGDPが低くても貿易相手国のIFIGDPがさらに低ければ、タイの輸出企業はタイ・バーツをインボイス通貨として使う可能性があると考えられるためである。

図表3-23　各国の対外資産負債合計対GDP比（2007年、2020年）

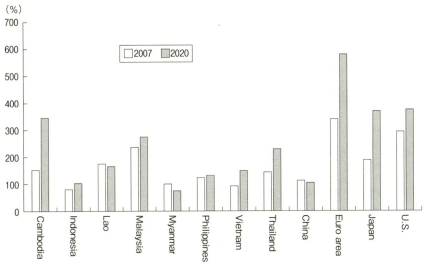

出所：Lane and Milesi-Ferrettiのデータより筆者作成

---

[38] データは、Lane and Milesi-Ferrettiのデータベース（https://www.brookings.edu/research/the-external-wealth-of-nations-database/）より取得。

第2節　為替に関するさまざまな「選択」　275

通貨管理・資本規制以外の新興国に特有の問題として、前出の「三角貿易」があげられる。タイから輸出される製品の最終需要地が輸出先国でなく米国等の先進国である場合には、タイ企業が価格決定力を持つことが難しく、インボイス通貨として米ドルなどの第三国通貨が用いられるケースが多いと考えられる。$triangul$は輸出先国の輸出における米国のシェアであり、これが高いほど当該国の三角貿易の拠点としての役割が強いと考えられる。こうした国においてはその他の国との比較で、インボイス通貨として米ドルが使用されるケースが増加することが想定される。

　図表3－24は、タイ以外のASEAN諸国の輸出における米国のシェアの推移をみたものである。全体的なトレンドは2011年～2012年頃にかけて低下した後、近年は緩やかな回復傾向にある。ベトナムでは米国のシェアが一貫して上昇傾向にあるが、これは、いわゆる「チャイナ・プラス・ワン」の動きのなかで同国が三角貿易の中継点としての役割を強めていることが背景にあると考えられる。

　最後に、アネクドータルな情報によると、タイと国境を接している国々にお

図表3－24　ASEAN各国の輸出における対米国輸出のシェア

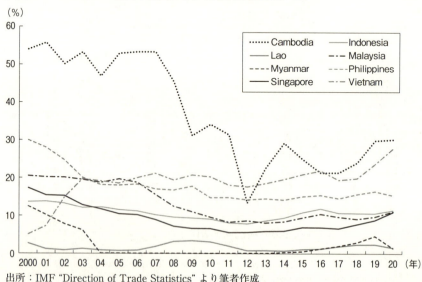

出所：IMF "Direction of Trade Statistics" より筆者作成

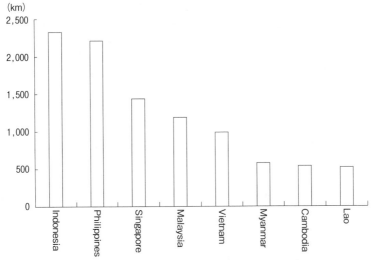

図表3−25 タイ（バンコク）からの距離（首都間の距離）

出所：CASIO「高精度計算サイト 2都市間の距離と方位角」（https://keisan.casio.jp/exec/system/1315820022）から筆者作成

いては、国境付近の小口取引の決済にタイ・バーツが多く用いられている模様である。この見方が正しいのであれば、タイとの距離が近いほどインボイス通貨としてのタイ・バーツの使用が増加すると考えられる。$distance$はASEAN諸国の首都とタイの首都バンコクの距離である（図表3−25）。

推定結果

図表3−26はタイの輸出におけるタイ・バーツのシェアを被説明変数としたモデルについてパネル推定を行った結果である。ここでは、プールドOLS、固定効果モデル（国固定効果と時間固定効果）、ランダム効果モデルの各々について推定を行った。国固定効果モデルのF検定で帰無仮説が強く棄却された一方で、時間固定効果ではF検定の帰無仮説は棄却されなかった。また、ハウスマン検定の帰無仮説は棄却された。以上から、国固定効果モデルが採択される。

符号要件を満たし、且つ統計的に有意であるのは、相対的な経済規模（タイの経済規模が相対的に大きいケースでタイ・バーツの使用が増加）、累積対外

第2節 為替に関するさまざまな「選択」 277

図表3－26 推定結果（タイからの輸出）

下記モデルについて、2005年～2020年の年次データを用いてパネル推定を実施。

$$ccyshare_{it} = \beta_1 + \beta_2 tradeshare_{it} + \beta_3 regdp_{it} + \beta_4 fdi_{it} + \beta_5 ifigdp_{it} + \beta_6 triangul_{it} +$$

被説明変数　ccyshare（タイの輸出に占めるタイ・バーツ建てのシェア）

パラメータ	説明変数			プールドOLS
β_2	tradeshare	相手国の輸入に占めるタイのシェア	-0.0316 (0.1793)	-0.7368*** (0.1580)
β_3	regdp	タイGDP/相手国GDP	0.0060*** (0.0023)	0.0131*** (0.0020)
β_4	fdi	タイの対外直接投資対GDP比（累積）	0.2257 (0.4595)	1.7095*** (0.3391)
β_5	ifigdp	タイの資本市場の開放度（タイ）	0.0809** (0.0373)	
β_5	ifigdp	（相手国との差）		0.0132*** (0.0015)
β_6	triangul	相手国の輸出の米国シェア	-0.3956*** (0.1180)	-0.8070*** (0.1048)
β_7	distance	タイからの距離	-0.1607*** (0.0338)	-0.1512*** (0.0269)
β_8	dborder	国境ダミー	0.0631** (0.0301)	-0.0200 (0.0261)
β_1		定数項	1.2046*** (0.2511)	1.3902*** (0.1993)
		サンプル数	128	128
		国数	8	8
		Adjusted R2	0.79	0.87
		F検定		
		ハウスマン検定		

注：括弧内は標準誤差。国固定効果モデルについてはWhite cross-section、時間固定モデルに
　　***は1％、**は5％、*は10％水準で有意。
出所：筆者作成

$\beta_7 distance_i + \beta_8 dborder_i + \varepsilon_{it}$

	固定効果（国固定）		固定効果（時間固定）	ランダム効果	
−0.4130**	−1.1646***	−0.7800**	−0.0316	−0.7368***
(0.1617)	(0.2366)	(0.3833)	(0.1470)	(0.1400)
0.0146***	0.0216***	0.0133***	0.0060***	0.0131***
(0.0019)	(0.0028)	(0.0046)	(0.0018)	(0.0017)
2.0318***	3.1950***	1.8360***	0.2257	1.7095***
(0.3046)	(0.2417)	(0.6932)	(0.3767)	(0.3004)
0.0418			0.0809***	
(0.0324)			(0.0306)	
	0.0173***	0.0137***		0.0132***
	(0.0017)	(0.0027)		(0.0014)
−0.3921***	−0.7953***	−0.8344**	−0.3956***	−0.8070***
(0.1077)	(0.1437)	(0.3406)	(0.0967)	(0.0929)
		−0.1549	−0.1607***	−0.1512***
		(0.1032)	(0.0277)	(0.0238)
		−0.0278	0.0631**	−0.0200
		(0.0767)	(0.0247)	(0.0231)
0.1132*	0.2767***	1.4248*	1.2046***	1.3902***
(0.0588)	(0.0292)	(0.7246)	(0.2058)	(0.1766)
128	128	128	128	128
8	8	8	8	8
0.85	0.83	0.85	0.79	0.87
5.23***	3.74***	0.31		
			65.55***	39.84***

についてはWhite periodによる修正を実施。

図表3-27　推定結果（タイの輸入）

被説明変数　ccyshare（タイの輸入に占めるタイ・バーツ建てのシェア）

パラメータ	説明変数			プールドOLS
β_2	tradeshare	相手国の輸出に占めるタイのシェア	−0.0160 (0.1530)	−0.0999 (0.1640)
β_3	regdp	タイGDP/相手国GDP	0.0065*** (0.0011)	0.0062*** (0.0011)
β_4	fdi	タイの対外直接投資対GDP比（累積）	0.8252** (0.3639)	1.1881*** (0.3159)
β_5	ifigdp	タイの資本市場の開放度（タイ）	0.0744* (0.0393)	
β_5	ifigdp	タイの資本市場の開放度（相手国との差）		0.0003 (0.0020)
β_6	triangul	相手国の輸出の米国シェア	1.3622*** (0.1560)	1.3058*** (0.1725)
β_7	distance	タイからの距離	−0.0076 (0.0349)	−0.0125 (0.0370)
β_8	dborder	国境ダミー	0.0292 (0.0313)	0.0311 (0.0336)
β_1		定数項	−0.1642 (0.2823)	0.0093 (0.2911)
		サンプル数	128	128
		国数	8	8
		Adjusted R2	0.76	0.75
		F検定		
		ハウスマン検定		

注：括弧内は標準誤差。国固定効果モデルについてはWhite cross-section、時間固定モデルに
　　***は1％、**は5％、*は10％水準で有意。
出所：筆者作成

固定効果（国固定）		固定効果 （時間固定）	ランダム効果	
0.1187 (0.1102)	0.0236 (0.1441)	−0.0514 (0.2138)	−0.0160 (0.1481)	−0.0999 (0.1566)
0.0054*** (0.0012)	0.0056*** (0.0012)	0.0062*** (0.0021)	0.0065*** (0.0011)	0.0062*** (0.0011)
1.4890*** (0.3783)	1.9097*** (0.3753)	1.1453* (0.6430)	0.8252** (0.3522)	1.1881*** (0.3015)
0.0519 (0.0361)			0.0744* (0.0380)	
	0.0020 (0.0015)	0.0000 (0.0009)		0.0003 (0.0019)
1.3813*** (0.2252)	1.3043*** (0.2601)	1.3689*** (0.1924)	1.3622*** (0.1509)	1.3058*** (0.1646)
		−0.0039 (0.0354)	−0.0076 (0.0338)	−0.0125 (0.0353)
		0.0354 (0.0368)	0.0292 (0.0303)	0.0311 (0.0321)
−0.1859*** (0.0587)	−0.0836* (0.0442)	−0.0656 (0.2618)	−0.1642 (0.2732)	0.0093 (0.2779)
128	128	128	128	128
8	8	8	8	8
0.77	0.75	0.72	0.76	0.87
2.41***	2.93***	0.38		
			15.1**	18.7***

についてはWhite periodによる修正を実施。

直接投資（直接投資額が大きいほどタイ・バーツの使用が増加）[39]、相対的な金融セクターの対外開放度（IFIGDPのタイと相手国の差。タイの開放度が相対的に高いほどタイ・バーツの使用が増加）、相手国の輸出の米国シェア（高いほどタイ・バーツの使用が減少）であった。

相対的な経済規模は価格決定力に影響する。タイの経済規模が相対的に大きい場合にタイ・バーツ建て輸出が増加する傾向がみられることは、価格決定力を持ち得るケースではタイ企業がバーツ建てで輸出するインセンティブを有していることを示唆している。

累積対外直接投資とバーツ建て輸出の間の正の相関関係は、タイ企業によるリインボイスの活発化を反映している可能性がある。累積対外直接投資額対GDP比はラオス、ミャンマー、カンボジアの順に大きいが、これらの国ではバーツ建て輸出も大きい。このことは、タイからラオスなどに中間財を輸出、相対的に労働コストが安いこれらの国で組み立てた完成品をいったんタイに戻し、タイから最終需要地に再輸出するという一連の流れ（リインボイス）がバーツ建てで行われていることを反映していると考えられる。

金融セクターの対外開放度はクロスボーダー取引の決済における通貨の使い勝手に影響すると考えられるが、推定結果はタイ自身の開放度よりも、タイと輸出先国の比較における相対的な開放度のほうが重要であることを示唆している。タイ企業がバーツ建てで輸出するインセンティブを有していることを前提とすれば、先進国などタイよりも使い勝手がよい通貨を持つ国への輸出をバーツ建てで行うことは難しいが（輸出相手国が合意しないかもしれない）、タイよりもさらに資本規制が強く、通貨の利便性が低い国（多くは新興国）への輸出であれば、その他の条件が許せばバーツが選択される可能性がある。

最後に、推定結果は、三角貿易の拠点としてのプレゼンスが大きい国に対する輸出では、バーツがあまり使われないことが示唆された。

図表3−27は、図表3−26と同様の推定をタイの輸入におけるタイ・バーツのシェアについて行ったものである。各種検定の結果から、輸出と同様に国固

---

[39] 対外直接投資は単年の数字についても推定を行ったが、これは統計的に有意ではなかった。リインボイスは継続的な経済活動であることから、単年ではなく累積の対外直接投資額とバーツの使用の間に相関があることは、リインボイスの活発化がバーツ使用の拡大につながるとの仮説を支持するものといえる。

定効果モデルが採択される。符号要件を満たし統計的に有意であったのは相対的な経済規模と累積対外直接投資額のみで、金融セクターの対外開放度は符号要件を満たしたが有意でなく、相手国の輸出の米国シェアは統計的には有意だったが符号要件を満たさなかった。

輸出だけでなく輸入におけるバーツのシェアに対しても価格決定力のプロキシーである相対的な経済規模が有意な影響を及ぼしていることは、Goldberg and Tille（2013）によって提唱された、輸出企業と輸入企業の交渉によってインボイス通貨が決定されるメカニズムが新興国間の貿易においても存在していることを示唆しているとも考えられる。また、累積対外直接投資額がリインボイスを反映しているのであれば、タイから現地法人所在国への中間財の輸出だけでなく、現地法人所在国で組み立てられた完成品をタイに戻す（タイの輸入）取引もバーツ建てで行われる可能性が高いと考えられることから、この変数が輸出入の双方で有意となったことは、タイ企業によるリインボイスが活発に行われている可能性を示唆するものと考えられる。

まとめと今後の課題

以上では、伝統的なインボイス通貨選択理論に基づくKamps（2006）やLigthart and da Silva（2007）のモデルをベースに、金融セクターの対外開放度や三角貿易など新興国に特有のファクターを加味したモデルを使って、タイの対ASEAN貿易でインボイス通貨として自国通貨（タイ・バーツ）が選択される条件についての実証分析を行った。推定の結果、タイ企業の対ASEAN貿易におけるインボイス通貨の選択には、輸出では、相対的な経済規模、累積対外直接投資額、相対的な金融セクターの対外開放度、輸出先国の輸出における米国のシェア、輸入では相対的な経済規模と累積対外直接投資額が影響を及ぼしている可能性が示された。これまで、新興国通貨がインボイス通貨として選択されるケースに関する研究はほとんどなかったことから、この点に取り組んだことは学術的貢献といえよう。

もっとも、タイの輸出におけるタイ・バーツの使用はラオス、ミャンマー、カンボジアといった小国で多く（図表3－17）、これらの国はタイからの累積対外直接投資額も大きい（図表3－22）。このことは、小国を相手としたリインボイスがタイの輸出におけるタイ・バーツの使用増加のメインドライバーで

ある可能性を示唆していることから、上記の推定結果をタイの輸出全体、さらにはそのほかの新興国に適用することにはやや慎重になるべきかもしれない。

一般的に、新興国貿易のインボイス通貨は基軸通貨である米ドルが主体であり、図表3−14、図表3−15が示すように、これはタイにおいても同様である。もっとも、本項の推定結果は、とりわけ対新興国向けの貿易においては、一定の条件を満たせばインボイス通貨として自国（新興国）通貨が選択される可能性があることを示唆している。

2020年時点で、タイの輸出に占める先進国のシェアは55％[40]、新興国は45％、輸入は先進国が45％、新興国が54％であった。2000年時点では、タイの輸出に占める先進国のシェアは76％、新興国は23％、輸入は先進国が66％、新興国が32％であり、21世紀入り後新興国のシェアが大きく上昇している。タイの貿易における新興国のシェアの上昇に伴って、インボイス通貨としてのタイ・バーツのシェアも上昇してきたという図式である。もっとも、近年では、中国経済の減速等の影響もあり、新興国の成長モメンタムがひと頃に比べて鈍化していることから、こうしたトレンドが今後も続くか否かはやや不透明である。

今後の研究課題としては、以下が指摘できる。

第一に、①新興国間の貿易におけるインボイス通貨の選択や、②先進国—新興国間の貿易で新興国通貨がインボイス通貨として選択されるケースに関する分析については先行研究がほとんど存在しないが、タイの対ASEAN貿易を対象とした本項は主に①にフォーカスしたものであり、②は依然として今後の研究課題として残されている。

たとえば、タイは日本企業のサプライ・チェーンにおいて重要な役割を果たしていることから、日本—タイ間貿易におけるインボイス通貨選択についての研究は重要である。もっとも、こうした研究から有益な含意を得るためには、清水ほか（2021）が指摘するように企業間貿易/企業内貿易の区分や、産業別の特性などを踏まえて分析を行う必要があるため、本項で用いたものとは異なるデータ・セットとモデルが必要になるだろう。

第二に、本項の分析ではタイの対ASEAN輸出に分析対象を絞ったが、図表3−16が示すように、対ROW（その他の国・地域）向け輸出でもタイ・バー

---

[40] 出所はIMFのDirection of Trade Statistics（DOTS）。DOTSではシンガポール、台湾、韓国、イスラエルなどは先進国に分類される。

ツの使用は相応に増加している。ROWは約9割が中国、香港、韓国、台湾によって占められることから、これらの国への輸出におけるタイ・バーツの使用増加が、対ASEAN向け輸出と同じ要因によって説明可能か否かについては検証の必要があろう。

最後に、従来、インボイス通貨における第三国通貨は米ドルを指すことがほとんどであったが、特に新興国間の貿易においては中国のプレゼンスが大きく高まっていることから、第三国通貨として米ドルと中国人民元のどちらを選択するかという問題が新たに浮上している（Bahaj and Reis（2020）など）。この点に鑑みて第4章第3節では、中国と各国・地域間のクロスボーダー取引における人民元の使用状況について検討する。タイとは異なり、中国は各国との貿易におけるインボイス通貨のデータを公表していないので、中国の貿易における通貨の使用状況を知るためには、間接的な方法によって類推する必要がある。

3　アンカー通貨の選択：取引コストとネットワーク外部性

アンカー通貨選択の理論とインボイス通貨選択の理論の間には厳密な区分はないが、これは、（国レベルの）インボイス通貨の選択がアンカー通貨の選択に影響を及ぼすことを踏まえれば当然といえよう。したがって、アンカー通貨の選択に対してはインボイス通貨の選択と同様、図表3－13にあげたような要因が影響を及ぼし、これに応じて輸出先国通貨か第三国通貨が選択されることになる（インボイス通貨の選択とアンカー通貨の選択の最大の違いは、後者では自国通貨が選択されることがあり得ない点である）。

これまでに明示的に触れなかった論点として、取引コストの問題がある。Oomes and Meissner（2008）は、アンカー通貨の選択に際して最も重要な要因は取引コストであるとして、ゲーム理論の観点からアンカー通貨の選択について説明している。

図表3－28はA国、B国の二国が存在し、アンカー通貨として米ドルかユーロを選択する際のペイオフを示している。Oomes and Meissner（2008）はこのケースの取引コストとして為替リスクを想定しており、A国とB国が別々の通貨を選択すると為替リスクが発生してペイオフが悪くなるため、A国とB国はペイオフをよくするために同じ通貨をアンカー通貨として選択するインセン

図表 3 −28　Oomes and Meissner（2008）のペイオフ・マトリックス

〈ケース 1　複数均衡が成立〉

		A国	
		USD	EUR
B国	USD	(1,1)	(0,0)
	EUR	(0,0)	(1,1)

〈ケース 2　複数均衡が成立せず〉

		A国	
		USD	EUR
B国	USD	(2,1)	(0,0)
	EUR	(1.5,0)	(1,1)

出所：Oomes and Meissner（2008）より筆者作成

ティブを持つ。アンカー通貨の選択に際して（為替リスクでみた）取引コストだけが考慮される場合には複数均衡が成立し、アンカー通貨のシフトが起こり得る（図表 3 −28でいえば、ケース 1 における米ドルからユーロ（ないしはその逆）へのシフト）。他方、取引コスト以外の要因の影響が大きい場合には、複数均衡が成立しない場合があり得る。図表 3 −28の右表では、何らかの要因でA国はB国の選択にかかわらず米ドルを選択したほうがペイオフがよくなる。この場合、A国は必ず米ドルを選択するので、B国の選択肢はA国が米ドルを選択する 2 つの選択肢のうちペイオフがよい米ドルに自動的に決定される。

　上述したように、Oomes and Meissner（2008）は為替レートの変動リスクを取引コストとみなしたが、為替の取引コストにはこのほかにビッド・アスク・スプレッドがある。一般的に、ビッド・アスク・スプレッドは取引が増加すればするほど縮小すると考えられるが、これとの関連で、ネットワーク外部性による取引コストの低さが米ドルの基軸通貨としての地位の裏付けとなっているとの議論がある。以下ではこの点について簡単に説明する。

　いま、EUR/USD、USD/JPY、GBP/USD、EUR/JPY、EUR/GBP、GBP/JPYの 6 種類の通貨ペアに対して 1 本（100万ドル）ずつの需要があり、各々の通貨ペアのビッド・アスク・スプレッド（＝取引コスト）は 3 pipsであるとする。ここで、取引が 1 本増加するとビッド・アスク・スプレッドが 1 pips縮小（＝取引コストの低下）すると仮定すると、非米ドルペア（EUR/JPY、EUR/GBP、GBP/JPY）について直接取引ではなく、米ドルを媒介とするクロス取引を行ったほうが、取引コストが低くなる[41]（図表 3 −29）。

　図表 3 −29の左のケースではEUR/JPYなどの非米ドルペアは非ドル通貨の

図表3－29　為替市場におけるネットワーク外部性と取引コスト

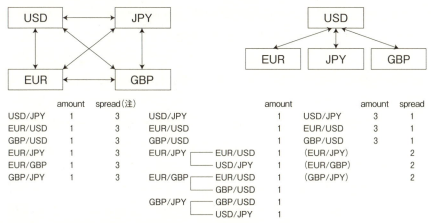

注：amount 1単位増加につきスプレッドが1単位縮小すると仮定。
出所：筆者作成

直接取引で取引されているが、右のケースでは米ドルを介したクロス取引で取引されている。たとえば、EUR/JPYの買いは、EUR/USDの買いとUSD/JPYの売りで複製される。同様にEUR/GBP、GBP/JPYも米ドルを介したクロス取引で複製する結果、USD/JPYとEUR/USDの取引がそれぞれ1本から3本に増え、GBP/USDの取引も1本から2本に増加している。取引量の増加は市場の流動性の改善につながり、ビッド・アスク・スプレッドの縮小につながると考えられる。こうした効果は米ドルの使用が増えれば増えるほど高まることから、取引コストの観点から、市場参加者は非ドル通貨同士の直接取引ではなく米ドルを介したクロス取引を選択するインセンティブを有すると考えられる。図表3－29の右のケースでスプレッド縮小効果が相対的に小さいEUR/GBP、GBP/JPYでもスプレッドは不変となっており、効果がゼロサムでなくプラスサムになっている点に注目されたい。

米ドルのネットワーク外部性は、非ドル通貨同士を取引したいすべての先が米ドルを用いたクロス取引を行った際に最大となる。したがって、市場参加者の効用が取引コストのみによって決まるのであれば、非ドル通貨同士を取引するすべての市場参加者が米ドルを介したクロス取引を選択した際に、市場参加

41　厳密には取引コストとしてブローカレッジも勘案すべきだが、ここではブローカレッジはスプレッドに比べて無視できるほど小さいと仮定した。

者の効用は最大になる。

　こうした状況ではすべての参加者がメリットを享受できる一方で、デメリットを受ける参加者がいないので、状況を変化させるインセンティブを有する参加者は存在しないことになる。このため、現在の米ドルのような事実上の基軸通貨には強力な「慣性（inertia）」が働き、容易に基軸通貨の地位から降りることはない。

　小川（2019）は、Sidrauski（1967）型の「効用関数に貨幣を含むモデル（money-in-the-utility model）」を利用して米ドルの基軸通貨としての慣性について実証分析を行い、以下の結論を導いた。①1999年1月のユーロ導入によってユーロの効用への貢献度が高まったが、多くのケースで米ドルの効用への貢献度は変化しなかった。これは、ユーロの登場がドルの基軸通貨としての地位に影響を及ぼさなかったことを示唆している。ユーロの効用の貢献度上昇の一方で貢献度が低下したのは、円やスイス・フランであった。②GFC時の米ドル流動性不足を受けてドルの効用への貢献度は一時的に低下したが、FRBによる量的緩和政策と米国と各国中央銀行間の通貨スワップ取極に基づいたドル流動性の供給により元に戻った（Ogawa and Muto（2017））。

アンカー通貨の識別：2つの方法

　アンカー通貨を識別するうえで最も議論の余地が少ないのは、各国のIMFに対する申告を参照することである。また、固定相場制など為替レートの柔軟性が低い国の通貨については、アンカー通貨は値動きからも一目瞭然である。

　アンカー通貨の識別で問題になるのは、アンカー通貨を申告しておらず、且つ為替レートの柔軟性が低いケースである。こうしたケースについては、アンカー通貨を識別する手法に関する先行研究が数多く存在する。

　アンカー通貨を識別する方法には、前出の為替レートの変動の程度から類推するもののほかに、当該通貨とそのほかの通貨の為替レートの値動きの連動性を観察するものがある。たとえば、タイ・バーツのアンカー通貨を特定する場合、THB/NZDとUSD/NZD、EUR/NZD、JPY/NZD、GBP/NZDの相関を計算して、THB/NZDとUSD/NZDの相関が最も高ければ米ドルがアンカー通貨ということになる。他方、前出の通貨の変動によってアンカー通貨を特定する方法では、USD/THB、EUR/THB、JPY/THB、GBP/THBのうち最も変動が

小さいものがアンカー通貨ということになる。連動性をみる方法では、重要なのは為替の動きの方向性であって、その動きの大きさではない。

通貨間の連動性からアンカー通貨を特定する方法の嚆矢は、Frankel and Wei（1994）である。Frankel and Wei（1994）によって開発されたモデルは以下のようなものである[42]。

$$\Delta ln \frac{HC}{CHF_t} = \alpha + \beta_1 \Delta ln \frac{USD}{CHF_t} + \beta_2 \Delta ln \frac{EUR}{CHF_t} + \beta_3 \Delta ln \frac{JPY}{CHF_t}$$

$$+ \beta_4 \Delta ln \frac{GBP}{CHF_t} + \varepsilon_t \qquad （式3－7）$$

ここで、左辺は対象通貨（HC）の相手通貨[43]に対する為替レート、右辺は主要通貨の相手通貨に対する為替レートと定数項、誤差項である。

右辺は対象通貨が参照する仮想通貨バスケットの内訳を示しており、各主要通貨の係数 β は仮想通貨バスケットのウェイトのプロキシーとみなすことができる。たとえば、対象通貨が米ドルにペッグしている場合、米ドルの係数は1となり、そのほかはゼロとなる。またこのケースではモデルの適合度は高くなり、変動相場制のケースでは適合度は低くなる。この意味で、Frankel and Wei（1994）のアプローチでは、モデルの適合度（たとえば自由度調整済み決定係数）を為替相場制度の柔軟性のプロキシーとみなすことができる。

近年では、人民元のアンカー通貨としてのプレゼンスに対する関心が高まるなか、Frankel and Wei（1994）の右項にCNYを加える、ないしは（現在ではほとんどアンカー通貨の役割を果たしていないとみられる）GBPをCNYに入れ替えたモデルを使った研究が散見される。もっとも、人民元は米ドルにペッ

---

[42] オリジナル（Frankel and Wei（1994））ではEURではなくドイツ・マルクが用いられていた。

[43] 多くの場合、仮想バスケットにおいて最大のウェイトを占めるのは米ドルかユーロであるため、ニューメレールにはこれら以外の通貨が選択されることが多い。以前はFrankel and Wei（1994）にならいスイス・フランやSDRが選択されるケースが多かったが、Kawai and Pontines（2016）は、スイス・フランは2011年から2015年に大規模介入によって対ユーロの下限を維持する政策をとったことによりレートが歪められたこと、SDRについては、SDRバスケット（米ドル、ユーロ、人民元、円、英ポンドで構成）の構成通貨の多くが右辺の主要通貨と重なることから、これらをニューメレールに用いるのは望ましくないとして、完全変動相場制の下で自由に変動しており、右辺に含まれていない（仮想バスケットの構成通貨でない）NZドルを相手通貨として選択した。

グないしはハーフ・ペッグしていた時期があるため、この時期のデータをサンプルに加えると、深刻な多重共線性（multicollinearity）の問題が発生して、パラメータが適切に推定できなくなる恐れがある。

　Kawai and Pontines（2016）はこの問題を克服するために、以下のような方法を開発した[44]。Kawai and Pontines（2016）ではまず、人民元の為替レートをほかの主要通貨に対して回帰する。

$$\Delta ln \frac{CNY}{CHF_t} = \alpha_t + \beta_1 \Delta ln \frac{USD}{CHF_t} + \beta_2 \Delta ln \frac{EUR}{CHF_t} + \beta_3 \Delta ln \frac{JPY}{CHF_t}$$
$$+ \beta_4 \Delta ln \frac{GBP}{CHF_t} + \varepsilon_t \quad （式3-8）$$

上式から得られた残差項の推定値（$\widehat{\varepsilon}_t$）は、以下のように求めることができる。

$$\widehat{\varepsilon}_t = \Delta ln \frac{CNY}{CHF_t} - \left[\widehat{\alpha}_t + \widehat{\beta}_1 \Delta ln \frac{USD}{CHF_t} + \widehat{\beta}_2 \Delta ln \frac{EUR}{CHF_t} + \widehat{\beta}_3 \Delta ln \frac{JPY}{CHF_t} \right.$$
$$\left. + \widehat{\beta}_4 \Delta ln \frac{GBP}{CHF_t} \right] \quad （式3-9）$$

上式では、残差項の推定値（$\widehat{\varepsilon}_t$）は人民元の動きからほかの主要通貨の動きを取り除いたものであることを示している。これを用いて、以下の推定式が得られる。

$$\Delta ln \frac{HC}{CHF_t} = \alpha_t + \beta_1 \Delta ln \frac{USD}{CHF_t} + \beta_2 \Delta ln \frac{EUR}{CHF_t} + \beta_3 \Delta ln \frac{JPY}{CHF_t}$$
$$+ \beta_4 \Delta ln \frac{GBP}{CHF_t} + \beta_5 \widehat{\varepsilon}_t + \omega_t \quad （式3-10）$$

上式を直接推定して人民元のパラメータ（β_5）を得ることも可能だが、Kawai and Pontines（2016）は両辺から$\widehat{\varepsilon}_t$を差し引いて、$\widehat{\beta}_5 = 1 - \widehat{\beta}_1 - \widehat{\beta}_2 - \widehat{\beta}_3 - \widehat{\beta}_4$としたほうが、より望ましい推定結果が得られるとしている。

---

[44] Ito（2017）は、人民元が対米ドルで固定されていた期間のデータを推定から除外することで、多重共線性の問題を克服することを試みた。

資本取引とアンカー通貨

インボイス通貨およびアンカー通貨選択の理論は、主として貿易取引との関連で論じられることが多かったが、資本取引に絡む為替取引が拡大するなか、近年では資本取引に用いられる通貨の選択とアンカー通貨の関係についての研究も散見される。

He et al.（2016）は、債券発行に際してdominant currency（米ドル）が選択される傾向を明らかにした。これは、米ドル建ての債券市場は最も流動性が高く、ロールオーバー・リスクが低いためである。自国の債券の多くが米ドル建てで発行される状況では、中央銀行は自国通貨の対米ドル為替レートの動向を安定させるインセンティブを有すると考えられる。

Hassan et al.（2016）は、小国はdominant currencyをアンカー通貨とすることで自国通貨建て債券のリスクを低下させ、グローバル投資家を引きつけることができると主張した。Gopinath and Stein（2018）は、安全資産である米国債への強い需要によって米金利が低く抑えられていることが、米国外の企業が米ドル建てで社債を発行することにつながっていることを示した。

4　最適通貨圏（OCA）の理論[45]

前項で議論したアンカー通貨とインボイス通貨の選択は、最適通貨圏（Optimal Currency Area：OCA）の理論と密接に関係している。OCAに関する議論ではユーロ圏が取り上げられることが多いが、1999年の共通通貨ユーロ発足以前には、ドイツ・マルクが域内のアンカー通貨として機能していた[46]。この背景には域内のクロスボーダー取引のかなりの部分がドイツ・マルク建てで行われていた（すなわち、クロスボーダー取引のインボイス通貨としてドイツ・マルクが選択されていた）ことがあったと考えられる。

OCAの理論はMundell（1961）を嚆矢として1960年代に誕生したが、この背景には、米国が慢性的なドル危機に悩まされ変動相場制のメリットを主張する声が高まるなか、固定相場制あるいは共通通貨制が適切であることを示し得る理論への要請が高まったことがあった。田中（2016）によれば、OCAの理論は「通貨統合によって発生するベネフィットとコストとを考察・比較すること

---

[45] 本項の記述は高浜・高屋（2021）、De Grauwe（2020）を参考にした。
[46] 第4章第4節2参照。

によって、統一通貨圏の適格性を判定する理論」である。

OCAを形成する条件については、さまざまな見方が存在する。前出のMundell（1961）は、非対称的ショックが発生しにくいような経済構造、景気循環の同調性に加えて、生産要素価格の伸縮性と生産要素の移動性を条件としてあげた。

A国とB国の二国間で競争力に差がなく、貿易収支が均衡している世界を想定する（A国とB国はいずれも完全変動相場制を採用）。ここで、技術的なイノベーション等何らかの理由によってA国の競争力が高まり、A国で生産・雇用が増加した場合、A国の貿易黒字、B国の貿易赤字が拡大する。しかし、貿易赤字の拡大を受けてB国通貨がA国通貨に対して減価すればB国の輸出競争力が高まり、最終的にはB国の貿易収支が是正される。このケースでは、両国間の不均衡の是正は為替レートを通じてなされる。

Mundell（1961）に続いて、McKinnon（1963）は経済の開放性をOCAの条件としてあげた。McKinnon（1963）によれば、経済の開放性が高い国は為替レート変動による自国の物価への影響が大きくなるため、国内物価安定の観点から固定相場制を採用するメリットが大きいと考えられる。他方、開放性が低い国では為替レート変動が国内物価に与える影響が小さいため、固定相場制を採用するメリットは相対的に小さい。

Kenen（1969）は、生産物の多様性をOCAの基準としてあげた。生産物が多様であれば、ある財に対する需要が減少したとしても、その産業で余剰が生じた生産要素をその他の財が吸収することができる。また、輸出財が高度に多様化している場合、モノカルチャー経済など輸出財が一部に集中している国に比べて輸出は安定する（為替レートの変動による輸出数量の変化が小さくなる）と考えられる。以上の理由により、生産物が多様な国では為替レートによる調整の必要性が相対的に小さくなると考えられる。この多様性基準に基づき、Kenen（1969）は生産物の多様化が進んでいる先進国は固定相場制、進んでいない新興国は変動相場制を採用することを推奨している。

Mundell（1961）、McKinnon（1963）、Kenen（1969）は、OCAの古典的な基準とみなされている[47]。Baldwin and Wyplosz（2015）は古典的経済的基準

---

47 田中（2016）によれば、この「3つの理論がOCA理論の古典であり、理論的基礎を提出したという点で研究者の意見は一致している」。

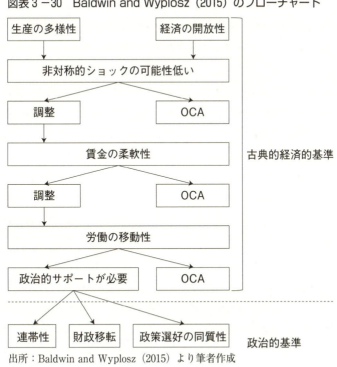

図表3－30　Baldwin and Wyplosz（2015）のフローチャート

出所：Baldwin and Wyplosz（2015）より筆者作成

をフローチャート化し、古典的経済的基準以外にOCA形成に影響を及ぼし得る要因（政治的基準）を明らかにした（図表3－30）。Baldwin and Wyplosz（2015）は経済の開放性（Mckinnon（1963））と生産の多様性（Kenen（1969））をスタート地点とし、これらを満たす諸国が共通通貨圏を形成、非対称的ショックの可能性が低ければOCAとなる。また、この通貨圏がショックに対して脆弱である場合には賃金の変化や労働力の移動を通じた調整が必要となり、調整可能であればOCAになる。これらを通じても調整が不可能な場合には、OCAを実現するためには古典的経済的基準以外の要因（政治的要因）が必要となる。Baldwin and Wyplosz（2015）は政治的要因として「連帯性」「財政移転」「政策選好の同質性」をあげている。

OCA理論とユーロ危機

共通通貨ユーロの誕生に至る経緯と1999年1月のユーロ発足後の動向は壮大

第2節　為替に関するさまざまな「選択」　293

な社会実験であり、OCA理論の研究者に多くの研究材料を提供した。とりわけ、2010年〜2012年の欧州債務危機（ユーロ危機）はユーロ圏がOCAでなかったがゆえに発生したとの見方が多かったが、ユーロ危機は貨幣・金融的な危機であることから、貿易や労働市場に着目した伝統的なOCAの基準では適切に評価することができない。これを受けて田中（2016）は、OCA理論が生き残るためには貨幣的要因を取り入れて議論を拡張することと、「政治的基準」を概念化・具体化することが必要と指摘している。

上述のようにユーロ危機は伝統的なOCA理論の限界をあぶり出したが、De Grauwe（2020）はOCA理論を独自に発展させてユーロ危機を分析した。De Grauwe（2020）は通貨統合のコストとベネフィットを分析することでOCAを判定するというアプローチを採用し、このプロセスでユーロ圏の貨幣的・金融的要因を検討している。

最適通貨圏の内生性

その時々のマクロ要因を所与としてOCAを判定する伝統的なOCA理論は、しばしば静学的との批判に晒される。時間軸としては、OCA理論は共通通貨圏形成の前の時点にフォーカスしており、その時点において特定グループの国が共通通貨圏を形成した場合にOCAになり得るか否かを判定する。これに対し、共通通貨圏を形成した後にマクロ要因がOCAに向けて望ましい方向に変化するか否かという論点がある。これは「OCAの内生性の問題」と呼ばれるものである。

OCAの内生性の問題を最初に提起したのはFrankel（1999）であるとされる。Frankel（1999）は共通通貨と共通の金融政策を採用する通貨圏では為替リスクがなくなり、為替の取引コストも減少するため、域内の相互貿易が拡大して貿易の開放度が高まる結果、「事後的に」OCAの基準を満たす可能性があると指摘した。

実証研究

OCAに関する代表的な実証研究に、Bayouni and Eichengreenによる一連のEUに関する研究がある。たとえば、Bayouni and Eichengreen（1992）は構造VARモデルを利用してEU各国の総供給ショックを抽出し、各国の総供給

ショックの相関を計算した（相関が高いほどOCAの条件を満たすことになる）。また、Bayouni et al.（2000）は、同様の分析を東アジア圏について行い、マレーシア、インドネシア、タイ、シンガポールがOCAを形成し得る可能性を示唆した。

そのほかのOCAに関する実証研究としては、Enders and Hum（1994）が提唱したG-PPP（Generalized Purchasing Power Parity）アプローチがある。G-PPPアプローチでは、自国と強い経済的結びつきを持つ国との二国間為替相場それぞれに共通要素が含まれ、その共通要素が長期的に実質為替相場を安定的な均衡点に導くと考える。したがって、実効為替相場の線形結合が共和分関係を持つのであればPPPが成立し、それらの国々はOCAを形成できる[48]。

最適通貨圏に近づくアジア

欧州における経済・通貨統合に向けた取り組みの長い歴史を反映して、OCAの研究の中心は欧州（EU）であったが、21世紀に入って中国経済が急成長して世界第2位の経済大国として台頭するなか、中国を中心としたアジアがOCAとなり得るか否かについての研究が増加した。典型的には、OCAのフレームワークでユーロ圏とアジアを比較するもので、こうしたタイプの研究の代表的なものには、前出のBayouni et al.（2000）（以下BEM）の他、Zhang et al.（2004）（以下ZSM）がある。また、川﨑（2014）は、Bayouni and Eichengreen（1992）の方法を用いて2000年第1四半期から2013年第3四半期のアジア経済の統合度合いを計測、BEM（分析期間は1968年～1996年）およびZSM（同1980年第1四半期～1997年第1四半期）の推定結果と比較している。

図表3－31はBEMとZSM、図表3－32は川﨑（2014）の推定結果をまとめたものである。網掛け部分は相関係数が0.30を超えるものを示しているが、BEMが4件、ZSMが1件に対して、川﨑（2014）の供給ショックは5件、需要ショックは10件と、比較的強い相関を示すケースが急増しており、アジア経済の統合の深化を裏付ける結果となっている。

---

[48] 川﨑（2008）。

図表3-31　アジア各国の供給ショックに対する反応の相関（BEM、ZSM）

	中国		インドネシア		日本		韓国	
	BEM	ZSM	BEM	ZSM	BEM	ZSM	BEM	ZSM
中国								
インドネシア	−0.04							
日本	−0.02	0.03	−0.20					
韓国	−0.18	0.11	0.01	0.17	−0.03			
マレーシア	0.05	0.16	−0.05	0.03	0.16	0.07	0.01	
フィリピン	−0.02	0.49	0.32	−0.02	−0.03	0.17	−0.03	
シンガポール	0.17	0.32	0.06	0.02	−0.08	0.21	−0.08	
タイ	−0.16	0.16	0.16	0.32	−0.18	0.21	0.15	

出所：川﨑（2014）より筆者作成

図表3-32　アジア各国の供給ショックに対する反応の相関（川﨑（2014））

	中国		インドネシア		日本		韓国	
	川﨑(供給)	川﨑(需要)	川﨑(供給)	川﨑(需要)	川﨑(供給)	川﨑(需要)	川﨑(供給)	川﨑(需要)
中国								
インドネシア	0.15	0.06						
日本	0.37	0.14	0.07	−0.01				
韓国	0.29	0.19	−0.16	−0.01	0.40	0.18		
マレーシア	0.26	0.27	0.11	0.37	0.41	0.54	0.34	0.36
フィリピン	−0.15	0.32	0.02	0.15	−0.31	0.27	−0.14	0.43
シンガポール	0.09	−0.22	−0.26	−0.25	−0.06	0.08	0.04	−0.24
タイ	0.15	0.08	0.12	−0.13	0.25	0.31	0.27	0.43

出所：川﨑（2014）より筆者作成

5　マンデル＝フレミング・モデル

　為替レートの固定相場制を採用している国と変動相場制を採用している国では、当該国による金融・財政政策のインプリケーションが異なったものになると考えられ、この点も為替相場制度の選択に影響を及ぼし得る。この問題を説明するのが、有名な「マンデル＝フレミング・モデル」（以下、「MFM」）で

マレーシア		フィリピン		シンガポール		タイ	
BEM	ZSM	BEM	ZSM	BEM	ZSM	BEM	ZSM
0.05	0.02						
0.01	0.12	0.40	0.30				
0.15	−0.03	0.02	0.06	0.33	0.05		

マレーシア		フィリピン		シンガポール		タイ	
川﨑（供給）	川﨑（需要）	川﨑（供給）	川﨑（需要）	川﨑（供給）	川﨑（需要）	川﨑（供給）	川﨑（需要）
−0.05	0.51						
−0.05	−0.28	0.18	−0.40				
0.37	0.34	−0.01	0.51	−0.15	−0.24		

ある[49]。

　MFMは、財市場と貨幣市場の均衡を表現したIS-LMモデルを開放経済に拡張したものである。閉鎖経済における財市場と貨幣市場の均衡を表すIS-LM理論は以下の2式からなる。

---

[49] Mundell（1962、1963）、Fleming（1962）参照。なお、本項の記述は藤井（2013）を参考にした。

$$Y = C(Y-T) + I(R) + G \tag{式3-11}$$

$$\frac{M}{P} = L(R, Y) \tag{式3-12}$$

　上式は財市場の均衡を示しており、金利（R）が上昇（低下）すると生産（Y）は減少（増加）する。したがって、Y軸に金利、X軸に生産をとったIS曲線は右下がりとなる。他方、貨幣市場の均衡を示す下式によると、金利上昇は生産の増加につながる。これは、金利上昇による貨幣需要の減少を相殺するためには生産（所得）が増加して貨幣需要が増加する必要があるためである。したがって、Y軸に金利、X軸に生産をとったLM曲線は右上がりとなる。図表3－33はIS曲線とLM曲線を1つのグラフ上に描いたものである。IS曲線とLM曲線が交差する点E0において、財市場の均衡と貨幣市場の均衡が同時に達成される。このときの金利がR0、生産量がY0である。

　ここで、金融緩和が行われると、あらゆる生産量において金利が低下（LM曲線の下方シフト）する結果、新たな均衡点（E1）では従来の均衡点（E0）との比較で金利が低下（R1）、生産量（Y1）が増加する（図表3－34）。

　他方、財政刺激策が行われると、すべての金利水準における生産量が増加

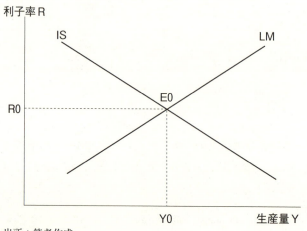

図表3－33　閉鎖経済における均衡（IS-LMモデル）

出所：筆者作成

（IS曲線の上方シフト）する結果、新たな均衡点（E1）では従来の均衡点（E0）との比較で金利が上昇（R1）、生産量が増加（Y1）する（図表3－35）。ここで、生産量の増加分（Y1－Y0）が政府支出の増加分（Y2－Y0）を下回っている点に注意が必要である。これは、政府支出増加による金利上昇を受けてクラウディングアウトが起こり、民間部門の消費・投資が減少するため

図表3－34　閉鎖経済における金融政策（金融緩和策）の効果

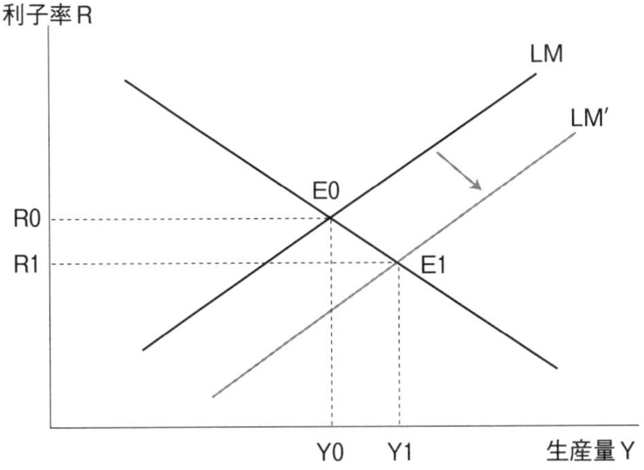

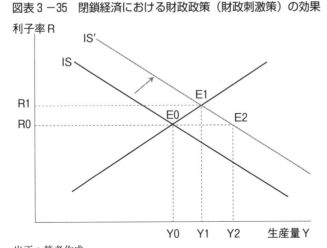

出所：筆者作成

図表3－35　閉鎖経済における財政政策（財政刺激策）の効果

出所：筆者作成

第2節　為替に関するさまざまな「選択」　299

である。

　MFMはIS-LMモデルを開放経済に拡張したものであることから、以下のように表される。IS-LMモデルとの違いは生産の式に対外部門（NX＝純輸出）が加わったことと、金利と為替の関係を示すUIPの式が加わったことである（したがって、これは変動相場制を採用している国のモデルである。固定相場制のケースについては後述する）。以下では、こうした変化により、金融政策、財政政策への影響が閉鎖経済の場合とどのように異なるかについてみていく。なお、以下の議論は自由な資本移動を前提としている。

$$Y = C(Y-T) + I(R) + G + NX \qquad (式3-13)$$

$$\frac{M}{P} = L(R, Y) \qquad (式3-14)$$

$$R = R^* + \frac{S_e - S}{S} \qquad (式3-15)$$

　図表3－36は、IS-LMモデルと為替レートの関係を示したものである。ここでは小国開放経済のケースを考える。小国開放経済においては海外金利（R^*）

図表3－36　変動相場制を採用する小国開放経済における均衡

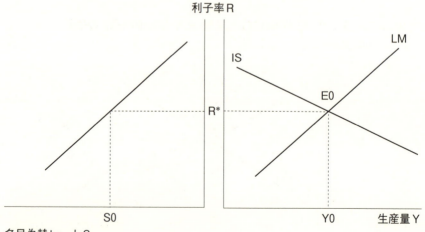

出所：筆者作成

＝国内金利となるため、外生的に決まる海外金利（R^*）の水準で国内の財市場、貨幣市場の均衡が達成される。また、海外金利（R^*）と整合的な水準でUIPに基づいて名目為替レートが決まる。

ここで、IS曲線の傾きが閉鎖経済の場合に比べて緩やかになっている点に注意されたい。これは金利1単位当りの変化が生産に与える影響が大きくなっていることを意味するが、開放経済下では、金利低下が為替レートの減価を通じて輸出を増加させることにより生産が増加するという新たな経路が加わることがその理由である。

図表3－37は変動相場制を採用する小国開放経済における金融政策の効果を示している。当該国が金融緩和を行ってすべての生産水準に対する国内金利を引き下げると（LM曲線の下方シフト）、国内金利低下により生産が増加することに加え、国内金利低下を受けた自国通貨の減価が輸出を増加させる結果、IS曲線の上方シフトも生じる。その後、内需の増加を受けて国内金利が上昇し、外国金利（R^*）と等しい当初の水準に戻って均衡する。これに伴い、名目為替レートも元の水準（S0）に戻る。この結果、金利・為替の水準が当初と変わらないにもかかわらず、生産量が比較的大きく増加して均衡する。

図表3－37　変動相場制を採用する小国開放経済における金融政策の効果

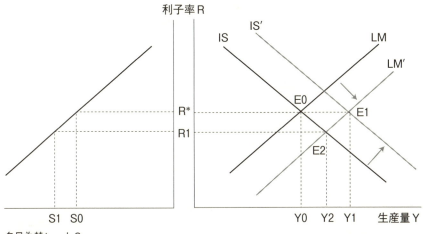

出所：筆者作成

図表3-38は変動相場制を採用する小国開放経済における財政政策の効果を示している。財政拡張による政府支出の増加はすべての利子率における生産量を増加させ、IS曲線を上方にシフトさせる。もっとも、この結果生じる金利上昇が自国通貨の為替レートの増価を招来すると純輸出が悪化、景気悪化を背景に金利と為替レートは元の水準に戻って均衡する。

図表3-37と図表3-38は、MFMによると、変動相場制を採用している国では内需を増加させるうえで金融緩和策は効果があるが、財政刺激策はほとんど効果がないことを示唆している。こうした政策効果の違いは、金融緩和（国内金利低下）と財政刺激策（国内金利上昇）によって生じる国内金利の方向性と、その結果生じる為替レートの方向性の違いに起因する。金融緩和による金利低下は内需を増加させるとともに為替レートの減価を招いて純輸出も増加させる一方、財政刺激策による金利上昇は為替レートの増価を招いて純輸出を減少させることで、財政政策による内需の押し上げを相殺してしまう。

図表3-39は固定相場制を採用する小国開放経済（A国）における金融政策の効果を示している。金融緩和がLM曲線を下方にシフトさせるとA国内の金利がR*からR1に低下する。世界金利はR*のままであることからA国からの資

図表3-38　変動相場制を採用する小国開放経済における財政政策の効果

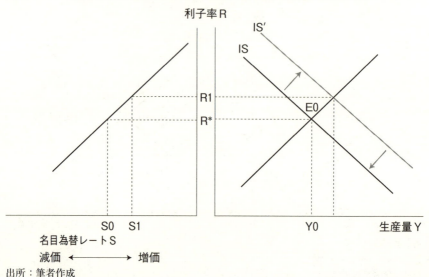

出所：筆者作成

図表3−39 固定相場制を採用する小国開放経済における金融政策の効果

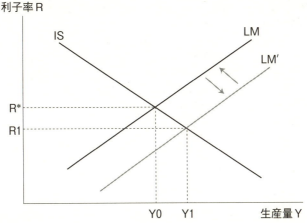

出所：筆者作成

本流出が起こり、A国通貨の為替レートに対する下落圧力が高まる。しかし、A国は固定相場制を採用していることから、為替レートを政策変更前の水準に維持するために自国通貨買い/外貨売り介入を行う。この結果、自国の貨幣供給量が減少して国内金利に対する上昇圧力が高まってLM曲線は元の水準に戻り、生産水準もY1からY0に戻る。以上は、固定相場制の下では、金融緩和を受けた金利低下による景気刺激効果が、固定相場制を維持するための自国通貨買い介入による金利上昇によって相殺されることを示している。

図表3−40は固定相場制を採用する小国開放経済（A国）における財政政策（財政刺激策）の効果を示している。財政刺激策がIS曲線を上方にシフトさせるとA国内の金利がR*からR1に上昇する。しかし、世界金利はR*のままであることからA国への資本流入が起こり、A国通貨の為替レートに対する上昇圧力が高まる。しかし、A国は固定相場制を採用していることから、為替レートを政策変更前の水準に維持するために自国通貨売り/外貨買い介入を行う。この結果、自国の貨幣供給量が増加して国内金利に対する低下圧力が高まり、LM曲線は下方にシフトして新たな均衡点に達する。この時点では、国内生産は政策変更前のY0からY2に増加する。以上は、固定相場制の下では、財政刺激策を受けた金利上昇圧力が自国通貨売り介入によって相殺される結果、財政刺激策が景気にプラスの効果をもたらすことを示している。

図表3－40　固定相場制を採用する小国開放経済における財政政策（財政刺激策）の効果

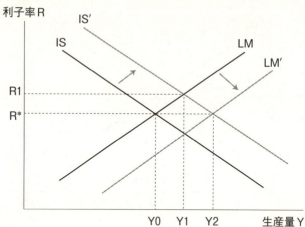

出所：筆者作成

　以上、MFMのフレームワークを用いて、変動相場制、固定相場制の各々のケースにおける金融政策、財政政策の景気浮揚効果について検討した。変動相場制の下では金融緩和に景気浮揚効果があり財政刺激策には景気浮揚効果がない一方で、固定相場制の下では金融緩和に景気浮揚効果がなく財政刺激策に景気浮揚効果があるという、正反対の結果となっている点が興味深い。
　なお、MFMに関する上の議論では資本移動が自由であることを前提としたが、資本移動が自由でないケースや予想為替レートの変化を考慮するケースなどさまざまなバリエーションが考えられ、各々で政策効果への含意が異なる。

第3節　為替相場制度と通貨危機

　ポンド危機（1992年）、メキシコ危機（1994年～1995年）、アジア危機（タイ、韓国、インドネシア、マレーシア　1997年～1998年）、ロシア危機（1998年）、ブラジル危機（1999年）、トルコ危機（2000年～2001年）、アルゼンチン危機（2001年～2002年）など、1990年代から2000年代初頭にかけては通貨危機が頻発した（図表3－41）。

　棚瀬（2015）は、これらの危機の原因は固定相場制などの硬直的な為替相場制度と脆弱な対外ポジション（大規模な経常赤字・対外債務、対外債務の為替リスク（大規模な外貨建て債務など）、不十分な外貨準備など）であり、この結果、①非連続的な自国通貨の為替レートの暴落、②インフレ高進、③自国通貨建て対外債務の急拡大が発生したと整理している（アジア危機については④コンテージョンが顕著だったと指摘）。つまり、硬直的な為替相場制度が維持できなくなり自国通貨の為替レートが暴落したことが、危機のトリガーになったということである。

　上記の見方に立てば、多くの通貨危機は為替相場制度の選択とデザイン（自国のファンダメンタルズと整合的でない制度の選択や平価の設定など）および運用が適切でなかったことが原因で生じたとも考えられる。以下では危機のメカニズムをよりよく理解するためのツールとして、通貨危機の理論を紹介する。代表的な通貨危機の理論には、第一世代モデル、第二世代モデル、第三世代モデルの3つがある。

第一世代モデル

　第一世代モデルはマクロ・ファンダメンタルズの悪化によって固定相場制が維持できなくなり、自国通貨が暴落するメカニズムを説明する理論であり、Krugman（1979）やFlood and Garber（1984）によって定式化された。

　マクロ・ファンダメンタルズの悪化はさまざまなものが考えられるが、たとえば、固定相場制を採用している国が国内景気を支えるために積極的に財政支出を行い、そのファイナンスが中央銀行による国債買入によって行われるケ

図表3−41　1990年代以降の主な通貨危機

時期（年）	国・地域	概要
1982〜1989	中南米諸国（メキシコ、アルゼンチン、ブラジル等）	1982年8月にメキシコ政府が対外債務支払い停止を宣言。新興国の累積債務問題が顕在化。
1990年代前半	北欧（スウェーデン等）	1980年代後半の規制緩和を受けて銀行貸出が急増して不動産バブルが崩壊し、銀行の不良債権が拡大。
1992〜1993	欧州（英国、イタリア等）	1992年8・9月に英ポンドとイタリア・リラが投機アタックを受け、ポンドは暴落。
1994〜1995	メキシコ	1990年代初頭にはNAFTAや構造改革への期待からメキシコへの大規模な資金流入がみられたが、1994年のFedによる利上げやメキシコ国内の政治不安等を受けて資本流出が加速して通貨安圧力が高まり、固定相場制を維持できなくなった。
1997〜1998	東アジア（タイ、韓国、インドネシア、マレーシア等）	1990年代のタイでは資本市場の自由化が急速に進められ、国内への資金流入が加速、不動産バブルが発生した。バブルが崩壊して資本流出が加速すると固定相場制の維持が困難となり、変動相場制に移行。通貨売り圧力は固定相場制を採用していた他のアジア諸国にも飛び火し、ドミノ倒し式に通貨危機が発生した。
1998	ロシア	財政赤字と公的債務の急増等を受けて資本流出が加速するなかで固定相場制を維持することが困難に。
1999	ブラジル	経常赤字や財政赤字などの要因に加え、ロシア危機の影響を受ける。
2000〜2001	トルコ	2000年11月、銀行の不正融資疑惑から信用不安が拡大し、株価急落、金利急騰。2001年2月にクローリング・ペッグ制を放棄し、変動相場制に移行。
2001〜2002	アルゼンチン	1ドル＝1ペソの固定相場制の下、ペソの競争力が失われ、経常赤字が拡大。2001年12月、政府は対外公的債務の一時返済停止を宣言。2002年2月にカレンシーボード制が放棄され、変動相場制に移行。

出所：藤井（2013）p.284、棚瀬（2019）などより筆者作成

図表3-42　第一世代モデルの概念図

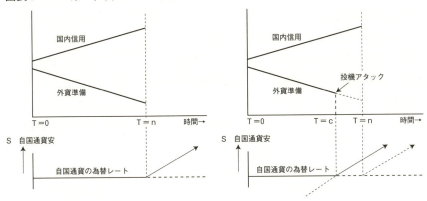

出所:橋本(2006)より筆者作成

スを考えてみよう。中央銀行が国債を買い入れる結果マネタリーベースが増大し、国内金利に低下圧力をかける結果、自国通貨の為替レートに対する下落圧力が高まる。しかし、当該国は固定相場制を採用しているため、制度を維持するために外貨売り/自国通貨買い介入を実施する必要があり、外貨準備が減少する。こうした動きが続くといずれかの時点(図表3-42左の「T=n」)で外貨準備が枯渇して固定相場制を維持できなくなり、自国通貨の為替レートは暴落する。

図表3-42は、上記のような展開を見越してT=nよりも早い段階(T=c)で投機アタックが発生するケースを示している。当該国通貨売りのアタックにより外貨準備が枯渇して、通貨危機が発生する。

第二世代モデル

Obstfeld(1996)によって定式化された第二世代モデルは、為替相場制度に対する市場参加者の期待いかんで危機が発生するケースとしないケースがあり得るという複数均衡を示した。このモデルでは、第一世代モデルとは異なり、ファンダメンタルズの悪化は危機の必要条件ではない。

第二世代モデルでは、投資家が協調行動をとるかどうかがカギとなる。ゲームの参加者(投資家)全員ないしは大多数が投機アタックを仕掛けるのであれば投機が成功する可能性が高い一方で、少数しか投機アタックを仕掛けないの

であれば成功の可能性は低い。Obstfeld（1996）はこのことを、以下の事例をあげて説明した。

　ゲームの参加者は通貨当局と投資家2名であり、投資家はそれぞれ、ある国の通貨を6単位ずつ保有している。投機が成功する場合には売却した通貨の単位から取引コスト1を差し引いた額が投資家の利得となる。したがって、投資家が得られる最大の利得は6単位を売却して投機が成功した際の「2」である（6/2＝3からコスト1を差し引いた額）。他方、投機が失敗した際の損失は取引コスト分「1」である。

　ここで、当局が保有する外貨準備が6、10、20のケースを考える。各々のケースにおける投資家の利得は図表3－43のようになる。外貨準備が10の場合、片方の投資家が全額（6）を売却しても当局はすべて吸収することができるので、通貨危機には至らない。しかし、2名の投資家がいずれも全額（12）を売却すると外貨準備が枯渇して、通貨危機が発生する。この場合、売却できる通貨は最大で10（外貨準備と同額）であるため、各人が得られる最大の利得

図表3－43　Obstfeld（1996）の利得表

外貨準備＝6		投資家B	
		保持	売り
投資家A	保持	(0,0)	(0,2)
	売り	(2,0)	(0.5,0.5)

外貨準備＝10		投資家B	
		保持	売り
投資家A	保持	(0,0)	(0,−1)
	売り	(−1,0)	(1.5,1.5)

外貨準備＝20		投資家B	
		保持	売り
投資家A	保持	(0,0)	(0,−1)
	売り	(−1,0)	(−1,−1)

出所：橋本（2006）、高浜・高屋（2021）より筆者作成

は2ではなくの所得は5/2−1＝1.5となる。

図表3−43は、外貨準備が6のケースでは投資家の片方だけ売却、両方売却のいずれでも利得が発生する一方、外貨準備が20のケースでは片方だけ売却、両方売却のいずれでも損失が発生する。外貨準備が10のケースでは片方が売却すると損失が発生するが、両方が売却すれば両者が利得を得ることができる。

第三世代モデル

第三世代モデルは、アジア危機においてみられた通貨危機と金融危機の併発を説明するためにKrugman（1999）によって提唱されたものである。

通貨危機と金融危機の関係については、通貨危機が金融危機を引き起こすケースと、金融危機が通貨危機を引き起こすケースの二通りが考えられる。前者について、何らかの原因（たとえば経常収支危機）で自国通貨の為替レートが下落すると、外貨建て債務が多い銀行や企業のバランスシートが悪化して金融危機に至る。他方、外貨建て債務が多い銀行や企業のバランスシートが為替以外の要因により悪化すると、資本流入の減少ないしは資本流出の増加が生じて為替レートに対する下落圧力が高まり、最終的に危機に至る。

アジア通貨危機をどう説明するか

一般的に、第一世代モデルは財政赤字と通貨危機の関係を説明する理論とみなされており、1980年代の中南米諸国の債務・通貨危機を説明するうえで有効とされていた。第二世代モデルの含意は広く適用可能だが、特に1990年代前半のERM危機を説明する理論と捉えられている。第二世代モデルでERM危機を説明する視点は、自由な資本移動を所与とした際に、固定相場制と自律的な金融政策のどちらを選択するかということである。当時、東西ドイツ統一以降、ドイツが高金利政策をとっていたため、他のERM諸国もERMを維持するために高金利を余儀なくされ、これが国内経済の低迷につながっていた。こうした状況でドイツ以外のERM参加国は固定相場制を維持するために高金利を続けるか、国内経済刺激のために固定相場制を放棄して国内景気を刺激するために金利を引き下げるかという二択に直面していた。ここで、国内景気刺激のために固定相場制を放棄する可能性が高いとの見方が強まれば投機的な通貨売りが増大して通貨に対する下落圧力が高まり、最終的に固定相場制放棄（＋通貨の

暴落）が発生する（こうした事例として最も有名なのは、ジョージ・ソロスによる英ポンド売りであろう）。

　他方、アジア通貨危機前夜のアジア各国は、財政状況は比較的健全であり、金融緩和が必要なほど景気も悪くなかったことから、第一世代モデル、第二世代モデルで説明することが適切でないと考えられた（上述したように第三世代モデルはアジア危機を受けて発展したが、同モデルは通貨危機と金融危機の関係にフォーカスしており、必ずしも通貨危機発生の原因を説明するものではない）。

　当初、危機を説明するうえでファンダメンタルズを重視する第一世代モデルと投資家の期待形成を重視する第二世代モデルは対立する理論とされていたが、その後、両者を結びつけるような理論が発展した。

第4節　為替介入

　各国の政策当局が自国通貨の為替レートの安定を達成する最も直接的な方法は、為替市場への介入である。前節で取り上げた為替相場制度との関係では、固定相場制や管理フロート制など一定の水準に為替レートを維持することを目的とした制度を採用している場合には、制度を維持するために為替介入が行われるケースが多い。たとえば、一定のレンジ内に為替レートを維持する制度下で自国通貨安（高）圧力が強まり、レートがレンジの下限（上限）を抜けそうになった場合には、自国通貨買い（売り）介入を実施して、為替レートをレンジ内に押し戻すことが必要となる。また、変動相場制を採用している国においても、為替レートに過度の変動がみられた場合にはボラティリティを抑制するために介入が行われることがある。

1　為替介入の理論

　理論的には、為替介入は①ポートフォリオ・バランス効果と②シグナル効果（アナウンスメント効果）のいずれかないしは両方を通じて為替市場に影響を及ぼす。
　ポートフォリオ・バランス効果とは、通貨当局による為替介入によって民間部門が保有する外貨建て資産と自国通貨建て資産の構成が変化して、民間部門による資産のリバランスが為替レートに影響を及ぼすという考え方である。たとえば、日本の通貨当局が外貨買い/円売り介入を行うと、民間部門が保有する外貨建て資産が減少する一方で円建て資産が増加する。ここで、民間部門が元の構成を回復するために外貨建て資産を購入する一方で円建て資産（外貨建て資産、円建て資産のいずれについても債券を想定）を売却してリバランスを行うと、民間部門による外貨建て資産の購入が円の為替レートを減価させる。為替介入のポートフォリオ・バランス効果を考えるうえでは、介入が不胎化介入か非不胎化介入かによって、国内金利（内外金利差）と為替レートの関係および為替介入と金融政策の関係が大きく異なったものになる点に注意を要する。

ポートフォリオ・バランス効果のインプリケーションは明快であり、学界では一定の支持を得ていると考えられるが、介入効果に関する実証分析の結果は必ずしもこの仮説をサポートするものにはなっていない。ポートフォリオ・バランス効果では暗黙裡に機関投資家による債券投資行動のシフトを想定していると考えられるが、これはある程度の時間を要するプロセスである。一方で後述するように、介入効果に関する実証研究の結果は、介入効果が（あったとしても）短期的にとどまることを示唆しており、ポートフォリオ・バランス効果が想定する為替レートへのインパクトとはその時間軸が整合的でない。

2　不胎化介入と非不胎化介入

為替介入における不胎化と非不胎化の区別は重要であり、後述するように両者における介入効果の違いは長らく当該トピックにおける主要な学術的関心事であった。

定義上、不胎化介入と非不胎化介入の違いは、自国通貨売り介入（日本の場合は円売り介入）の結果、マネタリーベースが変化するか否かである。自国通貨売り介入を通じて銀行システムに供給したマネーをそのまま放置してマネタリーベースが拡大すれば非不胎化介入、マネーを債券売りオペ等で吸収してマネタリーベースを一定に保てば不胎化介入となる。

図表3-44は不胎化介入、図表3-45は非不胎化介入における効果を図示したものである。図中のMEは通貨市場の均衡曲線、DEは資産市場の均衡曲線である[50]。不胎化介入ではマネタリーベース（ME）は変化しない。他方、当局の外貨買い/自国通貨売りによって民間部門が保有する外貨建て資産が減少/自国通貨建て資産が増加する。民間部門がポートフォリオ・リバランスのために外貨建て資産買い/自国通貨建て資産売りを行うと、自国通貨の為替レートが減価する一方で国内金利が上昇する。金利平価説等で想定される通常の金利と為替の関係と逆になっているが、高木（2011）はこれについて、「（国内）金利の上昇が自国通貨資産から外国通貨資産へのポートフォリオ・シフトによるものならば、国内金利の上昇は円の減価を伴う」と説明している。他方、非不胎化介入の下ではマネタリーベースの増加（MEの上方シフト）を受けて国内

50　高木（2011）。

図表3-44　不胎化介入における介入効果

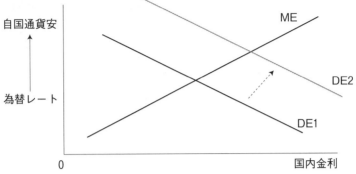

出所：高木（2011）より筆者作成

図表3-45　非不胎化介入における介入効果

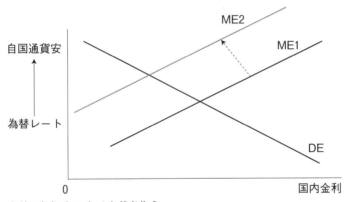

出所：高木（2011）より筆者作成

金利が低下するなかで、自国通貨の為替レートが減価する。

　上述したように非不胎化介入を実施するとマネタリーベースが増加するが、マネタリーベースの増加を受けた国内金利低下は中央銀行による金融緩和にほかならない。したがって、非不胎化介入では金融政策と為替介入は表裏一体の関係にある（この点は後述するシグナル効果を理解するうえで重要である）。この観点から、外貨買い介入で放出した自国通貨を債券売りオペ等によって吸収する不胎化は、為替介入政策を金融政策から切り離すためのオペレーションとも捉えられよう。

第4節　為替介入　313

シグナル効果

　為替介入の「シグナル効果」において想定されるのは、将来の金融政策ないしは予想為替レートに関するシグナルである。①中央銀行が金融政策とともに為替政策も所管する場合には介入のシグナル効果は金融政策に関するシグナル、②金融政策と為替政策の所管が異なる場合には将来の為替レートに対するシグナルとなる。

　①に関して、たとえば円売り介入は、市場参加者による将来の金融緩和に対する期待を高め、自国通貨の為替レートの減価を招来するだろう。ここで重要なのは、市場参加者の金融政策に対する信認である。市場参加者が金融政策の方向性に関するシグナルを信用していなければ、シグナル効果は顕在化しない。

　②に関して、為替介入は政策当局が望ましいと考えている為替レートの水準や方向性に関するシグナルを送る。たとえば、当局がある水準で自国通貨売り介入に踏み切った場合、市場参加者は介入を当局がその水準以上の通貨高を望んでいないことを示すものと解釈し、為替レート見通しを修正するかもしれない。

3　為替介入の決定権者と実務執行者[51]

　日本における為替介入は財務大臣が円相場の安定を実現するために用いる手段と位置付けられており、外国為替及び外国貿易法7条3項（「財務大臣は、対外支払手段の売買等所要の措置を講ずることにより、本邦通貨の外国為替相場の安定に努めるものとする」）を踏まえ、財務大臣の権限において実施される。日本銀行は財務大臣の代理人として、財務大臣の指示に基づき、財務省所管の「外国為替資金特別会計」（以下、「外為特会」）の資金によって為替介入を実施する。メディアの報道等では、為替介入は「政府・日銀が為替介入を実施」といった形で報じられることが多い。実際のオペレーションを行っているのは日本銀行なので両者の併記は必ずしも誤りではないが、財務省が決定権者であることを踏まえると、「日銀が介入を実施」という表現はややミスリーディングであろう[52]。

---

[51]　本項の記述は日本銀行ホームページの「日本銀行における外国為替市場介入業務の概要」（https://www.boj.or.jp/intl_finance/outline/expkainyu.htm）を参考にした。

図表3－46　各国・地域の為替介入の決定権者と実務執行者

	日本	米国	ユーロ圏	英国
介入の決定	財務省	財務省およびFRB	ECB	財務省およびBoE
介入実務の執行	日本銀行	NYFed	ECBおよび各国中央銀行	BoE

出所：日本銀行ホームページ「日本銀行における外国為替市場介入業務の概要」より筆者作成

　上述したように、日本においては介入実施を決定するのは財務大臣であり、介入に関する実務を行うのは日本銀行である[53]。図表3－46は、先進諸国・地域の為替介入の決定権者と実務執行者を示している。米国では財務省とFRBの双方に決定権があり、NY地区連銀が実務を担う。ユーロ圏では欧州中央銀行（ECB）に権限があり、ECBとユーロシステムを構成するユーロ参加国の中央銀行が実務を担う。英国では財務省とイングランド銀行（BoE）の双方に決定権があり、BoEが実務を担う。

　為替介入の決定権者は、為替政策と金融政策の関係を規定する。ユーロ圏のように中央銀行が為替介入の決定権者である場合には、介入は基本的に金融政策と整合的であることが求められる[54]。他方、日本のように為替介入（政府・財務省）と金融政策（日本銀行）の決定権者が異なる場合には、為替介入と金融政策は独立しており、個別の政策目標に照らして行われる。

　たとえば、2022年9月22日には日本銀行が金融政策を据え置いた後の会見での黒田総裁によるハト派的な発言（フォワードガイダンスの変更や利上げは当面ないとし、「当面」とは数カ月ではなく2～3年と考えたほうがよいと発

---

[52] 筆者の印象では、どちらか片方だけ表記されるケースは「政府・財務省」よりも「日銀」が圧倒的に多い。

[53] 財務大臣が為替介入の実施を決定すると、財務省国際局為替市場課から日本銀行金融市場局為替課にその旨が伝えられ、日本銀行為替課が民間金融機関を通じて為替取引を実施する。当該取引の決済などバック業務は、国際局国際業務課バックオフィスグループが実施する。

[54] ただし、マーストリヒト条約111条に「EU財務相理事会（ECOFIN）が為替政策につき一般的な指針を作成することができる」と規定されており、為替介入に対して政府も一定の関与をしている。

言）を受けて円が売られるなかで、財務省は1998年6月以来となる円買い介入に踏み切った。当時、金融政策と為替政策の方向性が逆との指摘もみられたが、上述したように日本においては金融政策と為替政策は独立していることから、各々が個別の政策目標（金融政策の目標は物価の安定と金融システムの安定であるのに対して、為替政策の目標は為替相場の安定）に照らして実施した行動と捉えることができよう。

米国や英国のように政府と中央銀行の双方に決定の権限がある国はやや複雑である。これらの国では介入の決定に関しては基本的に政府が主導権を握っていることから、理論上は2022年9月に日本で起こったのと同様のケースが生じてもおかしくない。他方、中央銀行は金融政策の目標を達成するための政策手段に関して独立性を認められていることから、理論上は金融政策の目的を達成する手段として単独で介入を実施することもあり得る（筆者が知る限りでは、米英でこの形の為替介入が過去に行われた事例はない）。

4 日本における為替介入

前項で述べた介入の決定権者の違いはさまざまな含意を持ち得るが、なかでも重要なのは、日本のように政府に為替介入の権限がある国では、厳密な意味での非不胎化介入が不可能であることである。前述したように、非不胎化介入では自国通貨売り介入（日本の場合は円売り介入）の結果マネタリーベースが拡大するが、為替介入の決定権者が政府である場合、政府はマネタリーベースを拡大することはできないためである。

もっとも後述するように、為替介入と平仄を合わせる形で中央銀行がマネタリーベースを拡大することにより「事実上の」非不胎化介入を実施することは可能である。この点を理解するために、以下では、日本における為替介入のオペレーションについて、やや詳しくみていく。

財務省は政府短期証券（FB）を発行して市中から調達した円貨を外貨と交換することで、外貨買い／円売り介入を実施する。円売り介入に際してはいったん市中からマネー（円貨）が吸収され、それが外貨の対価として売り戻される形となるため、円売り介入の前後でマネーの総量は変化しない。

このように、財務省が円売り介入に用いる円資金を市中でFBを発行して調達するのであれば本来の意味での非不胎化介入は起こり得ないが、これは現実

的には困難なので、円売り介入を速やかに行わざるを得ないケースでは、日本銀行がFBを一時的に引き受けることになる。このケースで円売り介入によって銀行システムに供給された円資金が放置されれば非不胎化介入となるが、これは財務省（政府）がマネーを創出していることにほかならないため、円資金は新たなFBの発行により可及的速やかに吸収される。そこで得た円資金によって当初日本銀行が引き受けたFBは速やかに償還されるため、プロセス全体ではFBの発行残高は介入額とマッチする。

　図表3-47は外貨買い/円売り介入に伴う外為特会（財務省）と日本銀行のバランスシートの変化を図式化したものである（日本銀行によるFB引き受けを想定）。介入実施前後の変化は、外為特会の外貨資産が増加した一方で、特会の負債サイドで同額のFBが立っていることのみである。外為特会が円でファンディングした外貨ポジションを新たに造成した格好であり、日本銀行のバランスシートは為替介入の前後で変化しない。

　為替介入により市場に共有された円資金は「可及的速やかに」吸収されると前述したが、実際には、どの程度の期間が「可及的速やか」であるかについての厳密な定義はない。仮に、為替介入によって市中に放出された円資金がある程度の期間滞留した場合、事実上非不胎化介入が実施されたのと同じことになる。たとえば、渡辺・藪（2009）によれば、2003年～2004年の"Great Intervention"[55]時には、介入によって供給された円資金のうち60％は直ちにオフセットされたものの、残りの40％はオフセットされず、しばらく市場に滞留した。これは、それ以前はほぼ100％が直ちにオフセットされたのと対照的であり、当時は事実上の非不胎化介入が実施されていたとも解釈可能である。

日本の為替介入略史

　財務省は2000年7月に1991年4月以降の日次ベースの介入データの公表を開始した。このため、1991年4月以降に実施された介入については、介入の通貨と額を日次ベースで知ることができる。図表3-48は1991年4月以降の四半期ベースの介入額とドル/円相場の推移をみたものである。

　1990年代半ばや1999年～2000年のドル/円下落局面では比較的頻繁に介入が

---

[55] Taylor（2006）。

図表3-47　円売り介入に伴う外為特会（財務省）、日本銀行のバランスシートの変化

① 財務省がFB1を日本銀行に直接引き受けてもらって調達した円資金で市場から外貨を購入

② 財務省はFB2を発行して得た円資金でFB1を償還。介入で得た外貨資産の見合いでFB2が立つ形に。

外為特会（財務省）

資産	負債
外貨資産	FB

資産	負債
外貨資産（介入前）	FB
外貨資産（介入後）	FB1（日銀引き受け）

資産	負債
外貨資産（介入前）	FB
外貨資産（介入後）	FB1（日銀引き受け）
円資産	FB2（市中調達）

資産	負債
外貨資産（介入前）	FB
外貨資産（介入後）	FB2（市中調達）

出所：服部（2023）より筆者作成

図表3-48　介入額（四半期計）とドル/円

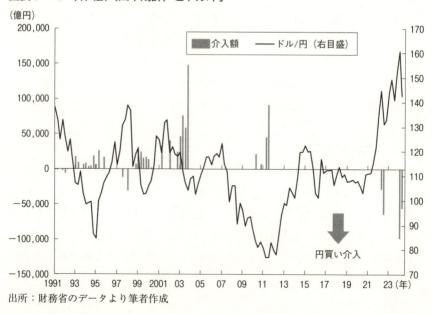

出所：財務省のデータより筆者作成

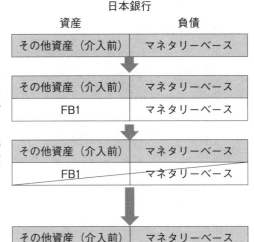

①′ 財務省から引き受けたFB1（資産サイド）の見合いでマネタリーベース（負債）が増加。この時点では非不胎化介入の形に。

②′ FB1が償還されたことにより同額のマネタリーベースが減少。BSは介入前の姿に戻る。

行われ、特に2003年から2004年第4四半期にかけては介入が実施されない日のほうが少ない月もあるほどだった。2004年第2四半期以降はしばらく介入が実施されなかったが、GFC後円高が進行、2010年9月にドル/円が82円台まで下落すると久々にドル買い/円売り介入が実施された。2011年3月18日には東日本大震災後に急激に円高が進行（ドル円は一時76円台に下落）するなかでG7による円売り協調介入が実施された。いったん85円台に反発したドル/円が再び下落に転じるなか、同年8月と10月には比較的大規模な円売り介入が実施された。2011年11月4日を最後に11年近く介入は実施されなかったが、急激な円安が進行し、ドル/円が一時1990年以来の151円台に上昇するなか、財務省は2022年9月22日に1998年6月以来の円買い介入に踏み切り、翌10月にも2度、円買い介入を実施した。また、2024年4月29日、5月1日にも円買い介入を実施した（同年7月11日にも介入を実施したとみられるが、執筆時点ではデータが未公表）。

5　口先介入

口先介入の修辞学

　日本、ユーロ圏など完全変動相場制を採用している先進国において為替介入は例外的なイベントであり、何の前触れもなくいきなり介入が実施されるケースは稀である。通常は、望ましくない為替レートの動向に対して当局者が警告を発し、警告のトーンを徐々に強めていき、それでは不十分と判断されるに至って初めて実際の為替介入が実施されるというプロセスが一般的である。

　実際に介入が実施される前の段階で当局者から発せられる警告は通常、「口先介入」と呼ばれている（口先介入に対応して、実際の介入は「実弾」などと呼ばれることがある）。以下では、日本とユーロ圏における口先介入について述べる。

〈日　　本〉

　実際に介入に踏み切るタイミングを正確に予測することができれば大きなトレーディング収益をあげることができる可能性が高いため、市場参加者は当局者発言の微妙なニュアンスの変化や特定の単語（「コードワード」等と呼ばれることがある）の使用等から、実際の介入への距離感を推し量ろうとする。たとえば、2022年6月9日付けのブルームバーグの記事（占部（2022））は、「介入への距離」と当局者発言の関係を、図表3-49のようにまとめている。筆者の感触では、2022年9月の介入前の時点では、「断固たる措置」という言葉が「コードワード」として市場参加者の間で特に注目されていた。

　図表3-50は、円買い／ドル売り介入（9月22日、10月21日、10月24日に実施）に踏み切った2022年の、介入前後の当局者発言をまとめたものである。また図表3-51は、このなかから、6月10日（前営業日のドル／円NYクローズ[56]は134.36円）の三者会合（財務省、日本銀行、金融庁の代表者による非定期の会合）と介入実施直前の9月8日（同142.84円）の三者会合における発言を比較したものである。直近の為替相場の動向について、6月は「最近の為替市場では急速な円安進行が見られ憂慮している」と述べていたのに対し、9月は「（最近の為替変動）明らかに過度」「極めて憂慮」「投機的な動きも背景に一方

---

[56]　ブルームバーグによる。

向で急速な円安」「ファンダメンタルズだけでは正当化できない」等とより踏み込んだ表現になっており、警戒を強めていることをうかがわせていた。

2022年のコミュニケーションでは「投機」という言葉が頻繁に用いられた。筆者が確認した限りでは、投機という言葉が最初に用いられたのは9月8日の三者会合後の神田財務官の発言においてであり、それ以降は「投機主導の急激な変動は好ましくない」ことが繰り返し述べられた。

他方、措置に関する文言は6月の「必要な場合には適切な対応をとる」からあまり変化せず、市場参加者の間で「コードワード」とみなされていた「断固たる措置」は用いられなかった。結局、2022年のシリーズで「断固たる措置」という言葉が初めて使われたのは、9月22日に介入に踏み切った後であった。

総じてみれば、2022年の介入に関するコミュニケーションは、2011年～2012年のコミュニケーションと共通している部分もあるものの、異なる部分も多く、コードワードの使い方等を含めた定型のフォーマットが存在しないことを示唆している。

介入に関するコミュニケーションでは、具体的な水準に言及するのはタブーとされている。2022年のケースでも、神田財務官は定石どおり、「145円が防衛ラインなのか」との問いに対して「それははっきりと否定します」「水準というのは全く考えていません」と答えている。日本を含むG7各国の為替介入はG7の合意に基づいて行われるが、G7では為替介入は過度の変動に対処するものと位置付けられており、特定の水準を目的とした介入は容認されていない。このことが、特定の水準に言及しないことの理由と考えられる。

G7は、「為替レートは経済のファンダメンタルズを反映して市場で決定されるべき」であり、「過度の変動は望ましくない」としているが、「経済のファンダメンタルズ」や「過度な変動」に関する具体的な定義はない。神田財務官は2023年10月4日、どのような変動が「過度な変動」に当たるかについて「いろいろな要素を総合的に勘案して判断している」と述べ、そのうえで1日や1週間の動きをみて過度な変動と判断することもあれば、短期的な変動が必ずしも大きくなくても「一方向に一方的な動きが積み重なって一定期間に非常に大きな動きがあった場合はそれも過度な変動に当たり得る」と述べている。

図表3－49 「介入への距離」と当局者発言の関係（占部（2022））

状況	発言
変動が多少みられる	「相場についてはコメントしない」 「市場動向に一喜一憂しない」
変動が続く	「為替相場は安定的に推移するのが望ましい」 「相場は日本経済のファンダメンタルズを反映するのが望ましい」
注視し始める	「市場動向を注視している」 「市場動向を注意深く見守っている」 「市場動向を大きな関心を持って注視している」
懸念し始める	「急激/急速な相場変動は望ましくない」 「経済のファンダメンタルズを反映していない相場は望ましくない」 「警戒感を持って市場動向を注視する」 「為替の行き過ぎた変動は日本経済に好ましくない/悪影響を与える」
懸念が増大	「相場は経済のファンダメンタルズを反映していない」 「円相場の動きは行き過ぎている/一方的だ」
表現を変えて強調	「「明らか」がよく使用される」 「相場の動きが経済のファンダメンタルズを反映していないことは明らかだ」 「相場の動向は明らかに行き過ぎている/一方的だ」
介入への警告	「投機的な動きは容認できない」 「必要であれば適切な措置を講じる」
介入が視野に入る	「行き過ぎた相場の動きに対してはあらゆる措置を排除しない」 「行き過ぎた/投機的な相場の動きに対しては断固たる措置を取る用意」

注：網掛けは筆者による。
出所：占部（2022）

図表3－50　2022年9月～10月の円買い介入前後の当局者発言（各種報道等ベース）

日時	発言者	発言内容	備考
12月20日	神田財務官	「為替相場はファンダメンタルズを反映して安定的に推移することが望ましい」「市場に不測の影響を与えてはいけないのでコメントは差し控える」	日本銀行の長期金利許容変動幅拡大を受けて円高が進行。
11月11日	神田財務官	「（米為替報告書）従来と同様の表現」「日本の為替政策は透明性が高いとの評価が書き込まれている」	11月10日に公表された米財務省半期為替報告書で日本は「為替操作国」に認定されず。「日本は為替は市場で決定されるべきというG7のコミットメントをなおも受け入れている」「大規模で自由な為替市場において、介入は極めて例外的な状況に限定し、事前に適切な協議を行うものだと米財務省は強く期待」等と述べるにとどまった。
10月26日	神田財務官	「（イエレン財務長官は介入の有無を公表しない方針を）尊重している」「米国とは為替を含むさまざまな問題について緊密に連絡を取り合っている」「無秩序な動きはしっかりと緊張感を持って監視し、必要に応じて断固たる措置をとり続けたい」	イエレン米財務長官が「日本のいかなる介入も知らない」と述べたとの報道に対するコメント。
10月24日	鈴木財務相	「（介入について）特にコメントはない」「必要な時に必要な対応をとる」	ドル売り/円買い介入を実施。当日は公表せず。
	神田財務官	「過度な変動や無秩序な動きには適切な対応」「24時間365日適切な対応をとる」「通貨の価値を高めるなら日本の国力を高めるべき」「貿易収支の悪化を是正するためにエネルギーの多様化」「投機的な動きは容認できない」「過度な変動や無秩序な動きに対して対応をとることは変わりない」	
10月21日	神田財務官	「（介入の有無）コメントしかねる」	ドル売り/円買い介入を実施。当日は公表せず。

第4節　為替介入

10月20日	神田財務官	「一夜に大きくファンダメンタルズ自身が変わることがないとすれば、相場が大きく変動すること自体、危険信号だと考えざるを得ない」「(介入原資)無限にあると思っている」「(G7声明を踏まえ)いままで以上に過度な変動が許される状況ではなくなっている」「われわれは必要な行動を取れる態勢が常にできている」	ドル/円が1990年以来となる150円台に上昇。
10月17日	鈴木財務相	「投機などによって過度の変動があった場合には断固たる措置を取るという考えにいささかも変わりはない」	
	神田財務官	「為替の過度な変動にしっかりと対応していく」「G20で多くの国の通貨がボラティリティの高まりをもって大きく変動しているとの認識が初めて共有された」	
10月15日	神田財務官	「(現在の状況)警戒が高まり、また必要な措置を取らなければいけない可能性が高まっている」「過度な変動、特に投機を背景としたものには適切な措置を取っていく」	
10月14日	鈴木財務相	「(円には)過去にないような急速で一方的な動きが見られ(る)」	ドル/円は10月12日に9月の介入当日の高値を更新。14日には1日で約2円上昇。
10月11日	鈴木財務相	「為替の動向については強い緊張感を持って注視している」「万が一今後過度の変動というものがあるということがありましたら適切な対応をとるということ、その考えには変わりはない」「今回の介入に当たっても、アメリカの財政当局から一定の理解を得ることができた」「広い意味で見れば、理解を得るなかで進めるということ、これもある意味協調された動きの中という範疇に入るのではないか」	
	神田財務官	「ワシントンへ移動する飛行機の中からでも介入の決定を下すことはで	

		きる」「為替の水準ではなくわれわれが注視しているのは急激な変動でありいつでも必要な措置を取る用意はしている」	
10月7日	神田財務官	「アミニション（弾薬・兵たん）について制約を感じたことはない」「そのためにさまざまな工夫を行っている」「手の内を見せることになるので公表したもの以上に答えない」	
10月5日	松本為替市場課長	「特段、介入資金に限界があるとは認識していない」「日本の外貨準備は為替介入に備えて流動性に最大限配慮した運用を行っている」「米国は明確に日本への理解を示している、その他の国も今回の介入に批判的とは承知していない」「財務省と日本銀行はそれぞれ政策目的が異なる。矛盾ということではなく、異なる政策目標に沿って政策手段を使っている」「為替介入を実施した際に公表することもあれば、公表しないやり方もある」	
9月22日	鈴木財務相	「投機による過度の変動が繰り返されることは決して見過ごすことができません」「関係通貨当局とは常に連絡を取り合っております」	ドル売り/円買い介入を実施。即時公表。
	神田財務官	「過度な変動に対してしっかりと対応していく」「(米国とは) 同盟国として議論しているので、もう本当に意思疎通は非常に図られている」「あまりにも急な動きは是正しなきゃいかん」「(介入) マーケットのメカニズムが正常に働いていないときになされるもの」「(145円が防衛ラインかとの問いに) それははっきりと否定します」「水準というのは全く考えていません」	
9月14日	鈴木財務相	「あらゆる手段を排除せずに対応」「(あらゆる手段に介入が含まれるのかとの問いに対して) あらゆる手段ですから、そう考えていただいてい	ドル円は13日〜14日朝方にかけて3円以上上昇。14日に日銀レートチェックの報道

第4節　為替介入

		いんじゃないですか」「(9月13日～14日の円安)明らかに急激な変動」「恐らく投機筋の動きもある」「大変憂慮している」	
	神田財務官	「足元の動きは急激であり、憂慮している。緊張感を持って監視し、あらゆるオプションを排除せずに適切な対応をしたい」	
9月9日	黒田日銀総裁	岸田首相との会談（6月20日以来4度目)「(為替が)1日に2円も3円も動くのは急激な変化」「急激な為替レートの変動は、企業の経営方針を不安定にし、将来の不確実性を高めてしまう意味で好ましくない」「為替市場の動向を今後とも注視する」	
9月8日	神田財務官	三者会合後「(最近の為替変動)明らかに過度な変動」「動きが継続すれば、あらゆる措置を排除せず、為替市場において必要な対応をとる準備がある」「投機的な動きも背景に一方向で円安の進行が見られる」「(9月6日～7日で約5円の変動)ファンダメンタルズだけでは正当化できない急激な動き」「極めて憂慮している」「(各国当局と緊密に連絡をとっており)しっかり意思疎通はできている」	ドル円は9月6日～7日にかけて約5円上昇。三者会合の声明は公表せず。神田財務官「(声明を発表した)前回がむしろ特殊」
6月10日	三者会合声明	「最近の為替市場では、急速な円安進行が見られ、憂慮している」「必要な場合には適切な対応をとる」「政府・日本銀行は、緊密に連携しつつ、為替市場の動向やその経済・物価等への影響を、一層の緊張感持って注視」「「過度の変動や無秩序な動きは、経済や金融の安定に悪影響を与え得る」といったG7等で合意された考え方を踏まえて、各国通貨当局と緊密な意思疎通」「為替相場は、ファンダメンタルズに沿って安定的に推移することが重要であり、急速な変動は望ましくない」	2016年から始まった三者会合で声明が発表されたのは初めて。

6月10日	神田財務官	三者会合後「適切な対応はあらゆるものを含む」「手のうちは申し上げられない」「あらゆるオプションを念頭に置いて機動的に対応する」「今そういう局面にあるかどうか申し上げられない」「今のような激しい動き、1日に何円も動いたりするというものがファンダメンタルズに沿ったものかというと、それはそうではないという人が多いと思う」	
3月29日	神田財務官	ボーコル米財務次官（代行）との会合後「為替も大きなイシューとして議論」「為替の過度な変動は経済に悪影響を与える。適切に対応」「為替の安定は重要。急激な変動は望ましくない」「(為替問題) 日米で緊密に連携」「最近の円安含め、経済の影響など緊張感持って注視」	

出所：財務省HP、ブルームバーグ、ロイターより筆者作成

図表3－51　2022年6月と9月の三者会合における発言の比較

タイプ	6月10日三者会合（声明）	9月8日三者会合（神田財務官発言）
為替動向に対する評価	「最近の為替市場では、急速な円安進行がみられ憂慮している」	「(最近の為替変動) 明らかに過度の変動」「極めて憂慮している」「投機的な動きも背景に一方向で急速な円安の進行がみられる」「(9月6日～7日で約5円の変動) ファンダメンタルズだけでは正当化できない急激な動き」「ドル円のヒストリカルな変動率、直近1カ月で昨年の倍以上」
措置	「必要な場合には適切な対応をとる」「政府・日銀は緊密に連携しつつ、為替市場の動向や経済・物価への影響を一層の緊張感持ち注視」	「動きが継続すれば、あらゆる措置を排除せず、為替市場において必要な対応をとる準備がある」

第4節　為替介入

	「過度な変動や無秩序な動きは経済や金融の安定に悪影響を与え得るといったG7等で合意された考え方を踏まえ、各国通貨当局と緊密な意思疎通」	「(各国当局と緊密に連絡をとっており) しっかり意思疎通はできている」
スタンス	「為替はファンダメンタルズに沿って安定推移が重要で急激な変動は望ましくない」	

出所：ブルームバーグより筆者作成

〈ユーロ圏〉

　ユーロに関して、2004年には、市場参加者の間で「brutal」(激しい) という言葉が「コードワード」とみなされていた。同年1月にEUR/USDが1ユーロ＝1.30ドルに接近した際にトリシェECB総裁(当時)は「欧州は為替の激しい (brutal) 変動を歓迎せず」と発言、EUR/USDは1.30ドルを超えることなく調整局面に入った。Brutalという言葉はECB高官のユーロ高懸念が概ねコンセンサスとなった時点から使われ始めた可能性があり、佐々木・棚瀬 (2006) によると、トリシェ総裁のbrutal発言を境にユーロ高を懸念する発言のほうがユーロ高容認発言より多くなった。

　2004年1月のbrutal発言の後、調整局面に入ったEUR/USDは第4四半期入り後再び騰勢を強め、11月には1ユーロ＝1.30ドルに接近した。これを受けて2004年11月8日、トリシェ総裁は「最近のEUR/USDの動きは激しく (brutal)、ECBの立場からは歓迎できない」と発言した。しかし今度は、トリシェ総裁のbrutal発言にもかかわらずEUR/USDは1.30をあっさり突破して上昇した。EUR/USDはその後も上昇を続け、2008年には1ドル＝1.60ドル台に上昇した。しかしこの間、結局ECBはEUR売り介入を実施しなかったため、事後的には、brutal発言は介入の可能性が差し迫っていることを示す「コードワード」では必ずしもなかったといえよう。

6　介入効果に関する実証研究

　ブレトンウッズ体制が崩壊して主要通貨が変動相場制に移行した後、為替介入の効果は大きな関心事であり続けた。とりわけ、他の主要先進国との比較で

介入の頻度が高かった日本においては、介入効果に対する関心は特に高かった。

　学会において、協調介入および非不胎化介入に一定の効果が認められることについてはコンセンサスが存在するが、不胎化介入の効果に対する見方は時代とともに変遷を辿った。1980年代までは、不胎化介入には効果がないとの見方が有力だったが、1990年代以降、不胎化介入にも一定の効果が認められるとの見方が増えた。伊藤（2003）によれば、こうした見方の変化に対してはDominguezの一連の研究が大きく貢献した。

日本の介入に関する研究

　日本の為替介入の効果に関する研究は、2001年7月に財務省が詳細なデータの公表を開始する以前は代替的なデータやメディア報道等によらざるを得なかったため、分析に限界があった。代替的なデータには外貨準備の増減、日本銀行「日銀当座預金増減要因と金融調節」の「財政等要因/外為」[57]、財務省「財政資金対民間収支」の「外国為替資金」などがあり、Ito and Yabu（2020）は「財政資金対民間収支/外国為替資金」をFBのネット発行額など為替介入に関係ない要因を除いて調整した計数が、介入額のプロキシーとして最も優れていることを示した。

　2001年4月に財務省が介入データの公表（1991年4月以降の日次データ）を開始すると当データを用いた分析が盛んに行われるようになり、その主な関心事は1）介入の効果と2）介入のreaction functionであった。

　日本の為替介入の効果に関する研究には、Ito（2002）、Kearns and Rigobon（2005）、Fatum and Hutchison（2006）、Hoshikawa（2008）、Chen et al.（2012）、Fatum and Yamamoto（2014）、井澤・橋本（2002）などがある。

　Takagi（2014）は、2001年4月に財務省が介入データの公表を開始した後に発表された日本の為替介入の効果[58]に関する研究の、包括的なレビューを提供している。Takagi（2014）は研究手法（⑴GARCHに準じた方法、⑵操作変

---

[57] 市場参加者の間では、この計数と民間機関の予測の差が介入額の速報性が高いプロキシーとしてよく参照されている。たとえば、2022年9月26日付けのロイターの記事「22日の円買い介入、規模3.6兆円か。財政等要因が上振れ」（https://jp.reuters.com/article/intervention-idJPKBN2QR0OD）など。

数法、(3)イベントスタディ等の手法）および期間（(1)1991年４月〜1995年５月、(2)1995年６月〜2002年12月、(3)2003年１月〜2004年３月）ごとに実証研究結果（介入効果の有無）を整理、期間(1)については効果ありと効果なしが半々だったが、期間(2)、(3)については効果ありとの実証結果が多かったことを示した。先行研究の結果は全体としてみると、日本における為替介入には一定の効果は認められるものの、そのインパクトは小さく長続きしないことを示している。また先行研究は、協調介入、大規模介入、公表された介入、低頻度介入のほうがより効果的であることを示している。

　Takagi（2014）は、日本における為替介入の、為替レートのボラティリティに対する影響に関する実証分析についてもサーベイも行っている。総じてみれば分析結果は、介入のボラティリティ抑制効果に対して懐疑的となっており、前出の３つの期間すべてで、「効果なし」と「ネガティブな効果」を足したリサーチの数は、「ポジティブな効果」を上回っている。

　介入のreaction functionに関する研究には、Ito（2002）、Frenkel et al.（2005）、Ito and Yabu（2007、2020）などがある。Ito and Yabu（2007）はドル/円レートの対前日比、対１カ月前比、１、３、５年移動平均からの乖離を説明変数とする回帰式について、サンプル期間（1991年４月〜2001年12月）を榊原英資氏が財務省国際金融局長に就任した1995年６月前後の２つの期間に分け、「中立レンジ」（介入が行われないプライス・ゾーン）を設けた順序プロビット・モデルによる推定を行った。この結果、①介入は「lean-against-wind」（ドル/円が下がったら買い、上がったら売る）の傾向がある、②１、３年移動平均からの乖離は介入に影響しないが、５年移動平均からの乖離は介入に影響する、③前日に介入が実施されると翌日も介入が実施される可能性が高まる、④1995年６月以降のほうが中立レンジが広い（介入の頻度低下と関係）、⑤中立バンドはいずれの期間も上下対称ではないが、1995年６月以前が円高方向に広かったのに対して、1995年６月以降は円安方向に広くなった（円安容認姿勢の強まりを示唆）等の傾向がみられたと指摘している。

58　ここでいう介入効果とは、介入によって動かしたい方向に実際に相場が動いたかどうかを意味する。たとえば、GARCHなどの手法で介入当日に「介入なかりせば」実現したであろう為替レートを推計し、それとの比較で望まれる方向（円売り介入であれば円安方向）に有意な動きがみられていれば「効果あり」、みられていなければ「効果なし」とみなす。

Ito and Yabu (2020) はデータのサンプル期間を1971年8月〜2018年3月に延ばしたうえで（1971年8月〜1981年11月、1981年12月〜1995年5月、1996年6月〜2002年12月、2003年1月〜2004年7月、2004年8月〜2018年3月の5つの期間について推定）、Ito and Yabu (2007) のモデルを使って推定を行った（1991年3月以前については、財務省「財政資金対民間収支/外国為替資金」の調整済み計数を使用）。この結果、①介入のreaction functionはその時々で変化すること、②「中立バンド」は時間とともに拡大していること（政治的圧力の高まりを背景に介入が困難になっていることを示唆していると指摘）、③当局の介入は円高を阻止するための円売り介入に偏っていることを明らかにした。

　Frenkel et al. (2005) は、為替レートの1日前、5日前からの変化を短期、23日移動平均からの乖離を中期、購買力平価（PPP）に基づくレートからの乖離を長期的なターゲットとしてこれらの変数と介入の関係を調べている。コンセプトはIto and Yavu (2007、2020) と似ているが、顕著な違いはモデルに為替のボラティリティを含めていることと、日米間の比較を行っている点である。推定結果は、日本と米国のいずれでも中長期のターゲットからの乖離が介入に影響を及ぼしている一方で、短期の目標（直近1日、5日間の為替レートの変化）は影響を及ぼしていないことを示した。

今後の研究課題

　Takagi (2014) はサーベイを総括して、個々の介入はユニークなイベントであり、介入が為替レートに及ぼす「平均的な」効果を推定することにはあまり意味がなく、各々の介入が成功ないしは失敗した背景の分析にリソースを割いたほうがよいと指摘している。

　たとえば直観的に、同じ額の円売り介入を行うのであれば、投機的な円ロング・ポジションが大きく積み上がっており、その結果円の過大評価が拡大している状況のほうが、ポジションやバリュエーションの偏りがみられないケースよりも大きな効果が得られると考えられる。これは、介入が「呼び水」となってポジションやバリュエーションの巻き戻しが加速すると考えられるためである。Sarno and Taylor (2001) は、介入効果のこうした経路をCoordination channelと呼んだ。現時点では為替介入のCoordination channelに着目した研究

は極めて少なく、今後この分野での研究が活発化することが期待される。

第5節　外貨準備

1　定　義

　外貨準備とは、政策当局が自国通貨買い/外貨売り為替介入や、外貨建て対外債務の返済といった目的のために保有する外貨資産である。日本の外貨準備は財務省が管轄する「外国為替資金特別会計」および日本銀行が保有しており、その大部分は外為特会が保有している（2023年12月末時点で、財務省が公表する「外貨準備等の状況」の「外貨」の残高が約1.159兆ドル（約163兆円[59]）だったのに対して、日本銀行が保有する外貨は9.7兆円[60]であった）。

IMFのガイドライン
　外貨準備のフォーマルな定義はどのようなものだろうか。外貨準備は国際収支統計の一項目であり、国際収支統計はIMFが定めるマニュアル（現状［第6版］（BPM6））に準拠していることから、このマニュアルにおける定義が最もフォーマルなものと考えられる。IMFマニュアルの定義によれば、外貨準備は「国際収支のファイナンスニーズを満たす、通貨の為替レートに影響を及ぼすための為替介入、その他の目的（通貨と経済の信認維持、対外借入の基盤など）のために直ちに利用可能であり、金融当局によって管理される対外資産」である。

　日本を含む主要国の外貨準備統計は、IMFが作成したInternational Reserves and Foreign Currency Liquidity: Guidelines for a Data Template（IMF (2013)。以下、「IMFガイドライン」）に準拠して作成されている。図表3-52は、BPM6に基づく国際収支統計における外貨準備の構成要素とIMFガイドラインが定める外貨準備統計のテンプレートの構成要素の対比を示している。

　多くの国において外貨準備の大部分を構成するのは「証券」であるが、IMF

---
[59]　2023年12月29日のブルームバーグのドル/円のNYクローズ・レート（141.04円）を用いて算出。
[60]　保有外貨の残高を財務省はドル価、日本銀行は円価で公表している。

図表３－52　外貨準備の構成項目：国際収支統計（BPM6）とIMFガイドラインの Templateの比較対照表

BPM6		Template
Reserve assets in IIP	Corresponding to template item	Official reserve assets
Monetary gold 　Gold bullion 　Unallocated gold accounts 　　Of which monetary gold 　　under swap for cash 　　collateral	I.A.(4)	I.A. Official reserve assets 　(1) Foreign currency reserves (in 　　convertible foreign currencies) 　　(a) Securities 　　　Of which issuer headquarterd 　　　in reporting country but 　　　located abroad 　　(b) Total deposit with 　　　(i) other central banks, BIS, 　　　and IMF 　　　(ii) banks headquartered in the 　　　reporting country of which: 　　　located abroad 　　　(ii) banks headquartered 　　　outside the reporting 　　　country of which: located in 　　　the reporting country 　(2) IMF reserve position 　(3) SDRs 　(4) Gold (including gold deposits 　　and, if appropriate, gold 　　swapped) 　(5) Other reserve assets (specify)
Special drawing rights	I.A.(3)	
Reserve position in the IMF	I.A.(2)	
Other reserve assets 　Currency and deposits 　　Claims on monetary 　　authorities 　　Claims on other untities	I.A.(1), I.A.(5) I.A.(1)(b) I.A.(2)(b)(i) I.A.(3)(b)(ii)(iii)	
Securities 　Debt securities 　　Short-term 　　Long-term 　Equity and investment fund 　shares 　Of which securities under 　repo for cash collateral	I.A.(1)(a)	
Financial derivatives	Part of I.A. (5)	
Other claims	Part of I.A. (5)	

出所：IMF（2013）

　ガイドラインによれば、外貨準備に含まれる証券は「流動性が高く、市場で取引可能な株式や債券であり、未上場株式は十分な流動性を備える場合のみ準備資産に分類される」。また、非居住者によって発行された外貨建ての証券のみが、リザーブ・データ・テンプレートに記載されるとしている。したがって、本邦企業が発行した外貨建て債券や海外企業が発行した円建て債券は外貨準備には含まれない。

　以上、外貨準備の定義と目的について述べたが、外貨準備関連統計のディス

クロージャー・レベルや外貨準備の保有目的については、各国当局間で差異がみられる。前者に関して、IMFガイドラインは、「自国通貨建て債券は外準統計に掲載できない」といったベースラインを提供するが、保有する外貨準備の内容をどこまで詳細に公表するかは各国当局の判断に委ねられている。

ガイドラインにおけるテンプレートは、1990年代の新興国危機で顕在化した外貨準備データの不備を補完する目的で整備されたものである。IMF（2013）によれば、不備は①外貨準備と②公的部門の短期外貨建て債務に関するデータの双方に存在した。IMF（2013）は具体的な不備として、以下を指摘している。

〈外貨準備の不備〉
・申告された資産が実際には利用可能でないケース（担保として差し出されている外貨資産をそのまま計上する、等）
・財務状況が悪い国内銀行（およびその海外支店）における外貨預金なども計上（こうした外貨流動性は危機時に利用可能ではない可能性）
・不適切なバリュエーション
・国によって準備資産のカバレッジが異なり、比較が困難

〈短期外貨建て債務の不備〉
・オフバランス取引に関するデータ不在
・デリバティブ取引に関する情報
・金融当局および中央政府の外貨建て債務に関する不適切な情報

図表３－52はIMFガイドラインのテンプレートの「セクション１」であるが、これは従来のものからそれほど変化していない。上に列挙したデータの不備を解消するための変更は、主に「セクション２」と「セクション３」に反映されている（図表３－53、図表３－54）。

「セクション２」は向こう１年間に予定される外貨の移動額、「セクション３」は偶発債務等による外貨の移動額を反映する。たとえば、セクション２には向こう１年以内に満期が到来する外貨借入や債券が計上されているが、これらが外貨準備本体に比べて過大である場合には、こうした国は市場のストレスが高まる状況に対しては脆弱であろう。

戸松（2019）は以上のことを、メキシコの事例をあげて説明している。図表３－55はメキシコの外貨準備統計（2019年６月）からの抜粋だが、向こう１年

図表3－53　IMFガイドラインのテンプレート（セクション2）

II. Predetermined short-term net drains on foreign currency assets (nominal value)

		Total	Maturity breakdown (residual maturity)		
			Up to 1 month	More than 1 month and up to 3 months	More than 3 months and up to 1 year
1．Foreign currency loans, securities, and deposits					
—outflows (−)	Principal				
	Interest				
—inflows (+)	Principal				
	Interest				
2．Aggregate short and long positions in forwards and futures in foreign currencies vis-à-vis the domestic currency (including the forward leg of currency swaps)					
(a) Short positions (−)					
(b) Long positions (+)					
3．Other (specify)					
—outflows related to repos (−)					
—inflows related to reverse repos (+)					
—trade credit (−)					
—trade credit (+)					
—other accounts payable (−)					
—other accounts receivable (+)					

出所：IMF（2013）

間に想定される元本・金利の支払いが195億ドルであったのに対して外貨準備は約1,862億ドルとその10倍近い規模となっていることから、対外債務の支払いに苦労することは当面なさそうである。またこれに加えて、バックストップとして他国の通貨当局から128億ドル、IMFからの743億ドルの計871億ドルのクレジットラインがある。

図表3－54 IMFガイドラインのテンプレート（セクション3）

Ⅲ. Contingent short-term net drains on foreign currency assets (nominal value)

		Maturity breakdown (residual maturity)		
	Total	Up to 1 months	More than 1 month and up to 3 months	More than 3 months and up to 1 year
1. Contingent liabilities in foreign currency				
(a) Collateral guarantees on debt falling due within 1 year				
(b) Other contingent liabilities				
2. Foreign currency securities issued with embedded options (puttable bonds)				
3. Undrawn, unconditional credit lines provided by:				
(a) other national monetary authorities, BIS, IMF, and other international organizations				
－other national monetary authorities (＋)				
－BIS (＋)				
－IMF (＋)				
－other international organizations(＋)				
(b) banks and other financial institutions headquartered in the reporting country (＋)				
(c) banks and other financial institutions headquartered outside the reporting country (＋)				
4. Undrawn, unconditional credit lines provided to:				
(a) other national monetary authorities, BIS, IMF, and other international organizations				
－other national monetary authorities (－)				
－BIS (－)				
－IMF (－)				

－other international organizations（－）				
（b）banks and other financial institutions headquartered in the reporting country（－）				
（c）banks and other financial institutions headquartered outside the reporting country（－）				
5．Aggregate short and long positions of options in foreign currencies vis-à-vis the domestic currency				
（a）Short positions				
（ⅰ）Bought puts				
（ⅱ）Written calls				
（b）Long positions				
（ⅰ）Bought calls				
（ⅱ）Written puts				

出所：IMF（2013）

図表3－55 メキシコの外貨準備（2019年6月）

（単位：100万ドル）

〈セクション1〉		〈セクション2〉		〈セクション3〉	
A．外貨準備	186,209	1．外貨借入、債券、預金	－19,540	3．提供を受けているクレジットライン	87,107
（1）外貨	175,236	流出（－）元本	－10,944	（a）他国中央銀行やIMFなどの国際機関	87,107
（a）債券	109,317	流出（－）金利	－8,596		
（b）外国通貨・預金	63,919	流入（+）元本			
（2）IMFリザーブポジション	2,640	流入（+）金利		他国通貨当局（+）	12,764
（3）SDRs	4,062			BIS（+）	
（4）金	5,442			IMF（+）	74,343
（5）その他準備資産	－1,171				

出所：戸松（2019）より筆者作成

2　保有主体

　外貨準備は政府が保有するケースと中央銀行が保有するケースがある。為替政策が政府の所管である場合には政府が、中央銀行の所管である場合には中央銀行が保有するケースが多いが、政府と中央銀行の両方が保有するケースも散見される。

　日本では為替政策は政府（財務省）の所管であるため、外貨準備の大部分は政府の特別会計の1つである外国為替資金特別会計で保有されているが、これとは別に日本銀行が保有する比較的少額の外貨も、統計上は外貨準備に含まれている。

　日本と類似のケースに米国と英国がある。米英では為替政策は基本的に政府の所管だが（ただし、後述するように日本とは異なって中央銀行にも一定の権限が認められている）、外貨準備は政府（米国ではExchange Stabilization Fund：ESF、英国ではExchange Equalization Account：EEA）と中央銀行の双方が保有している。米英では、政府保有分の外貨準備について政府のコンサルテーションの下、中央銀行が運用を担当している点が日本と異なっている（日本では政府保有分は政府が、日本銀行保有分は日本銀行が個別に運用）。米国ではNY地区連銀がESFとFRB双方のエージェントとして外貨準備運用を行っている[61]。

　米国と英国では日本同様、為替介入は政府の所管であるが、中央銀行にも一定程度権限が認められている。米国では米財務省が為替介入を実施する際、FRBは介入に参加するか否かを自ら決定する権限を有する[62]。英国では、1997年にBoEに独立性を認められて以降、BoEは金融政策を目的とする為替介入を

---

[61] 1962年2月のFOMCでFRBによる外貨購入が認められ、ESFがFRBから介入に必要な外貨を調達する"Warehousing"が始まった（Warehousingは1977年に正式に承認された）。Warehousingでは介入資金の調達にあたって1）議会の承認を得る必要と2）新規に国債を発行する必要がないが、Warehousingが拡大すると議会軽視につながったり、FRBの独立性を脅かす可能性があることが問題点として指摘されている。Warehousingの詳細については、Humpage（2017）、Schwartz（1997）、Goodfriend（1994）等参照。

[62] Osterberg and Thompson（1999）によれば、為替介入に関する決定は米財務省とFRBが共同で行うが、通常財務省が主導権を握る。ほとんどの場合為替介入は財務省とFRBが共同で行うが、FRBは介入実施に際して独立性を有している。このため、米財務省はNY地区連銀にESFのエージェントとして為替介入を実施させることはできるが、FRBのアカウントを使って介入することを強制できない。

実施する権限を与えられている（これまでのところ、金融政策を目的とする為替介入が実施されたことはない）。

政府が外貨準備を保有するその他のケースにはカナダ（Exchange Fund Account：EFA）、韓国などがあるが、いずれも中央銀行が政府の委託で外貨準備運用を担当している。

3　保有目的

世界銀行が各国の外貨準備運用担当者を対象に実施したサーベイの結果をまとめたRAMP（2023）によると、外貨準備の主な保有目的は①外的ショックへの備え、②為替政策、③対外債務の返済であった（詳細は後述）。また、Borio et al.（2008）は外貨準備の保有目的として、①為替介入、②財・サービスの購入（輸入）、③（特に銀行セクターに対する）緊急の流動性供給、④投資家の信認、⑤政府債務の支払い、⑥中央銀行の金融政策のサポートの6つをあげている。Borio et al.（2008）は、これらの相互に関連する保有目的のバランスは、その国の為替相場制度、信用力、対外環境悪化に対する脆弱性、国内の金融オペレーションに利用可能なインスツルメントといった、各国に個別の要因によって左右されると述べている。

日本では、2005年4月に財務省が公表した「外国為替資金特別会計が保有する外貨資産に関する運用について」において、外貨準備運用の目的は「我が国通貨の安定を実現するために必要な外国為替等の売買等に備え、十分な流動性を確保すること」とされていることから、介入原資としての役割が外貨準備の主たる保有目的であることがわかる。

ユーロシステムの外貨準備

ECBとユーロ参加国中央銀行で構成されるユーロシステムの外貨準備はやや特殊である。ECBの外貨準備の保有目的は為替介入であるが、その原資はユーロ参加国中央銀行がユーロ発足以前から保有していた外貨準備であり、1999年1月のユーロ発足にあたってECBへの出資比率（図表3−56）に応じて拠出されたものである。具体的には、The Statute of the ESCBに定められた法定上限の500億ユーロ（ユーロに参加していないEU諸国も含む）のうち、ユーロ参加国の出資比率の合計（78.92％）分の394.6億ユーロが拠出された

図表3－56　ユーロ参加国のECBへの出資比率　(単位：％)

国	比率	国	比率
ドイツ	18.367	アイルランド	1.1754
フランス	14.206	スロバキア	0.8004
イタリア	11.802	リトアニア	0.4059
スペイン	8.3391	スロベニア	0.3361
オランダ	4.0677	ラトビア	0.2731
ベルギー	2.528	ルクセンブルク	0.227
オーストリア	2.0325	エストニア	0.1968
ギリシャ	1.7292	キプロス	0.1503
ポルトガル	1.6367	マルタ	0.0732
フィンランド	1.2708		

出所：ECB

（内訳は外貨85％、金15％）。ECBがユーロ買い/外貨売り介入を行う場合には、ECBが保有する外貨準備がその原資となるが、これだけでは足りない場合には各国中央銀行がECBに追加で拠出することになる。

　ここで、ECBとは異なり、ユーロ参加各国中央銀行は各々の国の事情に基づいて、為替介入以外の外貨準備保有目的も掲げている点に注意が必要である。各国中央銀行の外貨準備はECBからの委託分と各国中央銀行が個別に保有する部分に分かれている。前者の運用がECBの意向に沿って行われる一方で[63]、後者に関しては各国中央銀行が独自に運用することが認められている。もっとも、各国中央銀行の外貨準備運用の独立性は、ECBの金融政策と整合的である限りにおいてのみ認められている。ユーロ圏では為替介入は金融政策の一環として行われていることから、ECBもユーロ参加国中央銀行と同様にこの制約を受けることになる。

---

[63] 2006年のCurrency Specialization Scheme導入に伴って、ECBから各国中央銀行への委託分は11の米ドル・ファンド、4の円ファンド、1の人民元ファンドに分割され、原則1中央銀行が1ファンドを運用する体制となっている（Chiţu et al. (2019) など）。

4　外貨準備の適正規模に関する議論

外貨準備の適正規模を巡る議論の変遷

　外貨準備の適正規模に関する議論は前出の保有目的と密接に関連しており、当初は輸入に必要な外貨のファイナンスとの関連で議論されることが多かった。もっとも、その後国際的な資金フローが拡大するなかで、対外債務のファイナンスが議論の中心になった。

　1990年代半ばから2000年代初頭にかけて多くの新興国が危機を経験したことを受けて、予防的観点から外貨準備を積極的に積み増す動きが活発化して、多くの新興国の外貨準備の規模は前出の伝統的な基準に基づいて算出される規模を大きく上回る水準に拡大した（Arslan and Cantu（2019）、ECB（2006））。

　また、外貨準備の蓄積はその他の政策の副産物でもあり得る。Arslan and Cantu（2019）は、物価の安定、景気・金融サイクルの変動抑制、輸出競争力維持などのために為替レートをコントロールすることが、外貨準備の蓄積につながると指摘した。

　上述したように、外貨準備の適正規模に関する議論の当初の焦点は輸入のファイナンスであったが、最初に外貨準備と輸入のファイナンスを関連付けたのはTriffin（1947）であった。外貨準備の適正規模は専ら「輸入の何カ月分が適切か」という観点から論じられ、IMFは1958年の研究で輸出の30～50％が適切と主張した。これに対しTriffin（1960）は下限の30％は低すぎ、35％であるべきと主張した。

　Heller（1966）は、外貨準備の適正規模の議論に初めて合理的最適化行動を適用し、外貨準備の規模は外貨準備保有の限界効用と限界コストが一致する水準で決まるとの仮説を提示した。また、Hellerなどの研究は、単純な外貨準備／輸入比率だけでなく、対外支払いに係る脆弱性、限界輸入性向、輸入や産出の規模の変化、機会コストなどが外貨準備への需要に与える影響に着目した。

　加えて、ブレトンウッズ体制崩壊後には為替相場制度の違いと先進国と新興国の違いが、外貨準備の規模に影響を及ぼす要因として注目されるようになった。前者に関して、ブレトンウッズ体制の崩壊を受けてより柔軟な為替相場制度にシフトした国は外貨準備への需要が減った一方、固定相場制を維持した国の外貨準備への需要は増加した[64]。後者に関して、対外的な脆弱性に起因する

外貨準備への需要は、新興国において先進国よりもはるかに大きかった。

有力な代替案がないなか、1990年代に至るまで外貨準備の適正規模を測る尺度として外貨準備/輸入比率は一定の地位を維持していたが、その有効性の低下は明らかであり、それが有効なのは国際金融市場への限定的なアクセスしか持たない一部新興国に限られるとの見方が広まった。

ブレトンウッズ体制が崩壊していくつかの主要国が変動相場制などより柔軟な為替制度に移行するなかで、外貨準備の適正規模に関する研究はいったん下火となったが（理論上、完全変動相場制を採用する国は外貨準備を必要としない）、1990年半ばから2000年代初頭にかけて頻発した新興国危機を受けて、外貨準備の適正規模に対する関心が再び高まった。

一連の危機の経験は、適切なALM（Asset and Liability Management）が資本流出のショックを緩和し得ることを示した。たとえば、対外債務の巻き戻しに対する耐性は、対外債務が抑制されており、その大宗が自国通貨建てで、外貨準備を潤沢に保有している国のほうが、大規模な外貨（典型的には米ドル）建て対外債務を抱える一方で十分な外貨準備を保有していない国に比べて、はるかに強いと考えられる。

こうしたなか、（特に短期の）対外債務の外貨準備に対する比率が、従来の輸入対外貨準備比率に代わって注目を集めるようになった。換言すれば、グローバルな金融資本市場の急拡大を受けて経常収支項目（輸入）における外貨のファイナンスよりも、金融収支項目における外貨のファイナンスが重要視されるようになったということである。

アルゼンチン中央銀行で副総裁を務めたPablo Guidottiは、対外債務を1年間対外借入を行わなくてもよい水準に維持すべきと主張した。また、長くFRB議長を務めたグリーンスパンは、この「Guidottiルール」を補完する2つのアイデアを提示した。1つは、対外債務の期間を一定の閾値（たとえば3年）を超える水準に維持するというものである。もう1つは、Liquidity at Riskとでも呼ぶべきもので、対外債務を95％の確率で1年以内の新規借入を回避できる水準に維持する、という考え方である。短期債務の1年分という基準は「Guidotti/Greenspanルール」と呼ばれるようになった。

---

64 為替相場制度を維持するためのバッファーとしての外貨準備の役割を論じた研究には、Frenkel（1983）、Edwards（1983）などがある。

第5節　外貨準備　343

Guidotti/Greenspanルールは新興国からの資金流出のソースとして海外からの投資資金の巻き戻しにのみフォーカスしており、当該国からのキャピタル・フライトを想定していない。当該国からのキャピタル・フライトと外貨準備の関連をみる指標として、マネタリーベースないしはM2に対する外貨準備の比率が導入された。たとえば、国内にあるすべての自国通貨が外貨に換えられるという状況に対応するためには、マネタリーベースと同額の外貨（つまり、外貨準備対マネタリーベース比率が100％）が必要になる。

外貨準備対マネタリーベース/M2の水準については、外貨準備対輸入（3カ月）や外貨準備対短期対外債務（1年）とは異なりコンセンサスは存在しないが、前述した外貨準備対マネタリーベース比率＝100％は極端なケースとみなされている模様である。もっとも、マネタリーベースをすべて外貨準備で裏付けるカレンシーボード制を採用している香港は、マネタリーベースをはるかに超える規模の外貨準備を保有している（2023年9月末時点で香港の外貨準備の規模はマネタリーベースの約1.7倍だった）。

より洗練された手法としては、外貨準備の適正規模を準保有のコストとベネフィットの最適化問題として捉える方法[65]やシナリオ分析等があるが、これらの手法ではパラメータの選択や前提条件によって推計結果が大きく異なるため、広く支持を得るには至っておらず、限界が明らかであるにもかかわらず依然として伝統的な計数が参照されているのが現状である。IMFのサーベイによると、実際に外貨準備当局が参照している指標は輸入が最も多く、対外債務、マネー、他国との比較が続いた。一方でシナリオ分析や最適化モデルはあまり参照されていないことが明らかになった[66]。

また、さまざまなリスクを勘案するために、いくつかの指標のコンビネーションとして外貨準備の適正水準を求める手法も発展した。後述のIMFのARA（Assessing Reserve Adequacy）はこの代表的なものである[67]。

IMFのARA（Assessing Reserve Adequacy）

外貨準備の適正規模の推計に関して、IMFは長い歴史を有している。

65　Jeanne and Ranciere（2006）など。
66　IMF（2011）。
67　同様の手法にWijnholds and Kapteyn（2001）がある。

Wijnholds and Kapteyn（2001）によると、IMFが外貨準備の適正規模の推計に最初に取り組んだのは、1953年に国連の依頼を受けて行ったものであった（IMFが設立されたのは1944年）。その後、世界経済・金融市場を取り巻く状況の変化を踏まえて試行錯誤を繰り返し、2011年以降はARAM（Assessing Reserve Adequacy Metric）を公表している。

ARAMは二段階のステップを経る。まず、輸出額、短期対外債務、その他債務、広義のマネーサプライのそれぞれについて危機時の変化を推計し、それをカバーするために必要な債務のストックと同額の外貨準備が必要との考え方に基づき、以下の式によって各国の外貨準備の適正規模を試算する。ARAMは、当該国が採用している為替相場制度によって式が異なる（変数は同じだが係数が異なる）点が特徴である。これは上述したように、同じマグニチュードのショックに対応するためには固定相場制のほうが変動相場制よりも大規模な外貨準備が必要となるとの考え方に基づくものである。

〈固定相場制〉
　　10％×輸出額＋10％×広義マネーサプライ＋30％×短期対外債務
　　＋20％×その他対外債務

〈変動相場制〉
　　5％×輸出額＋5％×広義マネーサプライ＋30％×短期対外債務
　　＋15％×その他対外債務[68]

伝統的な指標とARAMの大きな違いは、前者が輸入を用いるのに対して後者は輸出を用いている点である。これについてIMF（2011）は、危機時の外需の急減を受けて輸入のファイナンスに必要な外貨の受取りが急減することを反映するため、と説明している（輸出と輸入は通常パラレルに動くのでどちらを用いても結果に大きな差は生じないとも指摘）。

次に、ステップ1で算出された適正規模の推計値と実際の外貨準備の比率の、通貨危機の可能性および危機時の消費の落ち込みとの関係、適正規模の対GDP比と危機時に外貨準備に生じた損失の関係から、外貨準備の適正値の実

68　中長期債務と株式債務（IMF（2011））。

図表 3 −57　ARAM算出の外貨準備の適正規模と実際の外貨準備の規模の比較（2023

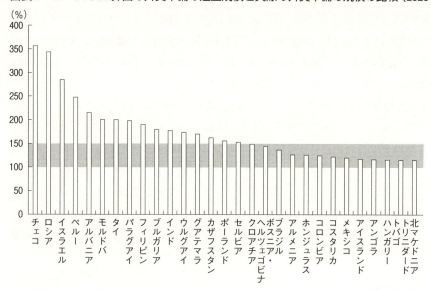

出所：IMFのデータより筆者作成（https://www.imf.org/external/datamapper/Reserves_

勢値に対する適切な比率を算出する。IMF（2011）によれば、こうした手法で計算された適正レンジは100〜150％（実勢値が適正値と同規模〜1.5倍であることを意味する）である。

　図表 3 −57は、各国の外貨準備の実勢値と以上の方法に基づいて算出された適正水準の比率をみたものである。比率が150％を超えていれば外貨準備が「過大」（チェコ〜セルビア）、100〜150％のレンジ（図の網掛け部分）に収まっていれば「適正」（クロアチア〜南アフリカ）、100％を下回っていれば「過小」（ドミニカ共和国〜モーリシャス）と評価される。主要新興国のなかで、トルコ（70％）、中国（67％）などが「過小」と評価されている点が目を引く。

　ARAMの適正値/実勢値比率は時間とともに変化し、比較的大きな上下動がみられるケースも散見される。図表 3 −58は中国の適正値/実勢値比率をみたものだが、2005年〜2013年は「過大」だったのがその後しばらく「適正」レンジ内にとどまり、2017年には「過小」となった。2018年以降は毎年「過小」の度合いが拡大している。

年)

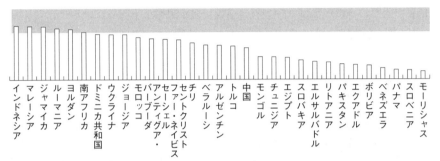

インドネシア
マレーシア
ジャマイカ
ルーマニア
ヨルダン
南アフリカ
ドミニカ共和国
ウクライナ
ジョージア
モロッコ
バーブーダ
アンティグア・
セントクリストファー・ネイビス
チリ
ベラルーシ
アルゼンチン
トルコ
中国
モンゴル
チュニジア
エジプト
スロバキア
エルサルバドル
リトアニア
パキスタン
エクアドル
ボリビア
ベネズエラ
パナマ
スロベニア
モーリシャス

ARA@ARA/CHN/IND/BRA/RUS/ZAF?year=2023）

図表3-58　中国の外貨準備の適正値/実勢値比率

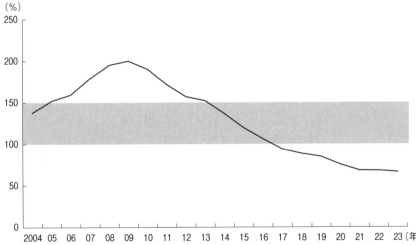

出所：IMFのデータより筆者作成（https://www.imf.org/external/datamapper/Reserves_ARA@ARA/CHN/IND/BRA/RUS/ZAF?year=2023）

第5節　外貨準備　347

図表3-57の評価には注意が必要である。IMFは、図に示された各国の外貨準備の適正規模の推計値が、より広範な視点から各国のリスクを検討するうえでの出発点にすぎないことを強調している。外貨準備は国際収支のファイナンスに用いる外貨の限度を規定するわけでは必ずしもなく、多くの国は中央銀行間の通貨スワップやIMFのクレジット、その他の外貨（SWFが保有する外貨など）といった代替手段を利用することができる。また、国際収支のファイナンスの脆弱性は当該国の金融政策や国内金融システムの健全性などにも大きく依存するため、たとえばA国の外貨準備が適正規模を下回っている一方でB国の外貨準備が適正規模を上回っていたとしても、A国の国際収支のファイナンスがより脆弱であるとは、一概にはいえない。

　IMFは一律の基準に基づいて算出されるARAMを出発点として、各国に固有の要因等を考慮してリスク評価を行っている。なお、IMFはARAMをリスク評価に用いるのは、新興国および低所得国のみで、先進国は対象外であると述べており、先進国については定性的な短いコメントを付すにとどまっている。IMFによるこうしたリスク評価は、最終的には「4条協議」と呼ばれる個別国のサーベイランスに反映されるが、新興国においてはARAMに基づく外貨準備の規模に対する評価がしばしば記載されるのに対して、先進国の評価で外貨準備の水準に言及されることは基本的にない。

　またARAMによって推計された外貨準備の適正規模は、各国の外貨準備が適正レンジ内で推移することを要請するものではなく、こうした運用はむしろ不適切なものにもなり得る点には注意が必要である。外貨準備の適正規模に関する明確な基準を持ち、その水準を達成・維持するように外貨準備を運用している国はほとんどない。他方、日本も含む多くの国において、外貨準備の規模は為替介入などその他の政策の副産物として決まっている側面が大きい。たとえば、過度の自国通貨高が望ましくないとの観点から外貨買い/自国通貨売り介入を行った結果積み上がった外貨準備がARAMのレンジの上限（150％）を超えたからといって、レンジ内に押し戻すために外貨売り/自国通貨買いを行うことは適切ではないだろう。こうした動きは市場の投機的な当該国通貨買いを惹起して自国通貨の急激な増価につながり、当初の自国通貨売り介入の効果を相殺してしまう可能性もある。

　最後により重要な点として、ARAMの推定値は為替相場制度の変化を十分

に反映できていない可能性がある。これは特に、*de jure*ではなく*de facto*の為替相場制度においてより当てはまる。前述のとおりARAMの適正値の算出方法は固定相場制と変動相場制で異なるが、これは、*de jure*では変動相場制である一方、実際には頻繁に介入を実施して為替レートの変動を抑制している国における外貨準備の適正値を推計するには不十分である。たとえば中国の為替相場制度は、*du jure*ベースでは2005年7月の制度変更以来変わっていないが、*de facto*ベースでは何度も変わっており[69]、ARAMの計数はこの変化を十分に反映していない可能性がある。上述したように2017年以降ARAMでは中国の外貨準備の規模は一貫して「過小」と判断されているが、2018年以降中国が介入姿勢を弱めている（＝為替レートの柔軟性が高まっている）ことを考慮すると、外貨準備の適正規模は以前に比べて縮小している可能性がある。

5　通貨構成

外貨準備の内訳に関するディスクロージャー・レベルは国によってまちまちであり、日本を含む多くの国が外貨準備の通貨の構成比率を公表していない。日本では財務省が毎月「外貨準備等の状況」を公表しているが、通貨構成は明らかにされていない[70]。また、日本の外貨準備の大宗は「証券」であるが、証券の種類や年限についての情報は提供されていない[71]。外貨準備の運用にあたってできる限り市場のボラティリティを高めないように考慮することは各国当局の共通認識と考えられるが、この観点から、外貨準備運用に関する低いディスクロージャー・レベルは、市場参加者の思惑に基づく投機的取引を回避することが、その目的の1つとなっていると考えられる[72]。

こうしたなか、外貨準備の通貨構成に関する包括的で信頼できる事実上唯一

---

[69] 第4章BOX「近年の中国の為替政策の返還」参照。
[70] ただし、毎年3月末の計数の「メモ項目」で、「SDRバスケットを構成している通貨（米ドル、ユーロ、円、英ポンド、人民元）建ての資産」と「上記通貨以外の通貨建ての資産」の残高を公表している。
[71] ただし、年に一度公表される「外国為替資金特別会計の外貨建資産の内訳及び運用収入の内訳等」では、外貨証券の満期別構成割合と国債・非国債の構成割合が公表されている。
[72] もっとも、ディスクロージャー・レベルと投機的取引の関係についてコンセンサスはなく、ディスクロージャー・レベルが高い国はできる限り透明性を高めるほうが投機を抑制するうえで効果的と考えている可能性がある。

のデータとみなされているのが、IMFが四半期に一度公表する「Currency Composition of Official Foreign Exchange Reserves」（以下、「COFER」）である。

COFERは、IMFが外貨準備[73]を保有する149カ国・地域（2023年第3四半期調査時）を対象として行うサーベイに基づいて算出しているデータである。COFERのサーベイに参加している国の多くは（日本も含め）通貨構成比率を公表していないため、COFERにおいて利用可能なのはaggregateベースのデータのみであり、国・通貨別のデータは利用可能ではない。

2023年9月末時点のCOFERによると、世界の外貨準備の合計は約12兆ドル、Allocated reservesは約11.2兆ドル、Unallocated reservesは約0.9兆ドルであった。ここで、外貨準備の合計はIFS（International Financial Statistics）の数字、Allocated reservesがCOFERのサーベイで報告された数字、Unallocated reservesはIFSとAllocated reservesの差である。Allocated reservesでは通貨構成が明らかにされており（aggregateベース）、2023年9月末時点では米ドルが58.5％、ユーロが19.8％、日本円が5.4％、英ポンドが4.8％、人民元が2.5％、加ドルが2.5％、豪ドルが2.0％、その他が3.9％となっていた。

COFERの見方

図表3－59はCOFERの通貨構成比率の推移をみたものであるが、一貫して米ドルが最大のシェアを占めており、第2位以下を大きく引き離していることがわかる。もっとも、1999年第1四半期に71％だった米ドルのシェアはその後緩やかな低下基調を辿り、2020年第4四半期以降は60％を下回る水準にとどまっている。

米ドルのシェア低下の一方で1999年1月に誕生したユーロが着実にシェアを伸ばし、1999年第1四半期に18％だったユーロのシェアは、2009年第3四半期のピーク時には28％まで拡大した。当時はユーロが近い将来に国際通貨としてドルに肩を並べるとの論調が支配的であったが、2009年10月にギリシャの財政統計における不正が発覚したことをきっかけに発生した欧州債務危機時にユー

---

[73] COFERのサーベイの対象となる外貨準備資産は現預金、証券、デリバティブ、その他資産であり、金は含まれない。

ロの崩壊が現実的なリスクとして意識されるようになったことでこのシナリオは頓挫、外貨準備におけるユーロのシェアは2009年第3四半期の28％をピークに低下に転じ、2015年第2四半期には20％を割り込んだ。その後は20％付近で安定的に推移している。中国人民元のシェアが初めて公表された2016年第4四半期から直近（2023年第3四半期）までの変化をみると、米ドルが6.9％ポイント低下した一方で人民元と円がそれぞれ1.4％ポイント、英ポンドと加ドルがそれぞれ0.5％ポイント、豪ドル0.3％ポイント上昇している。

　COFERにおける各通貨のシェアの推移を概観したが、COFERのヘッドラインに関するこうした分析がしばしばミスリーディングになりやすい点には注意を要する。

　COFERの数字はすべて米ドル建てで報告されるため[74]米ドル以外の通貨の残高は当該期間中の為替レートの変動の影響を受けるが、ヘッドラインの数字では為替変動の影響は調整されていない。たとえば、ある期末のドルの残高が90ドル、ユーロの残高が10ユーロ、ユーロ／ドルの為替レートが1ユーロ＝1ドルだったとき、ドルのシェアは90％、ユーロのシェアは10％となる。ここで、翌期末のユーロ／ドルの為替レートが1ユーロ＝1.5ドルに上昇すると、当該期間に全く売買がなかったとしてもユーロのドル建て残高は10ドルから15ドルに増加し、シェアは14.3％に上昇する（ドルのシェアは85.7％に低下）。

　また、よりトリッキーなケースとして、上記の事例で期初にユーロを2ユーロ売却してドルの残高が92ドル、ユーロが8ユーロ（＝8ドル）となった場合でも、対ドルでのユーロ高によって期末のユーロの残高は12ドルとなるため、期中にユーロを売却しているにもかかわらず、ユーロのシェアは逆に小幅上昇することになる。ユーロのシェア上昇の一方でドルのシェアは低下することになるが、これを捉えて「各国のドル離れの兆候」等と解釈することは、明らかに適切ではないだろう。統計の性質上、実際にこうしたケースが生じることはそれほど珍しくない。

---

[74] サーベイに回答する各国当局はすべての通貨建て資産をドル換算額で報告することになっている。IMFはサーベイ期間の期末の為替レートでドル換算することを推奨している。

第5節　外貨準備　351

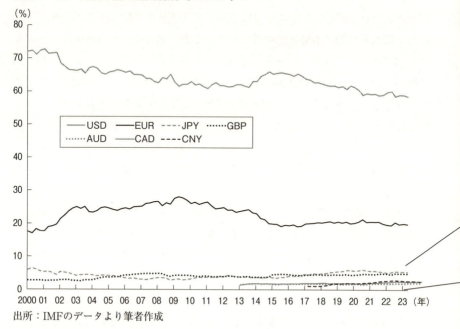

図表3-59 外貨準備の通貨構成（COFER）

出所：IMFのデータより筆者作成

中国の外貨準備の通貨構成の推計

　図表3-60はAllocated ReservesとUnallocated Reservesの残高および合計に占めるシェアの推移をみたものである。2003年頃からUnallocated Reservesの残高とシェアが大きく上昇したが、2015年以降はUnallocated Reservesの残高とシェアが減少に転じ、足元ではUnallocated Reservesの残高とシェアは過去最低水準に減少・低下している。

　これは、COFERにおける通貨構成のデータの信頼度が過去最高水準にまで高まっていることを示しているとも考えられる。Allocated ReservesとUnallocated Reservesのシェアが拮抗していた2009年～2014年頃には、外貨準備の半分強しか通貨構成が明らかになっていなかったことから、COFERの数字を外貨準備全体のトレンドと解釈することが必ずしも適切でなかった可能性があるが、直近の数字は外貨準備全体のトレンドを概ね正確に反映していると考えられる。

　図表3-60に示されたAllocated ReservesとUnallocated Reservesの動向に

352　第3章　為替政策

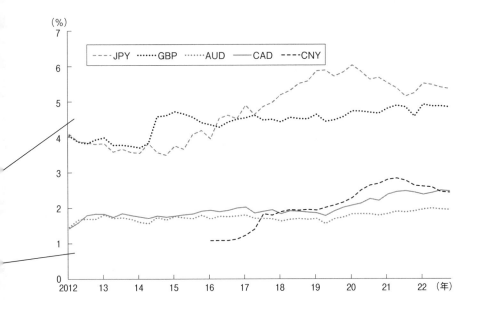

は、中国が大きな影響を及ぼしたと考えられる。2001年のWTO加盟後中国経済が急拡大するなかで中国の外貨準備も大きく増加したが、中国は当初、COFERに外貨準備の通貨構成を報告していなかった。この結果、世界の外貨準備において大きなシェアを占めるに至った中国の外貨準備はAllocated Reservesに計上されず、Unallocated Reservesが大きく拡大することになった。

しかし、Brown and Rubenfeld（2015）によると、中国は2015年第2四半期から段階的に自国の外貨準備の通貨構成をCOFERに報告し始めた（Brown and Rubenfeld（2015）によると、当初報告分はポートフォリオ全体の約15％）。これを受けて、2015年第2四半期以降Allocated Reservesが大きく増加した一方で、Unallocated Reservesは大きく減少した。Unallocated Reservesは2015年第2四半期から2018年第3四半期までに3.4兆ドル減少し、その後は概ね横ばいとなっている。同期間のUnallocated Reservesの減少分（3.4兆ドル）は中国の外貨準備の規模（2018年第3四半期時点で3.1兆ドル）と概ね合致しており、中国の外貨準備のAllocated Reservesへのシフトは2018年末

第5節 外貨準備 353

図表3−60 Allocated Reserves、Unallocated Reservesの残高とAllocated Reservesのシェア

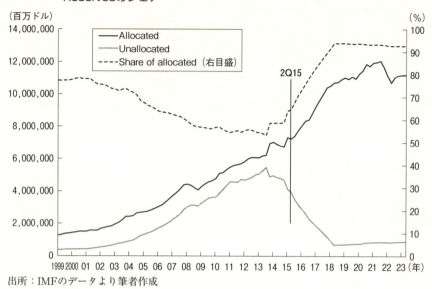

出所：IMFのデータより筆者作成

図表3−61 Unallocated Reservesと中国の外貨準備残高

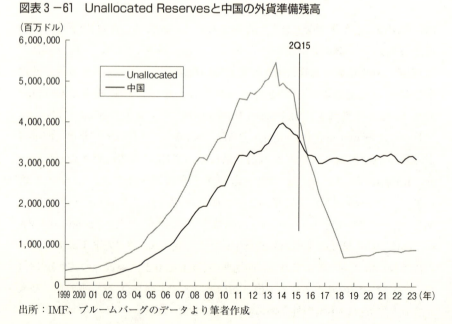

出所：IMF、ブルームバーグのデータより筆者作成

354 第3章 為替政策

時点ではほぼ終了していたと考えられる（図表3－61）。

中国の外貨準備はその巨大さ（2014年のピーク時に約4兆ドル。2023年12月末時点では約3.2兆ドルまで減少しているが、それでも圧倒的に世界最大）から、わずか数パーセントのアロケーションの変更であっても市場に甚大な影響を及ぼすと考えられるため、市場参加者の大きな関心事であり続けている。

中国の外貨準備の通貨構成は公表されていないが、中国が段階的にAllocated Reservesに自国の外貨準備の計数を組み入れたという特殊な動きと、たまたま中国による計数の段階的組み入れが起こったとみられる2015年第2四半期～2018年第3四半期に、世界全体および中国の外貨準備の残高がほとんど変化しなかったという条件が重なったことで、COFERの計数から中国の外貨準備の通貨構成について概算を行うことが可能になる。2015年第2四半期から中国の外貨準備のAllocated Reservesへのシフトがほぼ完了したとみられる2018年第3四半期までの間、世界の外貨準備および中国の外貨準備の残高があまり変化しなかったことは、この間に外貨準備当局における新規の買いがあまり出なかったことを意味しているため、当該期間におけるAllocated Reservesの変化は、その大部分が中国がもともと保有していた外貨準備を反映しているとみなすことができるためである。

中国の外貨準備が反映されていない2015年第1四半期のCOFERから中国の外貨準備が反映され始めた2015年第2四半期の間の変化は、当時の中国の外貨準備の通貨構成を反映していると考えられる。その後のAllocated Reservesにおける通貨構成の変化のほとんどが中国のシフトによるものと仮定すると、これを試算することによって中国の外貨準備の通貨構成の推移についての大まかなイメージを得ることができる[75]。

図表3－62は、上述の方法に基づいてCOFERから中国の外貨準備の通貨構成を推計したものである。中国の外貨準備のAllocated reservesへの組み入れが開始された2015年第2四半期時点で65％だった米ドルのシェアは、Allocated reservesへの組み入れが終了したとみられる2018年第3四半期時点では59％に低下した。その後の変化には中国の外貨準備の段階的なAllocated

---

[75] この試算は、中国がその時々の通貨構成を維持した形でAllocated Reservesへのシフトを進めたことを前提としているが、言うまでもなくこれを裏付けるエビデンスはない。これはこの推計の限界であり、図表3－62の数字はあくまで参考程度に解釈すべきである。

図表3-62 中国の外貨準備の通貨構成（推計）

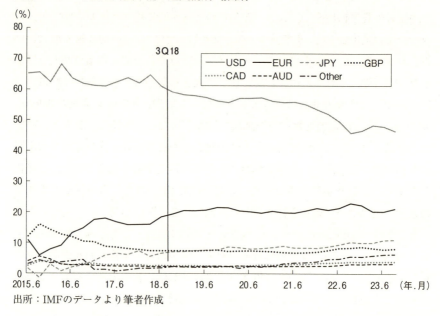

出所：IMFのデータより筆者作成

reservesへの組み入れという特殊要因はほとんど影響していないと考えられるが、世界の外貨準備全体に占める中国のシェアの大きさと、この間に外貨準備全体の規模がそれほど大きく変化していないことを踏まえると、2018年第3四半期以降のシェアの変化も中国の動向を一定程度反映していると考えられる。

米ドルのシェアは2018年第3四半期以降安定的に推移していたが、2022年に入って急低下。2021年末時点の53.5％から同年9月時点には45.5％まで低下した[76]。同期間のヘッドラインの数字は58.8％→59.8％へと小幅上昇したが、ヘッドラインと為替調整後の数字の乖離は、同期間の米ドル高による米ドルのシェアの押し上げ効果を相殺して余りあるほど米ドルが売られたことを示唆している。2022年1月～9月には米ドルが主要通貨に対して全面高となるなかで、新興国を中心に米ドル売り/自国通貨買い介入が大規模に行われ、それによって低下した米ドルのシェアを回復させるような動きがみられなかったこと

---

[76] 2022年のロシアのウクライナ侵攻と、それを受けて西側諸国がロシアに対して厳しい経済制裁を課したことを受けて「ドル離れ」が加速したことを反映している可能性もある（詳細については、第4章第3節など参照）。

が米ドルのシェアの大幅な低下につながったとみられる。

その他の推計

COFERが外貨準備の通貨構成に関する最も信頼できるデータであることは衆目の一致するところであるが、国別のデータが利用可能でないため、COFERを用いて分析できることには限りがある。こうしたなか、さまざまなソースからデータを集め、個別に各国・地域の外貨準備の通貨構成を推計する研究が存在する。たとえば、Ito and McCauley（2020）では、中央銀行のアニュアルレポートなどの公表資料から、世界のGDPの51.4％をカバーする58カ国・地域について1999年から2017年の外貨準備の通貨構成を推計している。

通貨構成に影響を及ぼす要因

主にデータの制約により、また、1999年のユーロ発足以前は国際通貨としての米ドルにライバルが存在しなかったことから、20世紀には外貨準備の通貨構成に関する研究は少なく、IMFの非公開データを用いたDooley, Lizondo and Mathieson（1989）（以下、「DLM（1989）」）は主要な例外とみなされていた。DLM（1989）によれば、外貨準備の通貨構成には、ペッグ制を採用しているか否か、主要貿易相手国、対外債務の構成が大きな影響を及ぼしていた。

1999年に米ドルの強力なライバルであるユーロが誕生したことや、新興国における外貨準備の急増を受けて21世紀入り後は外貨準備の通貨構成に関する研究が活発化した。Eichengreen and Mathieson（2000）はDLM（1989）のデータをアップデートしたうえでDLM（1989）と同様の分析を行い、DLM（1989）以降に生じた変化について検証し、構成通貨の決定要因に大きな変化が生じていないことを示した。また新たに、資本取引への規制の影響と為替相場制度の変化（新興国におけるより柔軟な制度）の影響についても検証し、資本規制の緩和が外貨準備における米ドルと英ポンドにポジティブな影響を及ぼし、為替相場制度の柔軟性はペッグ先通貨に対する需要を減じるため米ドルと欧州通貨に対してネガティブ、日本円にとってポジティブに作用したと指摘した。

Ito and McCauley（2020）は、①当該国通貨の対米ドル（ユーロ）での変動がその他の通貨に対する変動との比較で小さいほど、②貿易のインボイス通貨における米ドル（ユーロ）のシェアが高いほど、③対外債務に占める米ドル

（ユーロ）のシェアが高いほど、外貨準備に占める米ドル（ユーロ）のシェアが高くなるとの分析結果を示している。①は、たとえばある国の通貨の対米ドルでの変動がその他の通貨に対する変動よりも明示的に小さい場合、外貨準備の大宗を米ドルで保有すると自国通貨建てでみた外貨準備の収益のボラティリティを抑制することができる。

「ある通貨の対米ドルでの変動がその他の通貨に対する変動よりも小さい」という状況は、当該国が自国通貨の対米ドル為替レートを固定、ないしは一定の範囲内に抑制するような為替相場制度を採用している場合に起こり得る。最も極端なケースは対米ドルでの固定相場制で、このケースでは当該通貨は対米ドルでは変動せず、第三国通貨に対しては第三国通貨の対米ドルでの変動と同じ規模だけ変動する[77]。

Ito and McCauley（2020）は、対米ドルでの自国通貨の変動を抑制する為替相場制度を採用している国を「米ドル圏」、対ユーロでの変動を抑制している国を「ユーロ圏[78]」に分類した。1999年のユーロ発足後2008年頃までは世界経済に占めるユーロ圏のシェアが上昇する一方で米ドル圏のシェアが低下したが、その後はユーロ圏のシェアが低下する一方で米ドル圏のシェアが上昇している。この背景には、成長著しいアジアの多くの国が米ドル圏に属することと、欧州債務危機の影響があると考えられる。また、DLM（1989）やEichengreen and Mathieson（2000）が当該国の貿易における外貨準備通貨国（たとえば米国）のシェアに着目したのに対して、Ito and McCauley（2020）は、輸出のインボイス通貨に着目し、輸出全体に占める当該国への輸出のシェアよりも、輸出のインボイス通貨に占める当該国通貨のシェアのほうが外貨準備の通貨構成に与える影響が強いことを示した。

6　外貨準備の運用

外貨準備運用の3原則

Borio et al.（2008）は、外貨準備の運用は為替介入、対外債務の返済などその保有目的と整合的である必要があり、安全性、流動性、収益性を原則として掲げている。

---

[77] 関連研究にMcCauley and Shu（2018）など。
[78] ユーロ参加国の総体を「ユーロ圏」と呼ぶが、ここでの「ユーロ圏」とは異なる。

Borio et al.（2008）は外貨準備運用の３原則（安全性、流動性、収益性）間のウェイト付けを行っていないが、これは各国固有の要因に依存するとして、外貨準備の保有目的に関する優先順位を明らかにしていないことによるものと考えられる。実際、Borio et al.（2008）は、この３原則のウェイトは保有目的によって異なり、財・サービスの購入や債務の返済、為替介入に用いる部分では安全性と流動性が重要だが、こうした取引に必要な部分を超える部分（excess balances）においては収益性のウェイトが高くなるとしている。後述するように、我が国の外貨準備運用においては安全性と流動性が収益性よりも上位に位置付けられているが、これは我が国の外貨準備が主として為替介入の原資として保有されているためである。

外貨準備運用の実際：RAMPサーベイから

　外貨準備運用関連の情報は機密性が高く、利用可能な公開情報はそれほど多くない。いくつかの公的機関や民間金融機関が行っているサーベイ調査では、ほとんどの場合、その結果はサーベイの回答者や外貨準備当局者にしか共有されない。

　こうしたなか、世界銀行グループのReserve Advisory and Management Partnership（RAMP）が公表しているCentral Bank Reserve Management Practicesは、筆者が知る限り結果が一般に公表されている唯一のサーベイであり、グローバルの外貨準備運用の実態を知るうえで貴重な資料である[79]。以下では、直近のサーベイ[80]（RAMP（2023））の結果を概観する。

保有目的と運用原則

　RAMP（2021）によると[81]、外貨準備の保有目的は「外的ショックへの備え」と回答した先が最も多く（80％：複数回答）、以下、「為替政策」（67％）、「対外債務の返済」（55％）が続いた（図表３−63）。また、運用原則では90％

---

[79] 第１回サーベイの結果は2019年に公表（データは2018年第１四半期時点）。その後、2020年（同2019年第３四半期時点）、2021年（同2021年第１四半期時点）、2023年（同2023年第１四半期）に発表された。サーベイ参加先は第１回が99機関、第２回が105機関、第３回が119機関、第４回が125機関と、回を重ねるごとに増加している。
[80] 調査期間は2023年第１四半期。
[81] 直近のサーベイ（RAMP（2023））では保有目的、運用原則が質問項目から外れた。

図表3-63 外貨準備の保有目的（複数回答）

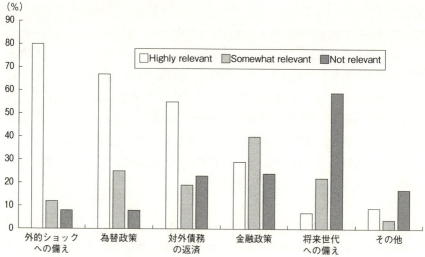

出所：RAMP（2021）より筆者作成

図表3-64 外貨準備の運用原則

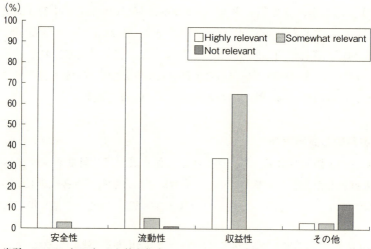

出所：RAMP（2021）より筆者作成

以上（複数回答）の先が「安全性」と「流動性」を「Highly Relevant」としている一方で、「収益性」を「Highly Relevant」とした先は34％にとどまっており（65％は「Somewhat relevant」と回答）、外貨準備の運用にあたっては「安全性」と「流動性」が最重要であり、「安全性」「流動性」を確保したうえで収益性を追求するというスタンスが一般的であることが示唆された（図表3−64）。これは前出のBorio et al.（2008）とも整合的である。

SAAとトランチング

多くの当局は外貨準備の運用を政策目標と合致させるために、Strategic Asset Allocation（SAA）を採用している。SAAはまずトランチング（Tranching）を採用するか否かを決定し、そのうえで投資可能な通貨とアセットクラスを決定するという2段階のプロセスからなる。RAMP（2023）によると、回答者の73％がトランチングを採用している。地域別にみると、中東・アフリカでは94％がトランチングを採用しているのに対して、欧州・中央アジアではトランチング採用は56％にとどまっている（図表3−65）[82]。

トランチングを採用する当局は、外貨準備をいくつかのサブ・ポートフォリオに分割する。最も一般的なトランチングでは、外準ポートフォリオをWorking Capital Tranche（WCT）、Liquidity Tranche（LT）、Investment Tranche（IT）の3つに分割する。Working Capital Trancheは日々のキャッシュフローのニーズを満たすものである。Liquidity Trancheは為替介入その他の取引のニーズを満たすことを目的としたもので、Working Capital Trancheとは補完的な位置付けにある。RAMP（2023）によると、各トランシェがポートフォリオ全体に占めるシェアは、平均でWorking Capital Trancheが18.9％、Liquidity Trancheが38.9％、Investment Trancheが43.9％となっている。

その保有目的を反映して[83]、Working Capital TrancheとLiquidity Tranche

---

[82] RAMP（2023）のサーベイ結果は、運用資産が小さい国ほどトランチングを採用する傾向があることを示している。運用資産30億ドル以下、および30億〜100億ドルではそれぞれ82％、86％がトランチングを採用しているのに対して、運用資産500億ドル以上では56％にとどまっている。

[83] RAMP（2023）のトランシェの設定にあたり参考にする指標という質問項目では、「短期的な流動性のニーズ」が77％（複数回答）で最大となっており、以下、「輸入」と「短期対外債務」が概ね5割で続く。

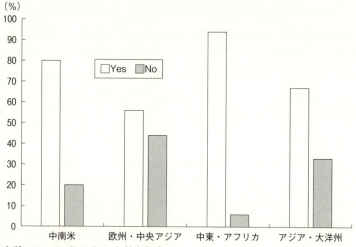

図表 3−65　トランチングの実施の有無（国・地域別）

出所：RAMP（2023）より筆者作成

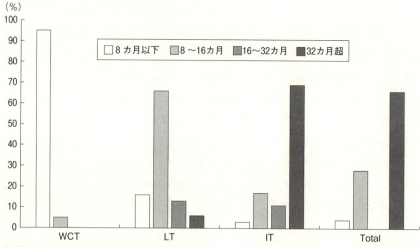

図表 3−66　各トランシェの平均デュレーション

出所：RAMP（2023）より筆者作成

のデュレーションは比較的短くなっており、WCでは100%、LTでは82%が16カ月以下となっている。他方、Investment Trancheでは7割近くが32カ月超となっており、一定の短期流動性を確保しつつ余資でデュレーション・リスクをとっていることがうかがえる（図表3-66）。

運用対象（通貨、アセットクラス）

外貨準備における通貨の選択にはさまざまな要因が影響するが、Lu and Wang（2019）によれば、国際収支上の問題およびポートフォリオ・マネジメントがその主たる要因である。国際収支上の問題とは、具体的には対外債務の構造と建値通貨、為替介入のニーズ、ALMなどを指す。他方、ポートフォリオ・マネジメント上の問題とは、為替リスクの多様化、各国通貨建て資産のリターン、利用可能性、流動性を指す。前出のトランチングとの関連では、為替介入と対外債務の返済はLiquidity Trancheにおいてより重要であり、為替リスクの多様化とリターン・エンハンスメントはInvestment Trancheでより重要である。

RAMP（2023）のサーベイ結果は、各国当局が投資可能（eligible）な通貨は広範にわたるものの、実際に投資されている通貨はかなり限られており、前出のCOFERデータが示すように、米ドルが依然として支配的な地位を占めていることを示唆している。RAMP（2023）によれば、投資可能な通貨の範囲はかなり広く、20%以上の当局が投資可能としている通貨は13種類にのぼる（図表3-67）。もっとも、各国の外貨準備当局が実際に図表3-67にあげられたすべての通貨に投資しているわけではない点には注意が必要である。

また、RAMP（2023）によれば、（先進国）国債（95%）、SSA（Sovereigns, Supra-nationals and Agencies）債（89%）、Money Market Instruments（89%）、銀行預金（87%）、金（73%）については大部分の当局が保有可能であり（図表3-68）、実際に保有されている資産もこれらが大宗を占める。一方、社債、株式、新興国資産などの保有を容認しているのは少数派であり、安全性と流動性を重視する外準当局の投資スタンスを反映した結果となっている。

7　日本における外貨準備運用

日本の財務省は2005年4月に公表した「外国為替資金特別会計が保有する外

図表3-67 投資可能な通貨（複数回答）

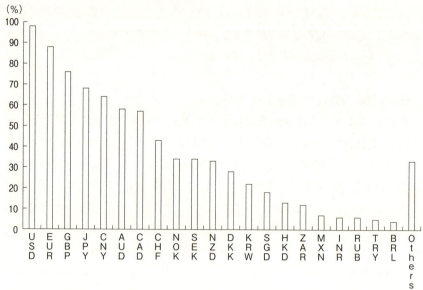

出所：RAMP（2023）より筆者作成

図表3-68 投資可能なアセットクラス（複数回答）

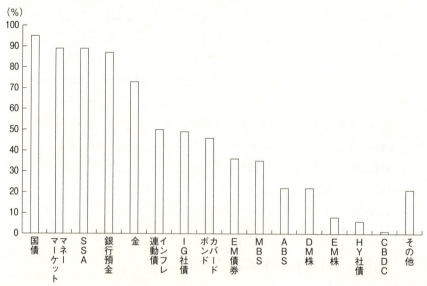

出所：RAMP（2023）より筆者作成

貨資産に関する運用について[84]」で、①運用目的、②基本原則、③運用対象、④リスク管理について明らかにしている。

前述したように、財務省によれば、日本の外貨準備の運用目的は「我が国通貨の安定を実現するために必要な外国為替等の売買等に備え、十分な流動性を確保すること」である。そして、この目的に鑑みて「外為特会保有外貨資産は安全性及び流動性に最大限留意した運用を行うこととし、この制約の範囲内で可能な限り収益性を追求」「金融・為替市場へ錯乱的な影響を及ぼさぬよう最大限配慮しつつ運用を行い、必要に応じ関係する通貨・金融当局と密接な連絡を取る」としている。

運用対象について、「外貨資産については、上記運用目的の観点から必要とされる各通貨ごとに、流動性・償還確実性が高い国債、政府機関債、国際機関債及び資産担保債券等の債券や、外国中央銀行、信用力が高く流動性供給能力の高い内外金融機関への預金等によって運用する」としている。

リスク管理については、信用リスクと流動性リスクに言及。前者については「預金対象金融機関・債券発行体等に関する複数の格付け情報及び財務情報等を参考にしつつ、外貨資産が過度にリスクに晒されないよう適切に管理する」、後者については「上記運用目的に照らし、一定規模の外貨資産を極めて短期間に、低コストで、且つ可能な限り市場に影響を与えない形で外貨取引の決済に使用できる状態にするという観点から適切に管理するものとする」としている。

関連統計

財務省は月に1回、「外貨準備等の状況」を公表している。

「外貨準備等の状況」は「Ⅰ．外貨準備およびその他外貨資産」「Ⅱ．短期の外貨建債務等」「Ⅲ．短期の外貨建偶発債務等」「Ⅳ．メモ項目」の4つのパートからなる。図表3-69は2023年12月末時点の「外貨準備等の状況」である。

「外貨準備等の状況」では、外貨準備の大まかな資産構成が明らかにされる。「Ⅰ．外貨準備およびその他外貨資産」は「外貨」「IMFリザーブポジション」「SDR」「金」「その他外貨準備」からなるが、圧倒的に大きいのは「外

---

[84] https://www.mof.go.jp/policy/international_policy/gaitame_kawase/foreign_exchange_fund_special_account/gaitametokkai_170404.htm

図表3-69 「外貨準備等の状況」(2023年12月末時点)

Ⅰ. 外貨準備およびその他外貨資産（2023年12月末時点）　　　　　（単位：百万ドル）

A．外貨準備	1,294,637
1．外貨	1,159,849
(a)　証券	1,005,227
(b)　預金	154,622
ⅰ．外国中央銀行およびBISへの預金	154,200
ⅱ．本邦金融機関への預金	397
ⅲ．外国金融機関への預金	25
2．IMFリザーブポジション	10,597
3．SDR	57,508
4．金	56,095
5．その他外貨準備	10,588
B．その他外貨資産	41,622
(参考) B. その他外貨資産のうち、国際協力銀行に対する貸付（額面）は41,226百万ドル	

Ⅱ．短期の外貨建債務等（2023年12月末時点）　　　　　　　　　　（単位：百万ドル）

	合計	満期別（残存期間）		
		1カ月以内	1カ月超3カ月以内	3カ月超1年以内
1．外貨建貸付/借入および外貨建債券	—	—	—	—
2．対円での外貨の為替先渡および為替先物のポジションの合計	20,000	3,000	7,000	10,000
(a)　ショート・ポジション	—	—	—	—
(b)　ロング・ポジション	20,000	3,000	7,000	10,000

Ⅲ．短期の外貨建偶発債務等（2023年12月末時点）　　　　　　　　（単位：百万ドル）

	合計	満期別（残存期間）		
		1カ月以内	1カ月超3カ月以内	3カ月超1年以内
1．外貨建偶発債務	−7,200	—	—	−7,200

(a) 1年以内に満期の到来する債務に対する保証	−7,200	—	—	−7,200
(b) その他の外貨建偶発債務	—	—	—	—

Ⅳ．メモ項目（2023年12月末時点）　　　　　　　　　　　　　（単位：百万ドル）

(a)	為替相場に価値がリンクした短期円建債務	—
(b)	外貨資産のうち円など他の取引手段で決済されるもの	—
(c)	担保に入れられている資産	—
(d)	貸出およびレポに出されている債券	4,308
	貸出またはレポに出されており、「Ⅰ．外貨準備およびその他外貨資産」に含まれるもの	−163,850
	貸出またはレポに出されており、「Ⅰ．外貨準備およびその他外貨資産」に含まれないもの	
	借入または担保として取得しており、「Ⅰ．外貨準備およびその他外貨資産」に含まれるもの	
	借入または担保として取得しており、「Ⅰ．外貨準備およびその他外貨資産」に含まれないもの	168,158
(e)	デリバティブ資産（ネット、時価評価）	−268
	スワップ	−268

出所：財務省

貨」に含まれる「証券」である。

「Ⅱ．短期の外貨建債務等」の「2．対円での外貨の為替先渡および為替先物のポジションの合計」の「(b)ロング・ポジション」に記載されている数字は、為替スワップ取引を反映している。たとえば、巨額の外貨を保有する外為特会はベーシス・スプレッドが拡大した際に外貨のsell-buy取引（いったん売却した後満期日に買い戻す）を行うことによって、預金や短期債への投資に比べてより高い収益を得ることが可能である。「Ⅲ．短期の外貨建偶発債務等」は主に国際協力銀行（JBIC）が発行する外貨建て政府保証債券に対する政府保証などを反映する。

「Ⅳ．メモ項目」においては、たとえば、外為特会が保有している外貨建て債券を債券貸借取引により貸し出す場合に、この貸し出している債券について「(d)貸出およびレポに出されている債券」に記載することとなっている。大量の外貨建て債券を保有する外為特会は基本的に外貨建て債券の貸し手であり、

たとえばその担保として日本国債を受け入れる場合、外為特会から貸し出された債券が「貸出またはレポに出されており、「Ⅰ．外貨準備およびその他外貨資産」に含まれるもの」に符号マイナスで計上され、受け入れている日本国債が「借入または担保として取得しており、「Ⅰ．外貨準備およびその他外貨資産」に含まれないもの」に計上される。なお、外為特会が保有する外貨建て債券を貸し出した場合であっても、外貨準備の「証券」の額は変化しない。

また、「Ⅳ．メモ項目」では年に一度（3月末）、「外貨準備資産の通貨別構成」を公表している。もっとも、個別通貨の数字は明らかにされておらず、「SDRバスケットを構成している通貨（米ドル、ユーロ、英ポンド、中国人民元）建ての資産」とそれ以外という区分になっている（図表3−70）。

財務省は月次の「外貨準備等の状況」以外に、年に一度、「外国為替資金特

図表3−70　「外貨準備等の状況」の「Ⅳ．メモ項目」（2023年3月末時点）

Ⅳ．メモ項目（2023年3月末時点）　　　　　　　　　　　　　　　（単位：百万ドル）

(1)	月次更新計数	
(a)	為替相場に価値がリンクした短期円建債務	—
(b)	外貨資産のうち円など他の取引手段で決済されるもの	—
(c)	担保に入れられている資産	—
(d)	貸出およびレポに出されている債券	3,673
	貸出またはレポに出されており、「Ⅰ．外貨準備およびその他外貨資産」に含まれるもの	−159,982
	貸出またはレポに出されており、「Ⅰ．外貨準備およびその他外貨資産」に含まれないもの	
	借入または担保として取得しており、「Ⅰ．外貨準備およびその他外貨資産」に含まれるもの	
	借入または担保として取得しており、「Ⅰ．外貨準備およびその他外貨資産」に含まれないもの	163,655
(e)	デリバティブ資産（ネット、時価評価）	250
	スワップ	250
(2)	上記以外の計数	
(a)	外貨準備資産の通貨別構成	
	SDRバスケットを構成している通貨建の資産	1,251,898
	上記以外の通貨建の資産	5,163

出所：財務省

別会計の外貨建資産の内訳及び運用収入の内訳等」（2008年に公表開始）を公表している。「外国為替資金特別会計の外貨建資産の内訳及び運用収入の内訳等」では、外貨証券の満期別構成割合と国債・非国債の構成割合が開示されている。前者について、2023年3月末時点の数字では、満期1年以下が17.3%、1年超5年以下が41.5%、5年超が41.2%であった。後者について、保有外貨証券に占める国債のシェアは74.9%であった。

また、外国為替資金特別会計は「民間の資産運用機関が行う取引やリスク管理に関する知見を活用して外貨建て資産の運用効率の向上を図る観点から、外貨建て資産の一部の運用を外部委託して」おり、その額（および支払手数料）が、「外国為替資金特別会計の外貨建資産の内訳及び運用収入の内訳等」で示されている。外部委託の金額は2023年3月末で5,249.5億円と、ポートフォリオ全体との比較で極めて小規模にとどまっている。

外貨準備と国際収支統計

国際収支統計では、外貨準備は金融収支の一項目として計上される。以前は「外貨準備増減」は「経常収支」「資本収支」等と並ぶ大項目であったが、2014年1月にBPM6に準拠する形で計上方法が変更され、金融収支の一項目となった。

前述のとおり外貨準備の大宗は「証券」であるが、外貨準備として保有される証券の売買は、国際収支統計では「金融収支/外貨準備/その他外貨準備」に計上される。「その他外貨準備」は介入が実施された月以外はあまり大きく増減しない。これは、介入による新たな外貨の売買以外の取引の大部分は償還分の再投資や入れ替えであり、売りと買いがほぼ同額となるためと考えられる。

たとえば、前出の「外国為替資金特別会計の外貨建資産の内訳及び運用収入の内訳等」によると、外貨準備で保有される証券のうち21.5兆円は満期が1年以内であった（2023年3月末時点）。これは、1年以内に償還・再投資される証券が約21.5兆円分あることを意味している。仮にある月にこのすべてが償還し、同額を再投資した場合には、同月の証券の取得と売却がいずれも21.5兆円となるが、ネットはゼロであり、統計の定義上「金融収支/外貨準備/その他外貨準備」は変化しない。つまり、グロスの取引はそれなりの規模で行われているとみられるが、通常ネットはほぼゼロであるため、国際収支上の数字はほと

図表3-71 日本の国際収支（令和4年度）

(単位：億円)

	受取（輸出）	支払（輸入）	収支尻
貿易収支	986,903	1,144,711	-157,808
サービス収支	218,877	274,950	-56,073
第一次所得収支	325,965	110,082	215,883
直接投資収益	276,158	43,851	232,307
証券投資収益	185,192	81,572	103,620
配当金	70,306	56,476	13,830
債券利子	114,886	25,097	89,789
第二次所得収支	40,212	64,985	-24,773
経常収支			126,442
資本移転等収支			-952

	資産	負債	ネット
直接投資	236,210	58,389	177,821
株式資本	75,935	26,688	49,247
収益の再投資	131,872	17,185	114,687
負債性資本	28,403	14,517	13,886
証券投資	-228,543	-35,833	-192,710
株式・投資ファンド持分	29,658	-6,827	36,485
債券	-258,201	-29,006	-229,195
金融派生商品	-685,578	-738,057	52,479
その他投資	317,022	205,417	111,605
外貨準備	-70,571	—	-70,571
貨幣用金	—	—	—
特別引出権（SDR）	-66	—	-66
IMFリザーブポジション	914	—	914
その他外貨準備	-71,419	—	-71,419
金融収支			78,625
誤差脱漏			-34,855

出所：財務省のデータより筆者作成

図表3-72 介入額と国際収支/金融収支/外貨準備/その他外貨準備

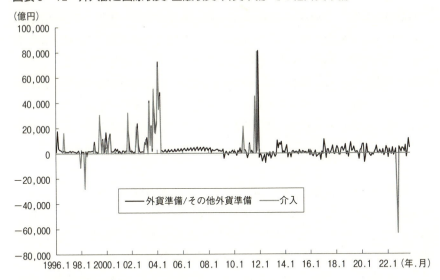

出所：財務省のデータより筆者作成

んど変化しないのである[85]。

　また、外貨準備からは巨額の利子収入が発生すると考えられるが、これは「外貨準備/その他外貨準備」ではなく、「経常収支/第一次所得収支/証券投資収益/債券利子」に計上される（図表3-71）。この項目には民間部門によって保有されている債券の利子収入も計上されるため、外為特会の利子収入がいくらかはわからない。

　以上のように、外貨準備における各種取引は国際収支統計にも反映されるものの、ネットアウトされていたり（証券売買）、他の数字と混在（利子収入）していたりするため、国際収支統計から外貨準備の動向を特定することは困難である（図表3-72）。

---

[85] 国際収支統計では、対外証券投資は「金融収支・証券投資」の資産の項目に「ネットの」数字が計上される。したがって、同額の売買の場合、計上される数字は「ゼロ」になる。

第5節　外貨準備　371

運用収益の一般会計繰り入れ

外為特会は毎年、債券利息等から得られた剰余金[86]の一部を一般会計に繰り入れている。一般会計繰り入れの根拠法である特別会計に関する法律（特別会計法）80条では、「外国為替資金特別会計において、毎会計年度の歳入歳出の決算上剰余金を生じた場合には、当該剰余金のうち、外国為替相場の変動、市場金利の変動その他の要因を勘案し、同会計の健全な運営を確保するために必要な金額を、外国為替資金に組み入れるものとする」と定められており、剰余金から外国為替資金に組み入れられる部分[87]を除いた額が、一般会計へ繰り入れられる。

外貨準備として保有している債券から得られる利息収入は外貨であるが、一般会計繰り入れにおいてはこれを円転することはせず、一般会計に繰り入れる部分の外貨を裏付けとして新たに政府短期証券（FB）を発行し、円貨を調達する。利息収入として得た外貨を円転した場合には外為市場において外貨売り/円買いが発生し、事実上の為替介入となるが、これを避けるための措置である。また、外為特会からは債券利息等のインカムゲイン以外に為替レートの変動に伴うキャピタルゲイン（外国為替評価損益）も発生し得るが、その時々で変動し、マイナスになることもあり得る外国為替評価損益を裏付けにFBを発行して円貨を調達し、一般会計に繰り入れることは望ましくないとのスタンスである。

国際的に、外貨準備の運用収益の一部を国庫に納付することは広く行われているが、その方法はさまざまである。外貨準備は中央銀行が保有しているケースが多く、中央銀行から政府への利益移転自体は広く行われているが、外貨準備運用以外のさまざまな中央銀行業務から発生した利益全体を対象として繰り入れ額が決められる形が大宗であり（たとえば、外貨準備の運用益がプラスでも、それも含めた全体の収益がマイナスである場合には繰り入れは行われな

---

[86] 以前は剰余金の一部を積立金として積み立てていたが、2013年の特別会計法改正において政府短期証券残高の抑制を図る目的で積立金制度は廃止され、剰余金のうち一般会計および翌年度歳入に繰り入れる額以外は、直接外国為替資金に組み入れられることとなった。

[87] 外国為替相場や市場金利の変動等があっても保有外貨資産に発生する評価損を概ね下回らない水準を、保有外貨資産の30%と試算しており、毎年度の剰余金のうち外国為替資金に組み入れられる額は、中長期的に組入累積額がこの必要水準に達することを基本としつつ、外為特会の財務状況や一般会計の財政状況も勘案して決定されている。

い、など)、筆者が知る限りでは外貨準備の運用収益だけを特別に切り出して扱っている中央銀行は存在しない。

　日本と同様に政府が外貨準備を保有しており、且つ特別勘定で個別に管理しているケースに該当するのは米国、英国、カナダである。このうちカナダは利益の全額を繰り入れることとしている一方[88]、米国と英国は原則的に利益移転を行っていないなど、対応は国によってまちまちである。

8　スイス、香港における外貨準備運用

　本項では公表資料に基づき、スイスと香港における実際の外貨準備運用について概観する。これら2カ国を取り上げた理由は、①比較的大規模な外貨準備を保有しており運用が高度に多様化していることと、②外貨準備運用関連情報のディスクロージャー・レベルが高いことである。こうした共通点を持つ一方で、両国の為替政策や外貨準備の位置付けには大きな違いがある。両国の外貨準備運用を詳細にみていくことで、為替政策、金融政策と外貨準備の関係について、さまざまな含意を得ることができよう。

スイス（SNB）

　スイスでは、スイス国立銀行（SNB）が金融政策とともに為替政策を管轄しており、外貨準備運用もSNBの所管である。SNB（2022）によると、外貨準備の保有目的は金融政策に使用することと、信任の構築および危機対応である。SNB（2022）が「現在の外貨準備の規模は大部分が金融政策の実施によって規定されたもの」としていることから明らかなように、スイスでは為替介入は金融政策の一環として行われており、外貨準備運用も金融政策を念頭に置いて行われている[89]。投資方針を策定するにあたって目標としているのは、①常に金融政策目的で使用可能であることと、②長期的な価値の保全である。

　SNB（2022）によると、前出①の目的を達成するために外貨準備として保有する資産には高い流動性が求められ、外貨準備の大部分を流動性が高い外国国

---

[88]　Currency Act 20（1）で「ネットインカムがプラスの場合には会計年度末から3カ月以内にその全額をConsolidated Revenue Fundに繰り入れる」こととしている（https://laws-lois.justice.gc.ca/eng/acts/c-52/page-1.html）。
[89]　Maechler（2016）は、外貨準備運用の原則である流動性、安全性、リターンのウェイト付けは金融政策から派生すると述べている。

債に投資している。目的②に関して、スイスでは外貨準備の収益をスイス・フラン建てで評価していることから、長期的なフラン高を相殺できるだけの運用収益が求められる。外国国債への投資だけではこの目的を達成するのが困難であることから、SNBは株や社債などよりリスクが高いと考えられる資産にも投資している（ただし、利益相反を避けるために、スイス企業によって発行された社債やスイス企業の株式には投資していない）。また、SNB（2022）による

図表3-73　スイスの外貨準備の通貨構成（2022年末時点）

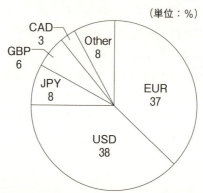

注：「Other」にはAUD、CNY、DKK、KRW、SEK、SGDのほか、株式ポートフォリオで保有されているその他通貨を含む。
出所：SNB（2022）より筆者作成

図表3-74　スイスの外貨準備の資産構成（2021年末時点）

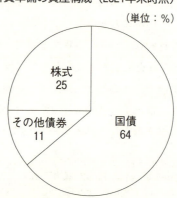

注：「その他債券」には地方債、国際機関債、カバードボンド、社債などが含まれる。
出所：SNB（2022）より筆者作成

図表３−75　スイスの外貨準備の投資リターン

(単位：％)

	合計	金	外貨準備 為替リターン(a)	外貨準備 現地通貨建てリターン(b)	合計(除く金)(a)+(b)
2007年	10.1	21.6	−1.3	4.4	3.0
08	−6.0	−2.2	−8.9	0.3	−8.7
09	11.0	23.8	0.4	4.4	4.8
10	−5.4	15.3	−13.4	3.8	−10.1
11	4.9	12.3	−0.8	4.0	3.1
12	2.3	2.8	−2.3	4.7	2.2
13	−2.5	−30.0	−2.4	3.2	0.7
14	8.0	11.4	2.6	5.1	7.8
15	−4.7	−10.5	−5.6	1.3	−4.4
16	3.8	11.1	−0.4	3.7	3.3
17	7.2	7.9	2.9	4.2	7.2
18	−2.1	−0.6	−1.5	−0.7	−2.2
19	6.1	16.3	−2.4	8.1	5.5
20	1.9	13.5	−4.5	6.0	1.2
21	2.7	−0.1	−0.6	3.5	2.9
22	−13.1	0.7	−3.5	−10.8	−13.9

出所：SNB（2022）より筆者作成

と、SNBは外貨準備運用において為替リスクをヘッジしない。

　SNBは外貨準備の通貨構成（図表３−73）、資産構成（図表３−74）、リターン（図表３−75）を明らかにしている[90]。図表３−75が示すように、SNBはリターンを為替収益と現地通貨建て収益に分けて報告している。為替収益はほとんどの年でマイナスであるが、これは趨勢的にスイス・フランが外国通貨に対して増価していることを反映している（スイス・フランの趨勢的な上昇を相殺

---

[90] 前出のRAMP（2023）によると、通貨構成を公表している当局は全体の60％、アセット・アロケーション、パフォーマンスを公表しているのは全体の39％。

するのに十分なリターンを上げる必要があるとのSNBのスタンスを思い出されたい)。

香港（HKMA）

香港はカレンシーボード制を採用しており、マネタリーベースを上回る規模の外貨準備を保有することが制度的に要請されている。

香港は為替レートの固定相場制と自由な資本移動を両立させることにより、自律的な金融政策を放棄しており、国内短期金利の水準はアンカー通貨である米ドルの金利水準に規定される。つまり、香港の短期金利水準は香港の通貨当局である香港金融管理局（Hong Kong Monetary Authority：HKMA）ではなく、事実上米国の金融政策当局であるFRBによって決定される[91]。

HKMAは香港特別行政区政府の一部門であり、為替相場制度（カレンシーボード制）の維持や外貨準備の運用、銀行セクターの安定等を担当している[92]。

香港の外貨準備はExchange Fund（以下、「EF」）の一部をなす。EFにおける運用の目的は、①資本の保全、②常にマネタリーベース全体が流動性の高い米ドル建て資産によって裏付けられるようにすること、③マネーと金融の安定を維持する目的のために利用可能な流動性を確保すること、④上記①〜③を満たしたうえでEFの長期的な購買力の維持をサポートする投資リターンを達成すること、である[93]。

EFは「Backing Portfolio（BP）」「Investment Portfolio（IP）」「Long-term Growth Portfolio（LTGP）」「Strategic Portfolio（SP）」の4つのパートからなるが（これらには香港ドル建ての資産も含まれていることから、4つのポートフォリオの合計＝外貨準備ではない）、必ずしもこれらすべてに前出の4つの目標が等しく割り当てられているわけではない。

たとえば、カレンシーボード制の根幹をなす上記目標②を担うのはBPである。BPはマネタリーベースを若干上回る規模を維持するようマネージされており（BPはマネタリーベースの105〜112.5％のレンジに収まるようにマネー

---

[91] 過去の動きをみると、香港の短期金利は米国と全く同じ水準ではなく、一定のスプレッドが乗ったうえで米金利とパラレルに推移している。
[92] 香港特別行政区政府は金融政策の目標設定について責任を負っており、HKMAはその目標を達成する手段に関して独立性を有する。
[93] HKMA（2023）p.151.

ジされている[94])、その大部分が流動性・信頼性が高い米ドル建ての資産で保有されている。

　BPを確保したうえで余剰となった資金はIPやLTGPに回されることになるが、ここでは上記目標④の長期的な投資リターンが追求されることになり、IPはこうした目的に照らして株式や債券(先進国、新興国の双方)に投資している。LTGPはリスク分散と中長期的なリターン向上の観点から2009年に創設され、プライベート・エクイティや不動産に投資している。2007年に設立されたSPは戦略的な観点から香港株に投資しており、この部分はEFの投資リターン算出の対象外となっている。

　図表3－76が示すように、EFの半分強はBPが占めている。これは、EFの

図表3－76　Exchange Fundのバランスシート(2022年末時点)

(単位：10億香港ドル)

Assets (4000)	Liabilities (4000)	
Backing Portfolio (2110.0)	Currency in Circulation (619.2)	Monetary Base (1900)
	Balance of Banking System (96.2)	
	Exchange Fund Bills and Notes (1200.3)	
Long-term Growth Portfolio (484.7)	Fiscal Reserves (765.2)	
Investment Portfolio and Others (1413.3)	Placements by Government Funds and Statutory Bodies (449.0)	
	Other Liabilities (320.9)	
	Accumulated Surplus and revaluation reserves (557.2)	

出所：HKMAホームページ (https://www.hkma.gov.hk/eng/key-functions/reserves-management/investment-management/portfolio-segregation/)

94　https://www.hkma.gov.hk/eng/key-functions/reserves-management/exchange-funds-statutory-purposes-and-investment-objectives/

図表3－77　Exchange Fundの資産別内訳[95]（2022年末時点）

		残高（10億香港ドル）	シェア（％）
債券			
	T-Bill and CP	1,033.7	27
	CD	141.0	4
	その他債券		
	国内上場債券	13.3	0
	国外上場債券	1,522.3	40
	未上場債券	63.0	2
	債券計	2,773.4	72
株式			
	国内上場株式	150.4	4
	国外上場株式	344.8	9
	未上場株式	137.2	4
	株式計	632.5	17
投資ファンド		424.9	11
合計		3,830.7	100

出所：HKMA（2023）p.221より筆者作成

図表3－78　Exchange Fundが保有する金利商品[96]のデュレーション内訳（2022年末時点）

	残高（10億香港ドル）	シェア（％）
1カ月未満	940.6	29
1カ月〜3カ月	445.8	14
3カ月〜1年	851.7	26
1年〜5年	573.6	17
5年〜10年	371.7	11
10年超	101.6	3
合計	3,285.0	100

出所：HKMA（2023）p.263より筆者作成

図表3－79　Exchange Fund（資産サイド）の通貨別内訳（2022年末時点）

	残高（10億香港ドル）	シェア（％）
米ドル	3,266.4	81
香港ドル	171.6	4
その他	570.0	14
合計	4,008.0	100

注：その他にはユーロ、人民元、英ポンド、日本円が含まれる。
出所：HKMA（2023）p.267より筆者作成

　資産の過半が流動性の高い米ドル建て資産であることを示唆している。HKMAはEFの資産別、通貨別内訳を開示している。資産別内訳をみると、EFの72％が債券、17％が株式、11％が投資ファンドとなっている（図表3－77）。また、EFが保有する金利商品（大宗は債券とみられる）のデュレーションをみると、約7割が1年未満となっている（図表3－78）。
　通貨別内訳をみると、外貨部分だけを抽出すれば米ドルが84％と圧倒的なシェアを占めている（図表3－79）。EFの過半を占めるBPは100％米ドルと考えられるため、これ以外の部分の通貨構成を試算すると、米ドルが約7割、その他が約3割となる。HKMAは株や社債のみならずPEや不動産にも投資していることから、外貨準備当局のなかではリスクテイク志向が強いと一般にみなされているが、図表3－77、図表3－79はそれでもポートフォリオは債券中心、米ドル中心であることを示している[97]。

9　外準当局にとってのESG投資

　近年、投資運用の世界では、投資プロセスにおいて環境（Environment）、社会（Social）、ガバナンス（Governance）の各要素を明示的且つ体系的に考

---

[95] EF単体の数字である「Fund」と子会社も含む「Group」の二系列があるが、これは「Group」の数字（Fundの資産合計は3,396.2億香港ドル）。図表3－78、図表3－79も同様。
[96] 貸付なども含まれるため、合計残高は図表3－77の「債券計」よりも大きくなっている。
[97] HKMAの2022年のターゲットは、債券70％、株30％、米ドル81％、その他19％であった。HKMA（2023）p.251。

慮する、ESG投資が急激に広まっている。社会的投資責任（SRI）といったESGに類似したコンセプトは以前から存在していたが、2006年4月にコフィ・アナン国連事務総長（当時）の呼びかけで責任投資原則（PRI）[98]が公表されたことを契機に、ESGの概念が急速に普及した[99]。

2015年はESG投資にとって重要な年となり、国連による持続可能な開発目標（SDGs[100]）採択や同年12月にパリ協定合意[101]等を受けて、ESG投資のモメンタムが一段と加速した。我が国においても同年9月にGPIF（年金積立金管理運用独立行政法人）がPRIに署名したことをきっかけに、ESG投資への関心が大きく高まった。2021年3月末時点でPRI署名機関の運用資産残高は約121兆ドルと、債券と株式の運用資産残高の半分を超える規模に達している。

外貨準備運用におけるESG投資で先駆的な動きをみせてきたのは、オランダの中央銀行であるオランダ銀行である。オランダ銀行は2019年3月に外貨準備当局として初めてPRIに署名した。また、同中央銀行は2017年12月の「気候変動リスク等に係る金融当局ネットワーク」（The Network of Central Banks and Supervisors for Greening the Financial Systems：NGFS）設立において

---

[98] 2006年4月にコフィ・アナン国連事務総長（当時）の呼びかけに応じて世界の大手機関投資家グループが策定した投資原則。投資決定プロセスにフィデューシャリー・デューティー（受託者責任）の下でESGの観点を組み込むべきとした世界共通のガイドラインと位置付けられており、以下の6つの原則で構成される。①投資分析と意思決定プロセスにESG課題を組み込む、②活動的な所有者となり、株主としての方針と活動にESG課題を組み入れる、③投資対象の企業に対してESG課題についての適切な開示を求める、④資産運用業界においてPRIが受け入れられ、実行に移されるように働きかける、⑤PRIを実行する際の効果を高めるために協働する、⑥PRIの実行に関する活動状況や進捗状況に関して報告する。PRI署名機関には6原則の遵守や毎年の活動報告等の義務が課される。

[99] ESG投資普及の経緯については、広瀬ほか（2023）など参照。

[100] 持続可能な開発目標（SDGs）は、2001年に策定されたミレニアム開発目標（MDGs）の後継として、2015年9月の国連サミットで採択された「持続可能な開発のための2030アジェンダ」に記載された、2016年から2030年の国際目標。17のゴール、169のターゲットからなる。①普遍性（すべての国が行動）、②包摂性（「誰1人取り残さない」）、③参画性（すべてのステークホルダーが役割を担う）、④統合性（ESGに統合的に取り組む）、⑤透明性（定期的にフォローアップ）を特徴とする。

[101] 2015年12月の第21回気候変動枠組条約締結国会議（COP21）で合意された、2020年以降の気候変動問題に関する国際的な枠組み。世界共通の長期目標として、①世界の平均気温上昇を産業革命以前に比べて2℃より十分低く保ち、1.5℃に抑える努力をする、②そのため、できる限り早く世界の温室効果ガス排出量と（森林などによる）吸収量のバランスをとることが掲げられた。主要排出国を含むすべての国が削減目標を5年ごとに提出・更新する。5年ごとに世界全体として実施状況を検討する仕組み（グローバル・ストックテイク）。

も主導的な役割を果たした（同中央銀行のElderson理事はNGFS議長を兼任していた）。オランダ中央銀行に続き、2019年5月にはHKMA（香港金融管理局）、同年12月にはフィンランド銀行、2022年11月にはフランス中央銀行が、PRIに署名した。

その他、外貨準備当局によるESG投資の事例としては、ハンガリー国立銀行の「グリーンプログラム」（2019年2月）、「グリーンボンド市場発展戦略」（2019年8月）、スウェーデン国立銀行による気候変動リスクを考慮したカナダ州債（アルバータ）、オーストラリア州債（クイーンズランド、西オーストラリア）の売却などがあげられる[102]。

また、ECBは自身が保有する年金ポートフォリオ等においてESG要素を考慮するスタンスを明らかにしている。こうした動きは、ECBが外貨準備運用においてもESG要素を考慮することに前向きとの印象を与えるが、これはややミスリーディングである。たとえば、ECBのポートフォリオは年金ポートフォリオ、払込資本やgeneral reserveからなるown portfolio、外貨準備に分かれるが、ECBは年金ポートフォリオとown portfolioについてESG要素を考慮している一方で、外貨準備におけるESG投資には消極的である。この点に関してクーレECB理事は、「外貨準備の主目的はあらゆるときに為替オペレーションを行うために必要十分な流動性を保有することであり、ポートフォリオは最も流動性と信用が高い、いくつかの主要通貨建て債券で構成されており、気候関連の目的でできることは少ない」（Cœuré（2018））と述べている。

上述したように、ESG投資は少なくとも2015年頃には完全に市民権を得ていたと考えられるが、当時、外貨準備運用の世界でESG投資を実施する、ないしは真剣に検討していた先は少数派であった。筆者の感覚では、外貨準備運用の世界でESGが重要視され始めたのはコロナ・ショック以降のことである。

外貨準備運用の世界でESG投資があまり活発化しなかった一因は、多くの外貨準備当局にとってESG投資の分野で実際に取り得る投資行動が限定的であることと考えられる。極端な例をあげれば、たとえば運用資産のほぼすべてを米ドル預金と米短期国債で運用している外貨準備当局にとっては、ESG投資の領域でできることはほとんどないだろう。

---

[102] 中空（2020a、b）。

図表 3 −80　各アセットクラスにおけるESG投資戦略の適合性

戦略	倫理的（ネガティブ/除外スクリーニング）	規範ベーススクリーニング	インテグレーション	ESGエンゲージメント/アクティビズム	ESGベスト・イン・クラス	ESG（ポジティブ/テーマ型）投資
株式	◎	◎	◎	◎	◎/○	◎/○
社債	○	○	◎	○/×	×	◎/○
国債	×	○	◎	×	×	×

出所：ゴ（2016）より筆者作成

　前述したように、ほとんどの外貨準備当局は運用にあたって安全性と流動性を最も重視している（米ドル預金と米短期国債だけのポートフォリオはこの運用原則とは整合的である）。一般論として、ESG投資は中長期的な株式投資と相性がよいが（したがって年金運用と相性がよい）、外貨準備当局の運用は（主に米ドルやユーロの）債券中心、デュレーションは短めが主体となりやすく、ESGとの相性はあまりよいとはいえない。

　債券投資のなかでも社債投資は株式において有効な投資手法との親和性が比較的高いと考えられるが、外貨準備運用の主戦場である国債、SSA（Sovereigns, Supranationals and Agencies）債では、こうした手法の適用が難しいケースが多い模様である（図表 3 −80）。

RAMPサーベイから

　前出のRAMPサーベイ（RAMP（2023））によると[103]、投資において何らかの形でESGを考慮している先のシェアは全体の23％と、2021年サーベイの16％から上昇した。「投資フレームワークにESGが組み込まれている」（11％）、「現在検討中」（26％）を含めると、過半数がESG投資を既に実施している、ないしは実施に向けた準備を進めていることになる。

　ESGのうちどれを特に重視しているかとの質問に対しては、Eが24％で最も多く、以下G（17％）、S（16％）と続いた。また、ESG投資の採用は国・地域別でバラツキが大きく、欧州では45％が既にESG投資を始めていると回答し

---

[103] ESG投資に関する質問項目は2021年に行われたRAMPの第３回サーベイから含まれるようになった。

たのに対して、中東・アフリカではESG投資を始めていると回答したのはわずか6％であった。

ESG投資を実装するための戦略は、アセットクラスごとに大きく異なる。たとえば、外貨準備当局の主戦場である高格付け国債/SSA債では、グリーンボンドなどのレーベルボンドへの投資を通じて行うインパクト投資が最大（65％）となった一方、株・社債では「negative exclusionary screening」（26％）と「ESGインテグレーション」（28％）が最大となった。

最後に、ESG投資開始のモチベーションとしては、「Reputation/brand」が73％で最高で、「Positive environment/social impact」が61％で続いた。他方、ESG投資の課題としては、「伝統的な外貨準備運用スタンスとのトレードオフ」が48％で最大で、「マンデート上の制約」（25％）、「関連商品のサプライの少なさ」（24％）が続いた。

日本の取り組み

日本の財務省は2021年10月8日、「外国為替資金特別会計におけるESG投資」というステートメントを発表し、ESG投資に関するスタンスを明らかにした（全文はBOX参照）。

声明で特徴的な箇所は、①「「ESG投資」とは、特定の金融商品（ESG関連銘柄等）への投資のみを意味する訳ではなく、「ある金融商品への投資にあたってESG要素を考慮する投資スタンス」を指す」、②「従来からの安全性、流動性及び収益性についての基本原則は堅持しつつ、今後、環境（Environment）のみならず、社会（Social）及びガバナンス（Governance）の要素を考慮して、投資を行っていく」、③「外部委託等も通じて知見の蓄積を図りながら、リスク管理の強化の観点から、ESG要素が資産価値に与える影響を投資対象の分析・選択・管理の各プロセスに組み込み（いわゆる「ESGインテグレーション」）、運用の持続可能性の向上に努めていく」という記述である。以下、説明する。

前述したように日本の外貨準備で保有されている主な金融商品は債券とみられるところ、ESG投資を本格的に行うといった場合にはGSS債への投資を増加させるものと解釈されやすいが、①は「GSS債への投資」と「ESG要素を考慮した債券投資」を明確に区分して外為特会の意図が後者にあることを明確にす

ることで、こうした誤解を避けることを意図したものとみられる。

GSS債市場の拡大は2019年頃から拍車がかかり、2021年には発行残高が1兆ドルを超えた（図表3－81）。もっとも、グローバルの債券市場は巨大であり、BISのデータによると2022年末時点の発行残高は約130兆ドルに達していた。この数字を用いて試算すると、GSS債市場の債券市場全体に占めるシェアはわずか0.6％である。

他方、債券市場全体でESG要素を考慮している部分は、全体の40％程度まで拡大している模様である[104]。つまり、ESGを考慮した債券投資における規模は、GSS債への投資よりも、ESG要素を考慮した非GSS債への投資のほうがはるかに規模が大きいことになる。したがって、外為特会にとってはGSS債より

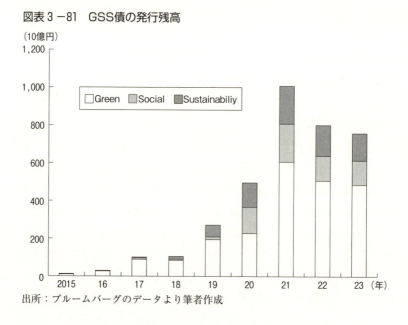

図表3－81　GSS債の発行残高
出所：ブルームバーグのデータより筆者作成

---

[104] PRI署名機関（3,826先）のAUMは2021年3月末時点で121兆ドル。PRI署名機関の94％は債券投資においてESG要素を考慮していることから、AUMの半分が債券だとすると、「ESGを考慮した債券投資」の規模は約57兆ドルと試算できる。また、GSIA（Global Sustainable Investment Alliance）が発行した"Global Sustainable Investment Review 2020"によると、調査対象先のAUM（98.4兆ドル）のうち35.9％がsustainable investmentであった。130兆ドル（BISによる債券市場全体の規模）のうち36％でESG要素が考慮されているとすると「ESGを考慮した債券投資」の規模は約47兆ドルとなる。

その他の債券におけるESG関連リスクのほうがより大きな関心事であるといえる。

　このことは、ESG投資は「リスク管理の強化の観点から」行われるとの③の記述とも密接に関連している。すなわち、ESG関連のリスクが顕在化する結果外貨準備のポートフォリオで巨額の損失が発生し、運用の原則である安全性・流動性が脅かされるケースに対処するためにESG要素を考慮する必要があるということである。たとえば、2020年にスウェーデン国立銀行（リクスバンク）がESGの観点から加アルバータ州、豪クイーンズランド州、西オーストラリア州の債券を売却するというイベントがあったが、こうした動きは従来のリスク管理のフレームワークでは捕捉できない可能性があることから、ESG要素を考慮する必要があるということである。また、一部の中央銀行（特に欧州）ではESGのなかでEのみにフォーカスするケースもあるのに対して、財務省は「環境（Environment）のみならず、社会（Social）およびガバナンス（Governance）の要素を考慮」すると明示的に述べているが、これは、主にリスク管理の観点からESG要素を考慮するというスタンスと整合的である。

> **BOX　外国為替資金特別会計におけるESG投資**
> （2021年10月8日発表）
>
> 　ESG投資については、株式運用のみならず、債券運用においても、機関投資家の間で関心が急速に高まりつつあり、今後も、その傾向が一段と拡大する見通しである。ESG要素が、投資先の持続的価値、ひいては中長期的な投資パフォーマンスにも影響するとの考え方が、市場参加者に浸透してきている。
>
> 　そのようななか、外国為替資金特別会計（以下、「外為特会」という。）が保有する外貨資産についても、その運用にあたってESG要素を考慮する重要性が高まってきている。
>
> ※　ここでいう「ESG投資」とは、特定の金融商品（ESG関連銘柄等）への投資のみを意味する訳ではなく、「ある金融商品への投資にあたってESG要素を考慮する投資スタンス」を指す。
>
> 　上記の背景を踏まえ、外為特会が保有する外貨資産の運用においても、

従来からの安全性、流動性及び収益性についての基本原則は堅持しつつ、今後、環境（Environment）のみならず、社会（Social）およびガバナンス（Governance）の要素を考慮して、投資を行っていくこととする。

具体的には、外部委託等も通じて知見の蓄積を図りながら、リスク管理の強化の観点から、ESG要素が資産価値に与える影響を投資対象の分析・選択・管理の各プロセスに組み込み（いわゆる「ESGインテグレーション」）、運用の持続可能性の向上に努めていく。これにより、今後、ESG債市場が拡大・発展していくなかで、ESG債への投資が増えていくことも見込まれる。

このような取組を進めることで、外為特会が保有する外貨資産のより持続可能な運用を実現するとともに、他の主要国の外貨準備当局や民間を含む広い分野でも同様の取組が加速し、結果として、環境や社会問題の解決につながっていくことを期待する。

10　外貨準備における金投資

近年、外貨準備運用の世界でESGと並んでホットなトピックといえば、金投資である。World Gold Council（WGC）[105]によると、2022年の中央銀行による金の購入量は前年の450トンから1,082トンと2倍以上に急増し、過去最高を記録した（図表3-82）。2023年に入っても各国中央銀行による積極的な金の購入は続き、同年の金購入量は過去最高となった2022年と同程度となっている[106]。

金は外貨準備の重要な構成要素であり、多くの外貨準備当局が金を保有している。WGCのデータによると、金の保有額が世界最大なのは第2位以下に大差をつけて米国であり、以下、ドイツ、イタリア、フランス、ロシア、中国が続く（日本は第8位。図表3-83）。米国および欧州先進国の保有量の大きさが目立つが、この大部分は、歴史的経緯で保有されているレガシー・ポジショ

---

[105] ワールド・ゴールド・カウンシル（WGC）は世界の主要な金鉱山会社によって構成される非営利団体。1987年に世界の主要な金鉱山会社40社がメンバーとなって設立され、本部はロンドンに置かれている。
[106] 第3四半期までの数字を年率換算。

図表3-82　中央銀行による金購入量

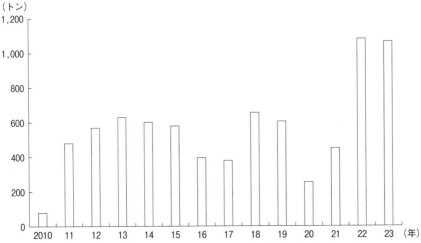

出所：World Gold Council（https://www.gold.org/goldhub/data/gold-demand-by-country）

図表3-83　金保有量トップ20（2023年12月時点）[107]

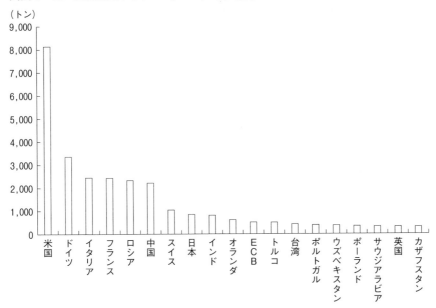

出所：World Gold Councilのデータより筆者作成（https://www.gold.org/download/file/7739/World_official_gold_holdings_as_of_Dec2023_IFS.xlsx）

第5節　外貨準備　387

図表３−84　外貨準備全体に占める金のシェアトップ20（2023年12月時点）

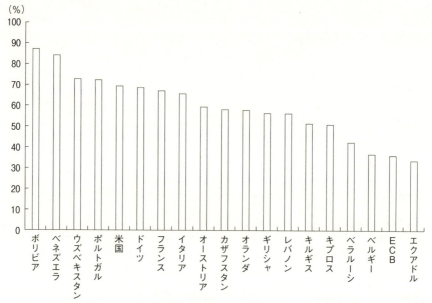

出所：World Gold Councilのデータより筆者作成（https://www.gold.org/download/file/7739/World_official_gold_holdings_as_of_Dec2023_IFS.xlsx）

ンとみられる。

　図表３−84は外貨準備に占める金のシェアをみたものである。トップ３はボリビア、ベネズエラ、ウズベキスタンであるが、第４位以下には米国とユーロ圏各国が並ぶ。米国とユーロ圏各国の外貨準備に占める金の比率が高い理由は、完全変動相場制を採用しているため多額の外貨準備を必要としない一方で、金のレガシー・ポジションが大きいためと考えられる。日本は、金保有量は第８位であるが、外貨準備として保有する外貨建て資産の規模がほかの先進国に比べて大きいため、金のシェアは4.4％にとどまっている。

　2022年以降、世界の中央銀行による金の購入を積極化している背景は何だろうか。金は一般的に、インフレや地政学的リスクの高まりに対するヘッジとして有効な資産とみなされている。こうした観点から、2022年のロシアによるウクライナ侵攻を受けた地政学的リスクに対する懸念や、2021年から2022年にか

107　2023年12月５日時点で入手可能な最新の数字。時点は国によって異なる。

けて起こったインフレ高進が中央銀行の金保有増加につながった可能性がある。また、ロシアのウクライナ侵攻後、西側諸国がロシアに対して課した経済制裁、特にSWIFTネットワークからの排除を受けて、米国との関係が必ずしも良好ではない国が外貨準備をドルから金へシフトさせた可能性もある。

　もっとも、WGCが毎年行っているサーベイによると、中央銀行の金保有に対して影響を及ぼしている要因には、2022年のロシアのウクライナ侵攻前後で大きな変化はみられていない（図表3−85）。WGCの直近のサーベイでは、中央銀行の金保有に際して重要な要因は「危機時のパフォーマンス」「歴史的なポジション」「長期的な価値保蔵/インフレ・ヘッジ」「効果的なポートフォリオ多様化」であったが、これらを「重要」[108]と回答した中央銀行の割合は、2021年と2023年であまり大きな変化はない。他方、「脱ドル化政策の一環」と回答した中央銀行のシェアは2023年にはむしろ低下しており、2023年のサーベ

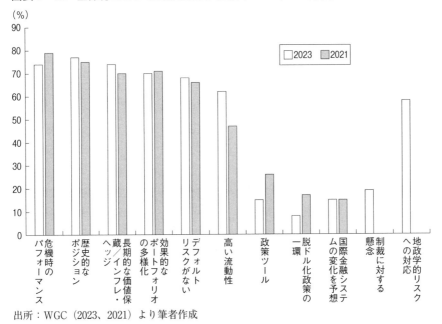

図表3−85　金保有にとって重要な要因（全体、2021年との比較）

出所：WGC（2023、2021）より筆者作成

---

108 「Highly Relevant」「Somewhat Relevant」の合計。

第5節　外貨準備　389

イで新たに加えられた「(経済)制裁に対する懸念」が重要と答えた先のシェアは19%にとどまった。

一連のサーベイ結果は、中央銀行は以前から金をインフレや地政学的リスクの有効なヘッジ手法とみなしており、近年のインフレ高進や地政学リスクに対する懸念の高まりを受けてこうしたヘッジのニーズが一段と高まっていることが近年の金購入の増加につながっていることを示している[109]。

金保有の理由は、先進国と新興国間で大きく異なる。図表3－86は図表3－85の結果を先進国と新興国に分けてみたものである。先進国と新興国の違いは、一言でまとめれば、先進国はさまざまな歴史的経緯で以前から保有している金をそのまま持ち続けているのに対して、新興国はインフレ・ヘッジや危機時のパフォーマンスなど、さまざまな運用上の目的を持って金を保有してい

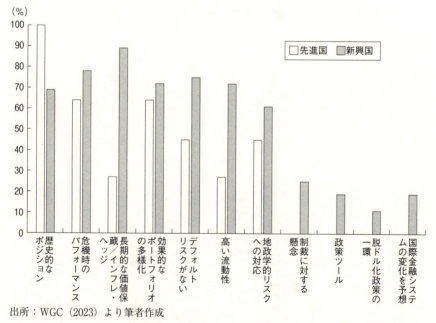

図表3－86　金保有にとって重要な要因（先進国vs.新興国、2023年）

出所：WGC（2023）より筆者作成

---

[109] 2023年のサーベイと2021年の回答者は必ずしも同一ではないので、2023年と2021年を比較する際にはこの点を割り引いて考える必要がある。WGCによれば、2023年の回答者は先進国11、新興国36、2021年は先進国15、新興国32であった。

る、ということになろう。また、「脱ドル化政策の一環」「制裁への懸念」を金保有の理由としている先進国が存在しない点も興味深い。

WGC（2023）によると、回答者のうち 6 割強[110]が、向こう 5 年間に世界の外貨準備に占める金のシェアが上昇することを見込んでいる。この見通しが正しいのであれば、向こう数年間中央銀行からの堅調な金需要が続くことになる。

外貨準備資産としての金の特異性

金は外貨準備の重要な構成要素であるが、外貨預金や外貨建て証券とはいくつかの点で顕著に異なっている。

第一に、金は外貨準備として保有する他の資産とは別枠で管理されているケースが多い。WGC（2023）によれば、サーベイの回答者の83％が金を他の資産とは別に管理しており、Investment Tranche、Liquidity Trancheに含め

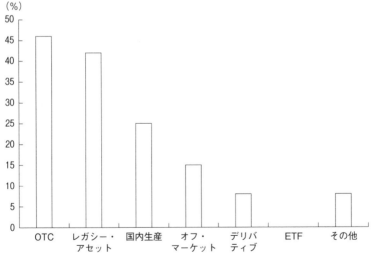

図表 3 －87　金の購入方法（2023年）
出所：WGC（2023）より筆者作成

---

[110] 現状のシェアが15％であるのに対して、59％が16～25％への上昇、3％が25％以上への上昇を見込んでいる。また、金のシェア上昇を見込んでいるのは、先進国よりも新興国のほうが多い。

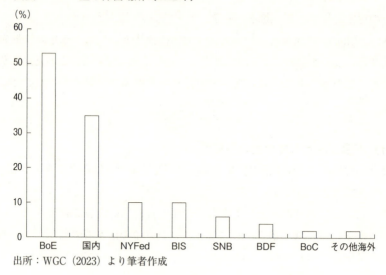

図表 3－88　金の保管場所（2023年）

出所：WGC（2023）より筆者作成

ている先がそれぞれ 8 ％であった。金を別々に管理する主な理由は「歴史的なレガシー資産だから」と「戦略的資産だから」であり、先進国は前者（83％）が多く、新興国は後者（61％）が多かった。

　第二に、金を取得する方法は多岐にわたる。外貨準備当局が債券などの外貨建て資産を購入する手段は、基本的に金融機関から購入する（セカンダリー）か、入札に参加する（プライマリー）かのいずれかと考えられる。他方、金の入手経路は、金融機関からの購入（OTC）のほか、レガシー・アセットとしての保有、国内で産出した金の買い取り、他の中央銀行や国際機関とのオフ・マーケットの取引、金を原資産とするデリバティブ取引、金ETFの購入など多岐にわたっている。WGC（2023）によれば、先進国の入手経路がレガシー・アセットかOTCのほぼ二択であるのに対して、新興国の入手経路はさまざまである（図表 3－87）。

　また、金の現物を保有する場合には、その保管場所も問題となる。WGC（2023）によれば、保管場所として最も多いのはイングランド銀行（53％）であり、以下、自国（35％）、NY連銀（10％）、BIS（10％）、スイス中央銀行（6 ％）、フランス中央銀行（4 ％）と続いている（図表 3－88）。

第6節 国際協調

1　G7とG20

　外国為替は二国間の通貨の交換であり、二国間の通貨の交換によって発生する為替レートの変化はそれ以外の国にも波及する。したがって、為替政策は本質的に国際的であり、多国間の協調を要請する。

　為替に関する国際協調の枠組みや方針の多くは、国際会議で決定されてきた。なかでも最も有名なのは、ブレトンウッズ協定が定められたニューハンプシャー州ブレトンウッズにおける1944年7月の連合国通貨金融会議（45カ国が参加）や、「プラザ合意」を締結した1985年9月の、ニューヨーク・プラザホテルにおける先進5カ国財務大臣・中央銀行総裁会議（G5）であろう。G5は1973年以降、日米英独仏が経済政策協調を行う場として開催されてきた。

　プラザ合意の翌年（1986年）に開催された東京サミットでG7の設立が合意され、1986年9月に第1回会合がワシントンD.C.で開催された。財務省によれば[111]、G7は「サミット参加7カ国間[112]でインフレなき経済成長の促進や為替相場の安定等を図るための政策協調の場」であり、主な議題は、マクロ経済政策のサーベイランス、国際通貨システムに関する議論のほか、開発、新興市場国などである。

　以下は、1985年9月のG5における声明の為替部分である[113]。

　　「大臣及び総裁は、為替レートが対外不均衡を調整する上で役割を果たすべきであることに合意した。このためには、為替レートは基礎的経済条件をこれまで以上によく反映すべきである。彼らは、ファンダメンタルズを一層改善するために合意された政策行動が実施、強化されなければな

---

[111] https://www.mof.go.jp/policy/international_policy/convention/g7/index.htm
[112] G7のメンバーは、日本、米国、英国、ドイツ、フランス、イタリア、カナダの7カ国の財務大臣および中央銀行総裁であり、これに加え、欧州委員会（EC）委員、欧州中央銀行（ECB）総裁、ユーログループ議長が出席しているほか、IMF専務理事、世界銀行総裁など、国際機関も招待されている。
[113] 声明の下線はすべて筆者。

ず、またファンダメンタルズの現在及び今後の変化を考慮すると、主要非ドル通貨の対ドル・レートのある程度の更なる秩序ある上昇が望ましいと確信している。彼らは、そうすることが有用であるときには、これを促進するためにより密接に協力する用意がある」

この合意に基づいてG5当局は米ドル売り/自国通貨買い介入を実施、その後米ドルは数年間にわたる下落トレンドに入った。これ以降、G5/G7は為替市場参加者にとって最重要のイベントとなり、声明の変更や場外の当局者発言等を受けて為替レートが大きく変動するケースが散見されるようになった。

声明では特に、①特定通貨への評価と②それに対するG7のスタンスが注目された。（G7ではないが）前出のプラザ合意のケースでは、G5は非ドル通貨の対米ドルでの上昇が望ましいと確信（これはかなり強い表現である）しており、それを促進するために密接に協力（協調介入を意味する）することを表明している。以下では、特定通貨の評価とそれに対するスタンスが焦点となったG7を、簡単に振り返ってみたい。

1992年4月ワシントンG7/1993年4月ワシントンG7

1992年は年初からドル高/円安が進行するなかで断続的にドル売り/円買い介入が行われたが、4月のワシントンG7で円安への懸念が示され、その後もドル売り介入が続けられると、ドル/円は5月初あたりから下落に転じた。

「大臣及び総裁は、為替市場の動向についてもレビューした。為替市場は、最近数か月総じて安定しているが、彼らは、前回の会合以来の円の下落は調整プロセスに貢献していないことに留意した。彼らは、引き続き市場の動向を見守っていくことに合意するとともに、為替市場において緊密に協力するとのコミットメントを再確認した。これらは、景気回復の促進に資することとなろう」

1993年4月のワシントンG7の声明は「我々は、為替レートは経済のファンダメンタルズを反映すべきであること及び過度の変動は望ましくないということに合意した。我々は、最近の為替市場の動向についてレビューし、為替市場において引き続き緊密な協力を行っていくとのコミットメントを確認した」というものだったが、この後、「為替レートはファンダメンタルズを反映すべきで過度な変動は望ましくない」が、G7声明における決まり文句になっていった。

1995年4月ワシントンG7

1995年のドル/円相場は年初から下落基調を辿り、断続的にドル買い/円売り介入が行われたにもかかわらず円高には歯止めがかからなかった。しかし、4月のワシントンG7で円高への懸念が示され、ドル買い介入が続けられるとドル/円はG7後ほどなくして反発し、その後数年間継続する上昇トレンドに入っていった。

「大臣及び総裁は、為替市場における最近の動向について懸念を表明した。彼らは、また、最近の変動は、主要国における基礎的な経済状況によって正当化される水準を超えていることに合意した。彼らは、こうした変動を秩序ある形で反転させることが望ましいこと、また、そのことが国際的な貿易・投資の拡大を継続させることのより良い基礎を提供し、インフレなき持続的成長という我々の共通の目標に資するであろうということについても合意した。彼らは、更に、内外の不均衡を縮小する努力を強化するとともに、為替市場において緊密な協力を継続することに合意した」

1998年4月ワシントンG7

1995年4月に底を打ったドル/円相場はその後数年続く上昇トレンドに入った。1997年11月に北海道拓殖銀行と山一證券が相次いで破綻、日本の金融危機が深刻化すると円安が加速して、ドル/円は131円台に乗せた。こうしたなかで12月17日〜19日にドル売り/円買い介入が行われドル/円は一時125円台まで下落したが、すぐに反発に転じた。翌1998年は、年初はいったん円が買い戻されたもののその後再び円安圧力が強まるなか、4月9日〜10日にはドル売り/円買い介入が実施された。その直後(15日)に開催されたワシントンG7の声明では、日本の介入を是認する文言が織り込まれた。

「我々は、為替市場及び金融市場の動向について議論した。我々は、為替レートは経済ファンダメンタルズを反映すべきであり、過度の変動及び著しいファンダメンタルズからの乖離は望ましくないという我々の考え方を再認識した。我々は、大きな対外不均衡の更なる悪化をもたらしうるような過度の下落を避けることの重要性を強調した。この観点から、我々は内需主導の成長を刺激し、対外不均衡を縮小させ、更に円の過度の下落を修正することを目的とする日本の適切な行動を支持する。我々は、引き続

き為替市場の動向を監視し、適切に協力していくつもりである」

これを受けてドル/円はいったん127円台まで戻したが、その後は再び円安圧力が強まり6月には146円台に上昇、6月17日には日米協調で円買い/ドル売り介入が行われた。8月11日にはドル/円は147円台に上昇して介入前の高値を更新したが、その後はロシア危機や大手ヘッジファンドLTCM（Long-term Capital Management）の破綻を受けて投資家のリスク回避姿勢が強まるなかで円キャリー・トレードの大規模な巻き戻しが発生したこと等もあり、円は反転上昇に転じた。

1999年9月ワシントンG7　2000年1月東京G7

1999年後半には日本経済の回復期待等から円が買われ、同年11月にはドル/円は101円台前半まで下落。こうしたなか、日本の通貨当局は断続的に円売り介入を実施した。1999年9月のワシントンG7声明では円売り介入を是認する文言が盛り込まれ、2000年1月の東京G7でもほぼ同じ文言が繰り返された。

〈1999年9月ワシントンG7〉「我々は、為替・金融市場の動向について議論した。我々は、日本経済及び世界経済に対する円高の潜在的な影響についての日本の懸念を共有した。我々は、この潜在的な影響を考慮しつつ政策が適切に運営されるという日本当局によるインディケーションを歓迎した。我々は引き続き為替市場の動向を注視し、適切に協力していく」

〈2000年1月東京G7〉「我々は、為替・金融市場の動向について議論した。我々は、日本の金融当局が、日本経済及び世界経済に対する円高の潜在的な影響について我々の共有する懸念を考慮しつつ、政策を適切に運営するという意向を再確認したことを歓迎した。我々は引き続き為替市場の動向を注視し、適切に協力していく」

2000年9月プラハG7

ユーロは1999年1月の発足以降一貫して下落基調を辿り、ドイセンベルグECB総裁をはじめとする当局者からは再三ユーロ安に対して懸念が呈された。2000年9月23日に開催されたプラハG7の前日には、ユーロ/ドルが1ユーロ＝0.84ドル台に下落するなかでG7協調ユーロ買い介入が実施され、翌日のプラハG7声明にはこれを是認する文言が織り込まれた。

「我々は、為替・金融市場の動向について議論した。我々は、強固かつ安定した国際通貨システムに共通の利益を有している。<u>欧州中央銀行のイニシアティブにより、米国、日本、英国及びカナダの通貨当局は、9月22日（金）に、欧州中央銀行とともに為替市場における協調介入に参加した。これは、世界経済に対する最近のユーロの動向の潜在的な影響について蔵相及び総裁が共有する懸念によるものである。</u>最近の動向に鑑み、我々は、引き続き動向をよく注視し、為替市場において適切に協力していく」

2005年4月ワシントンG7

2005年4月のワシントンG7では、中国に対して人民元切り上げを求める圧力が高まった。声明では直接中国を名指しすることはなかったが、G7前後には欧米の当局者から中国およびアジア諸国に対して為替レート切り上げを求めるコメントが複数みられた[114]。人民元切り上げを求める圧力の高まりを受けて、中国は同年7月に人民元切り上げ＋管理フロート制へのシフトを行った。

「我々は、為替レートは経済ファンダメンタルズを反映すべきであることを再確認。為替レートの過度の変動や無秩序な動きは、経済成長にとって望ましくない。我々は、引き続き為替市場をよく注視し、適切に協力していく。この文脈において、<u>我々は、為替レートの柔軟性を欠く主要な国・経済地域にとって、その更なる柔軟性が、国際金融システムにおいて市場メカニズムに基づき円滑かつ広範な調整を進めるために望ましいことを強調</u>」

2008年10月ワシントンG7

2008年9月15日のリーマン・ブラザーズ破綻以降、投資家のリスク回避姿勢が高まるなかで円高が急激に進行。特に10月22日～24日の円高は急激で、22日のアジア時間に100円台で取引されていたドル/円は24日には一時91円を割り込んだ。これを受けてG7は「我々は、強固かつ安定した国際金融システムが我々の共通の利益であることを再確認する。我々は、最近の為替相場における円の

---

[114] 当時の報道によると、米国が中国への圧力を高めるような文言を声明に盛り込むことを求めたのに対して日本が抵抗するという動きもあった模様（佐々木・棚瀬（2005））。

過度の変動並びにそれが経済及び金融の安定に対して悪影響を与え得ることを懸念している。我々は、引き続き為替市場をよく注視し、適切に協力する」という声明を発表、久々にG7声明のなかで円に具体的に言及した。

2013年2月G7緊急声明

　後述するように、GFC以降国際経済協調に関する議論の主戦場がG7からG20にシフトするなかでG7声明に対する市場参加者の注目度合いは低下したが（声明自体が発表されないケースも頻発するようになった）、2012年第4四半期から始まった急激な円安を受けて、2013年初には久々にG7に対する注目が高まった。当時は、グローバルにリスクオンの流れが強まるなかで安倍晋三首相が提唱したリフレ政策（後にアベノミクスと呼ばれる）に対する期待が高まったことから円が主要通貨に対して全面的に下落、一部の海外当局者からは日本が為替操作・円安誘導を行って通貨安戦争を引き起こそうとしているのではないかとの懸念が高まっていた[115]。

　こうした流れを受けて、2013年2月12日の日本時間午後7時にG7は「我々は、我々の財政・金融政策が、国内の手段を用いてそれぞれの国内目的を達成することに向けられてきていること、今後もそうしていくこと、そして我々は為替レートを目標にはしないことを再確認する」という声明を発表した。当時日本はデフレ脱却を目指して大胆な金融緩和策にシフトしつつあった一方で[116]、円安を誘導する口先介入や実際の円売り介入は行っておらず、当局者は「（日銀の金融緩和は）デフレ脱却が主目的であり、円安誘導を目的としたものではない」と説明していた[117]。素直に読めば前出のG7声明はこうした説明にお墨付きを与えるものと考えられ、G7後麻生太郎財務相は日本のデフレ対策が為替を目的としていないことが「(G7) 各国から正式に、正しく認識された」と発言した[118]。

115　佐々木ほか（2013a）。
116　黒田日銀総裁が就任したのは2013年3月、量的・質的金融緩和策（QQE1）が導入されたのは同4月であり、2013年2月の時点で既に行われていた政策は、2%の「物価安定目標」導入と「期間を定めない資産買入方式」の導入決定程度であった。
117　佐々木ほか（2013b）。
118　G7声明発表の数時間後、G7高官が「G7声明は誤って解釈された。声明は円の過度の変動への懸念を示唆」と発言し、声明の解釈を巡る不透明感がいったん高まったが、その直後に開催されたモスクワG20で日本に対する批判がなかったことで事態は沈静化した。

2016年6月G7声明

2016年6月24日、英国の国民投票で予想に反してEU離脱派が勝利したことを受けて英ポンドが暴落するなか[119]、G7は緊急声明を発表、「我々は、為替レートの過度の変動や無秩序な動きは、経済及び金融の安定に対して悪影響を与え得ることを再認識する」と述べた。

2017年5月バーリG7声明

GFC以降はG7の開催頻度が落ち、開催されても声明で為替に言及されないケースが増えた。しかし、2017年5月にイタリアのバーリで開催されたG7声明では、久々に為替についてある程度長い文言が盛り込まれた。声明の為替部分は以下のとおりである。

「我々は、為替レートは市場において決定されること、そして為替市場における行動に関して緊密に協議することという我々の既存の為替相場のコミットメントを再確認する。我々は、我々の財政・金融政策が、国内の手段を用いてそれぞれの国内目的を達成することに向けられてきていること、今後もそうしていくこと、そして我々は競争力のために為替レートを目標にはしないことを再確認する。我々は、全ての国が通貨の競争的な切下げを回避することの重要性を強調する。我々は、為替レートの過度の変動や無秩序な動きは、経済及び金融の安定に対して悪影響を与え得ることを再確認する」

現時点（2024年5月伊ストレーザG7）では、「G7の為替に対するコミットメント」という場合には、この2017年5月の文言を指す[120]。

近年の動向：G7からG20、そして再びG7へ

上述したように、1986年9月の第1回会合以来、G7はしばしば為替相場全体のトレンドを決定付ける重要な役割を担ってきたが、21世紀に入ると中国をはじめとする新興国の世界経済・金融市場におけるプレゼンスが高まるなかで新興国も参加するG20[121]の重要性が高まった一方で、G7の相対的な重要性は低下した。こうした流れは2008年のGFCを受けて一段と強まり、2008年11月

---

[119] 同日の英ポンドの対米ドル為替レートの下落率は、一時11％を超えた。
[120] 2023年5月の新潟G7声明では、「我々は、2017年5月の為替相場についてのコミットメントを再確認する」との文言が盛り込まれた。

にはG20の首脳レベルの初会合となるワシントン・サミットが開催された。2009年9月のピッツバーグ・サミットにてG20は「国際経済協力に関する第一のフォーラム」と位置付けられ、それ以降、毎年一度G20サミットが開催されるようになった。

　G20とG7の相対的な重要性の変化は、会議の開催頻度にも反映されている。G20は当初は年1回の開催ペースだったのが、2009年以降は年に複数回開催されるようになった。他方G7は、2009年までは年3回（基本的に2月、4月、10月）開催されていたのが、2010年以降は年に一度開催ないしは一度も開催されないケースが増えた（2014年は4月のIMF・世銀年次総会の合間に「短期間・非公式」の会合[122]が持たれたのにとどまった）。神田（2021）によれば、G20がフォーマルな議論を行う場としての性格を強めている一方で、G7では声明の採択は必ずしも行われず、発達した金融市場を有する少数の国が密度の高い意見交換をして、必要がある場合には即座に協調行動をとるという形に変化している模様である。

　もっとも最近では、地政学的状況等の影響もあってG20がやや機能不全気味になっているなか、G7が再びプレゼンスを高めているとの見方もある。

G20声明における為替への言及

　声明における為替への言及に関して、参加国・地域のすべてが完全変動相場制を採用しているG7では、ある通貨が過大・過小評価なのか否か、それに対応するための介入を容認するか否かがしばしば議論の焦点となったが（日本の為替介入の頻度が高い帰結として、G7では円の評価と日本の介入に対する容認姿勢が議論されるケースが多かった）、議論の前提として参加国・地域の為替相場制度がすべて同じであることと、完全変動相場制を採用している国・地域において為替介入は極めて例外的なイベントであることがあった。

　しかし、G20参加国・地域が採用する為替相場制度はまちまちであり、為替

---

[121] 参加国・地域は、G7、アルゼンチン、豪州、ブラジル、中国、インド、インドネシア、韓国、メキシコ、ロシア、南アフリカ、サウジアラビア、トルコの各国財務大臣、財務大臣代理、中央銀行総裁と、EU議長国財務大臣と欧州中央銀行（ECB）総裁のほか、IMFや世界銀行等の国際金融機関の代表。

[122] https://warp.ndl.go.jp/info:ndljp/pid/8895704/www.mof.go.jp/international_policy/convention/g7/cy2014/g7_140410.htm

市場に頻繁に介入して為替レートのボラティリティを抑制するような政策をとっている国も多く含まれている。つまり、G7とは異なって為替に関する議論の共通の前提が存在しないということであり、会議に参加するすべての国・地域が為替に関して合意できることはおのずから限られる。

1999年の第1回G20声明には為替に関する「彼らは、持続不可能な為替相場制度は脆弱性の重大な要素であり、金融政策と整合的な為替相場制度が極めて重要であると認識した」という文言が盛り込まれた。G20は、1990年代後半に頻発した新興国経済・通貨危機を受けて1999年6月のケルン・サミットで設立が決定された経緯があることから、ここでいう「彼ら」は主として、危機に際して固定相場制（＝持続不可能な為替相場制度）を廃止せざるを得なかった新興諸国を指すとみるのが妥当であろう。2000年の第2回会合でも同様の言及があったが、これは一貫したG20の合意というよりは当時いくつかの先進国が直面していた状況を説明するものとの位置付けが妥当と考えられる。実際、その後新興諸国が危機のダメージから立ち直っていくなかで、第3回以降のG20声明では為替への言及がなくなった。

2010年の韓国G20声明には、「根底にある経済のファンダメンタルズを反映し、より市場で決定される為替レートシステムに移行し、通貨の競争的な切り下げを回避する。準備通貨を持つ国々を含む先進国は、為替レートの過度の変動や無秩序な動きを監視する」という文言が盛り込まれ、為替への言及が復活した。その後はしばらく声明で為替に対する言及がない時期が続き、再度復活したのは2011年9月のワシントンG20であった。ワシントンG20声明には「我々は、為替レートの過度の変動や無秩序な動きは、経済および金融の安定に対して悪影響を与えることを再確認する」というG7とほぼ同様の文言が盛り込まれ、その直後のパリG7でも同様の文言が繰り返された。

その後、2012年11月のメキシコシティG20では、「我々は、根底にあるファンダメンタルズを反映するため、より市場で決定される為替レートシステムと為替の柔軟性に一層迅速に移行し、為替レートの継続したファンダメンタルズからの乖離を避け、通貨の競争的な切り下げを回避することへの我々のコミットメントを再確認する」と、2010年10月の韓国G20とほぼ同様の文言が復活した。2013年2月のモスクワG20では「我々は、資金フローの過度の変動及び為替レートの無秩序な動きは、経済及び金融の安定に対して悪影響を与えること

第6節　国際協調

を再確認する。我々は、通貨の競争的な切り下げを回避する。我々は、競争力のために為替レートを目的とはせず、あらゆる形態の保護主義に対抗し、我々の開かれた市場を維持する」という文言に変わり、同年4月のワシントンG20では下記のように、これまでのG20声明の要素をすべて盛り込んだような声明が出された。同年7月のモスクワG20でもほぼ同じ内容が繰り返された。

「我々は、根底にあるファンダメンタルズを反映するため、より市場で決定される為替レートシステムと為替の柔軟性に一層迅速に移行し、為替レートの継続したファンダメンタルズからの乖離を避けるとの我々のコミットメントを再確認する。我々は、通貨の競争的な切り下げを回避し、競争力のために為替レートを目的とはしない。そして我々は、あらゆる形態の保護主義に対抗し、我々の開かれた市場を維持する。我々は、資金フローの過度の変動及び為替レートの無秩序な動きは、経済及び金融の安定に対して悪影響を与えることを再確認する」

図表3-89は、2013年7月のモスクワG20以降のG20声明の為替部分をまとめたものである。フォーマットは大きく①通常の文言、②「従来のコミットメントを遵守」といった簡略的な表現、③言及なしの3つに分けられる。

①通常の文言には微妙な差異が認められるが、「為替レートはファンダメンタルズを反映すべきで、過度の変動や無秩序な動きは望ましくない」「通貨の競争的切り下げを回避し、競争力のために為替レートを目標としない」という2点に対するコミットメントが、G20の基本的なスタンスであることがみてとれる。また、為替に言及がない場合にはコミットメントがないと考えるのはいかにも不自然であり、G20声明で上記に対して正式に変更が加えられるまでは、声明のフォーマットにかかわらず上記2点に対するコミットメントが維持されていると理解するのが自然であろう。

G7とは異なって、G20声明の為替部分では特定の国・地域や通貨に言及されたことはない。このことは、すべての参加国が完全変動相場制を採用しており、完全変動相場制の下では為替介入は例外的なイベントであることがコンセンサスとなっているG7では為替介入を容認するか否かにフォーカスした議論が成立し得たが、参加国の為替相場制度がまちまちであるG20においてはこうした議論は難しく、合意内容は一般的なものにとどまらざるを得ないという事情を反映していると考えられる。

図表3-89　G20財務大臣・中央銀行総裁会議声明の為替部分

日時	場所	声明為替部分
2013年7月	モスクワ	我々は、根底にあるファンダメンタルズを反映するため、より市場で決定される為替レートシステムと為替の柔軟性に一層迅速に移行し、為替レートの継続したファンダメンタルズからの乖離を避けるとの我々のコミットメントを再確認する。我々は、通貨の競争的切り下げを回避し、競争力のために為替レートを目的とはしない。我々は、あらゆる形態の保護主義に対抗し、我々の開かれた市場を維持する。
10月	ワシントンDC	なし。
2014年2月	シドニー	なし。
4月	ワシントンDC	なし。
7月	ケアンズ	我々のG20における為替相場のコミットメントの遵守を続ける。
2015年2月	イスタンブール	我々は、我々の以前の為替相場のコミットメントを遵守し、保護主義に対抗する。
4月	ワシントンDC	我々は、我々の以前の為替相場のコミットメントを再確認し、保護主義に対抗する。
9月	アンカラ	我々は、根底にあるファンダメンタルズを反映するため、より市場で決定される為替レートシステムと為替の柔軟性に移行し、為替レートの継続したファンダメンタルズからの乖離を避けるとの我々のコミットメントを再確認する。
2016年2月	上海	我々は、為替レートの過度の変動や無秩序な動きは、経済および金融の安定に対して悪影響を与え得ることを再確認する。我々は、為替市場に関して緊密に協議する。我々は、通貨の競争的な切り下げを回避することや競争力のために為替レートを目標とはしないことを含む、我々の以前の為替相場のコミットメントを再確認する。我々は、あらゆる形態の保護主義に対抗する。
4月	ワシントンDC	我々は、為替市場に関して緊密に協議する。我々は、通貨の競争的な切り下げを回避することや競争力のために為替レートを目標とはしないことを含む、我々の以前の為替相場のコミットメントを再確認する。我々は、あらゆる形態の保護主義に対抗す

第6節　国際協調　403

	9月	成都（中国）	る。 我々は、為替市場に関して緊密に協議する。我々は、通貨の競争的な切り下げを回避することや競争力のために為替レートを目標とはしないことを含む、我々の以前の為替相場のコミットメントを再確認する。我々は、あらゆる形態の保護主義に対抗する。
2017年3月		バーデンバーデン（独）	我々は、為替市場に関して緊密に協議する。我々は、通貨の競争的な切り下げを回避することや競争力のために為替レートを目標とはしないことを含む、我々の以前の為替相場のコミットメントを再確認する。
2018年3月		ブエノスアイレス	我々はまた、為替レートの過度な変動や無秩序な動きが、経済および金融の安定に対して悪影響を与え得ることを認識する。我々は、通貨の競争的切り下げを回避し、競争力のために為替レートを目標としない。
	7月	ブエノスアイレス	我々は、3月に行った我々の為替相場のコミットメントを再確認する。
2019年6月		福岡	我々はまた、2018年3月に行った我々の為替相場のコミットメントを再確認する。
2020年4月 7月 10月		テレビ会議 テレビ会議 テレビ会議	なし。 なし。 なし。
2021年4月		テレビ会議	我々は、為替レートは根底にある経済のファンダメンタルズを反映することに引き続きコミットし、また、為替レートの柔軟性は経済の調整を円滑化し得ることに留意する。我々は、外国為替市場の動向に関して引き続き緊密に協議する。我々は、為替レートの過度な変動や無秩序な動きが、経済および金融の安定に対して悪影響を与え得ることを認識する。我々は、通貨の競争的切り下げを回避し、競争力のために為替レートを目標としない。
	7月 10月	ベネチア ワシントンDC	我々の4月の為替相場のコミットメントを確認する。 我々の2021年4月の為替相場のコミットメントを確認する。

2022年2月	ジャカルタ	我々の2021年4月の為替相場のコミットメントを確認する。
7月	バリ	我々の2021年4月の為替相場についてのコミットメントを再確認した（議長総括）。
10月	ワシントンDC	今年多くの通貨がボラティリティの増加を伴って大幅に変化したことを認識しつつ、我々の2021年4月の為替相場のコミットメントを再確認する（議長総括）。
2023年2月	ベンガルール（インド）	我々は、2021年4月の為替相場についてのコミットメントを再確認する（議長総括および成果文書）。
5月	ガンディーナガル（インド）	我々は、2021年4月の為替相場についてのコミットメントを再確認する（成果文書および議長総括）。
10月	モロッコ	なし。

出所：財務省ホームページ[123]より筆者作成

2　米財務省半期為替報告書

　グローバル為替市場は事実上の基軸通貨である米ドルを中心に機能していることから、米国の米ドルに対するスタンスや他国通貨の対ドル為替レートに対するスタンスは重要な意味合いを持ち得る。この観点から注目されるのが、米財務省が年2回公表する "Macro Economic and Foreign Exchange Policies of Major Trading Partners of the United States"（日本語では「米財務省半期為替報告書」等と呼ばれることが多い）である。

　当報告書はもともとSections 3001-3006 of the Omnibus Trade and Act of 1988（1988 Act）に基づいて公表されていたが[124]、2016年4月に発表された報告書から、Section 701 and 702 of the Trade Facilitation and Trade Enforcement Act of 2015（2015 Act）に依拠する新たなフォーマットが導入された。

　1988 Act Section 3004では、「米国財務省が(1)対世界の経常黒字額が大き

---

[123] https://www.mof.go.jp/policy/international_policy/convention/g20/index.htm
[124] 1988 Actでは、同報告書は10月15日までに議会に提出し、その6カ月後までにアップデートすることが求められるが、実際の発表日は大きく前後にずれるケースが散見されている。

く、⑵対米の貿易黒字額が大きい国でそのような為替操作が行われていると判断した場合、その国が恒常的に、また速やかに自国通貨と米ドル間の為替レートを調整し、不平等な優位性を除外するための国際収支の調整が行われるよう、迅速にその国とIMFを通じて、または二国間で交渉を開始する」と定められているが、為替操作国認定に係る上記2つの要因について具体的な数値目標は定められていなかった。

これを受けて具体的な数値目標を定めたのが、2015 Actによる新たなフォーマットである。2015 Actのフォーマットでは、⑴対米貿易黒字が150億ドル以上、⑵経常黒字が対GDP比3％以上、⑶継続的且つ一方向の為替介入（直近12カ月中8カ月以上で介入を実施し、外貨購入額が対GDP比2％以上）の3つを、為替操作国の要件として定めている。

図表3－90は、2023年11月に公表された報告書（U.S. Department of Treasury（2023））における2015 Actに基づく評価であるが、すべての項目を満たした国はなく、ドイツ、台湾、ベトナム、シンガポール、マレーシアは3つのうち2つの項目を満たした。2015 Actの3つの基準のうち2つを満たした国は「監視リスト」にリストアップされる。また、2つの基準を満たさなくても、対米貿易黒字が極端に大きい国は「監視リスト」に載せることとしている（2023年11月の報告書では中国がこの理由で「監視リスト」入りした）。

もっとも、2015 Actの3つの基準が為替操作国認定の絶対的な条件では必ずしもない点には注意が必要である。たとえば、2022年6月、11月の報告書ではスイスが3つの基準を満たしたが、為替操作国には認定されなかった。1988 Actに基づく結論では、為替操作国認定は2015 Actの基準のほかにも通貨の動向、為替慣行、外貨準備のカバレッジ、資本規制、金融政策など、さまざまな要因を考慮して行われるとしている。スイスについては、「スイスのマクロ経済と為替政策に関する詳細な分析を行い、同国の対外不均衡の原因に対応するうえでどのような政策オプションがあり得るかについて議論するためにスイスに対するエンゲージメントを強める」と述べるにとどまっている。

上述の評価プロセスは、為替操作国認定は2015 Actのクライテリアを参照しつつ、1988 Actに依拠して総合的に判断されていることを示唆している。これは、スイスのようにすべてのクライテリアを満たしても為替操作国に認定されないことがあり得る一方で、すべてのクライテリアを満たしていなくても為替

図表3-90 2015 Actに基づく各国通貨の評価（2023年11月の半期為替報告書）

	ネット外貨買い（% GDP比 直近第4四半期）	ネット外貨買い（10億ドル 直近第4四半期）	ネット外貨買い（直近12ヵ月で8ヵ月以上）	経常収支	対米貿易黒字（10億ドル 直近第4四半期）
カナダ	0	0	No	-1.0	39
メキシコ	0	0	No	-1.1	145
中国	0.4-0.6（注）	66-113	No	2.2	294
ドイツ	0	0	No	5.1	85
英国	0	0	No	-1.9	-21
日本	-1.5	-62	No	2.1	65
韓国	-1.8	-30	No	0.5	38
アイルランド	0	0	No	10.5	3
インド	-0.4	-15	No	-1.7	47
スイス	-12.9	-109	No	9.8	-4
オランダ	0	0	No	9.6	-58
台湾	-0.8	-6	No	11.8	48
フランス	0	0	No	-1.9	17
ベトナム	-1.5（注）	-6	Yes	4.7	105
シンガポール	5.7	27	No（注）	18.3	-33
イタリア	0	0	No	-1.1	46
ブラジル	0	0	No	-2.6	-28
豪州	-0.1	-2	No	1.2	-29
タイ	-1.2（注）	-6	No	-1.4	42
ベルギー	0	0	No	-1.7	-14
マレーシア	-5.8（注）	-23	No	3.3	31
（参考）ユーロ圏	0	0	No	0.2	106

注：中国、ベトナム、シンガポール、タイ、マレーシアは介入を公表せず。
出所：U.S. Department of Treasury（2023）より筆者作成

図表 3 −91　米半期為替報告書における為替政策に関する情報開示の度合いに関する

	公表頻度/ラグ	外貨準備 デリバティブ・ポジション in IRFCL	通貨構成
米国	Weekly/1 day	Yes	Public
ECB	Monthly/2 weeks	Yes	Public
英国	Monthly/3-7 days	Yes	COFER
日本	Monthly/1 week	Yes	COFER
カナダ	Monthly/1 week	Yes	Public
スイス	Monthly/1 week	Yes	Public
豪州	Monthly/1 week	Yes	Public
ブラジル	Daily/1 day	Yes	Public
メキシコ	Weekly/4 days	Yes	Public
インド	Weekly/7 days	Yes	COFER
中国	Monthly/1 week	?	COFER
台湾	Monthly/1 week	Yes	No
韓国	Monthly/1 week	Yes	COFER
シンガポール	Monthly/1 week	Yes	COFER
タイ	Weekly/1 week	Yes	No
マレーシア	Biweekly/1 week	Yes	No
ベトナム	Monthly/2-3 months	No	No

出所：U.S. Department of Treasury（2023）より筆者作成

操作国に認定されることもあり得ることを示唆している。後者の具体例としては、2019年8月の中国の為替操作国認定があげられる。中国はその直前（2019年5月）に公表された報告書で2015 Actの3つの基準のうち1つしか満たしていなかったにもかかわらず、為替操作国に認定された。2019年8月5日に公表された声明で、ムニューシン財務長官は、中国は長い間介入を通じて人民元を過小評価の水準に維持し、それは国際貿易の不公平な競争優位を獲得するため

評価

介入目的の公表	介入の公表	頻度	ラグ
\multicolumn{4}{c}{為替介入}
Yes	Yes	As it happens	No
No	Yes	As it happens	No
Yes	Yes	As it happens	No
Yes	Yes	Monthly	2 days
Yes	Yes	As it happens	No
Yes	Yes	Quarterly	3 months
Yes	Yes	Annually	4 months
Yes	Yes	Daily	5 days
Yes	Yes	Monthly	6 days
Yes	Yes	Monthly	2 months
No	No		
Yes	Yes	Semi-annually	3 months
Yes	Yes	Quarterly	3 months
Yes	Yes	Semi-annually	3 months
Yes	Yes	Semi-annually	3 months
Yes	Yes	Semi-annually	3 months
Yes	Yes	Semi-annually	3 months

に行われているとして、為替操作国に認定したことを明らかにした[125]。

　米財務省は半期為替報告書のなかで、主要貿易相手国の為替政策（外貨準備、介入）に関するデータ開示の透明性に関する評価も行っている（図表3－91）。具体的には、外貨準備については、金額（頻度とラグ）、デリバティブ・

---

[125] https://home.treasury.gov/news/press-releases/sm751

ポジション、通貨構成、介入については目的の明確化、データ公表の有無と頻度、公表までのタイムラグが評価対象となっている。前述した中国（2015 Actの基準を満たさなくても操作国認定）とスイス（2015 Actの基準を満たしても操作国に認定されず）の評価の違いには、情報開示の水準（スイスは高く、中国は低い）が影響している可能性がある。

第7節 本章のポイント

1．金融政策と為替政策は密接に関係しているため中央銀行が両者を管轄するケースが多いが、日本のように為替政策を政府（財務省）が管轄するケースや、米国、英国のように政府と中央銀行の双方が管轄するものの、事実上政府に主導権があるといったケースも存在する。為替政策の具体的な内容としては、「為替相場制度の選択」「為替介入」「外貨準備の運用」「国際協調」などがあげられる。

多くの国で金融政策は自国通貨の購買力の安定を目的としており、インフレ率の特定の水準を目指すインフレ・ターゲティング政策を採用している。ここで、完全変動相場制を採用している国にとっては、為替レートは金融政策運営に影響を及ぼし得る外生変数の1つという位置付けとなる。他方、固定相場制など為替レートの変動を抑制する政策を採用している国では、為替レートの変動に対する許容度および資本市場の開放度に応じて、金融政策の自律性の程度が変化する。有名な「国際金融のトリレンマ」によれば、固定相場制、自律的な金融政策、自由な資本移動の3つを同時に成立させることはできない。たとえば、香港は資本移動の自由の下で固定相場制を採用しているため、金融政策の自律性は失われており、香港の短期金利は香港ドルのペッグ先である米ドルの政策金利に追随する。

2．為替相場制度は固定相場制と変動相場制に大別されるが、実際にはこの中間に位置するさまざまな制度が存在する。為替相場制度の定義としては、IMFによるAnnual Report on Exchange Arrangements and Exchange Restrictions（AREAER）による定義が参照されることが多い。

AREAERにおける為替相場制度の定義はその時々の実情を反映する形で何度も改訂されており、直近の改訂は2009年に行われた。以前のAREAERにおける分類は基本的にIMF加盟国の申告に基づいて行われていたが、申告と実際の制度運営が大きく異なるケース（申告では変動相場制であるにもかかわらず頻繁に介入が行われるケースなど）が散見された。これを踏まえ、2009年の改

訂では過去の実際の為替レートの変動を定量的に評価する実態ベースの分類（*de facto* basis。これに対して以前の申告に基づく分類は*de jure* basisと呼ばれる）を導入した。

　AREAERではまず、為替相場制度をハードペッグ、ソフトペッグ、フローティング・アレンジメントの3つに分類する。このうち、ハードペッグは①独自の法定通貨が放棄された為替相場制（Exchange arrangements with no specific separate legal tender）と②カレンシーボード制（Currency board arrangement）、ソフトペッグは③通常のペッグ制（Conventional pegged arrangement）、④Stabilized arrangement、⑤クローリング・ペッグ制（Crawling pegs）、⑥Crawl-like arrangement、⑦バンド付きのペッグ制（Pegged exchange rate within horizontal bands）、フローティング・アレンジメントは⑧管理フロート制（Floating）と⑨完全変動相場制（Free floating）にそれぞれ分類される。上記①⇒⑨の順に、為替レートの柔軟性が高まると考えられる。

3．**1990年代には多くの新興国が固定相場制を維持できなくなり、経済・通貨危機を招来した。一連の新興国危機はクロスボーダーの資本フローが増大するなか、持続可能なのは固定相場制と完全変動相場制という両極の制度のみであり、「中間的制度」は持続不可能との「バイポーラー・ビュー」を勢いづかせることとなった。もっとも実際には、依然として中間的制度は最大のシェアを維持しており、バイポーラー・ビューの見通しは外れている。GFCの影響もあって資本市場の開放が思ったほど進まなかったことが、バイポーラー・ビューの見通しが外れた一因と考えられる。**

　バイポーラー・ビューの主張者は、グローバル経済の統合が進むなか、クロスボーダーの資本フローの拡大は不可避と考えていた。これを前提として「国際金融のトリレンマ」を適用すると、各国が取り得る選択肢は、固定相場制を採用して金融政策の自律性を放棄するか、完全変動相場制を採用して金融政策の自律性を維持するかの二択となる。こうしたなか、「中間的制度」は持続不可能というのが、バイポーラー・ビューの主張であった。バイポーラー・ビューの主張者は、1990年代後半〜2000年代初頭に頻発した新興国危機を自身の主張の正しさを裏付けるものと解釈した。

もっとも、今日に至るまで中間的制度のシェアは一貫して最大となっており、バイポーラー・ビューの見通しはいまのところ外れている。Aizenman et al.（2008）が開発したTrilemma Indexによれば、GFC以前は新興国における資本市場の開放度が上昇する一方で為替レートの安定度は低下していたが、GFC後は両者とも概ね横ばいとなっている。これは、GFC後新興国による資本市場の開放が停滞したことが中間的制度の持続可能性を高めた可能性を示唆している。

4．為替相場制度の選択、アンカー通貨の選択、インボイス通貨の選択など、為替にはさまざまな「選択」が存在し、各々の「選択」は密接に関連し合っている。
　ある国が為替レートの変動を管理する政策（ハードペッグ、ソフトペッグ）を採用しているとき、自国通貨の為替レートのペッグ先を「アンカー通貨」と呼ぶ。たとえば、自国通貨（香港ドル）を米ドルにペッグしている香港では、アンカー通貨は米ドルである。アンカー通貨の選択にはさまざまな要因が影響すると考えられるが、貿易建値通貨（インボイス通貨）もそれに含まれよう。ある国の貿易の大宗が米ドル建てで行われているとき、政策当局は自国通貨の対米ドル為替レートの安定を望むであろう。他方、完全変動相場制を導入している国では、アンカー通貨の選択は問題にならない。

5．インボイス通貨の選択は長い間、国際金融の分野における主要な関心事であり、膨大な先行研究が存在する。インボイス通貨の選択にあたって、企業には自国通貨（PCP）、輸出相手国（現地）通貨（LCP）、第三国通貨（VCP）の３つの選択肢があるが、Grassman（1973、1976）とMcKinnon（1979）が提唱した「３つの定型化された事実」によると、先進国同士の貿易ではPCP、先進国―新興国間貿易では先進国通貨ないしはVCP、財の差別化の程度が低い場合にはVCP、高い場合にはPCPが選択される。
　Grassman（1973、1976）は、①先進国間の貿易では輸出国（自国）通貨、②先進国と新興国間の貿易では先進国通貨か第三国通貨がインボイス通貨として用いられることが多いという傾向を見出した。これに、McKinnon（1979）が主張した③一次産品等の同質的な財は米ドルなどの基軸通貨で取引される一

第７節　本章のポイント　413

方で製品差別化可能な財は輸出国通貨建てで取引されるという傾向を加えた3つは、インボイス通貨選択の「3つの定型化された事実（Stylized Fact）」と呼ばれている。これは必ずしも理論的な裏付けによって導かれたものではなかったため、1980年代以降インボイス通貨の選択に関する理論研究が活発化した。

　インボイス通貨の選択に関する理論には膨大な先行研究が存在するが、主としてデータの利用可能性の制約により、この分野の実証研究は少ない。特に、新興国通貨がインボイス通貨として選択されるケースに関する実証研究はほとんどない。棚瀬（2024）はこの分野における数少ない研究である。棚瀬（2024）はタイのデータを用いて、一定の条件を満たせば新興国通貨がインボイス通貨として選択される可能性があることを示した。

6．インボイス通貨の選択とアンカー通貨の選択は密接に関連しており、インボイス通貨の選択に影響を及ぼす要因はアンカー通貨の選択にも影響を及ぼすと考えられる。また、インボイス通貨およびアンカー通貨の選択は、最適通貨圏（OCA）の理論とも密接に関係している。

　インボイス通貨の選択は企業レベルのアクションだが、その総体として、ある国の貿易におけるインボイス通貨のシェアという形で、国レベルのインボイス通貨の選択が存在し得る。国レベルのインボイス通貨の選択は、当該国のアンカー通貨の選択にも大きな影響を及ぼすと考えられる。たとえば、ある国の貿易がほとんど米ドル建てで行われている場合、その国は自国通貨の対米ドル為替レートの安定を望む（すなわち、米ドルをアンカー通貨として選択する）可能性が高いと考えられる。

　インボイス通貨／アンカー通貨の選択は、Mundell（1961）を嚆矢とする最適通貨圏（OCA）の理論とも密接に関係している。Mundell（1961）は非対称的なショックが発生しにくい経済構造、景気循環の同調性、生産要素価格の伸縮性と生産要素の移動性をOCAの条件としてあげた。これに加えて、McKinnon（1963）は経済の開放性、Kenen（1969）は生産物の多様性をOCAの基準としてあげた。Mundell（1961）、McKinnon（1963）、Kenen（1969）はOCAの古典的基準とみなされている。

7．アンカー通貨は公表されているケースと公表されていないケースがある。アンカー通貨が公表されていないケースで事実上のアンカー通貨を推定する方法に、仮想通貨バスケットのウェイトのプロキシーを推定するFrankel and Wei（1994）の方法がある。

　アンカー通貨を規定する必要がある為替相場制度を採用している国の多くは、アンカー通貨を公表している。また、固定相場制ないしはそれに準ずる制度を採用している国では、為替レートの動向からアンカー通貨は容易に識別できる。

　アンカー通貨を規定する必要がある為替相場制度を採用しているがアンカー通貨を公表していない国における事実上のアンカー通貨を特定する方法として、Frankel and Wei（1994）の方法がある。Frankel and Wei（1994）のモデルでは、被説明変数が当該国通貨の為替レート、説明変数が仮想通貨バスケットの構成通貨（典型的には米ドル、ユーロ、円、人民元など）である。右辺各項のパラメータは仮想通貨バスケットにおけるウェイトのプロキシーであり、パラメータが最大の通貨を事実上のアンカー通貨とみなすことができる（たとえば、当該国の為替レートが米ドルに完全にペッグされている場合、理論上右辺は米ドルのパラメータが1、そのほかの通貨のパラメータがゼロとなる）。Frankel and Wei（1994）のモデルでは多重共線性の問題が指摘されており、この問題を解決するためのさまざま取り組みがなされている。

8．固定相場制を採用している国と変動相場制を採用している国では、金融・財政政策の効果に差異が生じると考えられる。この問題を説明するのが、有名な「マンデル＝フレミング・モデル（MFM）」である。MFMは財市場と貨幣市場の均衡を表現したIS-LMモデルを開放経済に拡張したものである。

　MFMによると、自由な資本移動を前提とすれば、変動相場制を採用している国では金融政策に生産を押し上げる効果がある一方で財政政策には生産押し上げ効果がない。他方、固定相場制を採用している国では財政政策に生産押し上げ効果がある一方で金融政策には押し上げ効果がない。資本移動が自由でないケースや予想為替レートを考慮するケースなどMFMにはさまざまなバリエーションが考えられるが、各々で政策効果の含意が異なる点に注意が必要である。

9．1990年代から2000年代初頭にかけて頻発した新興国の通貨危機は、為替相場制度の選択、デザイン、運用が適切でなかったことが原因で生じたとも解釈可能。通貨危機を説明する代表的なモデルに、第一世代モデル、第二世代モデル、第三世代モデルがある。

棚瀬（2015）によれば、1990年代から2000年代初頭にかけて発生した通貨危機の原因は、経済ファンダメンタルズと整合的でない為替相場制度の選択や平価の設定などの結果、固定相場制などの硬直的な為替相場制度が維持不可能となり、自国通貨の為替レートの大幅な減価が短期間で生じたことであった。

通貨危機の第一世代モデル（主に1980年代の中南米危機を説明）はマクロ・ファンダメンタルズの悪化によって固定相場制が維持できなくなり、自国通貨の為替レートが暴落することを説明するものであり、Krugman（1979）やFlood and Garbar（1984）によって定式化された。Obstfeld（1996）によって提唱された第二世代モデルは市場参加者の期待が危機の有無を左右することを示している（主にERM危機を説明）。また、Krugman（1999）によって提唱された第三世代モデルは、アジア通貨・経済危機においてみられた通貨危機と金融危機の併発を説明するものである。

10．政策当局が自国通貨の為替レートの安定を達成するための最も直接的な手段は、為替介入である。固定相場制や管理フロート制など一定の水準に為替レートを維持する制度を採用している国では、制度を維持するために為替介入が行われる。他方、変動相場制を採用している国においては、為替レートに過度の変動がみられた場合にボラティリティ抑制のために為替介入が実施される。理論的には、為替介入はポートフォリオ・バランス効果とシグナル効果のいずれかないしは両方を通じて為替市場に影響を及ぼす。

ポートフォリオ・バランス効果は、為替介入によって民間部門が保有する外貨建て資産と自国通貨建て資産の比率が変化し、それを元に戻す動き（リバランス）が為替レートに影響を及ぼすことを想定している。シグナル効果では、為替介入が政策当局が望ましいと考えている将来の金融政策や為替レートに関するシグナルを市場に送り、それが市場参加者の期待を変化させることを通じて為替レートに影響を及ぼすことが想定されている。また、Sarno and Taylor（2001）は、為替介入が呼び水となってバリュエーションやポジションの修正

が加速するという、Coordination Channelの存在を主張した。

11. 為替政策と金融政策は密接に関連し合っているため、中央銀行が両方を管轄するケースが多いが、日本のように政府が為替政策を管轄するケース、米国や英国のように政府と中央銀行が管轄するが事実上政府に主導権があるケースなど、さまざまなパターンが存在する。政府が為替政策を管轄するケースでは厳密な意味での非不胎化介入は不可能だが、為替介入と平仄を合わせる形で中央銀行がマネタリーベースを拡大すれば、事実上の非不胎化介入となる。

為替介入の結果マネタリーベースの規模が変化するか否かによって、介入は不胎化介入と非不胎化介入に分類される。外貨買い/自国通貨売り介入によって市中に供給された自国通貨を放置すればマネタリーベースが増加するため、非不胎化介入となる。他方、介入によって供給された自国通貨を債券売りオペ等で吸収し、マネタリーベースの規模を介入前と同じにすれば不胎化介入となる。日本のように政府が為替政策を管轄する国では、政府はマネタリーベースを操作できないため、厳密には上の定義における非不胎化介入を実施することはできない。もっとも、政府が為替政策を管轄する国でも、為替介入と平仄を合わせる形で中央銀行がマネタリーベースを拡大すれば、事実上の非不胎化介入は可能である。実際、渡辺・藪（2009）によれば、2003年～2004年の"Great intervention"時には、介入によって供給された円資金のうち40％はすぐに吸収されず、市場に滞留した。

12. 完全変動相場制を採用している国において為替介入は例外的なイベントであり、望ましくない為替レートの動向に対して当局者が警告のトーンを徐々に強めていき、それでは不十分と判断されるに至って初めて実際の為替介入が実施されるというプロセスが一般的。この警告は「口先介入」と呼ばれる。市場参加者は、特定の単語（「コードワード」）の使用等から実際の介入までの距離感を推し量ろうとするが、日本の過去の経験は、口先介入に「コードワード」を含む定型のフォーマットが存在しないことを示唆している。

実際に為替介入に踏み切るタイミングを正確に予想できれば大きなトレー

ディング収益をあげることができる可能性が高いため、市場参加者は当局者発言の微妙なニュアンスの変化や特定の単語（「コードワード」等と呼ばれることがある）の使用等から、実際の介入までの距離感を推し量ろうとする。もっとも日本のケースでは、過去の関連発言等からみる限りコードワードを含む口先介入の定型のフォーマットは存在しない模様。たとえば、2022年9月に介入が実施される前の時点では、過去の経験則等から「断固たる措置」という言葉がコードワードとして注目されていたが、結局この言葉は介入実施前には使われず、介入実施直後に初めて使用された。

また、G7各国の為替介入は「為替レートは経済のファンダメンタルズを反映して市場で決定されるべき」だが「過度の変動は望ましくない」という合意に基づいて行われるが、「経済のファンダメンタルズ」や「過度の変動」に関する具体的な定義も存在しない。

13. IMFの国際収支統計マニュアル（BPM6）によれば、外貨準備は「国際収支のファイナンス・ニーズを満たす、通貨の為替レートに影響を及ぼすための為替介入、その他の目的（通貨と経済の信認維持、対外借入の基盤など）のために直ちに利用可能であり、金融当局によって管理される外貨資産」である（外貨準備は国際収支統計の一項目）。日本を含む主要国の外貨準備統計はIMFのガイドラインに沿って作成される。多くの国で外貨準備の大部分を構成するのは「証券」であるが、IMFガイドラインによれば、外貨準備に含まれる証券は流動性が高い株式や債券（非居住者によって発行された外貨建て債券）のみである。

14. 外貨準備の保有主体は、為替政策が政府の所管である場合には政府、中央銀行の所管である場合には中央銀行であることが多いが、政府・中央銀行の双方が保有するケースもある。政府が為替政策を管轄する日本では外貨準備の大宗は政府の特別会計の1つである「外国為替資金特別会計」で保有されているが、日本銀行が保有する少額の外貨も統計上は外貨準備に計上されている。外貨準備の保有目的には、外的ショックへの備え、為替介入、対外債務の返済等があるが、日本の外貨準備は基本的に介入原資として保有されている。

日本の財務省は、外貨準備を「外国為替相場の安定のために行う為替介入等の原資として外国為替資金特別会計及び日本銀行が保有する外貨準備資産」と説明している。また、2005年4月に公表した「外国為替資金特別会計が保有する外貨資産に関する運用について」(以下、「2005年方針」)において外貨準備運用の目的は「我が国通貨の安定を実現するために必要な外国為替等の売買に備え、十分な流動性を確保すること」と述べており、介入原資としての役割が日本における外貨準備の主な保有目的であることが示唆されている。

15. 外貨準備の運用原則としては**安全性と流動性が最重要で、これを満たす範囲で収益性を追求する形がグローバル・スタンダードである**。前出の「2005年方針」は、日本の外貨準備運用の原則がこれと整合的であることを示している。運用対象は安全性、流動性の原則を満たす必要があることから、通貨では米ドル、アセットクラスでは国債、マネーマーケット、SSA債、預金などの安全資産が支配的である。また、**外貨準備のポートフォリオをいくつかのトランシェに分割して運用するトランチングの手法を採用している国も多い**。典型的には、Working Capital Tranche/Liquidity TrancheとInvestment Trancheに分割、まず前者で必要な流動性を確保し、そのうえで、後者でリスクをとって収益性を高めるという手法である。

16. 近年、世界の外貨準備運用担当者の間で**ESG投資と金投資に対する注目が大きく高まっている**。
　WGCによると、2022年の中央銀行による金購入額は前年の2倍以上に拡大、2023年も同程度のペースを維持した。WGCのサーベイによると、中央銀行は以前から金を地政学的リスクやインフレに対する有効なヘッジ手段とみなしており、近年のインフレ高進やロシアのウクライナ侵攻等を受けた地政学的リスクに対する懸念の高まりを背景に、こうしたヘッジ・ニーズが強まっていることが積極的な金購入につながっているとみられる。
　現在ではESG投資は資産運用の世界のメインストリームとなった感があるが、総じてみれば、外貨準備運用の世界ではESG投資の普及は遅れている。ESG投資は中長期的な株式投資と相性がよい一方で、外貨準備運用の主戦場であるデュレーションが短めの高格付けソブリン債との相性はあまりよくないと

第7節　本章のポイント　419

考えられることが、外貨準備運用当局によるESG投資の動きが鈍かった主な理由と考えられる。

それでも近年では、外貨準備運用当局によるESG投資を巡る動きが活発化してきている。この分野で先駆的な取り組みをみせているのはオランダ中央銀行で、2019年3月に外貨準備当局として初めてPRIに署名した（その後、HKMA（香港金融管理局）、フィンランド中央銀行、フランス中央銀行が続いた）。日本の財務省は2021年10月、「外国為替資金特別会計におけるESG投資」というステートメントを発表、リスクマネジメントの観点からESGファクターを考慮するというスタンスを示した。

17. **二国間の通貨の交換である外国為替は本質的に国際的であり、為替政策は多国間の協調を要請する。為替に関する国際協調の枠組みや方針の多くは、ブレトンウッズ会議やプラザ合意に代表されるように、国際会議で決定されてきた。20世紀はG7の影響力が強かったが、21世紀入り後は中国をはじめとする新興国の台頭を受けてG20のプレゼンスが高まった。もっとも近年では、地政学的な状況等からG20が機能不全気味となるなか、G7が再び存在感を高めている模様である。**

プラザ合意の翌年に開催された1986年9月の第1回会合以降、G7はしばしば為替相場全体のトレンドを決定付ける重要な役割を担ってきたが、21世紀に入ると中国をはじめとする新興国のプレゼンスが高まるなかで新興国も参加するG20の重要性が高まり、G7の重要性は相対的に低下した。もっとも近年では、地政学的状況等の影響もあってG20が機能不全気味となるなか、G7が再び存在感を強めている模様である。

為替への影響の観点から、G7/G20声明における為替への言及が注目されるが、すべての参加国が変動相場制を採用しているG7声明では（主として介入の妥当性の観点から）しばしば個別通貨が名指しされていたのに対して、さまざまな為替相場制度を採用している国が参加しているG20ではそもそも議論の前提が異なり、合意できることが限られることから、声明での文言は一般的なものにならざるを得ない（G20声明で個別通貨が名指しされたことは一度もない）。

18. グローバル為替市場は事実上の基軸通貨である米ドルを中心に機能していることから、米ドル全体および各国通貨の対ドル為替レートに対する米国のスタンスは重要であり、この観点から米財務省が年2回公表する"Macro Economic and Foreign Exchange Policies of Major Trading Partners of the United States"（米財務省半期為替報告書）が注目される。特に2015 Actに基づく3つの基準に照らした評価が注目されるが、為替操作国認定はこの基準のみに基づいて行われているわけではない。また、為替介入や外貨準備に関する情報開示の程度も、為替操作国認定に影響を及ぼしている可能性がある。

　米財務省半期為替報告書は従来、1988 Actに基づいて公表されていたが、2016年4月に発表された報告書から2015 Actに依拠する新たなフォーマットが導入された。1988 Actでは為替操作国認定に関する具体的な数値目標は定められていなかったが、2015 Actでは①対米貿易黒字が150億ドル以上、②経常黒字対GDP比3％以上、③継続的且つ一方向の介入（直近12カ月で8カ月以上介入を実施。外貨購入額が対GDP比2％以上）の3つが、為替操作国認定の要件として定められた。

　もっとも、2015 Actの3つの基準を満たしたからといって自動的に為替操作国に認定されるわけではない一方、3つの基準を満たしていなくても為替操作国に認定されるケースがある点には注意が必要である。たとえば、2019年8月に中国は為替操作国に認定されたが、直前に発表された報告書では中国は3つの基準のうち1つしか満たしていなかった。半期為替報告書には外貨準備と為替介入における情報開示の度合いに関する評価が掲載されており、これも操作国認定に影響を及ぼしている可能性がある。

〈参考文献〉

Aizenman, J., M.D.Chinn., and H. Ito. (2008) "Assessing the Emerging Global Financial Architecture: Measuring the Trilemma's Configurations over Time," NBER Working Paper No. 14533.

Arslan, Yavuz., and C. Cantu. (2019) "The size of foreign exchange reserves," BIS Papers No. 104 "Reserve management and FX intervention" pp. 1-23.

Bacchetta, Philippe., and E. van Wincoop. (2002) "Theory of the Currency Denomination of International Trade," NBER Working Paper No. 9039, National Bureau of Economic Research.

Bayouni, Tamin., and B. Eichengreen. (1992) "Shocking Aspects of European Monetary Integration," NBER Working Paper Series No. 3949, National Bureau of Economic Research.

Bayouni, Tamin., B. Eichengreen., and P. Mauro. (2000) "On Regional Monetary Arrangements for ASEAN," *Journal of the Japanese and International Economies* Vol.14, Issue 2, June 2000, pp.121-148.

Bahaj, Saleem., and R. Reis. (2020) "Jumpstarting an international currency," Staff Working Paper No. 874, Bank of England.

Bailliu, J., R. Lafrance., and J. Perrault. (2003) "Does exchange rate policy matter for growth?" *International Finance* 6, pp. 381-414.

Baldwin, R., and Wyplosz, C. (2015) *The Economics of European Integration, 5th Edition,* New York, McGraw Hill.

Borio, Claudio., J. Ebbesen., G. Galati., and A. Heath. (2008) "FX reserve management: elements of a framework," BIS Papers No. 38.

Boz, Emile., C. Casas., G. Georgiadis., G. Gopinath., H. Le Mezo., A. Mehl., and T. Nguyen. (2022), "Patterns in invoicing currency in global trade: New Evidence," *Journal of International Economics* Vol. 136.

Brown, Evan., and C. Rubenfeld. (2015) "What's in China's FX Reserve Portfolio?" Morgan Stanley FX Pulse Oct 15, 2015, pp.7-8.

Calvo, Guillermo. A., and C. M. Reinhart. (2002) "Fear of floating," *The Quarterly Journal of Economics* Vol. 117, pp. 379-408.

Chen, Chih-nan., T. Watanabe., and T. Yabu. (2012) "A new method for identifying the effects of foreign exchange interventions," *Journal of Money, Credit and Banking* Vol. 44, pp.1507-1533.

Chinn, M.D., and H. Ito. (2006) "What Matters for Financial Development? Capital Controls, Institutions, and Interactions," *Journal of Development Economics* 81(1): pp.163-192.

Chinn, M.D., and H. Ito. (2008) "A New Measure of Financial Openness," *Journal of Comparative Policy Analytics* 10(3): pp. 309-322.

Chițu, Livia., J. Gomes., and R. Pauli. (2019) "Trends in central banks' foreign currency reserves and the case of the ECB," *ECB Economic Bulletin*, Issue 7/2019.

Chung, Wanyu. (2016) "Imported inputs and invoicing currency choice: Theory and evidence from UK transaction data," *Journal of International Economics* Vol. 99, pp.237-250.

Cœuré, Benoît. (2018) "Monetary policy and climate change," Speech at a conference on "Scaling up Green Finance: The Role of Central Banks", by NGFS, Deutsche Bundesbank and the Council on Economic Policies, Berlin, 8 November 2018.

De Grauwe, Paul. (2020) *Economics of Monetary Union (13th Edition)*, United Kingdom, Oxford University Press.

Devereux, Michael B., and C. Engel. (2001) "Endogenous Currency of Price Setting in a Dynamic Open Economy Model," NBER Working Paper No. 8559.

Devereux, Michael. B., W. Dong., and B. Tomlin. (2017) "Importers and exporters in exchange rate pass-through and currency invoicing," *Journal of International Economics* Vol. 105, pp.187-204.

Donnenfeld, Shabtai., and A. Haug. (2003) "Currency Invoicing in International Trade: an Empirical Investigation," *Review of International Economics* Vol. 11, No. 2, pp.332-345.

Donnenfeld, Shabtai., and I. Zilcha. (1991) "Pricing of Exports and Exchange Rate Uncertainty," *International Economic Review* 32(4), pp.1009-1022.

Dooley, Michael. P., J. S. Lizondo., and D. J. Mathieson. (1989) "The Currency Composition of Foreign Exchange Reserves," IMF Staff Papers 36, pp. 385-434.

Dubas, J., B. Lee., and N. Mark. (2005) "Effective exchange rate classifications and growth," NBER Working Paper No.11272.

ECB (2006) "The Accumulation of Foreign Reserves," ECB Occasional Paper Series No.43, February 2006, European Central Bank.

Edwards, Sebastian. (1983) "The demand for international reserves and exchange rate adjustments: the case of LDCs, 1964-1972," *Journal of International Money and Finance* Vol. 4, pp. 287-295.

Eichengreen, Barry. (1994) *International Monetary Arrangements for the 21st Century*, The Brookings Institution, Washington, D.C..

Eichengreen,Barry, and D. J. Mathieson. (2000) "The Currency Composition of Foreign Exchange Reserves: Retrospect and Prospect," IMF Working Paper WP/00/131.

Enders, W., and Hum, S. (1994) "Theory and Tests of Generalized Purchasing Power Parity: Common Trends and Real Exchange Rates in the Pacific Rim," *Review of International Economics* Vol. 2, No. 2, pp. 179-190.

Fatum, Rasmus., and M. Hutchison. (2006) "Effectiveness of Official Daily Foreign

Exchange Market Intervention Operation in Japan," *Journal of International Money and Finance* Vol. 25, pp. 199-219.

Fatum, Rasmus., and Y. Yamamoto. (2014) "Large Versus Small Foreign Exchange Interventions," *Journal of Banking and Finance* 43, pp. 114-123.

Fischer, Stanley. (2001) "Distinguished Lecture on Economics in Government Exchange Rate Regimes: Is Bipolar View Correct?" *Journal of Economic Perspectives* Vol.15, Number 2, Spring 2001, pp. 3-24.

Fleming, J. Marcus. (1962) "Domestic Financial Policies under Fixed and Floating Exchange Rates," IMF Staff Papers 3, pp. 369-379.

Flood, Robert. P., and P. M. Garber. (1984) "Collapsing Exchange-Rate Regimes: Some Linear Examples," *Journal of International Economics* Vol. 17, pp. 1-13.

Frankel, Jeffrey. A. (1999) "No single currency regime is right for all countries or at all times," NBER Working Paper No. 7338.

Frankel, Jeffrey. A., and S. J. Wei. (1994) "Yen Bloc or Dollar Bloc? Exchange Rate Policies of the East Asian Economies," in T. Ito and A. Krueger, eds. *Macroeconomic Linkage: Savings, Exchange Rates and Capital Flows*, Chicago, University of Chicago Press.

Frenkel, Jacob A. (1983) "International liquidity and monetary control," NBER Working Paper No. 1118.

Frenkel, Michael., C. Pierdzioch., and G. Stadtmann. (2005) "Japanese and US interventions in the yen/US dollar market: estimating the monetary authorities' reaction functions," *The Quarterly Review of Economics and Finance* 45, pp. 680-698.

Friberg, Richard. (1998) "In which currency should exporters set their prices?" *Journal of International Economics* Vol. 45, pp. 59-76.

Fukuda, Shin-ichi, and M. Ono. (2004) "The Choice of Invoicing Currency under Uncertainty: Theory and Evidence from Korea," CIRJE Discussion Paper F-271. Center for International Research on the Japanese Economy, Tokyo.

Ghosh, A., A. M. Gulde, J. Ostry., and H. C. Wolf. (1997) "Does the nominal exchange rate matter?" NBER Working Paper No. 5874.

Ghosh, A., A. M. Gulde., and H. C. Wolf. (2003) *Exchange Rate Regime : Choices and Consequences*, Cambridge, MIT Press.

Giovannini, Alberto. (1988) "Exchange rates and traded goods prices," *Journal of International Economics* Vol. 24, Issue1-2, pp. 45-68.

Goldberg, Linda, S., and C. Tille. (2008) "Vehicle-currency Use in International Trade," *Journal of International Economics* Vol. 76, pp. 177-192.

Goldberg, Linda. S., and C. Tille. (2013) "A Bargaining Theory of Trade Invoicing and Pricing," NBER Working Paper Series No. 18985.

Goldberg, Linda. S., and C. Tille. (2016) "Micro, macro, and strategic forces in international trade invoicing: Synthesis and novel patterns," *Journal of International Economics* Vol. 102, pp. 173-187.

Goodfriend, Marvin. (1994) "Why we Need an "Accord" for Federal Reserve Credit Policy: A Note," *Journal of Money, Credit and Banking* Vol. 20, No. 2, pp. 135-154.

Gourinchas, Pierre-Oliver. (2002) "Comments on 'Expenditure Switching and Exchange Rate Policy' by Charles Engel," presented in NBER Macro Annual Conference, 2002.

Gopinath, Gita., and J. C. Stein. (2018) "Banking, Trade, and the Making of a Dominant Currency," NBER Working Paper No.24584.

Grassman, Sven. (1973) "A Fundamental Symmetry in International Payments patterns," *Journal of International Economics* Vol. 3, pp. 105-116.

Grassman, Sven. (1976) "Currency Distribution and Forward Cover in Foreign Trade," *Journal of International Economics* Vol. 6, pp. 215-221.

Habermeier, Karl, A. Kokenyne., R. Veyrune., and H. Anderson. (2009) "Revised System for the Classification of Exchange Rate Arrangements," IMF Working Paper, WP/09/211.

Hassan, Tarek. A., T. Mertens., and T. Zhang. (2016) "Not so disconnected: Exchange rates and the capital stock," *Journal of International Economics*, Elsevier, Vol. 99 (S1), pp. 43-57.

Hayakawa, Kazunobu., T. Matsuura., N. Laksanapanyakul., and T. Yoshimi. (2019), "Export Dynamics and Invoicing Currency," EIRA Discussion Paper Series, ERIA-DP-2018-14.

He, Zhiguo., A. Krishnamurthy., and K. Milbradt. (2016) "A Model of Safe Asset Determination," NBER Working Paper No. 22271.

Heller, H.R. (1966) "Optimal International Reserves," *Economics Journal* 76, pp. 296-311.

Humpage, Owen. F. (2017) "Warehousing: A Historical Lesson in Central-Bank Independence," Economic Commentary, Federal Reserve Bank of Cleveland.

HKMA. (2023) "2022 Annual Report," Hong Kong Monetary Authority.

Hoshikawa, Takeshi. (2008) "The Effect of Intervention Frequency on the Foreign Exchange Market: The Japanese Experience," *Journal of International Money and Finance* Vol. 27, pp. 547-559.

Ilzetzki, Ethan., C. M. Reinhart., and K.S. Rogoff. (2019) "Exchange Arrangements Entering the Twenty-First Century: Which Anchor will Hold?" *The Quarterly Journal of Economics*, Vol. 134, Issue 2, May 2019, pp. 599-646.

IMF (2011) "Assessing Reserve Adequacy," Monetary and Capital Markets, Research, and Strategy, Policy, and Review Departments (in consultation with other departments), International Monetary Fund.

IMF (2013) "International Reserves and Foreign Currency Liquidity: Guidelines for a Data Template," International Monetary Fund.

Ito, Hiroyuki., and M. D. Chinn. (2014) "The Rise of the "Redback" and the People's Republic of China's Capital Account Liberalization: An Empirical Analysis of the Determinants of Invoicing Currencies," ADBI Working Paper 473.

Ito, Hiroyuki., and M. Kawai. (2012) "New Measures of the Trilemma Hypothesis: Implications for Asia," ADBI Working Paper Series No. 381.

Ito, Hiroyuki., and M. Kawai. (2014) "Determinants of the Trilemma Policy Combination," ADBI Working Paper Series No. 456.

Ito, Hiroyuki., and R. N. McCauley. (2020) "Currency composition of foreign exchange reserves," *Journal of International Money and Finance* Vol. 102.

Ito, Takatoshi. (2002) "Is Foreign exchange Intervention Effective? : The Japanese Experiences in the 1990s," NBER Working Paper No. 8914.

Ito, Takatoshi. (2017) "A new financial order in Asia: Will a RMB bloc emerge?," *Journal of International Money and Finance* Vol. 74, pp. 232-257.

Ito, Takatoshi., and T. Yabu. (2007) "What prompts Japan to intervene in the Forex market? A new approach to a reaction function" *Journal of International Money and Finance*, Vol. 26, Issue 2, pp. 193-212.

Ito, Takatoshi., and T. Yabu. (2020) "Japanese Foreign Exchange Interventions, 1971-2018: Estimating a Reaction Function Using the Best Proxy," NBER Working Paper No. 26644.

Jeanne, Oliver., and R. Ranciere. (2006) "The Optimal Level of International Reserves for Emerging Market Countries: Formulas and Applications," IMF Working Paper WP/06/229.

Johnson, Martin., and D. Pick. (1997) "Currency Quandary: The Choice of the Invoicing Currency under Exchange-Rate Uncertainty," *Review of International Economics* 5(1): pp.118-128.

Juhn, G.S., and P. Mauro. (2002) "Long-Run Determinants of Exchange Rate Regimes: A Simple Sensitivity Analysis," IMF Working Paper WP/02/104.

Kamps, Anette. (2006) "The Euro as Invoicing Currency in International Trade," ECB Working paper 665.

Kawai, Masahiro., and V. Pontines. (2016) "Is there really a renminbi bloc in Asia? A modified Frankel-Wei approach" *Journal of International Money and Finance* Vol. 62, pp. 72-97.

Kearns, Jonathan., and R. Rigobon. (2005) "Identifying the Efficacy of Central Bank Interventions: Evidence from Australia and Japan," *Journal of International Economics* Vol. 66, pp. 31-48.

Kenen, Peter. B. (1969) "The Theory of Optimum Currency Areas: An Eclectic View," In R. Mundell and A. Swoboda (eds.), *Monetary Problems of the International Economy*, Chicago, IL, University of Chicago Press.

Krugman, Paul. (1979) "A model of balance of payments crises," *Journal of Money, Credit and Banking* 11, pp. 311-325.

Krugman, Paul. (1980) "Vehicle Currencies and the Structure of International Exchange," *Journal of Money, Credit, and Banking* 12, pp. 513-526.

Krugman, Paul. (1999) "Balance Sheets, the Transfer Problem, and Financial Crisis," *International Tax and Public Finance* 6, pp. 459-472.

Lane, Philip. R., and G. M. Milesi-Ferretti. (2001) "The External Wealth of Nations: Measures of Foreign Assets and Liabilities for Industrial and Developing Countries," *Journal of International Economies* Vol.55, Issue 2, pp. 263-294.

Lane, Philip. R., and G. M. Milesi-Ferretti. (2007) "The External Wealth of Nations Mark II: Revised and Extended Estimates of Foreign Assets and Liabilities, 1970-2004," *Journal of International Economies* Vol.73, Issue 2, pp .223-250.

Levy-Yeyati, Eduardo., and F. Sturzenegger. (2001) "Exchange Rate Regimes and Economic Performance," IMF Staff Papers Vol.47, Special Issues.

Levy-Yeyati, Eduardo., and F. Sturzenegger. (2005) "Classifying exchange rate regimes: Deeds vs. Words," *European Economic Review* 49, pp. 1603-1635.

Levy-Yeyati, Eduardo., and F. Sturzenegger. (2007) "Fear of appreciation," Kennedy School of Government Working Paper 07-047, Harvard University.

Levy-Yeyati, Eduardo., and F. Sturzenegger. (2010) "Monetary and Exchange Rate Policies," *Handbook of Development Economics* Vol.5, Elsevier B.V.

Ligthart, Jenny., and J. A. da Silva. (2007) "Currency Invoicing in International Trade: A Panel Data Approach," Discussion Paper No. 2007-25, Tilburg University.

Lu, Yinqiu., and Y. Wang. (2019) "Determinants of Currency Composition of Reserves: A Portfolio Theory Approach with an Application to RMB," IMF Working Paper 19/52.

Maechler, Andrea. M. (2016) "Investment policy in times of high foreign exchange reserves," Speech at Money Market Event, Swiss National Bank.

McCauley, Robert. N., and C. Shu. (2018) "Recent RMB policy and currency co-movements," BIS Working Papers No 727.

McKinnon, Ronald. I. (1963) "Optimum Currency Areas," *American Economic Review* 53, pp. 717-725.

McKinnon, Ronald, I. (1979) *Money in International Exchange: The convertible Currency System*, Oxford University Press.

Mundell, Robert. A. (1961) "A Theory of Optimum Currency Areas," *American Economic Review* Vol.51, No.4, pp. 657-665.

Mundell, Robert. A. (1962) "The Appropriate Use of Monetary and Fiscal Policy for Internal and External Balance," IMF Staff Papers 9: pp. 70-79.

Mundell, Robert. A. (1963) "Capital Mobility and Stabilization Policy under Fixed and Flexible Exchange Rates," *Canadian Journal of Economics and Political*

Science Vol.29, Issue 4, November 1963, pp. 475-485.

Obstfeld, Mourice. (1996) "Models of Currency Crises with Self-fulfilling Features," *European Economic Review*, Vol. 40, pp. 1037-1047.

Ogawa, Eiji., and M. Muto. (2017) "Inertia of the US dollar as a Key Currency through the Two Crises," *Emerging Markets Finance and Trade*, Vol. 53(12), pp. 2706-2724.

Oomes, Nienke., and C.M. Meissner. (2008) "Why Do Countries Peg the Way They Peg? The Determinants of Anchor Currency Choice," IMF Working Paper No. 2008/132.

Osterberg, W.P., and J.B. Thomson. (1999) "The Exchange Stabilization Fund: How It Works?" Federal Reserve Bank of Cleveland.

RAMP (2021) "Central Bank Reserve Management Practices: Insights into Public Asset Management," Reserve Advisory and Management Partnership, World Bank Group.

RAMP (2023) "Reserve Management Survey Report 2023: Insights into Public Asset Management," Reserve Advisory and Management Partnership, World Bank Group.

Reinhart, Carmen., and K. Rogoff. (2004) "The modern history of exchange rate arrangements: A reinterpretation," *Quarterly Journal of Economics* 119, pp. 301-352.

Sarno, Lucio., and M. P. Taylor. (2001) "Official intervention in the foreign exchange market: Is it effective, and so, how does it work?" *Journal of Economic Literature* 39, pp. 839-868.

Schwartz, Anna. J. (1997) "A Biography of the Exchange Stabilization Fund," *Journal of Money, Credit and Banking* 29(2): pp. 135-153.

Shambaugh, Jay. C. (2004) "The effects of fixed exchange rates on monetary policy," *The Quarterly Journal of Economics*, President and Fellows of Harvard College, Vol. 119(1), pp. 301-352.

Sidrauski, Miguel. (1967) "Rational Choice and Patterns of Growth in a Monetary Economy," *American Economic Review* Vol. 57(2), pp. 534-544.

SNB (2022) "115th Annual Report Swiss National Bank 2022," Swiss National Bank.

Swoboda, Alexandar (1968) "The Euro-Dollar Market: An Interpretation," *Essays in International Finance* 64, Princeton University.

Takagi, Shinji. (2014) "The Effectiveness of Foreign Exchange Market Interventions: A Review of Post-2001 Studies on Japan," *Journal of Reviews on Global Economics* 3, pp. 84-100.

Taylor, John. (2006) "Lessons from the Recovery from the 'Lost Decade' in Japan: The Case of the Great Intervention and Money Injection," Paper presented at the

ESRI International Conference, Cabinet Office, Government of Japan, Sep 14, 2006.

Triffin, Robert. (1947) "National Central banking and the International Economy," *Review of Economic Studies*, February 1947.

Triffin, Robert. (1960) *Gold and Dollar Crisis*, Yale University Press, New Haven.

U.S. Department of Treasury. (2023) "Macroeconomic and Foreign Exchange Policies of Major Trading Partners of the United States," U.S. Department of Treasury, Office of International Affairs, November 2023.

Wijnholds, J. Onno de Beaufort., and A. Kapteyn. (2001) "Reserve Adequacy in Emerging Market Economies," IMF Working Paper, WP/01/143.

Williamson, John. (2000) *Exchange Rate Regimes for Emerging Markets: Reviving the Intermediate Options*, Peterson Institute for International Economics.

WGC (2021) "2021 Central Bank Gold Reserves Survey," World Gold Council.

WGC (2023) "2023 Central Bank Gold Reserves Survey," World Gold Council.

Zhang, Zhaoyong, K. Sato, and M. McAleer (2004) "Is a monetary union feasible for East Asia?" *Applied Economics* 36, 10, pp. 1031-1043.

井澤秀記、橋本優子（2002）「わが国の為替介入の効果に関する実証研究—1991年5月から2000年4月まで—」、日本金融学会2002年度春季大会報告論文。

伊藤隆敏（2003）「日本の為替介入の分析」、経済研究、54(2)、pp.97-113。

占部絵美（2022）「再加速する円安、財務相の発言上は「介入への距離」縮まらず」、ブルームバーグ記事（2022年6月9日）。

大井博之、大谷聡、代田豊一郎（2003）「貿易におけるインボイス通貨の決定について：「円の国際化」へのインプリケーション」、日本銀行金融研究所『金融研究』2003年9月号。

小川英治（2019）「基軸通貨米ドルの慣性：ドルの効用と通貨競争の可能性」、小川英治編『グローバリゼーションと基軸通貨：ドルへの挑戦』（2019）第1章、東京大学出版会。

川﨑健太郎（2008）「通貨統合の理論」、藤田誠一、小川英治編『国際金融理論』（2008）、有斐閣。

川﨑健太郎（2014）「アジア経済の統合深化と通貨・金融統合への課題」、『経済学論究』第68巻1号、pp.185-198、関西学院大学。

神田眞人編（2021）『図説ポストコロナの世界経済と激動する国際金融』、財経詳報社。

ゴ、マイリン（2016）「適切なESG（環境・社会・企業統治）債券戦略の構築」、ブルーベイ・アセットマネジメント。

佐々木融、棚瀬順哉（2005）「ワシントンG7：声明は変更なし。中国へ圧力が高まる」、J.P.モルガンForeign Exchange Topics vol.89。

佐々木融、棚瀬順哉（2006）「当局者のEUR高牽制発言の影響は限定的」、J.P.モルガンForeign Exchange Topics Vol.154。

佐々木融、棚瀬順哉、日比野杏奈（2013a）「再び円安バブルは発生するのか？　G20

での『円安誘導批判』に対する回答」、J.P.モルガンForeign Exchange Topics Vol.154。

佐々木融、棚瀬順哉、日比野杏奈（2013b）「G7高官発言を受けてドル/円は一時93円割れ。G20前の円相場は神経質な展開に」、J.P.モルガンFX本日の一言（2013年2月13日）。

清水順子、伊藤隆敏、鯉渕賢、佐藤清隆（2021）『日本企業の為替リスク管理：通貨選択の合理性・戦略・パズル』、日本経済新聞出版社。

高木信二（2011）『入門　国際金融［第4版］』、日本評論社。

高浜光信、高屋定美（2021）『国際金融論のエッセンス』、文眞堂。

棚瀬順哉（2015）『グローバル通貨投資：新興国の魅力・リスクと先進国通貨』、日本経済新聞出版社。

棚瀬順哉（2019）『国際収支の基礎・理論・諸問題：政策へのインプリケーションおよび為替レートとの関係』、財経詳報社。

棚瀬順哉（2024）「新興国間貿易におけるインボイス通貨の選択：タイの対ASEAN貿易に関する分析」、日本金融学会編『金融経済研究』第47号（2024年3月）。

田中素香（2016）「最適通貨圏の理論とユーロ危機：OCA理論は生き残れるのか」、『熊本学園大学経済論集』22巻3-4号、pp.87-105。

出口恭子（2021）「新興国におけるデジュリとデファクトの為替制度の乖離：IMFサーベイランスとの関係からの分析」、博士論文、政策研究大学院大学。

戸松篤志（2019）「外貨準備の実態、適正規模の把握に向けて：DT・ARAMを活用した支払い能力の確認」、公益財団法人国際通貨研究所　Newsletter（2019年9月20日）。

中空麻奈（2020a）「ESG投資の流れを一層進ませる各国中央銀行のスタンス(2)」、中空麻奈の飛耳長目（ESG編）、BNPパリバ。

中空麻奈（2020b）「ESG投資の流れを一層進ませる各国中央銀行のスタンス(3)」、中空麻奈の飛耳長目（ESG編）、BNPパリバ。

服部孝洋（2023）「外為特会の基礎④：日本には非不胎化介入は存在しない？」、note 2023年8月28日（https://note.com/hattori0819/n/n77dc96a73694）。

広瀬健、青木大樹、木村玄蔵、棚瀬順哉（2023）『インクルーシブ・キャピタリズム：疲弊する資本主義　再生への新たな潮流』、日経BP社、日本経済新聞出版。

藤井英次（2013）『コア・テキスト国際金融論［第2版］』、新世社。

橋本優子（2006）「通貨危機のモデルおよびIMF支援のインプリケーション」、『開発金融研究所報』2006年8月、第30号。

渡辺努、藪友良（2009）「量的緩和期の外為介入」、JSPS Grants-in-Aid for Creative Scientific Research, Understanding Inflation Dynamics of the Japanese Economy, Working Paper Series No.45.

第 4 章

国際通貨システム

本章における主要なリサーチ・クエスチョンの1つは、「人民元が米ドルに代わって基軸通貨になり得るか否か」というものである。
　この問題を考えるうえで、第1節では「基軸通貨」の定義付けを行い、現在の国際金融システムにおいてはブレトンウッズ体制下の米ドルのように制度に裏付けられた基軸通貨は存在せず、「国際通貨」のなかで最大の市場規模を備えた通貨が「事実上の」基軸通貨になっていることを示す。
　第2節では覇権国の理論を参照して、オランダ・ギルダー→英ポンド、英ポンド→米ドルの、基軸通貨の変遷について検討する。
　第3節では、人民元をアンカー通貨とする国・地域の集合としての「人民元経済圏」の特定を行い、しばしば議論される、人民元がまずアジアでregional key currencyの地位を確立して、それを足がかりに基軸通貨米ドルに挑戦するというシナリオの妥当性、実現可能性について検討する。
　これとの関連で、第4節では人民元とドイツ・マルクの比較を行う。
　第5節では、国際通貨システムに関する近年の重要なトピックである中央銀行デジタル通貨（CBDC）を取り上げる。人民元との関連では、中国のCBDCであるデジタル人民元が人民元国際化、ひいては基軸通貨化の動きを推進するという説の妥当性について検討する。

第1節 「基軸通貨」の定義

1 「国際通貨」と「基軸通貨」

　現在の国際金融システムにおける「基軸通貨」が米ドルであることに反論する人は少ないだろう。もっとも、現在の米ドルの基軸通貨としての地位は、米ドルの価値が金にペッグされていたブレトンウッズ体制時のように制度的に保証されているわけではない。この意味で、現在の米ドルは正確には、「事実上の」基軸通貨であるというべきである。

　基軸通貨とは別に「国際通貨」という言葉がある。わざわざ国際通貨というからには国際通貨でない通貨も存在すると考えられるが、両者を分けるのは何であろうか。また、国際通貨（および国際通貨以外の通貨）と基軸通貨との関係はどのようなものだろうか。

　国際通貨は国際的に取引されている通貨であるが、清水ほか（2021）は、通貨が国際的に取引されるとは、「その通貨の本国以外で、輸入や輸出のために比較的自由かつ不利益ではないレートで取引できること」と定義している。通貨の国際化の度合いを測るうえでは、Kenen（1983）らによって提唱された、通貨の3機能—計算単位、交換手段、価値の貯蔵手段—を民間部門と公的部門に分けて整理した3×2のマトリックス（図表4－1）が用いられることが多い。この各々の象限における通貨の使用が増加すれば、通貨の国際化が進んでいるといえる。各々の象限でどの程度まで通貨の使用が増加すれば国際通貨と呼べるかについて定義は存在しないが、少なくとも経済規模に見合った規模での通貨の使用が求められよう。

　図表4－1のマトリックスの各々の象限における通貨の使用状況のプロキシーとしては、前出のBISのTriennial Survey、IMFのCurrency Composition of Official Foreign Reserves（COFER）のほか、SWIFTが公表している「人民元トラッカー（RMB Tracker）」などがあげられる[1]。

1　人民元トラッカーはMT103とMT202における金額ベースの合計である（詳細は第2章第3節4参照）。

図表4－1　通貨の機能マトリックス

	民間部門	公的部門
計算単位	貿易建値（インボイス） 為替における媒介通貨 国際金融市場における金融商品	ペッグ制のアンカー通貨 通貨バスケットの構成通貨 SDRバスケットの構成通貨 政府債の建値通貨
交換手段	貿易決済 海外送金	介入通貨 政府間取引（ODAなど） 中央銀行の通貨スワップ 海外での利用（ドル化政策など）
価値の貯蔵手段	外貨預金 外国証券投資	外貨準備 SWF等

出所：Kenen（1983）等より筆者作成

　図表4－1との対比では、実際に取引された額であるTriennial Surveyの数字は「交換手段」と「価値の貯蔵手段」（いずれも公的・民間双方）、COFERは「価値の貯蔵手段」（公的）に対応すると考えられる。人民元トラッカーは送金に係るSWIFTのメッセージを集計したものであるが、実際の為替取引はさまざまなフローをネットアウトした部分のみで発生すると考えられることから、SWIFTメッセージ上の金額の合計と実際の外為取引高は必ずしも1対1で対応するわけではない（実際の取引高はSWIFTメッセージの合計よりも小さくなる可能性が高く、第2章で述べたように取引の内部化が進むなか、こうした傾向は以前よりも強まっている可能性が高い）。したがって、人民元トラッカーは、「交換手段」「価値貯蔵手段」のプロキシーとみなせないわけではないが、最も合致するのは「計算単位」であろう。
　図表4－2はBIS Triennial Surveyにおける通貨のシェアをみたものだが、米ドルのシェアが圧倒的に大きく、ユーロがそれに続く図式は極めて安定的である。人民元のシェアは伸びてはいるものの、直近サーベイ（2022年4月）で7％（200％中）と、中国よりも経済規模が小さい日本、英国の後塵を拝している。
　図表4－3、図表4－4は世界の名目GDPに占める各国・地域のシェアの2001年（中国がWTOに加盟した年）から2022年にかけての変化と、同期間の

図表4－2　BIS Triennial Surveyにおける通貨の取引高シェア

(単位：%)

	2001年	04	07	10	13	16	19	22
USD	90	88	86	85	87	88	88	88
EUR	38	37	37	39	33	31	32	31
JPY	24	21	17	19	23	22	17	17
GBP	13	16	15	13	12	13	13	13
AUD	4	6	7	8	9	7	7	6
CAD	4	4	4	5	5	5	5	6
CHF	6	6	7	6	5	5	5	5
CNY	0	0	0	1	2	4	4	7
HKD	2	2	3	2	1	2	4	3
NZD	1	1	2	2	2	2	2	2
SEK	2	2	3	2	2	2	2	2
KRW	1	1	1	2	1	2	2	2
SGD	1	1	1	1	1	2	2	2
NOK	1	1	2	1	1	2	2	2
MXN	1	1	1	1	3	2	2	2
INR	0	0	1	1	1	1	2	2
Others	12	13	13	12	12	10	11	10
Total	200	200	200	200	200	200	200	200

出所：BIS（2022）より筆者作成

BIS Triennial Surveyにおける各国通貨のシェアの変化を比較したものであるが、世界経済における米国のプレゼンスの低下（名目GDPのシェアは5％ポイント低下）度合いほどには米ドルのシェアが落ちていない（2％ポイント低下）一方で、中国のプレゼンスの高まり（名目GDPのシェアは14％ポイント上昇）に比して人民元のシェアの上昇が小幅（7％ポイント）にとどまっていることがわかる。また同期間には、ユーロ圏と日本の世界経済におけるプレゼンスが低下したのと平仄を合わせる形でユーロ、円のシェアが低下している点も特徴的である。

図表4－3　世界の名目GDPに占める各国・地域のシェア（2001年と2022年の比較）

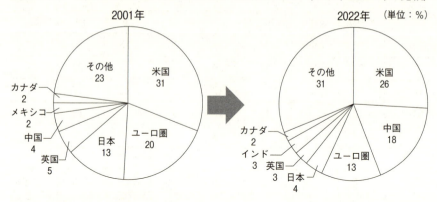

出所：IMFのデータより筆者作成

図表4－4　世界の名目GDPに占めるシェアとBIS Triennial Surveyにおけるシェア：2001年と2022年の比較

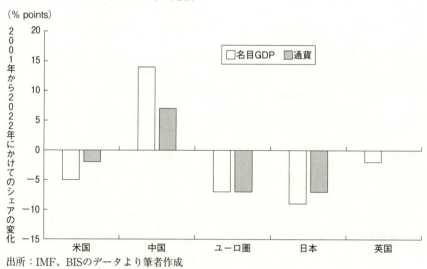

出所：IMF、BISのデータより筆者作成

　前章で述べたように世界の外貨準備における米ドルのシェアは緩やかな低下傾向を辿っており、しばしば「ドル離れ」の兆候を示すものとして引用される。しかし、米ドルのシェアは依然6割程度と圧倒的に大きく、第2位のユーロ（2023年12月時点で20％）を大きく引き離している。また、人民元のシェア

は2023年12月時点でわずか2.4％にとどまった。向こう数十年の間に名目GDPでみた経済規模において中国が米国を凌駕する蓋然性は高そうだが、その一方で、世界の外貨準備に占めるシェアにおいて人民元が米ドルを凌駕するシナリオを描くことは、少なくとも現時点では極めて困難である。

　図表4－5はSWIFTの人民元トラッカーにおける人民元のシェアの推移を示している。人民元のシェアはIMFのSDRの通貨バスケットへの人民元組み入れに向けて中国当局が積極的に取り組んでいたとみられる2015年8月に2.8％まで上昇した後しばらく停滞したが、2023年に急上昇して、同年11月には4.6％と過去最高を記録した。それでも、中国の世界経済・貿易におけるプレゼンスに比べて人民元のシェアが著しく小さい状況は大きく変化していない（ちなみに、同月の米ドルのシェアは47.08％、ユーロは22.95％であった）。

　図表4－6は、これまでにみてきた通貨の3機能のプロキシーと、各国の名目GDPの世界シェアを比較したものである。米ドルとユーロは3機能のいずれのシェアも名目GDPのシェアを大きく上回っており、これらの通貨が第三国間の取引で活発に使用されていることが示唆されている。このほか、英ポンドと加ドルも、3機能すべてのシェアが名目GDPのシェアを上回っている。また、円、豪ドル、スイス・フランは、3機能のいずれかで名目GDPシェア

図表4－5　SWIFT人民元トラッカーにおける人民元のシェア

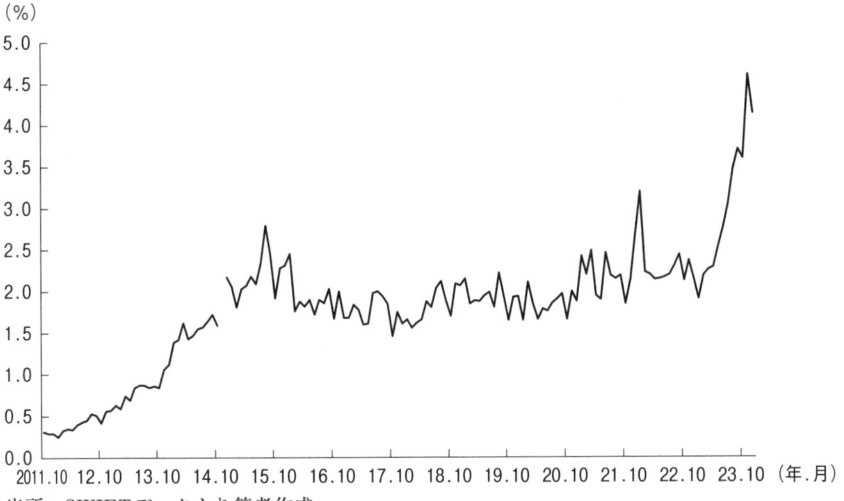

出所：SWIFTデータより筆者作成

図表4−6　名目GDPの世界シェアと通貨の各シェアの比較[2]

	名目GDP （2022年）	BIS（注） （22年4月）	COFER （22年4Q）	SWIFT （22年12月）
USD	25	88	60	42
EUR	15	31	20	36
JPY	4	17	5	3
GBP	3	13	5	6
AUD	2	6	2	1
CAD	2	6	3	2
CHF	1	5	0	2
CNY	18	7	3	2

注：BISはTriennial Surveyのスポットの取引高のシェア（合計200％）。
出所：IMF "World Economic Outlook Database"、BIS、SWIFT "RMB Tracker" のデータより筆者作成

を上回っている。

　前出の国際通貨の定義によれば、国際通貨であるためにはある国の通貨が第三国間で活発に取引されている必要がある。3機能のプロキシーのシェアが名目GDPのシェアを上回っていることは第三国間の活発な取引を示唆していると考えられることから、こうした通貨は国際通貨の定義を満たしているといえるだろう。そして、国際通貨のなかで最も市場規模が大きい米ドルが、「事実上の」基軸通貨の地位を占めているという図式である。

　他方、世界第2位の経済規模を誇る中国の通貨である人民元は、3機能のプロキシーのシェアがいずれも名目GDPのシェアを大きく下回っていることから、前出の定義に基づけば国際通貨ではない。

　中国の経済規模がいずれ米国を抜いて世界第1位となることが見込まれるなか、人民元がドルに代わって基軸通貨になる可能性がしばしば議論される。国

---

[2] BIS Triennial Surveyの最新のデータが2022年4月分であることから、そのほかのデータの時点をこれに合わせている。SWIFT "RMB Tracker" における人民元のシェアはこの後上昇し、2023年11月には過去最高の4.6％に達したが、名目GDPのシェアを大きく下回っている状況に変化はない。直近（2023年第4四半期）のCOFERにおける人民元のシェアは2.4％と、2022年第4四半期（2.6％）から若干低下している。

際通貨のなかで最も市場規模が大きい通貨が「事実上の」基軸通貨であるという定義に基づけば、中国の経済規模が米国を抜いて世界一になったとき、人民元の市場規模が自国の経済規模に見合った水準まで拡大して米ドルを上回れば、人民元が米ドルに代わって「事実上の」基軸通貨になったといえるかもしれない。

　しかし図表4－6は、それまでの道のりがかなり遠いことを示している。現実的には、現時点で国際通貨ですらない人民元のライバルは円、英ポンド、豪ドル、加ドル、スイス・フランなどであって、基軸通貨の米ドルではない。今後中国における資本市場の開放と人民元の国際化が進み[3]、人民元が国際通貨の仲間入りを果たしたとしても、米ドルに代わって基軸通貨になるまでにはまだかなりの距離がある。その段階で人民元のライバルとみなされるのは、既に域内の基軸通貨（regional key currency）としてのステイタスを確立しており、第三国間でも活発に取引されているユーロであろう。

　ユーロはグローバルな基軸通貨として米ドルの地位を脅かすには至っていないが、欧州通貨をはじめとするいくつかの通貨ペアでは米ドルを介すことなく直接交換が可能な市場が一定の規模を備えており（図表4－7の網掛け部分の非ドル通貨ペアについては対米ドル市場の10％以上の規模を持つ直接交換市場が存在。スウェーデン・クローナ、ノルウェー・クローネ、ポーランド・ズロチなどいくつかの欧州通貨では、対ユーロの取引高が対ドルの取引高に匹敵）、ユーロは欧州域内においてはregional key currencyの地位を確立しているといえる。

　他方、円については直接交換市場が一定の取引規模を備えているのはEUR/JPYとAUD/JPYのみであり、アジアにおけるregional key currencyの地位を確立することはできていない。円と人民元、韓国ウォンなどのアジア通貨の交換は、事実上そのほぼすべてが米ドルを媒介として行われているとみられる。

　将来、人民元が米ドルに代わってグローバルの基軸通貨になるとするならば、その前段階として、ユーロが欧州において実現したように、人民元がアジアにおけるregional key currencyとしてのステイタスを確立するというフェーズを経るとの見方もある（こうした見方の妥当性については後ほど議論する）。

3　BOX「人民元国際化を巡る動向」参照。

図表4－7　米ドル・クロスとユーロ・クロス、円クロスの1日当り取引高（スポット2022年4月の平均）

（単位：百万米ドル）

against	USD	EUR	JPY
EUR	418,829	—	—
JPY	349,681	35,197	—
GBP	158,688	37,060	—
CNY	159,313	3,592	—
AUD	110,004	8,519	20,099
CAD	109,370	7,095	3,936
CHF	59,176	19,989	—
SGD	50,018	—	—
MXN	42,670	—	—
HKD	38,785	—	—
INR	37,046	—	—
KRW	32,279	—	—
NZD	29,375	—	2,560
SEK	18,060	17,839	—
NOK	14,948	17,259	—
PLN	6,728	5,657	

出所：BISのデータより筆者作成

　完全変動相場制の下で自由に取引されている国際通貨の市場規模は通常、その国の経済規模に見合った水準になるが、人民元は取引がさまざまな形で規制されているため、その市場規模は世界第2位の中国経済の規模に比べて極端に小さい水準にとどまっている。

　図表4－8は、名目GDPでみた各国の経済規模と通貨の市場規模を比べたものだが、人民元の市場規模が際立って小さいことがわかる。図表4－9、図表4－10は同様の比較を先進国通貨と新興国通貨に分けて行ったものだが、経済規模と通貨の市場規模の相関は、先進国のほうが新興国よりも高くなっている。この背景には、新興国では通貨の取引にさまざまな規制が課されている

図表 4 － 8　各国の経済規模（名目GDP）と通貨の取引高の関係（2022年）

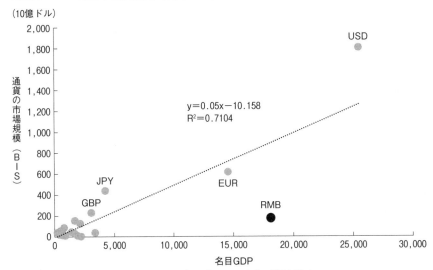

注：通貨の市場規模はスポットの2022年 4 月の 1 日当り平均取引高。
出所：BIS、IMFのデータより筆者作成

図表 4 － 9　各国の経済規模と通貨の取引高の関係（先進国、2022年）

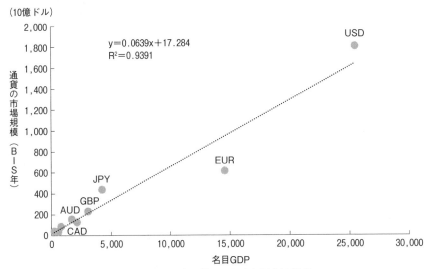

注：通貨の市場規模はスポットの2022年 4 月の 1 日当り平均取引高。
出所：BIS、IMFのデータより筆者作成

第 1 節　「基軸通貨」の定義　441

図表4－10　各国の経済規模と通貨の取引高の関係（新興国、2022年）

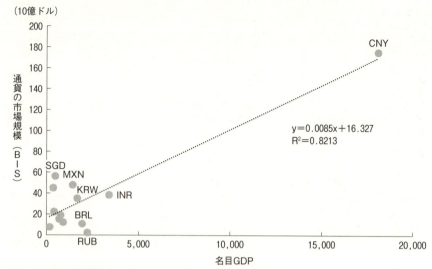

注：通貨の市場規模はスポットの2022年4月の1日当り平均取引高。
出所：BIS、IMFのデータより筆者作成

ケースが多く、規制の度合いによって通貨の市場規模と経済規模との関係がまちまちになることがあると考えられる（取引規制が強いほど、通貨の市場規模は経済規模に比して小さくなると考えられる）。

2　その他の定義

前項では、国際通貨のなかで最も市場規模が大きい通貨を（事実上の）基軸通貨と定義したが、言うまでもなくこれは基軸通貨の唯一の定義ではない。たとえば、Efstathiou and Papadia（2018）は過去の関連文献のサーベイに基づき、以下の7点を基軸通貨の条件としてあげている。

① 経済規模
② 資本移動の自由
③ 国際通貨の役割を果たすことへの通貨当局の意思
④ 金融政策、金融システム、財政、政治、司法などの安定性
⑤ 大規模且つ弾力的な安全資産の供給能力
⑥ 発展し流動的で深みのある金融市場

⑦　強力な国家を裏付けとする地政学的、軍事的な強大なパワー

　①と②については既に論じた。通常、国際通貨の市場規模は経済規模に比例する。この関係に基づくと、世界最大の国の通貨が国際通貨であればその市場規模が最大となり、「事実上の」基軸通貨となる（現在この地位にあるのは言うまでもなく米ドルである）。

　③について、以下で述べるように、かつて基軸通貨として米ドルに代わり得る可能性を備えていたとみなされていたドイツ・マルク（およびユーロ）と日本円は、さまざまな理由により基軸通貨化に対して消極的だったとの指摘がある。

　たとえば、伊藤（2023）によれば、単一通貨ユーロ導入の主たるモチベーションは当初は「資本自由化の下で為替市場を安定化させる手段」であって、ユーロを米ドルに代わる基軸通貨にすることではなかった。もっとも近年、こうしたスタンスに微妙な変化が生じているようである。伊藤（2023）によれば、ECBが毎年発行する「ユーロの国際的な役割に関する報告書」では従来、「ユーロシステムはユーロの国際通貨としての利用を妨げも、促進もしない」として中立的なスタンスがとられていたが、2019年6月発行号では、ユーロの国際的役割拡大を支持する方針に変わった。この背景には、2016年のブレグジットや、同年に誕生した米トランプ政権における米―EU関係の悪化等、ユーロ圏を取り巻く状況が流動化したことがあったとみられる。こうしたなか、「不公平で悪意ある慣行からEUを守り、EUが世界経済のガバナンスで主導的な役割を果たしやすくする」[4]ためにユーロの国際通貨としてのプレゼンスを高める方向に政策転換したものと考えられる。

　円の国際化に関する議論が最初に盛り上がったのは1980年代前半であった。当時の関連議論は、日本に対する大規模な貿易赤字を問題視し、日本に対して国内金融・資本市場の開放と円安是正を求めた米国が主導した。1983年には米レーガン政権の働きかけによって「日米円ドル委員会」が設置され、1984年の同委員会で日本の金融・資本市場の自由化、円の国際化、海外金融機関の日本の金融資本市場へのアクセス改善で合意、同時に発表された「金融の自由化および円の国際化についての現状と展望」で円の国際化に関する具体的な政策が

---

[4] European Commission（2021）。

発表された。もっとも、当時日本の政策当局や実業界は円の国際化に必ずしも積極的ではなく（政策当局にとっては国内金融システムや金融政策に与える影響、実業界は円高の輸出競争力への影響が主な懸念材料だった模様）、1985年9月のプラザ合意を受けて円が大きく上昇すると、円の国際化を巡る議論は下火となった。

　円の国際化を巡る議論が再び盛り上がりをみせたのは、1990年代後半である。当時は、(i)アジア危機を受けてアジア諸国の間でそれまでのドル依存体制からの脱却を目指す気運が高まったことと、(ii)1999年1月に発足したユーロが米ドルの基軸通貨としての地位に挑戦するとの見方が強まるなか、国際通貨としての円のプレゼンスを高める必要性が強く認識されたことが、円の国際化に関する議論の活発化につながった。当時行われた具体的な取り組みのうち、最も重要なのは金融ビッグバンの一環として1997年に行われた外為法の改正（1998年4月施行）であった[5]。

　④、⑤、⑥は主として、「価値の貯蔵手段」としての通貨の機能に関連すると考えられる。

　④に関して、かつていくつかの新興国では、ポピュリスト的な財政政策によって高インフレを招来し、これを抑制するために大規模な金融引き締めを余儀なくされた。結果景気が大きく冷え込むという、「ブーム・アンド・バースト」サイクルを繰り返していたが、頻繁にインフレの急上昇に見舞われるような通貨は、「価値の保全機能」の観点からは適切でないだろう。この観点から、通貨の価値保全機能に対して中央銀行が果たす役割は大きい。ある通貨が価値保全機能を満たすためには、その国の中央銀行がインフレ抑制にコミットしており、且つインフレ抑制する能力について市場の信任を得ている必要があるだろう。

　インフレ抑制に対する中央銀行のコミットメントを明示的に示すものに、インフレーション・ターゲティング（以下、「インフレ・ターゲット」）政策がある。棚瀬・石川（2017）によれば、インフレ・ターゲット政策は以下を内容とする、金融政策の透明性向上のためのフレームワークである[6]。

・中央銀行の目標である「物価の安定」を、具体的な物価上昇率で示す。具体

5　中曽・橋本（2023）。

的にはCPIないしはコアCPIの前年比について設定され、先進国では2％近傍にターゲットが設定されることが多い。
・中央銀行は先行きの物価上昇率見通しを発表し、それと目標がずれそうな場合には政策対応を行う。
・目標の達成が難しい場合にそれを説明するための仕組みを整備する（政府向けのレターなど）。

世界で初めてインフレ・ターゲット政策を導入したのはニュージーランド中央銀行（1990年）であったが、1990年代から2000年代初頭にかけて新興国で危機が頻発したのを受けて、1990年代後半以降は新興国がインフレ・ターゲットを導入するケースが増加した。図表４-11は各国・地域のインフレ・ターゲット導入時期と、導入前後の国内インフレの動向をみたものであるが、ほぼすべての国で、インフレ・ターゲット導入後にインフレ率は趨勢的に低下しており、インフレ抑制に一定の成果をあげていると評価できそうだ。

インフレ・ターゲット導入後のほうが導入前よりもインフレ率が上昇している唯一の国は日本だが、他のすべてのケースでインフレ・ターゲットはインフレを低下させるために導入されたのに対して、長引くデフレに苦しんでいた日本では、通常とは逆にインフレを押し上げるためにインフレ・ターゲットを導入した。この点を踏まえると、日本を含めたすべての国で、インフレ・ターゲットは望ましい成果をあげたともいえよう。

前章で多くの国の外貨準備において新興国通貨が投資可能であることを示したが、これは危機の反省から導入されたインフレ・ターゲット政策が奏功した結果、新興国通貨が価値の貯蔵手段としてのステイタスを高めた結果ともいえるかもしれない。

⑤、⑥に関して、価値の保全を重視する場合、外貨は主としてその通貨建ての債券、特に国債などリスクが低いとみなされている債券に投資・運用される。この観点から、当該通貨建ての国債などの安全資産が十分に供給されていることは、基軸通貨の必要条件といえるかもしれない。

たとえば、外貨準備運用においては価値の保全が特に重要であるが、前章で

6　インフレ目標の設定権限者は、政府（英国など）、中央銀行（スウェーデン、チリなど）、政府と中央銀行が共同で設定（ニュージーランド、カナダ、チェコなど）と、国によってさまざまである。

図表4-11　インフレ・ターゲット採用前後のインフレ率（CPI）

	国名	IT採用年	採用前10年の平均インフレ率	採用後10年の平均インフレ率
先進国	ニュージーランド	1990	9.4	2.5
	カナダ	91	4.8	2.3
	英国	92	5.7	2.8
	オーストラリア	93	4.2	2.2
	スウェーデン	93	4.9	2.6
	ノルウェー	2001	2.7	1.8
	日本	13	−0.4	0.9
新興国	チェコ	1997	8.7	6.0
	イスラエル	97	10.7	4.4
	ポーランド	98	21.3	7.3
	ブラジル	99	19.3	8.4
	チリ	99	6.0	3.2
	コロンビア	99	17.9	8.3
	南アフリカ	2000	6.7	5.5
	タイ	00	4.3	1.7
	ハンガリー	01	12.3	5.9
	韓国	01	3.8	3.3
	メキシコ	01	13.8	4.9
	ペルー	02	3.3	1.9
	フィリピン	02	6.1	4.4
	インドネシア	05	9.3	8.9
	ルーマニア	05	18.6	6.8
	トルコ	06	19.4	8.7

出所：伊藤（2023）、IMFのデータより筆者作成

述べたように外貨準備として保有する外貨を株式に投資しているケースは少数派で、その大部分は債券で運用されている。したがって、外貨準備として保有する通貨は、十分な規模と厚み、多様性を備えた債券市場を有している国の通貨であることが望ましいが、以下で述べるようにこの点で米国は明らかに抜きん出ており、その地位を脅かすライバルは現時点では存在しない。

図表4－12は債券発行残高の国・地域別シェアを示しているが、米国のシェアが圧倒的に大きいことがわかる。他方、ユーロは通貨の市場規模では米ドルに次ぐ第2位の座にあるが、債券市場の規模は中国よりも小さい。加えてユーロにおいて問題となるのは、ユーロ圏で最も信用リスクが低い安全資産とみられているドイツ国債の発行残高が、より信用リスクが高いとみられているフランスやイタリアよりも小さいことである。ドイツ国債の市場規模は米国債の10分の1以下であり、安全資産の受け皿の小ささが、ユーロが基軸通貨として米ドルに対抗するうえでの大きなボトルネックになっている。

通貨の価値保全を考えるうえで、当該国通貨建て債券のなかで最も信用リスクが低い国債市場の規模は重要だが、当該国通貨建て債券市場の多様性も同様に重要である。信用リスクが低い債券がいくつか投資先として利用可能であれば、投資家はそのリスク嗜好に応じて投資先の債券を選択することができるためである。

図表4－12 債券市場の国・地域別シェア（2022年末時点）

（単位：%）

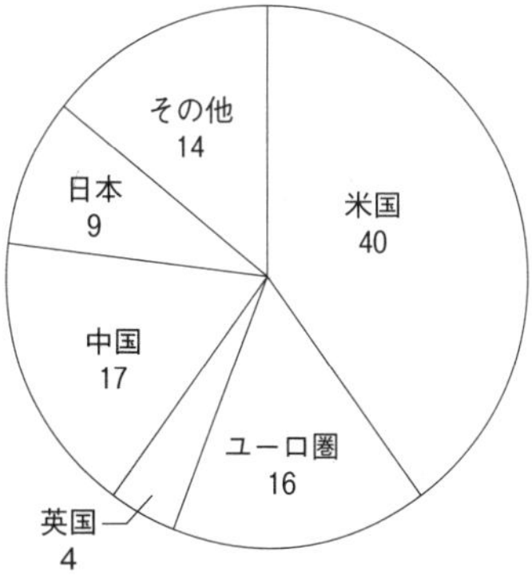

- 米国 40
- ユーロ圏 16
- 英国 4
- 中国 17
- 日本 9
- その他 14

出所：BISのデータより筆者作成

図表4-13は米国における債券の種類別発行残高のシェアをみたものであるが、米国債以外にMBS（住宅ローン担保証券）や社債もかなりの市場規模を備えていることがわかる。これは、国債が全体の8割以上を占める日本とは対照的であり（図表4-14）、投資先の多様性という観点からも米国は他国の追随を許さない。

　以上でみてきたような米国債券市場の規模と多様性は、世界経済における米国のプレゼンスが低下しているにもかかわらず米ドルの基軸通貨としての地位が揺らいでいない一因になっていると考えられる。

　最後に⑦について。前出の①から⑥の要因は基本的に経済的な要因であり、⑦だけがやや異質といえる。筆者は従来、基軸通貨は基本的に経済的な要因によって決まり、軍事的・地政学要因の影響は小さいと考えていたが、近年明らかに状況が変化している。

　基軸通貨選択における軍事的・地政学的要因の重要性が高まったきっかけは、2017年1月に発足したトランプ政権の下で、米中間の緊張が強まったこととみてよいだろう。上述したように、世界第2位である中国の経済規模に比して人民元の市場規模は小さい。これは、中国の貿易やクロスボーダーの金融取引の大部分が人民元以外の通貨、具体的には米ドルやユーロなどで決済されていることを示唆している。しかし、米中関係が悪化するなかで、クロスボーダー取引のかなりの部分を米ドルに依存していることのリスクが強く意識されるようになっている模様である。

　米中間の緊張が高まるなかで、クロスボーダー決済における米ドル依存のリスクに対する懸念を強めているのは、中国だけではない。たとえば、多くの東南アジア諸国にとって中国は主要な輸出先であるが、中国への輸出の大部分は人民元ではなく米ドルで決済されている模様である。以前は、東南アジアから中国への輸出はアジアから輸出した部品を労働コストが安い中国で組み立て、最終需要者である欧米先進国に輸出するという「三角貿易」の一部をなしているケースが多かった。こうしたケースでは、アジアから中国への輸出が米ドルやユーロ建てで行われることは合理的であるといえる。

　もっとも近年では、中国の輸入のうち中国が最終需要地である部分の増加や中国からの輸出の高付加価値化の動きを背景に、中国からの輸出入がハードカレンシー建てで行われることの経済合理性は、以前に比べて低下している模様

図表4−13　米国の債券種類別発行残高のシェア（2022年末時点）

（単位：％）

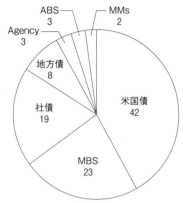

出所：SIFMAのデータより筆者作成

図表4−14　日本の債券種類別発行残高のシェア（2022年末時点）

（単位：％）

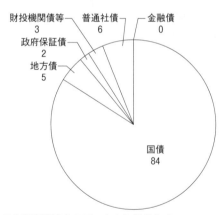

出所：日本証券業協会のデータより筆者作成

である。

第1節　「基軸通貨」の定義　449

図表 4 −15　ASEANの輸出に占める中国のシェアと中国の輸出に占める米国・EU[7]のシェア

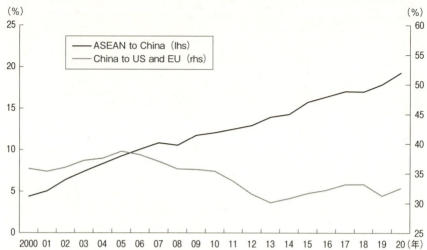

注：ASEAN＝ブルネイ、カンボジア、インドネシア、ラオス、マレーシア、ミャンマー、フィリピン、シンガポール、タイ、ベトナムの合計。
　　EU＝ユーロ圏＋英国。ユーロ圏は、1999年のユーロ発足当初はアイルランド、イタリア、オーストリア、オランダ、スペイン、ドイツ、フィンランド、フランス、ベルギー、ポルトガル、ルクセンブルクの11カ国。その後、2001年にギリシャ、2007年にスロベニア、2008年にキプロス、マルタ、2009年にスロバキア、2011年にエストニア、2015年にラトビア、2015年にリトアニア、2023年にクロアチアが加盟して現在は20カ国。
出所：IMF "Direction of Trade Statistics" より筆者作成

　図表 4 −15と図表 4 −16は、ASEANから中国への輸出のうち、中国が最終需要地となっている部分のシェアが高まっている可能性を示唆している。図表 4 −15はASEANからの輸出に占める中国のシェアと、中国からの輸出に占める米国およびEUのシェアの推移をみたものである。三角貿易が活発に行われていれば両者は概ねパラレルに推移すると考えられるが、2006年〜2007年頃から両者の乖離が顕著になっている。図表 4 −15はASEANから中国への輸出が伸び続けている一方で中国から欧米への輸出が停滞していることを示しているが、両者のギャップはASEANから中国への輸出のうち中国を最終需要地とするものが増えている可能性を示唆している。実際、図表 4 −16が示すように、

7　ユーロ圏＋英国。

450　第 4 章　国際通貨システム

図表4−16 ASEANの中国向け輸出の品目別内訳と、全体に占めるシェア

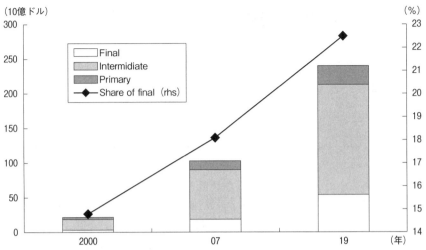

注：ASEANはインドネシア、マレーシア、フィリピン、シンガポール、タイ、ベトナムの6カ国の合計。
出所：RIETI-TIDのデータより筆者作成

　ASEANから中国への輸出における最終財のシェアは増加傾向を辿っている（とはいえ、2019年時点でも最終財のシェアは20％強にとどまっており、依然として三角貿易が活発に行われていることを示唆している）。
　こうした状況下では、米ドルを決済通貨として使用する経済合理性は以前に比べて低下している可能性がある。米ドルを決済通貨として使用する最大の理由は取引コストの低さと考えられるが、現在いくつかの国においては、政治的・地政学的要因に起因する潜在的なリスクが、無視できないほど大きくなっている可能性がある。決済通貨をドルに依存するリスクに対する警戒は、2022年のロシアのウクライナ侵攻を受けて西側諸国がロシアに課した経済制裁の一環としてロシアがSWIFTから排除されたことを受けて、一段と高まっているように思われる。

第2節　基軸通貨の変遷

1 「覇権」と基軸通貨

　米ドルの基軸通貨としての地位に関して、しばしば「世界における米国の覇権が揺らぐなかで、米ドルの基軸通貨としての地位も弱まっていく」といった見方が聞かれる。こうした見方は「覇権国の通貨＝基軸通貨」との前提に基づいているとみられるが、このような議論を行ううえではまず、「覇権国」と「基軸通貨」双方の定義を明確にする必要があるだろう。基軸通貨については、前出の「国際通貨のなかで最も市場規模が大きい通貨が（事実上の）基軸通貨」との定義に依拠することとすると、残る問題は覇権国の定義である。以下ではまず、覇権国に関する代表的な理論を概観する。

覇権国の理論
　覇権国の理論は、経済的要因と政治的・軍事的要因のどちらを重視するか、および循環的側面を重視するか覇権国がもたらす安定を重視するかという対立軸によって分類できる。たとえば、ギルピンが確立した覇権安定論[8]とモデルスキーによる覇権循環論[9]はいずれも政治的要因を重視するが、前者は覇権国がもたらす安定という「状態」に着目しているのに対して、後者は覇権の循環的側面を重視している点が異なる。また、モデルスキーの覇権循環論とウォーラーステイン等による世界システム論はいずれも覇権の循環的側面に着目するが、前者が政治的要因を重視している一方で後者は経済的要因を重視している。

　いずれの覇権理論を（本書の定義における）基軸通貨と関連付けるのが適当だろうか。なお、どの覇権理論がより望ましいかを評価することは、本書の範疇を超える。以下で議論するのは各種覇権理論の妥当性ではなく、あくまで本書の定義における基軸通貨の動向を説明するという、極めて限定的な目的に照

8　Gilpin（1987）など。
9　Modelski（1987）など。

らして当てはまりがよいか否かということについてのみである。

　理論の妥当性の優劣を抜きにすれば、どの覇権理論の当てはまりがよいかは、多分に基軸通貨の定義に依存する。たとえば、基軸通貨を「世界最強の軍事力を有する国の通貨」と定義するのであれば、軍事力が覇権循環を主導するとの見方に立つモデルスキーの覇権循環論がよりフィットするであろう。

　結論を述べれば、筆者は本書の定義における基軸通貨と関連付けるうえでは、ウォーラーステイン等による世界システム論が最も相性がよいと考えている。その理由は、本書における基軸通貨の定義が「国際通貨のうち市場規模が最大のもの」であり、政治的・軍事的要因を（少なくとも直接的には）ほとんど考慮していないことである。前述したように、少なくともこれまでのところ、米ドルの基軸通貨としての地位は政治的・軍事的要因ではなく、主としてネットワーク外部性による取引コストの低下という経済的要因に支えられてきたと考えられる[10]。

　英国から米国に覇権が移った後、かなり長い期間英ポンドが基軸通貨の座にとどまり続けた事実は広く知られており、前述したようにこうした基軸通貨の「慣性」には学術的な裏付けもある。経済的な覇権が失われた後も金融上の優位性は残存するとの世界システム論の考え方は、基軸通貨の「慣性」と整合的であると考えられる。

2　世界システム論における覇権の定義

　ウォーラーステイン（2013）によれば、覇権とは、「特定の中核国家の生産効率が極めて高くなり、その国の生産物が、おおむね他の中核諸国においても競争力を持ち得るような状態であり、その結果、世界市場を最も自由な状態にしておくことで、その国が最も大きな利益を享受できるような状態」である。また、経済的な優位性は「生産、商業、金融」の順に確立され、この順番に失われる。3つの次元のすべてにおける卓越を達成した時期に経済的覇権が実現するが、この定義における覇権が持続できる期間は比較的短く（数十年程度）、覇権国は歴史上、17世紀中頃のオランダ、ビクトリア女王（在位1837年～1901年）の下で「パクス・ブリタニカ」を確立した時期の英国、第二次世界大戦後

10　ただし過去数年間、米中関係の悪化やロシアのウクライナ侵攻等を受けて基軸通貨選択における政治的・地政学的要因の重要性が高まっている可能性がある点には注意が必要。

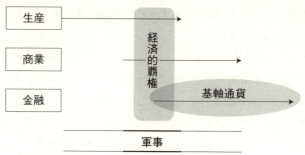

図表4−17　世界システム論における経済的覇権と軍事的覇権

出所：筆者作成

からベトナム戦争（1975年に終結）までの米国の3例しか存在しない。覇権国の軍事的優位性は商業における卓越が実現する時期とほぼ重なるが、世界システム論によれば、大規模な戦争における勝利を決定付けるのは軍事力ではなくあくまで経済力である。

図表4−17は、ある国の経済的覇権が失われた後も商業および金融面の優位性はしばらく持続することを示している。これは、オランダから英国、英国から米国への経済覇権国交代の際にみられた、基軸通貨における「慣性」と整合的である。

3　中国の通貨が基軸通貨になれない理由

図表4−18は、アンガス・マディソンの長期統計による世界のGDPに占める各国のシェアの推移をみたものであるが、オランダ、英国が経済的覇権を達成していた時期に、これらの国の経済規模が必ずしも世界最大でなかった事実は興味深い。

オランダの経済的覇権が確立された時期に世界最大の経済規模を争っていたのは、中国とインドであった（オランダの当時の経済規模は、ドイツ、フランス、スペインなど他の欧州主要国との比較でも小さかった）。また、英国が経済的覇権を達成した時期に経済規模が世界最大だったのも中国であった。

この点、重要なのはオランダ、英国における商業の繁栄と、繁栄を支えた通貨（オランダ・ギルダー、英ポンド）の役割である。経済的覇権国の座にあった当時、オランダ・英国による大規模な貿易を通じて国外に供給されたオラン

ダ・ギルダー、英ポンドの第三国間での使用が増加した。これにより、オランダ・ギルダー、英ポンドの市場規模は、オランダ、英国の経済規模を上回る水準に拡大したとみられる。

　前述したように、第三国間での通貨の積極的な利用の結果、通貨の市場規模が自国の経済規模を上回ることは、「国際通貨」の必要条件となっている（Dalio（2021）は、オランダ・ギルダーは世界初の準備通貨と指摘）。これに対して、当時経済規模で世界最大だった中国の明王朝は、少なくとも世界システム論が定義する覇権国になることはできなかった。

　これは、中国の技術水準や生産力が欧州に比べて劣っていたためではない。たとえば、川北（2016）によれば、当時、アジアのほうが欧州よりも技術水準や、農業や製造業の生産力が高かったと考えるべき理由は複数存在する。世界システム論の視点からは、中国が覇権国になれなかった理由は、国家間の競争の欠如であった。国民国家の寄せ集めである欧州では軍事力や経済力を巡る競争が頻繁に発生し、苛烈な競争を勝ち抜いた強国は自由貿易を志向した[11]。なぜなら、覇権国は生産・流通（商業）において優位性を有するため、自由貿易は自らの優位性をさらに強化する方向に働いたためである。これとは逆に、あらゆるものを保有していた巨大な明王朝の権力者にはむしろ、海外との競争を阻害するインセンティブが働いた（海外との交易を禁じる「海禁」政策はこの一例）。

　通貨との関係では、競争を勝ち抜いて覇権国の座に着いたオランダは、自身の優位性から得られる利益を最大化すべく積極的に諸外国との貿易を行い、輸入を通じて自身を中心とする経済圏にギルダーを供給した。そして、当時最も信用リスクが低く、活発に取引される通貨であったオランダ・ギルダーは第三国間取引でも活発に用いられた。

　これに対して、中国の通貨はあくまで国内での取引を決済するものであって、国際的に大量に流通することはなかった。当時の中国の貿易政策は前出の海禁政策と朝貢貿易を軸としており、自国通貨を自国外で流通させるチャネル

---

[11] 世界システム論における覇権国は国民国家であることが前提となっているため、封建制による支配の下では覇権国は存在し得ず、初めての覇権国が立ち現れたのは主権国家成立の契機となったとみられているイタリア戦争（1494年～1559年）の後になってからであった。

図表4-18 世界経済におけるシェア（GDP）

年	欧州				
	フランス	ドイツ	イタリア	オランダ	スペイン
1500	4.4	3.3	4.7	0.3	1.8
1600	4.7	3.8	4.3	0.6	2.1
1700	5.3	3.7	3.9	1.1	2.0
1820	5.1	3.9	3.2	0.6	1.8
1870	6.5	6.5	3.8	0.9	1.8
1913	5.3	8.7	3.5	0.9	1.5
1950	4.1	5.0	3.1	1.1	1.2
1973	4.3	5.9	3.6	1.1	1.7
2003	3.2	3.9	2.7	0.9	1.7

出所：マディソン（2015）より筆者作成

はほとんど存在しなかった。

　以上から何がいえるであろうか。図表4-17と図表4-18は、仮に中国の経済規模が米国を上回ったとしても、取引規制等の影響で依然として人民元の市場規模が中国の市場規模に見合った水準まで拡大していなければ、人民元が米ドルに代わって基軸通貨化するのは難しいことを示している。

　実際、21世紀中に実現する可能性がある、中国の経済規模が世界最大であるにもかかわらず中国の通貨が基軸通貨ではないという状況は、17世紀にオランダ、19世紀に英国が経済的覇権を確立した際に既にみられており、歴史上初めての出来事というわけではない。上述したように、当時中国の通貨が基軸通貨になれなかった理由は中国の通貨が国際通貨ではなかったことであったが、今回も同様の展開となる可能性もありそうだ。

　また、図表4-17は、ひとたび経済的覇権を達成した国においては、生産・商業における優位性が失われた後も金融の優位性が持続する結果、基軸通貨に対する「慣性」が働くことを示している。この結果、基軸通貨の交代が発生するのはある国の経済的覇権が失われてからかなりの時間が経過した後ということになるが、以下で述べるように、こうしたタイムラグは、オランダ・ギル

ポルトガル	英国	米国	アジア		
			中国	インド	日本
0.2	1.1	0.3	24.9	24.4	3.1
0.2	1.8	0.2	29.0	22.4	2.9
0.4	2.9	0.1	22.3	24.4	4.1
0.4	5.2	1.8	32.9	16.0	3.0
0.4	9.0	8.9	17.1	12.1	2.3
0.3	8.2	18.9	8.8	7.5	2.6
0.3	6.5	27.3	4.6	4.2	3.0
0.4	4.2	22.1	4.6	3.1	7.8
0.4	3.1	20.6	15.1	5.5	6.6

ダーから英ポンド、英ポンドから米ドルへの基軸通貨交代のいずれのケースでも観察された。

4 基軸通貨の交代

オランダ・ギルダーから英ポンドへ[12]

オランダが経済的な覇権を実現するなか、アムステルダムは世界の金融システムの中心となった。アムステルダム証券取引所は「17世紀のウォール街」とみなされ[13]、オランダの通貨ギルダーは「世界初の準備通貨」（Dalio（2021））となった。

17世紀後半に相次いだ戦争や英国の台頭を受けてオランダの優位性は徐々に失われていったが、18世紀に入ってもしばらくの間、オランダ・ギルダーは準備通貨としての地位を維持した。しかし、1750年頃には英国の優位が明確になるなか、東インド会社への貸付等の債務の積み上がりやアムステルダム銀行からの金銀の流出等を背景に18世紀末にはオランダ・ギルダーの価値下落が顕著

---
12 Dalio（2021）。
13 ウォーラーステイン（2013）。

となり、最終的に基軸通貨はオランダ・ギルダーから英ポンドに交代した。

英ポンドから米ドルへの基軸通貨の交代は1944年のブレトンウッズ会議の時点でなされたとの解釈が一般的であるが、オランダ・ギルダーから英ポンドへの交代のタイミングについては、筆者が知る限りでは定説は存在しない。Dalio（2021）は、1795年のフランスによるオランダ占領を受けてアムステルダム銀行からの預金流出が加速し、それまで比較的安定していたオランダ・ギルダーの価値が暴落していることから、この時点で基軸通貨の交代が完了したとみることができるかもしれないと指摘している。

英ポンドから米ドルへ[14]

18～19世紀に英国で起こった産業革命の結果英経済が急成長したことを受けて19世紀にはロンドンが世界の金融センターとなり、英ポンドが各国貿易、金融取引に最も多く使われる通貨となった。欧州各国の中央銀行は、英ポンドを金と並ぶ準備通貨として保有するようになり、英ポンドが基軸通貨としての地位を確立した。

他方、米国は19世紀後半にGDPで英国を抜き、1912年頃には世界最大の輸出国となったが、この時点で米ドルは国際的な取引にほとんど使用されていなかった。当時米ドルが国際通貨になれなかった理由としては、①米国においては銀行に対する規制が強く、国外業務が行えなかったこと、②米国には1913年まで中央銀行がなかったこと、③貿易引受手形の取引が英国でより活発であったこと、などが指摘される。

しかし、2度の大戦で英国経済が疲弊するなかで米ドルの国際通貨としての地位が高まり（ニューヨークがロンドンを抜いて貿易引受手形の最大の市場に）、1944年7月のブレトンウッズ会議で金にペッグした米ドルを基軸とする固定為替相場制が確立されるに至って、米ドルは基軸通貨としての地位を確たるものとした。第二次世界大戦終了時点で、①米国が世界最大の金保有国であったこと、②米ドルだけが自由に交換できる通貨であったことも、基軸通貨としての米ドルの地位確立に寄与したと考えられる。

---

[14] アイケングリーン（2012）、谷内（2012）。

第3節　「人民元経済圏」の特定[15]

　前節まででは、基軸通貨を「国際通貨のなかで最も市場規模が大きい通貨」と定義付けたうえで、現状国際通貨ですらない中国人民元が米ドルに代わって基軸通貨になるまでの道のりがかなり長いことを示した。他方で人民元は、中国が経済規模において米国を上回る可能性があることや、国内債券市場の規模・多様性の点でかつて基軸通貨候補とみなされたユーロ（ドイツ・マルク）や円と大きく異なっていることから、時間はかかるものの将来米ドルに代わって基軸通貨になる可能性は排除できない。

　本節では、グローバル為替市場における人民元の現在の立ち位置を確認したうえで、人民元国際化・基軸通貨化は実現可能なのか、および、そのために必要な条件は何かについて検討する。

1　「人民元経済圏」の定義

　中国経済の台頭に伴い、米ドル圏、ユーロ圏に続く第三の極としての「人民元経済圏」を特定する研究が盛んに行われるようになった。

　「人民元経済圏」に関する明確な定義は存在しないが、各国の貿易における中国のシェア等だけで単純に判断するケースは少ない。たとえば、日本を含む多くのアジア諸国にとって中国は最大の貿易相手先であり、貿易のシェアだけで判断するのであればアジアは既に人民元経済圏を形成しているといえなくもないが、筆者が知る限り、こうした定義に基づいてアジアを人民元経済圏と定義する研究はほとんどない。こうした定義で問題となるのは、アジアの域内貿易の大部分で米ドルなどのハードカレンシーが決済通貨として用いられていることである。

　経済圏を形成するうえでは、参加国に共通する何らかのメリットが存在する必要がある。たとえば、ユーロ参加国は共通通貨ユーロを使用することにより、域内のクロスボーダー取引については為替リスクから解放される。他方、

15　本節は棚瀬（2024）を再構成したものである。

中国との貿易に第三国通貨である米ドルを使用しているアジア諸国は、自国通貨の対米ドルでの為替リスクを負うことになる。輸出入国のいずれかの通貨（中国─アジア貿易では人民元かアジア通貨）を使用すれば、どちらか一方は為替リスクから解放されるが、第三国通貨を用いるケースではいずれの国も為替リスクを負うことになる。

　経済圏内で用いられる通貨が問題になるという意味で、ここでいう「経済圏」は「最適通貨圏」に近いと考えられるが、明示的にアジアが最適通貨圏になり得るか否かを分析する研究以外では、「人民元経済圏」の定義は最適通貨圏ほど厳格なものではなく、域内のクロスボーダー取引における人民元の使用増加やアンカー通貨としての人民元のプレゼンスの高まりを想定するものが多い。以下で述べるように、人民元経済圏に関する先行研究は、その多くがアンカー通貨としての人民元のプレゼンスに着目している。

　従来、中国と諸外国間の貿易決済では米ドルが支配的な地位を占めていたが、前述したようにマクロ要因や地政学的・政治的要因によって中国とのクロスボーダー取引における人民元の使用が増えれば、中国と取引を行っている国にとっては自国通貨の対米ドル為替レートよりも対人民元為替レートの安定のほうが重要になる結果、アンカー通貨を米ドルから人民元にシフトする動きがみられるかもしれない。

　人民元のアンカー通貨としてのプレゼンスに着目した代表的な研究には、Henning（2012）、Subramanian and Kessler（2013）、Ito（2017）、Kawai and Pontines（2016）、Tover and Nor（2018）、Saiki（2022）などがある。モデルの細部やサンプルのとり方に違いがあるものの、基本的にはいずれも前出のFrankel and Wei（1994）の方法（FWモデル[16]）に依拠して、仮想的な通貨バスケットにおける（主に米ドルと人民元の）パラメータ（FWパラメータ）を推定している。

　Henning（2012）、Subramanian and Kessler（2013）は（両者ともFWモデルのニューメレールにSDRを採用）、アジアのいくつかの国においては事実上人民元経済圏が形成されていると結論付けている。またIto（2017）は、2005年7月～2008年6月、2008年7月～2010年6月、2010年7月～2016年5月の3

---

[16] FWモデルの詳細については、第3章第2節3を参照。

つの期間について推定を行い（ニューメレールにスイス・フランとNZドルを採用）、タイ以外の通貨では人民元のパラメータが米ドルを上回ったことを示した。Tover and Nor（2018）はFWモデルとKawai and Pontines（2016）のモデルを用いて、アジアでは依然米ドルが支配的であり人民元経済圏が形成されているとはいえない一方で、BRICs諸国（ブラジル、ロシア、インド）で人民元の影響が強まっていると指摘した。Saiki（2022）は前出の2つのモデルを用いて広範な通貨について推定を行い（ニューメレールにNZドルを採用）、エスワティニ、レソト、メキシコ、ナミビア、スワジランド、南アフリカを「人民元経済圏」と定義した[17]。他方、Kawai and Pontines（2016）は（ニューメレールにNZドルとスイス・フランを採用）、アジアにおいては依然米ドルが支配的な地位を占めており、人民元経済圏は出現していないと指摘している（図表4－19）。

先行研究の問題点

FWモデルなどを用いてアンカー通貨としての人民元のプレゼンスを推定する先行研究には、①分析対象の選択（国のカバレッジとサンプル期間）が必ずしも適切でない可能性があること、②FWパラメータとクロスボーダー取引における人民元使用の関連付けがなされていないこと、③人民元のFWパラメータの決定要因に関する分析がほとんどなされていないことなどの問題がある。

①の問題は主として、アンカー通貨の推定が人民元の為替相場制度の変遷やアンカー通貨選択に影響を及ぼすマクロ要因と適切に関連付けられていないことに起因する。たとえば、中国のクロスボーダー取引における人民元の使用が許可されたのは2009年7月のことであり、これ以前のクロスボーダー取引はほとんどが米ドルなどのハードカレンシーで決済されていたと考えられる。したがって、仮にある国の貿易における中国のシェアが2009年以前に高まっていたとしても、その国がアンカー通貨を（たとえば米ドルから）人民元に切り替えるインセンティブはないであろう。

---

[17] Saiki（2022）は、いずれのモデルでも人民元のパラメータが最大で、最低でも5％水準で有意である国を人民元経済圏と定義した。いずれか片方のモデルのみで定義を満たした国として、韓国、ノルウェー、チリ、オーストラリア、コロンビア、ブラジル、トルコをあげている。

図表4－19　人民元経済圏に関する先行研究

	対象	モデル
Henning（2012）	アジア8カ国	Frankel and Wei（1994）
Subramanian and Kessler（2013）	新興国52カ国	Frankel and Wei（1994）
Kawai and Pontines（2016）	アジア13カ国	Modified Frankel and Wei
Tover and Nor（2018）	世界189カ国/130カ国	Frankel and Wei（1994）and Modified Frankel and Wei by Kawai and Pontines（2016）
Saiki（2022）	世界171カ国	Frankel and Wei（1994）and Modified Frankel and Wei by Kawai and Pontines（2016）

出所：筆者作成

　また、いくつかの先行研究では完全変動相場制（AREAERの定義では「Free Floating」）を採用している国についてもFWパラメータを推定しているが、これらの国の通貨の為替レートは基本的に市場メカニズムに基づいて決定され、通貨当局による為替介入は例外的な状況下でしか実施されない。これらの国では、ある通貨に対する自国通貨の為替レートの変動を抑制する政策はとられないため、FWパラメータが高い通貨をアンカー通貨とみなすことは必ずしも適切ではないと考えられる（図表4－20）。
　ある国がアンカー通貨を（たとえば米ドルから）人民元にシフトする背景には、対中クロスボーダー取引の決済における人民元の使用増加といった動きがあるはずである。もっとも、データの制約もあり、中国のクロスボーダー取引における人民元の使用状況とFWモデルにおけるパラメータを関連付けるよう

期間	データ頻度	Numeraire	アンカー通貨選択の要因を考慮	通貨制度の違い	パラメータの決定要因の分析
Jan 2000 to July 2005, July 2005 to July 2009, July 2009 to June 2010 and June 2010 to Dec 2011	daily	SDR	×	×	×
Jul 2005 to Aug 2008 and Jul 2010 to Jul 2013	daily	CHF	△	×	○
Jan 2000 to Sep 2013	daily	NZD	×	×	×
Jan 2011 to Dec 2015	monthly	USD	×	×	×
Jan 2019 to Dec 2021	daily	NZD	×	×	○

な分析は、筆者が知る限りでは皆無である。

　以上のように、FWモデルなどを用いて事実上のアンカー通貨の特定を試みた先行研究の多くはマクロ的、制度的要因に対する配慮を欠いているため、FWパラメータを事実上のアンカー通貨のプロキシーとみなすことの妥当性は十分に検証されていないと考えられる。以下ではこの点に鑑みて、まずAREAERにおいてアンカー通貨を明らかにしている国についてFWモデルによる推定を行い、FWパラメータがアンカー通貨と合致するか否かを検証する。次にBoz et al. (2022) による輸出入のインボイス通貨のシェアのデータを用いて、FWパラメータと貿易のインボイス通貨のシェアの関係を検討する。

図表4－20　完全変動相場制を採用している国・地域

Country	Currency Resime
Australia	Free Floating
Canada	Free Floating
Chile	Free Floating
Czech Rep.	Free Floating
Japan	Free Floating
Mexico	Free Floating
Norway	Free Floating
Poland	Free Floating
Russia	Free Floating
Sweden	Free Floating
United Kingdom	Free Floating
Somalia	Free Floating
United States	Free Floating
EMU	Free Floating
Austria	Free Floating
Belgium	Free Floating
Cyprus	Free Floating

Country	Currency Resime
Estoinia	Free Floating
Finland	Free Floating
France	Free Floating
Germany	Free Floating
Greece	Free Floating
Ireland	Free Floating
Italy	Free Floating
Latvia	Free Floating
Lithuania	Free Floating
Luxembourg	Free Floating
Malta	Free Floating
The Netherlands	Free Floating
Portugal	Free Floating
Slovak Rep.	Free Floating
Slovenia	Free Floating
Spain	Free Floating

出所：IMF AREAER2021より筆者作成

2　Frankel and Wei（1994）モデルの有用性についての検討

AREAERの分類に基づく分析対象の特定

　前章で述べたとおり、IMFのAREAERではまず、為替相場制度を、ハードペッグ、ソフトペッグ、フローティング・アレンジメントの3つに大別する。このうち、ハードペッグは①独自の法定通貨が放棄された為替相場制（Exchange arrangements with no specific separate legal tender）と②カレンシーボード制（Currency board arrangement）、ソフトペッグは③通常のペッグ制（Conventional pegged arrangement）、④Stabilized arrangement、⑤クロー

リング・ペッグ制（Crawling pegs）、⑥Crawl-like arrangement、⑦バンド付きのペッグ制（Pegged exchange rate within horizontal bands）にそれぞれ分類される。また、フローティング・アレンジメントは⑧管理フロート制（Floating）と⑨完全変動相場制（Free Floating）に分類される。

このうち、"No specific separate legal tender"および"Currency board"、"Conventional peg"など比較的硬直性が高い為替相場制度を採用している国の多くは、アンカー通貨を公表している（図表4-21）。図表4-22～図表4-24はこれらの国の通貨について標準的なFWモデル（（式4-1）。右辺は米ドル、ユーロ、円、人民元の対NZドル[18]為替レートの対数階差）による推定を行った結果を示しているが[19]、モデルのパラメータはほぼすべての通貨について公表されたアンカー通貨に合致している。このことは、FWパラメータをアンカー通貨のプロキシーとみなすことがある程度妥当であることを示していると考えられる。

$$\Delta logE\frac{HC}{NZD_t} = \alpha + \beta_1 \Delta logE\frac{USD}{NZD_t} + \beta_2 \Delta logE\frac{EUR}{NZD_t} + \beta_3 \Delta logE\frac{JPY}{NZD_t}$$
$$+ \beta_4 \Delta logE\frac{CNY}{NZD_t} + \varepsilon_t \qquad (式4-1)$$

FWパラメータとインボイス通貨のシェアの関係

以下では、FWパラメータと貿易のインボイス通貨のシェアの関係を検討する。

---

[18] 典型的に、FWモデルでは自由に取引される小国開放経済の通貨がニューメレールとして採用されることが多く、以前はスイス・フランが採用されることが多かったが、Kawai and Pontines（2016）が指摘するように、スイスが2011年から2014年にかけてスイス・フランの対ユーロ為替レートの下限を設定する政策を実施したことからニューメレールとしての適格性が低下、それ以降はNZDが採用されるケースが増加した。FWモデルのニューメレールとしてはSDRの通貨バスケットが採用されるケースも多いが、SDRバスケットにはUSD、EUR、GBP、JPY、CNYが含まれることから、多重共線性の問題が指摘される。

[19] 本節における通貨の分類はすべて"Annual Report on Exchange Arrangements and Exchange Restrictions 2021"（AREAER 2021）に依拠している。図表4-21～図表4-24で示した推定結果のサンプル期間は、AREAER 2021の調査対象期間である2020年5月1日～2021年4月30日である。

図表 4−21 アンカー通貨を公表している国・地域

Country	Currency Resime	Anchor Currency
Ecuador	No separate legal tender	USD
El Salvador	No separate legal tender	USD
Marchall Islands	No separate legal tender	USD
Micronesia	No separate legal tender	USD
Palau	No separate legal tender	USD
Panama	No separate legal tender	USD
Timor-Leste	No separate legal tender	USD
Djibouti	Currency Board	USD
Hong Kong	Currency Board	USD
Antigua and Barbuda	Currency Board	USD
Dominica	Currency Board	USD
Grenada	Currency Board	USD
St. Christopher and Nevis	Currency Board	USD
St. Lucia	Currency Board	USD
St. Vincent and the Grenadines	Currency Board	USD
Aruba The Bahamas	Conventional peg	USD
Bahrain	Conventional peg	USD
Barbados	Conventional peg	USD
Belize	Conventional peg	USD
Curacao and Sint Maarren	Conventional peg	USD
Eritrea	Conventional peg	USD
Iraq	Conventional peg	USD
Jordan	Conventional peg	USD
Oman	Conventional peg	USD
Qatar	Conventional peg	USD
Saudi Arabia	Conventional peg	USD
Turkmenistan	Conventional peg	USD
UAE	Conventional peg	USD
Cambodia	Stabilized arrangement	USD
Guyana	Stabilized arrangement	USD
Iran	Stabilized arrangement	USD
Lebanon	Stabilized arrangement	USD
Maldives	Stabilized arrangement	USD
Trinidad and Tobago	Stabilized arrangement	USD

Country	Currency Resime	Anchor Currency
Honduras	Crawling peg	USD
Kiribati	No separate legal tender	AUD
Nauru	No separate legal tender	AUD
Tuvalu	No separate legal tender	AUD
Brunei Darussalam	Currency Board	SGD
Bhutan	Conventional peg	INR
Eswatini	Conventional peg	ZAR
Lesotho	Conventional peg	ZAR
Namibia	Conventional peg	ZAR
Nepal	Conventional peg	INR
Andorra	No separate legal tender	EUR
Kosovo	No separate legal tender	EUR
San Marino	No separate legal tender	EUR
Montenegro	No separate legal tender	EUR
Bosnia and Herzegovina	Currency Board	EUR
Bulgaria	Currency Board	EUR
Cabo Verde	Conventional peg	EUR
Comoros	Conventional peg	EUR
Denmark	Conventional peg	EUR
Sao Tome and Principe	Conventional peg	EUR
Benin	Conventional peg	EUR
Burkina Faso	Conventional peg	EUR
Cote d'Ivoire	Conventional peg	EUR
Guinea-Bissau	Conventional peg	EUR
Mali	Conventional peg	EUR
Niger	Conventional peg	EUR
Senegal	Conventional peg	EUR
Togo	Conventional peg	EUR
Cameroon	Conventional peg	EUR
Central Africal Rep.	Conventional peg	EUR
Chad	Conventional peg	EUR
Rep.of Congo	Conventional peg	EUR
Equatorial Guinea	Conventional peg	EUR
Gabon	Conventional peg	EUR
Croatia	Stabilized arrangement	EUR
North Macedonia	Stabilized arrangement	EUR

出所：IMF AREAER2021より筆者作成

図表 4 −22 米ドルをアンカー通貨とする通貨のFWパラメータ

国	通貨	計数 USD	EUR	JPY	CNY	Adj. R2
Djibouti	DJF	1.000***	0.001	−0.012	0.014	1.00
Hong Kong	HKD	0.957***	0.012	0.014**	0.003	1.00
East Caribbean Dollar（*）	XCD	0.926***	−0.021	0.026	0.008	0.89
Aruba	AWG	1.000***	0.000	0.000	0.000	1.00
The Bahama	BSD	1.016***	0.001	0.005	−0.025	1.00
Bahrain	BHD	0.999***	0.004**	0.000	−0.001	1.00
Barbados	BBD	0.820***	−0.114	0.072	0.152*	0.70
Belize	BZD	1.000***	0.000	0.000	0.000	1.00
Curacao and Sint Maarten	ANG	1.000***	0.000	0.000	0.000	1.00
Iraq	IQD	1.016***	0.172	−0.062	0.083	0.24
Jordan	JOD	1.000***	0.000	0.000	0.000	1.00
Oman	OMR	0.999***	0.001	0.001	0.000	1.00
Qatar	QAR	0.998***	0.000	0.002	0.001	1.00
Saudi Arabia	SAR	0.999***	0.000	−0.001	−0.001	1.00
UAE	AED	1.000***	0.000	0.000	0.000	1.00
Cambodia	KHR	0.996***	−0.014	0.113	−0.077	0.96
Lebanon	LBP	0.848***	0.030	0.042	0.072	0.87
Maldives	MVR	0.980***	0.062	−0.079*	0.076	0.86
Trinidad and Tobago	TTD	1.117***	0.007	−0.042	−0.113	0.87
Honduras	HNL	1.013***	−0.031	−0.029	0.013	0.88
Average		0.98	0.01	0.00	0.01	0.91

注：USD、EUR、JPY、CNYのパラメータは下式のβ_1、β_2、β_3、β_4の推定値。サンプルはAREAER 2021の調査対象期間である2020年5月1日〜2021年4月30日の日次データ。

$$\Delta logE\frac{HC}{NZD_t} = \alpha + \beta_1 \Delta logE\frac{USD}{NZD_t} + \beta_2 \Delta logE\frac{EUR}{NZD_t} + \beta_3 \Delta logE\frac{JPY}{NZD_t} + \beta_4 \Delta logE\frac{CNY}{NZD_t} + \varepsilon_t$$

***は1％水準、**は5％水準、*は10％水準で統計的に有意であることを示す。
(*)：東カリブ・ドル（East Caribbean Dollar：XCD）は東カリブ諸国機構の東カリブ通貨同盟で発行され、カリブ海の8つの国家と地域（アンティグア・バーブーダ、ドミニカ国、グレナダ、セントクリストファー・ネイビス、セントルシア、セントビンセントおよびグレナディーン諸島、アンギラ、モントセラト）で使用されている通貨。
出所：筆者作成

図表4−23　ユーロをアンカー通貨とする通貨のFWパラメータ

国	通貨	USD	EUR	JPY	CNY	Adj. R2
Bosnia and Herzegovina	BAM	0.933***	0.061	0.050	−0.050	0.69
Bulgaria	BGN	0.073**	0.897***	−0.018	0.057*	0.95
Cabo Verde	CVE	0.316**	0.639***	0.068	0.032	0.58
Denmark	DKK	0.085***	0.915***	−0.026	0.014	0.97
Sao Tome and Principe	STN	0.538***	0.313***	0.137	0.026	0.47
West Africa CFA Franc (*)	XOF	0.466***	0.503***	−0.068	0.062	0.82
Central Africa CFA Franc (**)	XAF	0.034	0.749***	−0.014	0.281***	0.69
North Macedonia	MAD	0.017	0.856***	−0.106**	0.333***	0.83
Average		0.308	0.616	0.003	0.094	0.75

注：USD、EUR、JPY、CNYのパラメータは下式のβ_1、β_2、β_3、β_4の推定値。サンプルはAREAER 2021の調査対象期間である2020年5月1日〜2021年4月30日の日次データ。

$$\Delta \log E \frac{HC}{NZD_t} = \alpha + \beta_1 \Delta \log E \frac{USD}{NZD_t} + \beta_2 \Delta \log E \frac{EUR}{NZD_t} + \beta_3 \Delta \log E \frac{JPY}{NZD_t} + \beta_4 \Delta \log E \frac{CNY}{NZD_t} + \varepsilon_t$$

***は1％水準、**は5％水準、*は10％水準で統計的に有意であることを示す。
(*)(**)：CFAフランは旧フランス領アフリカ諸国で用いられている共通通貨で、西アフリカ諸国中央銀行発行のXOFと中部アフリカ諸国銀行発行のXAFがある。XOFはセネガル、ギニアビサウ、マリ共和国、コートジボワール、トーゴ、ベナン、ブルキナファソ、ニジェール、XAFはチャド、中央アフリカ共和国、カメルーン、赤道ギニア、ガボン、コンゴ共和国で使用されている。
出所：筆者作成

　Boz et al.（2022）は輸出入のインボイス通貨のシェアに関する広範なデータを提供している。図表4−25、図表4−26は、Boz et al.（2022）のデータに基づく各国輸出における米ドルおよびユーロのシェアと、各通貨の米ドルとユーロのFWパラメータを比較したものであるが[20]、両者の間には正の相関関係（高いFWパラメータ＝高いシェア）があることがわかる[21]。

　以上は、FWパラメータをアンカー通貨のプロキシーとみなすことがある程度妥当であることを示唆していると考えられる。次項では以上の議論を踏まえて、AREAERの定義上、ある程度為替レートの動向が管理されている（完全変動相場制ではない）ものの、アンカー通貨が明らかにされていない通貨につ

いて、FWパラメータを推定する。そして、人民元のFWパラメータの経年変化を観察することによって、各国の為替政策における人民元の重要性に変化が生じているか否かを検討する（人民元のFWパラメータ上昇は、当該国の為替政策における人民元の重要性の高まりを示唆する）。

3　各国の為替政策における人民元の重要性の変化

前項では、FWパラメータをアンカー通貨のプロキシーとみなすことがある程度妥当であることを示した。これを踏まえて本項では、自国通貨の為替レートを管理している一方でアンカー通貨を明らかにしていない国についてFWパラメータを推定し、その時系列変化を観察する。具体的には、中国の為替相場制度が管理フロート制に移行した2005年7月からいったんドル・ペッグに回帰した2008年7月までの3年間と、2019年～2021年の3年間のFWパラメータを比較する。ここでは、先行研究にならい、FWパラメータが最大且つ統計的に有意な通貨を事実上のアンカー通貨と定義したうえで、上記期間におけるFWパラメータの変化を観察する。

AREAER 2021によれば、自国通貨の為替レートを管理している一方でアンカー通貨を明らかにしていない国は図表4－27に示した88カ国である。分析対象は、この88カ国から、2017年～2021年の各年の推定値について①年間の自由度調整済み決定係数が0.4以下のケースを含む、②FWモデルの右辺4通貨のいずれのパラメータも統計的に有意でないケースが存在する、③為替レートのデータが利用可能でない、のいずれかに該当する国を除いた51カ国とした[22]。

20　サンプルは、FWパラメータの推定を行った2017年以降でBoz et al.（2022）のデータが利用可能な国。米ドルのサンプルは、アルバニア、アンゴラ、アルゼンチン、アルメニア、ベラルーシ、エジプト、フィジー、ジョージア、ハンガリー、インドネシア、イスラエル、カザフスタン、キルギス、マラウイ、マレーシア、モンゴル、ソロモン諸島、韓国、スリナム、タンザニア、タイ、ウクライナ、ウルグアイの2017年～2019年の数字、アゼルバイジャン、ブラジル、コロンビア、マダガスカル、スイス、トルコの2017年～2018年の数字、ガーナ、ウズベキスタンの2018年～2019年の数字、コスタリカ、アイスランドの2017年～2020年の数字である。ユーロのサンプルは、ソロモン諸島の数字がないのとアイスランドが2017年～2019年である点を除いて米ドルと同様。
21　輸入のシェアについても概ね輸出と同様の結果が得られた。また、FWパラメータについて統計的に有意なもののみを抽出するとやや相関が強まる。
22　バヌアツはサンプルの資格を満たしているが、経済規模が極めて小さくGDPの変動が非常に大きいため、適切な推定が難しいと判断して、サンプルから除外した。

図表4−24　その他通貨[23]をアンカー通貨とする通貨のFWパラメータ[24]

国	通貨	アンカー通貨	計数		
			USD	EUR	JPY
Brunei	BND	SGD	0.000	0.000	0.000
Bhutan	BTN	INR	0.379***	−0.016	−0.020
Nepal	NPR	INR	0.917***	0.058	−0.047
Eswatini	SZL	ZAR	−0.020	0.012	−0.005
Lethoto	LSL	ZAR	−0.020	0.012	−0.005
Namibia	NAD	ZAR	−0.020	0.012	−0.005

注：USD、EUR、JPY、CNYのパラメータは下式のβ_1、β_2、β_3、β_4の推定値。サンプルは

$$\Delta logE\frac{HC}{NZD_t} = \alpha + \beta_1 \Delta logE\frac{USD}{NZD_t} + \beta_2 \Delta logE\frac{EUR}{NZD_t} + \beta_3 \Delta logE\frac{JPY}{NZD_t} +$$

***は1％水準、**は5％水準、*は10％水準で統計的に有意であることを示す。
出所：筆者作成

　上記①、②が生じる理由は、変動相場制に近い為替相場制度を採用しておりアンカー通貨を持たないか、サンプル期間中に大規模な通貨の切り下げ等によって為替レートに非連続的な動きが発生したかのいずれかと考えられる。前者のケースではアンカー通貨を推定すること自体があまり意味をなさない。後者のケースでは、こうした国はアンカー通貨を有している可能性が高いが、非連続的な動きが生じた期間においてはパラメータの推定値の信頼度が著しく低下すると考えられることから、サンプルから除外した。
　図表4−28は推計結果である。前出の定義に基づくと2005年〜2008年には人民元をアンカー通貨とする国は1カ国（タイ）のみ[25]であったが、2019年〜2021年には人民元をアンカー通貨とする国はなかった（タイのアンカー通貨は

---

[23] ブルネイはシンガポール・ドル、ネパールとブータンはインド・ルピー、エスワティニ、レソト、ナミビアは南アフリカ・ランドがアンカー通貨。
[24] ネパールとブータンの公式のアンカー通貨はインド・ルピーだが、ネパールのFWパラメータは米ドルが最も大きい。ブータンでも米ドルのパラメータは最大ではないものの（最大はインド・ルピー）それなりに大きく、且つ統計的に有意である。この背景には、インド・ルピーが米ドルを事実上のアンカー通貨としていることがあると考えられる。インド・ルピーの2019年〜2021年の米ドルのFWパラメータは0.627であった（図表4−28参照）。

CNY	SGD	INR	ZAR		Adj. R2
0.000	1.000***				1.00
0.064		0.620***			0.87
−0.081		0.185**			0.85
0.017			0.993***		0.99
0.017			0.993***		0.99
0.017			0.993***		0.99

AREAER 2021の調査対象期間である2020年5月1日〜2021年4月30日の日次データ。

$\beta_4 \Delta log E \dfrac{CNY}{NZD_t} + \varepsilon_t$

　米ドルに変化)。もっとも、依然米ドルのFWパラメータが最大(したがって、前出の定義に基づけば米ドルがアンカー通貨)であるものの、2005年〜2008年対比では低下し、その一方で人民元のパラメータが上昇した国が散見された(特に上昇が大きかったのは、ベラルーシ、インド、カザフスタン、韓国、ペルー、フィリピンなど)。

　こうした動きを反映して全体の平均値も米ドルが小幅低下した一方で人民元は上昇しており、現時点では人民元をアンカー通貨する国は存在しないものの、いくつかの国では為替政策運営における人民元の重要性が徐々に高まっていることが示唆されている。

　以上の議論から得られる重要な含意は、以下のとおりである。①現時点では

25　2009年7月以前はクロスボーダー取引に人民元を使用することができなかったことから、この結果をタイにおいてはインボイス通貨としての人民元の使用が多かったため人民元がアンカー通貨として選択されていたと解釈するのは適当ではない(インボイス通貨としての使用がアンカー通貨選択の主因であるなら、当時人民元をアンカー通貨とする国は存在しなかったと考えるのが妥当)。もっとも、人民元のFWパラメータが最大の国がタイ1カ国のみにとどまったことは、多重共線性の問題がそれほど深刻でないことを示唆しているとも解釈可能である。

図表4−25　各国の輸出における米ドルのシェアと米ドルのFWパラメータの関係[26]

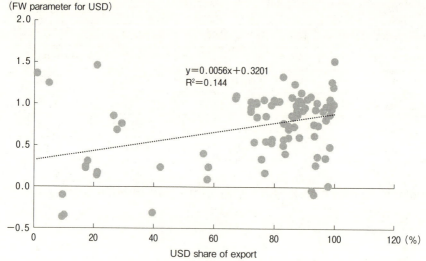

注：サンプルは2017年以降でBoz et al.（2022）のデータが利用可能な国。"% USD share of export"はアルバニア、アンゴラ、アルゼンチン、アルメニア、ベラルーシ、エジプト、フィジー、ジョージア、ハンガリー、インドネシア、イスラエル、カザフスタン、キルギス、マラウイ、マレーシア、モンゴル、ソロモン諸島、韓国、スリナム、タンザニア、タイ、ウクライナ、ウルグアイの2017年〜2019年の数字、アゼルバイジャン、ブラジル、コロンビア、マダガスカル、スイス、トルコの2017年〜2018年の数字、ガーナ、ウズベキスタンの2018年〜2019年の数字、コスタリカ、アイスランドの2017年〜2020年の数字。"FW parameter for USD"は各国通貨の下式におけるβ_1の各年の推定値。

$$\Delta logE\frac{HC}{NZD_t} = \alpha + \beta_1 \Delta logE\frac{USD}{NZD_t} + \beta_2 \Delta logE\frac{EUR}{NZD_t} + \beta_3 \Delta logE\frac{JPY}{NZD_t} + \beta_4 \Delta logE\frac{CNY}{NZD_t} + \varepsilon_t$$

出所：Boz et al.（2022）のデータ等より筆者作成

　アンカー通貨としての米ドルの支配的な地位が変化している兆候はないが、②いくつかの国では為替政策運営における人民元の重要性が徐々に高まっている。

　また、上記②の動きがみられる国（「人民元経済圏」の潜在的な構成国とも捉えられる）がまちまちである点も興味深い。欧州においてユーロが「regional key currency」の地位を確立したように、人民元がアジアにおける「regional

---

[26] 輸出シェアはBoz et al.（2022）のデータに基づく（ユーロも同様）。

図表 4 −26　各国の輸出におけるユーロのシェアとユーロのFWパラメータの関係

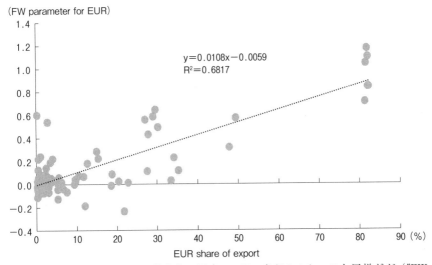

注：サンプルのカバレッジは基本的に図表 4 −25の米ドルのケースと同様だが（"FW parameter for EUR"は前出のFWモデル式におけるβ_2の各年の推定値）、ソロモン諸島の数字がないのとアイスランドが2017年〜2019年であるが米ドルと異なる。
出所：Boz et al.（2022）のデータ等より筆者作成

key currency」の地位を得るとのシナリオが散見されるが、実際にはアジアを中心に人民元経済圏が形成されつつあるという動きはみられていない。アジアのなかでも、カンボジアと香港は公式に米ドルをアンカー通貨としている。また、バングラデシュ、ラオス、ミャンマー、ベトナムでは米ドルのFWパラメータは依然 1 に近く、これらの国におけるアンカー通貨としての米ドルの地位は強固である。

4　実証分析

モデル

前項では、FWパラメータをアンカー通貨のプロキシーとみなすことが一定の妥当性を備えることを示したが、たとえば、今後人民元をアンカー通貨とする国が増加するか否かといった問題を考えるためには、FWパラメータの決定要因を特定する必要がある。

本項では、タイの対ASEAN貿易におけるインボイス通貨の決定要因を特定

第 3 節　「人民元経済圏」の特定　473

図表 4 −27 完全変動相場制以外でアンカー通貨を公表していない国（AREAER 2021の定義による）

Country	Currency Resime	Anchor Currency
Fiji	Conventional peg	Composite
Libya	Conventional peg	Composite
Singapore	Stabilized arrangement	Composite
Botswana	Crawling peg	Composite
Vietnam	Crawl-like arrangement	Composite
Morocco	Pegged exchange rate within horizontal bands	Composite
Kuwait	Other managed arrangement	Composite
Syria	Other managed arrangement	Composite
Samoa	Conventional peg	Composite
Algeria	Stabilized arrangement	
Bangladesh	Stabilized arrangement	
Bolivia	Stabilized arrangement	
The Gambia	Stabilized arrangement	
Nigeria	Stabilized arrangement	
Guatemala	Stabilized arrangement	
Serbia	Stabilized arrangement	
Azerbaijan	Stabilized arrangement	
Egypt	Stabilized arrangement	
Mongolia	Stabilized arrangement	
Sudan	Stabilized arrangement	
Papua New Guinea	Stabilized arrangement	
Suriname	Stabilized arrangement	
Tanzania	Stabilized arrangement	
Tajikistan	Stabilized arrangement	
Afganistan	Stabilized arrangement	
Burundi	Stabilized arrangement	
China	Stabilized arrangement	
Democratic Rep. of the Congo	Stabilized arrangement	
Ethiopia	Stabilized arrangement	
Guinea	Stabilized arrangement	
Rwanda	Stabilized arrangement	
Costa Rica	Stabilized arrangement	
Dominican Rep.	Stabilized arrangement	
China	Stabilized arrangement	
Philippines	Stabilized arrangement	
Romania	Stabilized arrangement	
Uzbekistan	Stabilized arrangement	
Argentina	Stabilized arrangement	

Country	Currency Resime	Anchor Currency
Lao P.D.R.	Stabilized arrangement	
Malawi	Stabilized arrangement	
Mozambique	Stabilized arrangement	
Switzerland	Stabilized arrangement	
Solomon Islands	Stabilized arrangement	
South Sudan	Stabilized arrangement	
Tunisia	Stabilized arrangement	
Zambia	Stabilized arrangement	
Liberia	Other managed arrangement	
Myanmar	Other managed arrangement	
Sierra Leone	Other managed arrangement	
Zimbabwe	Other managed arrangement	
Kenya	Other managed arrangement	
Haiti	Other managed arrangement	
Kyrgyz Rep.	Other managed arrangement	
Tonga	Other managed arrangement	
Vanuatu	Other managed arrangement	
Venezuela	Other managed arrangement	
Angola	Floating	
Belarus	Floating	
Madagascar	Floating	
Yemen	Floating	
Albania	Floating	
Armenia	Floating	
Brazil	Floating	
Colombia	Floating	
Georgia	Floating	
Hungary	Floating	
Iceland	Floating	
India	Floating	
Indonesia	Floating	
Israel	Floating	
Jamaica	Floating	
Kazakhstan	Floating	
Korea	Floating	
Moldova	Floating	
New Zealand	Floating	
Paraguay	Floating	
Peru	Floating	
Seychelles	Floating	

Country	Currency Resime	Anchor Currency		Country	Currency Resime	Anchor Currency
Sri Lanka	Floating			Ukraine	Floating	
South Africa	Floating			Uruguay	Floating	
Thailand	Floating			Malaysia	Floating	
Turkey	Floating			Mauritius	Floating	
Uganda	Floating			Pakistan	Floating	

出所：AREAER 2021より筆者作成

するのに用いた前出のモデル[27]などを参考にした以下のモデルを使って、人民元のFWパラメータの決定要因を特定することを試みる。

$$FWCNY_{it} = \beta_1 + \beta_2 trade_{it} + \beta_3 gdp_{it} + \beta_4 ifigdp_{it} + \beta_5 exdebt_{it} + \beta_6 swapdummy_{it} + \beta_7 cbdummy_{it} + \beta_8 aiib_{it} + \varepsilon_{it} \quad （式4－2）$$

被説明変数（$FWCNY$）は、FWモデルの右辺に含まれる人民元のパラメータ（FWパラメータ）である。説明変数は、当該国貿易における対中国と対米国のシェアの差（$trade$）[28]、中国と当該国の名目GDPの相対規模の変化（中国GDP/当該国GDPの前年比変化：gdp）[29]、中国と当該国の金融市場の対外開放度の相対比較（$ifigdp$）、外貨建て対外債務対名目GDP比（$exdebt$）、スワップダミー（中国と二国間スワップ協定を締結＝1、締結していない＝0：$swapdummy$）、クリアリングバンクダミー（国内に人民元のクリアリングバンクが存在＝1、存在せず＝0：$cbdummy$）、AIIBからの融資累計額対名目GDP比（$aiib$）である。以下では各データについて概要を述べる。

データ

インボイス通貨およびアンカー通貨の選択には、①貿易などの経常取引に関連する要因に加えて、②金融資本取引に関連する要因や③制度的要因など、さまざまな要因が影響を及ぼす可能性がある。

① 経常取引に関連する要因

当該国の貿易における中国のシェアや中国と貿易相手国の相対的な経済規模

27　第3章第2節2。
28　ソースはIMFの"Direction of Trade Statistics"（米ドル建て）。
29　ソースはIMFの"World Economic Outlook Database"（米ドル建て）。

図表 4 －28　自国通貨を管理しているがアンカー通貨を明らかにしていない国のFW

#	Country	Currency	anchor	FW parameter (2019-2021) USD	EUR	JPY	CNY
1	Albania	ALL	EUR	0.258***	0.750***	－0.070	0.070
2	Algeria	DZD	USD	0.765***	0.270***	－0.041***	－0.015
3	Armenia	AMD	USD	1.036***	－0.037	－0.043*	0.018
4	Azerbaijan	AZN	USD	1.043***	0.001	－0.017	－0.024
5	Bangladesh	BDT	USD	0.999***	－0.003	－0.009	0.004
6	Belarus	BYN	USD	0.558***	0.086	－0.200	0.419***
7	Bolivia	BOB	USD	1.009***	0.009	－0.004	－0.007
8	Botswana	BWP	USD	1.575***	－0.173***	0.124***	－0.320***
9	Burundi	BIF	USD	0.962***	0.006	－0.020	0.042
10	Costa Rica	CRC	USD	1.057***	0.027	－0.026	－0.036
11	Dem Rep of Congo	CDF	USD	0.992***	0.012	－0.005	－0.042
12	Dominican Rep	DOP	USD	0.929***	0.054	0.014	0.081
13	Egypt	EGP	USD	1.030***	－0.005	－0.015	－0.002
14	Fiji	FJD	USD	1.412***	－0.024	－0.009	－0.073
15	Georgia	GEL	USD	0.955***	0.038	0.064	－0.058
16	Guatemara	GTQ	USD	0.978***	－0.016	0.022	0.008
17	Guinea	GNF	USD	1.005***	0.080**	－0.037	－0.025
18	Iceland	ISK	EUR	0.188**	0.648***	－0.142**	0.249***
19	India	INR	USD	0.627***	0.043	－0.193***	0.325***
20	Israel	ILS	USD	0.715***	0.086	－0.076**	0.066
21	Jamaica	JMD	USD	1.126***	－0.107**	0.048	－0.111
22	Kazakhstan	KZT	USD	0.739***	－0.047	－0.045	0.193***
23	Kenya	KES	USD	0.943***	0.055**	0.023	－0.026
24	Korea	KRW	USD	0.516***	0.100	－0.045	0.366***
25	Kuwait	KWD	USD	0.975***	－0.003	0.005	0.011
26	Lao	LAK	USD	1.002***	－0.020	－0.002	0.000
27	Malawi	MWK	USD	1.033***	－0.014	－0.007	－0.007
28	Malaysia	MYR	USD	0.504***	0.099***	0.004	0.299***
29	Mauricius	MAU	USD	0.750***	0.080	0.045	0.153**
30	Moldova	MDL	EUR	0.467***	0.546***	－0.033	0.010
31	Mongolia	MNT	USD	0.986***	0.068***	－0.019	－0.014
32	Morocco	MAD	EUR	0.467***	0.546***	－0.033	0.010
33	Mozambique	MZN	USD	0.991***	0.001	0.024	－0.052
34	Pakistan	PKR	USD	1.023***	0.034	－0.004	－0.049
35	Papua New Guinea	PGK	USD	1.004***	0.099	－0.094**	0.021
36	Paraguay	PYG	USD	1.047***	－0.033	－0.015	－0.019

パラメータ（2005年～2008年と2019年～2021年の比較）

anchor	FW parameter (2005-2008)				Change			
	USD	EUR	JPY	CNY	USD	EUR	JPY	CNY
EUR	0.360***	0.532***	0.031	0.048	−0.10	0.22	−0.10	0.02
USD	0.496***	0.193	0.020	0.335***	0.27	0.08	−0.06	−0.35
USD	1.072***	−0.015	0.007	−0.055	−0.04	−0.02	−0.05	0.07
USD	1.008***	−0.005	0.009	−0.012	0.04	0.01	−0.03	−0.01
USD	1.022***	−0.035	0.027	−0.035	−0.02	0.03	−0.04	0.04
USD	0.991***	−0.001	0.000	0.008	−0.43	0.09	−0.20	0.41
USD	0.873***	0.044	0.030	0.040	0.14	−0.03	−0.03	−0.05
USD	1.396***	−0.294***	0.124**	−0.118	0.18	0.12	0.00	−0.20
USD	0.988***	0.055	−0.036	0.020	−0.03	−0.05	0.02	0.02
USD	1.001***	−0.008	0.003	0.006	0.06	0.04	−0.03	−0.04
USD	1.004***	0.022	−0.014	0.009	−0.01	−0.01	0.01	−0.05
USD	0.901***	−0.142	0.105**	0.047	0.03	0.20	−0.09	0.03
USD	0.984***	−0.006	0.005	0.012	0.05	0.00	−0.02	−0.01
USD	1.480***	−0.111**	−0.020	−0.055	−0.07	0.09	0.01	−0.02
USD	1.010***	−0.003	−0.009	0.012	−0.05	0.04	0.07	−0.07
USD	0.889***	−0.027	0.084	0.017	0.09	0.01	−0.06	−0.01
USD	1.042***	−0.183	0.080	0.014	−0.04	0.26	−0.12	−0.04
EUR	0.223**	0.781***	−0.259***	0.059	−0.04	−0.13	0.12	0.19
USD	0.878***	0.025	−0.004	0.045	−0.25	0.02	−0.19	0.28
USD	0.612***	0.159***	−0.010	0.159**	0.10	−0.07	−0.07	−0.09
USD	1.018***	0.001	−0.003	−0.018	0.11	−0.11	0.05	−0.09
USD	1.043***	0.000	0.023	−0.071***	−0.30	−0.05	−0.07	0.26
USD	0.999***	0.060	−0.028	0.014	−0.06	−0.01	0.05	−0.04
USD	0.273	−0.022	−0.029	−0.149	0.24	0.12	−0.02	0.51
USD	0.939***	0.018	0.027**	0.014	0.04	−0.02	−0.02	0.00
USD	0.986***	−0.014	0.011	0.019	0.02	−0.01	−0.01	−0.02
USD	1.149***	−0.020	−0.024	−0.114	−0.12	0.01	0.02	0.11
USD	0.781***	0.053**	−0.037	0.116	−0.28	0.05	0.04	0.18
USD	0.915***	0.008	−0.005	0.062	−0.16	0.07	0.05	0.09
USD	0.949***	−0.026	0.054	0.018	−0.48	0.57	−0.09	−0.01
USD	0.998***	0.030	−0.015	0.007	−0.01	0.04	0.00	−0.02
EUR	0.247***	0.710***	0.031	0.005	0.22	−0.16	−0.06	0.00
USD	0.734***	0.059	0.056	0.039	0.26	−0.06	−0.03	−0.09
USD	0.966***	0.009	0.006	0.018	0.06	0.03	−0.01	−0.07
USD	0.879***	−0.068	0.131**	0.036	0.12	0.17	−0.23	−0.01
USD	0.952***	−0.002	0.030	−0.017	0.09	−0.03	−0.05	0.00

#	Country	Currency	anchor	USD	EUR	JPY	CNY
				FW parameter (2019-2021)			
37	Peru	PEN	USD	0.717***	−0.021	−0.110***	0.262***
38	Philippines	PHP	USD	0.578***	0.062	−0.115***	0.317***
39	Romania	RON	EUR	0.052	0.888***	−0.018	0.033
40	Serbia	RSD	EUR	0.100***	0.857***	−0.026	0.063
41	Singapore	SGD	USD	0.364***	0.148***	−0.002	0.288***
42	Sri Lanka	LKR	USD	0.918***	0.003	0.058*	0.012
43	Tajikistan	TJS	USD	1.016***	−0.013	0.014	−0.021
44	Tanzania	TZS	USD	1.057***	−0.079**	0.011	−0.002
45	Thailand	THB	USD	0.483***	0.027	0.021	0.284***
46	The Gambia	GMD	USD	0.985***	−0.037	0.016	0.023
47	Tunisia	TOP	USD	1.092***	−0.050	0.040	−0.098
48	Uganda	UGX	USD	0.958***	−0.004	0.026	0.016
49	Uruguay	UYU	USD	0.949***	−0.102	−0.217***	0.144*
50	Vietnam	VND	USD	0.926***	0.004	−0.027	0.077***
51	Yemen	YER	USD	0.983***	0.010	−0.011	0.013
Average				0.840	0.097	−0.023	0.056

注：USD、EUR、JPY、CNYのパラメータは、当該期間の日次データを用いて推定した下式

$$\Delta logE \frac{HC}{NZD_t} = \alpha + \beta_1 \Delta logE \frac{USD}{NZD_t} + \beta_2 \Delta logE \frac{EUR}{NZD_t} + \beta_3 \Delta logE \frac{JPY}{NZD_t} +$$

"FW parameter"における***は1％水準、**は5％水準、*は10％水準で統計的に有意
出所：筆者作成

は、中国企業の価格決定力に影響すると考えられる。貿易における中国のシェアが高いほど、また中国の経済規模が輸出先国対比で大きいほど、中国企業の価格決定力が強まると考えられる。インボイス通貨の選択に関する伝統的な理論では、こうした状況では輸出元（このケースでは中国）の企業は自国通貨（人民元）建てで輸出を行い、自国通貨建ての製品価格について為替リスクを負わないことを望む傾向がある。

　前述したように、現状ではアンカー通貨としては米ドルが支配的であり、人民元のアンカー通貨としてのプレゼンスの高まりは米ドルのプレゼンス低下と表裏の関係にあると考えられる。アンカー通貨の米ドルから人民元へのシフトの背景には、貿易における中国の重要性が米国との比較において相対的に高まっていることがある可能性がある。この点に鑑みて、貿易シェアのデータは中国単体ではなく、中国のシェアから米国のシェアを引いたものを用いた。数

anchor	FW parameter (2005-2008)				Change			
	USD	EUR	JPY	CNY	USD	EUR	JPY	CNY
USD	1.022***	−0.009	−0.041**	0.032	−0.30	−0.01	−0.07	0.23
USD	0.855***	0.081**	−0.069**	0.036	−0.28	−0.02	−0.05	0.28
EUR	0.076	0.913***	−0.065	−0.039	−0.02	−0.03	0.05	0.07
EUR	0.112	0.710***	0.043	0.111	−0.01	0.15	−0.07	−0.05
USD	0.526***	0.144***	0.082***	0.129	−0.16	0.00	−0.08	0.16
USD	1.006***	−0.018	0.000	−0.005	−0.09	0.02	0.06	0.02
USD	0.995***	−0.003	0.005	0.000	0.02	−0.01	0.01	−0.02
USD	1.069***	−0.041	0.016	−0.073	−0.01	−0.04	0.07	0.07
CNY	0.098	0.011	0.091	0.709***	0.38	0.02	−0.07	−0.42
USD	0.864***	0.249	−0.187	0.252	0.12	−0.29	0.20	−0.23
USD	1.137***	−0.024	−0.020	−0.093	−0.04	−0.03	0.06	−0.01
USD	1.052***	0.026	−0.077	−0.009	−0.09	−0.03	0.10	0.03
USD	0.942***	−0.010	0.002	0.054	0.01	−0.09	−0.22	0.09
USD	1.007***	−0.009	−0.001	0.001	−0.08	0.01	−0.03	0.08
USD	0.966***	−0.056	−0.006	0.097	0.02	0.07	0.00	−0.08
	0.859	0.073	0.003	0.034	−0.018	0.024	−0.026	0.022

β_1、β_2、β_3、β_4の推定値。

$\beta_4 \Delta log E \dfrac{CNY}{NZD_t} + \varepsilon_t$

であることを示す。

字が大きくなればなるほど、当該国貿易における中国のシェアが対米国で相対的に高まっていることが示唆され、アンカー通貨を米ドルから人民元にシフトするインセンティブが高まると考えられる。

② **金融資本取引に関連する要因**

　インボイス通貨/アンカー通貨の選択に関する理論の多くは貿易取引との関係に着目しているが、資本取引も一定の影響を及ぼす可能性がある。たとえば、多くの新興国は為替取引を含む資本取引にさまざまな規制を設けているが、この点に関して第3章のタイの輸出におけるインボイス通貨選択に関する分析では、新興国通貨に対する取引規制は新興国間貿易で米ドルなど完全変動相場制の下で自由に取引されている先進国通貨が用いられてきたことの大きな理由の1つであり[30]、取引が規制された通貨はクロスボーダー取引における決済通貨としては使い勝手が悪く、インボイス通貨として選択されにくいと指摘

した。

　ここでは、前章のタイに関する分析と同様、資本市場の開放度のプロキシーとしてLane and Milesi-Ferretti（2003）によって提唱された対外資産負債合計の対名目GDP比（IFIGDP）の、中国と貿易相手国の差を説明変数として採用する。中国の資本市場の開放度が貿易相手国よりも高ければ高いほどこの数字は大きくなり、人民元のFWパラメータと正の相関を有すると考えられる。

　また、新興国の対外債務は外貨（主に米ドル）建ての比率が大きいが、大規模な外貨建て対外債務を抱える新興国は債務返済負担の観点から、当該外貨に対する自国通貨の為替レートの安定を望むかもしれない。このケースでは当該外貨がアンカー通貨として選択されると考えられることから、外貨建て対外債務の規模と人民元のFWパラメータの関係は負の相関になると考えられる。

　対外債務のデータは世界銀行、ブルームバーグ、CEIC等から取得可能だが、通貨別データのアベイラビリティは限定的であり、筆者が知る限り本書が分析対象とする51カ国すべてをカバーするデータベースは存在しない。世界銀行のデータからは14カ国については外貨建て比率がわかるが、図表4－29はこれをまとめたものである。ほとんどの国では9割以上が外貨建てであり、比較的自国通貨建ての比率が高いタイ、韓国、インドでも7割程度は外貨建てである。

　また、BISは各国が国外で発行する債券（International Debt Securities）について通貨別内訳（米ドル、ユーロ、自国通貨、その他）のデータを提供している（39カ国についてデータが利用可能）。図表4－30はデータが利用可能な国について外貨建て比率をみたものだが、図表4－29と同様、ほとんどの国で外貨建ての比率が100％に近く、最も低いペルー、ウルグアイでも76％である[31]。以上は、本節における分析対象国の対外債務の大宗が外貨建てであることを示唆していることから、外貨建て対外債務については各国の対外債務対GDP比を、特段の調整を行わずそのまま用いることとする。

30　Swoboda（1968）など。
31　アイスランド、インド、イスラエル、韓国、マレーシア、ペルー、フィリピン、シンガポール、タイについては、通貨別のデータが利用可能でない「domestic debt securities」が相応のシェアを占めている点に注意が必要である。特にインド、タイなどでは「domestic debt securities」のシェアが圧倒的に大きいため、図表4－30に示した外貨建て部分の推計値についてはかなりの幅をもってみる必要がある。

図表 4 −29　対外債務全体に占める外貨建て部分の比率

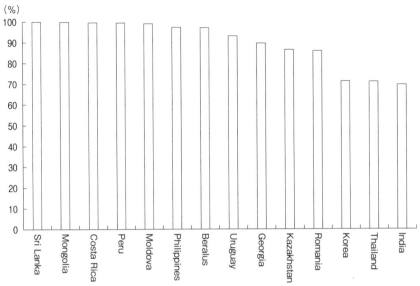

出所：世界銀行のデータより筆者作成

③　制度的要因

　Perez-Saiz and Zhang（2023）はSWIFTのデータを用いて、中国と二国間スワップ協定を結んでいる国や人民元クリアリングバンクを設置している国ではクロスボーダー取引における人民元のシェアが有意に高くなることを示した（スワップ締結国、クリアリングバンク設置国一覧は図表 4 −31参照）。Perez-Saiz and Zhang（2023）は二国間スワップ協定締結やクリアリングバンク設置による人民元の取引コストの低下を、こうした傾向の背景として指摘している。この見方が正しければ、スワップ協定締結国の人民元のFWパラメータは非締結国に比べて高くなることが想定される。

　2013年に習近平国家主席が提唱した「一帯一路」構想は人民元経済圏拡大を意図したものであり、2013年に設立されたアジアインフラ投資銀行（AIIB）はこれに関して中心的な役割を担うとの見方が一部で存在した。すなわち、AIIBを通じて一帯一路参加国にインフラ投資等を行って経済成長をサポート、それに伴って増加する中国との取引を人民元で決済することにより、クロスボーダーの人民元取引が増加するというシナリオである。

第 3 節　「人民元経済圏」の特定　481

図表 4 −30　国外で発行された債券における外貨建て部分の比率

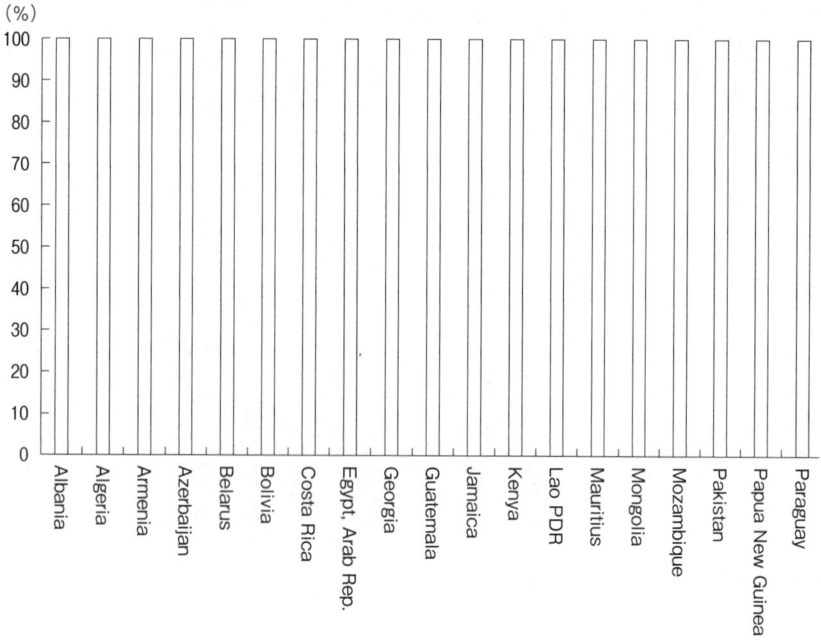

(%)の棒グラフ。Albania, Algeria, Armenia, Azerbaijan, Belarus, Bolivia, Costa Rica, Egypt, Arab Rep., Georgia, Guatemala, Jamaica, Kenya, Lao PDR, Mauritius, Mongolia, Mozambique, Pakistan, Papua New Guinea, Paraguay の各国が全て100%。

出所：BISのデータより筆者作成

　こうした見方を分析に反映するために、AIIBによる融資の累計額の対名目GDP比を説明変数に加えた。図表4−32、図表4−33は本書の分析対象51カ国に対するAIIBによる融資額の2021年までの累計額をみたものであるが、金額ベースではインドが最も大きく、バングラデシュ、フィリピン、パキスタンが続いている。対名目GDPベースでは順位が大きく異なり、ジョージアが最大で、アゼルバイジャン、フィジー、タジキスタンが続いている。対名目GDP比1％を超えているのはこの4カ国のみであり、総じてみればAIIBによる融資の規模はそれほど大きくないといえる。

　AIIBによる融資が「一帯一路」参加国の中国との経済的な結びつきを強めるものであり、「一帯一路」参加国では中国との間のクロスボーダー取引における人民元の使用が相対的に多くなるとの見方が正しいのであれば、AIIBによる融資と人民元のFWパラメータの間には正の相関関係が存在することになる。

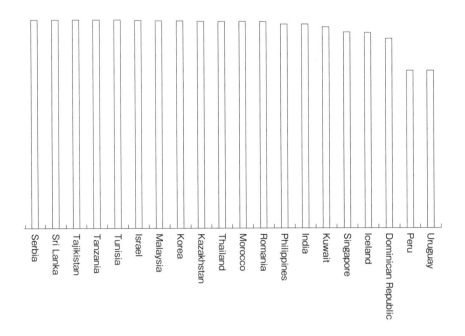

推定結果

　図表4－34は、前出（式4－2）のモデルについてパネル推定を行った結果である。分析対象は、前述の定義に基づく51カ国の、2017年～2021年の5年間分の年次データである（サンプル数は51×5＝255）。プールドOLS、固定効果モデル、ランダム効果モデルの各々について推定を行ったが、固定効果モデルのF検定で帰無仮説が強く棄却されたことから、固定効果モデルが採択される。

　AIIB以外の説明変数はすべて符号要件を満たし、貿易シェア、相対GDP、外貨建て対外債務、スワップダミー、クリアリングバンクダミーが統計的に有意であった。なお、貿易シェアについては、中国と米国の差に加えて中国のみ、米国のみのシェアについても推定を行ったが、単体のシェアはいずれも有意にはならなかった。インボイス通貨としてのタイ・バーツの使用について有意な影響を及ぼしていた国内資本市場の相対的な開放度については、符号要件を満たしたが、統計的に有意な結果とはならなかった。

図表4-31　中国との二国間通貨スワップ協定、人民元クリアリングバンクの締結/設置年

	Swap Line	Clearing Bank	Sample51 (注)		Swap Line	Clearing Bank	Sample51
Hong Kong	2009	2009	N	Russia	2014	2016	N
Macau	2019	2009	N	Beralus	2009	—	Y
Korea	2009	2014	Y	Ukraine	2012	—	N
Japan	2018	2018	N	Iceland	2010	—	Y
Taiwan	—	2012	N	Hungary	2013	2015	N
Malaysia	2009	2015	Y	UK	2013	2015	N
Indonesia	2009	—	N	Albania	2013	—	Y
Singapore	2010	2013	Y	Euro area	2013	2013	N
Thailand	2011	2015	Y	Switzerland	2014	—	N
Lao	2020	2022	Y	Serbia	2016	—	N
Philippines	—	2019	Y	Argentina	2009	2015	N
New Zealand	2011	—	N	Brazil	2013	2023	N
Australia	2012	2014	N	Suriname	2015	—	N
Pakistan	2011	—	Y	Chile	2015	2015	N
Sri Lanka	2014	—	Y	Canada	2014	2014	N
Mongolia	2011	—	Y	US	2014	2016	N
Uzbekistan	2011	—	N	Namibia	2015	—	N
Kazakhstan	2011	—	Y	South Africa	2015	2015	N
Tajikistan	2015	—	Y	Morocco	2016	—	Y
UAE	2012	2016	N	Egypt	2016	—	Y
Qatar	2014	2014	N	Nigeria	2018	—	N
Turkey	2012	—	N	Zambia	—	2015	N

注："Sample51" は本書の分析対象（51カ国）になっているか否かを示す。
出所：筆者作成

　以上の推定結果は、人民元のアンカー通貨としてのステイタスに対しては、貿易取引、金融取引に関連する要因に加えて、制度的要因が大きな影響を及ぼしていることを示唆している。この推定結果は、Perez-Saiz and Zhang (2023) などの先行研究とも整合的である。

　AIIBの符号はマイナスとなっており、これはAIIBからの融資額が増加すると人民元のアンカー通貨としてのプレゼンスが低下することを示唆している。この背景には、少なくともこれまでのところ、AIIBからの融資の大宗が米ドル建てで行われていることが影響している可能性がある。この推定結果は、

図表4-32　AIIBからの融資額（2016年〜2021年の累計・金額[32]）

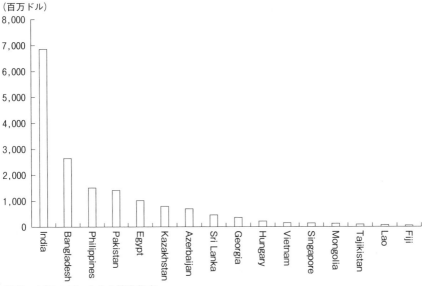

出所：AIIBのデータより筆者作成

図表4-33　AIIBからの融資額（2016年〜2021年の累計・対名目GDP比）

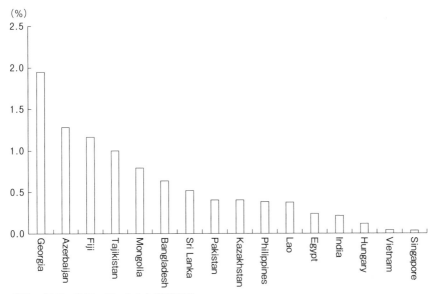

出所：AIIB、IMFのデータより筆者作成

第3節　「人民元経済圏」の特定　485

図表4−34 推定結果

下記モデルについて、2017年〜2021年の年次データを用いてパネル推定を実施。
被説明変数　FWCNY（FWモデルにおけるCNYのパラメータ）

$$FWCNY_{it} = \beta_1 + \beta_2 trade_{it} + \beta_3 gdp_{it} + \beta_4 ifigdp_{it} + \beta_5 exdebt_{it} + \beta_6 swapdummy_{it} + \beta_7 cbdummy_{it} + \beta_8 aiib_{it} + \varepsilon_{it}$$

説明変数		プールドOLS (1)	固定効果 (2)	固定効果 (3)	固定効果 (4)	ランダム効果 (5)
$trade$	貿易シェア（中国−米国）	0.0217 (0.0612)	0.2588** (0.1072)			0.0418 (0.1035)
	貿易シェア（中国）			0.2786 (0.1962)		
	貿易シェア（米国）				−0.3403 (0.5630)	
gdp	相対GDP（中国/当該国の前年比変化）	0.0000 (0.0000)	0.0002* (0.0000)	0.0002* (0.0000)	0.0002* (0.0000)	0.0001 (0.0000)
$ifigdp$	中国と当該国の国内資本市場の相対開放度	−0.0007 (0.0008)	0.0004 (0.0029)	0.0002 (0.0029)	0.0011 (0.0027)	−0.0004 (0.0014)
$exdebt$	対外債務対GDP比	−0.0166 (0.0120)	−0.0616*** (0.0232)	−0.0634*** (0.0264)	−0.0532*** (0.0222)	−0.0164 (0.0208)
$swapdummy$	スワップダミー	0.0676*** (0.0212)	0.0433** (0.0200)	0.0442** (0.0204)	0.0450*** (0.0158)	0.0737** (0.0347)
$cbdummy$	クリアリングバンクダミー	0.2616*** (0.0334)	0.1395* (0.0723)	0.1395* (0.0727)	0.1477** (0.0742)	0.2338*** (0.0506)
$aiib$	AIIBからの累積借入額対GDP比	−4.5894 (2.7991)	−8.5379** (4.8391)	−8.9973** (4.5308)	−8.1187* (4.3034)	−7.1275** (3.6082)
	定数項	0.0160 (0.0127)	0.0524** (0.0293)	0.0291 (0.0390)	0.0903 (0.0484)	0.0155 (0.0216)
	サンプル数	255	255	255	255	255
	国数	51	51	51	51	51
	Adjusted R2	0.29	0.62	0.62	0.62	0.11
	F検定		5.35***	5.32***	5.33***	
	ハウスマン検定					4.78

注：括弧内は標準誤差。固定効果モデルについてはWhite cross-sectionによる修正を実施。
　　***は1％水準、**は5％水準、*は10％水準で統計的に有意であることを示す。
出所：筆者作成

　AIIBからの融資の大宗が米ドルで行われているという事実と併せて、AIIBが人民元経済圏構築を主導するというシナリオの信憑性に疑義を投げかけるものといえるかもしれない。

32　サンプル51カ国中、図表中に示された国以外の累積額はゼロ（図表4−33も同様）。

5　まとめと今後の研究課題

　本章では、アンカー通貨を推定する代表的なモデルであるFrankel and Wei (1994)の方法（FWモデル）を用いて推定したパラメータ（FWパラメータ）の時系列推移をみることで、各国の為替政策における人民元の重要性の変化を観察した。この結果、①アンカー通貨としては依然として米ドルが支配的な地位を占めており、分析対象国（51カ国）のなかで現在人民元をアンカー通貨に選択している国は存在しないこと、②一部の国では為替政策における人民元の重要性が高まっているが、こうした動きがみられる国は広範に分散しており、地域バイアスはそれほど強くない（アジアが人民元経済圏になるとの仮説は支持されない）こと、③人民元のFWパラメータ（アンカー通貨のプロキシー）の決定には、貿易取引や金融取引に関連する要因に加えて、中国との二国間スワップ協定や人民元クリアリングバンクの有無といった制度的要因が影響を及ぼしている可能性があることが明らかになった。

　今後の研究課題としては、以下があげられる。

　第一に、アンカー通貨選択に対する地政学的・政治的要因の影響を検討する必要がある。前述したように、近年の米中間の緊張の高まりやロシアのウクライナ侵攻後の欧米の経済制裁等を受けて、クロスボーダー取引の決済を米ドルに依存することのリスクに対する警戒が高まっている。こうした状況下で、特に西側諸国との関係が必ずしも友好的とはいえない国はクロスボーダー取引における米ドル決済を減らす強いインセンティブを持つ可能性があり、こうしたスタンスの変化はアンカー通貨の選択にも影響を及ぼす可能性がある。本書で扱ったデータは2021年までであり、ロシア―ウクライナ問題の影響を反映していないが、現下の状況ではマクロ要因よりも地政学的・政治的要因のほうがアンカー通貨の選択に大きな影響を及ぼす可能性もあるため、こうした観点からの分析は不可欠といえよう。

　第二に、完全変動相場制採用国の中国とのクロスボーダー取引における人民元の使用状況に関する分析である。中国の貿易における先進国のシェアは大きく、たとえば2020年の中国の輸出先上位10カ国のうち、半分の5カ国は完全変動相場制を採用している先進国であった[33]。今後クロスボーダー取引における人民元の使用がどれだけ増加するのか、またそのために必要な条件は何かを検

討するうえでは、完全変動相場制を採用している先進国の動向に関する分析が不可欠だが、こうした分析には本節で用いたのとは異なるフレームワークが必要となろう。

　第三に、今後「人民元経済圏」が形成されるとすれば、その構成国がどのようになるかを検討する必要があろう。図表4－28で近年FWパラメータが上昇している国（ベラルーシ、カザフスタン、インド、韓国、ペルー、フィリピンなど）がその候補となろうが、これらの国で人民元のFWパラメータが上昇している背景について検討することも有益かもしれない（本節で用いたモデルの説明変数に含まれていない要因が影響している可能性もある）。

　第四に、本節では人民元のFWパラメータを被説明変数とするモデルについて推定を行ったが、これには統計的に有意でない数字も含まれている。このケースでは推定が適切に行われていない可能性があるため、頑健性の確認が必要である。

　最後に、制度的要因の影響について本節の分析では、Perez-Saiz and Zhang (2023) に依拠して「二国間スワップ協定締結/クリアリングバンク設置→人民元の使用増」の因果関係を想定したが、これとは反対の因果関係（もともと人民元の使用が多いので制度導入に積極的）も想定可能である。つまり、図表4－34の推定結果には内生性の問題が存在する可能性があり、この点について頑健性の確認を行う必要がある。

33　第1位米国、第3位日本、第6位ドイツ、第7位オランダ、第8位英国。

第4節 人民元は基軸通貨になれるのか？ドイツ・マルクおよびユーロとの比較

1 依然遠い人民元基軸通貨化への道のり

　中国の世界経済・貿易におけるプレゼンスが高まるにつれて、人民元が米ドルに代わって（事実上の）基軸通貨となるというシナリオに対する関心が強まっている。

　一般論として、人民元が米ドルに代わって（事実上の）基軸通貨になるためには、人民元の国際化を推し進め、「国際通貨」としての地位を高めていく必要がある。人民元の取引規制の緩和や中国国内の資本市場の開放等を通じてクロスボーダー取引における人民元の使用が増加して人民元が国際通貨としてのプレゼンスを高めていくことにより、人民元の基軸通貨化が視野に入ってこよう。

　もっとも、前述したように、現在の人民元は国際通貨ですらなく、基軸通貨にはほど遠い。前節の分析では、インボイス通貨/アンカー通貨としての米ドルの地位は依然支配的であり、現時点では人民元をアンカー通貨としている国・地域は存在しないことを示した。これは中国とのクロスボーダー取引における人民元の使用が依然として限定的であることを示唆しており、前出のBISやSWIFTのデータが示すグローバル為替取引における人民元のシェアが、世界経済・貿易に占める中国のシェアとの比較で著しく低いことと整合的である。

　中国との貿易取引における人民元の使用については、比較的経済規模が大きい先進国がシェアのかなりの部分を占めていることが、貿易取引における人民元使用増の妨げになる可能性がある。2020年の中国からの輸出のシェア第1位は米国（17.4％）で、香港（10.6％）、日本（5.5％）が続いた。また、中国の輸出先国中で完全変動相場制（IMF AREAER 2021に基づく）を採用している国のシェアは48％に達している（2020年）。中国とこれらの先進国との貿易の大宗は輸出先国通貨か、米ドルなどのハードカレンシーで行われていると考えられる。

前節の分析では、当該国との比較で中国の経済規模が相対的に大きく、二国間スワップ協定、クリアリングバンクなど人民元の取引コストを低下させる制度を利用可能である場合に中国との貿易における人民元の使用が増加する可能性が示唆されたが、これは、当該国の経済規模が小さく（中国のプライシング・パワーが大きい）、市場規模の小ささや資本規制等によりその国の通貨の取引コストが高いケースによりよく当てはまると考えられる。他方、比較的経済規模が大きく、自国通貨の取引コストが低い先進国では、中国との貿易に使用する通貨を人民元に切り替えるインセンティブは小さいだろう。

　また、基軸通貨として米ドルに比肩する地位を獲得するためには、貿易における人民元の使用増だけでは不十分であり、資本取引に関連する人民元取引が大きく増加する必要がある。通常、為替取引の規模は、貿易を含む経常取引に由来するものよりも資本取引（国際収支に反映されるものと反映されないものがある）に由来するもののほうがはるかに大きい。たとえば、棚瀬（2023）によると、日本の経常取引由来の円のフローは、グロス・ベースで円の為替取引全体の2.6％、ネット・ベースで5.4％にすぎない。

　他方、中国ではクロスボーダーの資本取引にさまざまな規制が課せられていることから資本市場が完全に開放されている国に比べてクロスボーダーの資本取引は少なく、これに伴う為替取引も少ないと考えられる。

　図表4－35は、以上の観点から、中国のクロスボーダー取引における人民元建て部分の金額と、取引全体に占める人民元建て部分のシェアの推移を示したものである。クロスボーダー取引における人民元の使用が許可されたのは貿易取引が2009年7月、直接投資が2011年1月、証券投資が2011年12月であり、それ以前の各々のカテゴリーの数字はほぼゼロだったとみられる。

　クロスボーダー取引における人民元の使用が許可された順序（貿易→直接投資→証券投資）を反映して、当初は経常取引における人民元の使用が多かったのが、2017年に資本取引が逆転、その後は両者の差が拡大している。また、資本取引における人民元の使用は、当初は直接取引が多かったのが2017年に証券投資が逆転、その後は差が拡大している。直近では、クロスボーダー取引における人民元取引額は証券投資関連が最も大きく（21.2兆元（2021年））、以下経常取引（8.0兆元）、直接投資（5.8兆元）と続いている。

　資本取引に規制がない国では、資本取引の規模が経常取引に比べて圧倒的に

図表4－35　中国のクロスボーダー取引における人民元建て部分の額

(単位：兆元、%)

	2015年	16	17	18	19	20	21	22
人民元建ての合計	12.1	9.9	9.2	15.9	19.7	28.4	36.6	42.1
（全体に占める（%）人民元建てのシェア）	28.7	25.2	22.3	32.6	38.1	46.2	47.4	49.0
経常取引	7.2	5.2	4.4	5.1	6.0	6.8	8.0	10.5
（全体に占める（%）人民元建てのシェア）	22.6	16.9	13.0	14.0	16.1	17.8	17.3	
資本取引	4.9	4.6	4.8	10.8	13.6	21.6	28.7	31.6
直接投資	2.3	2.5	1.6	2.7	2.8	3.8	5.8	
証券投資	0.3	0.2	1.9	6.4	9.5	16.5	21.2	
（全体に占める（%）人民元建てのシェア）	47.9	56.8	66.0	88.7	96.5	92.3	91.6	
全体の合計								
経常取引	31.9	30.8	33.8	36.4	37.3	38.2	46.2	
資本取引	10.2	8.1	7.3	12.2	14.1	23.4	31.3	

出所：関根（2023）より筆者作成

大きい結果、為替取引の大宗は資本取引に由来するものとなると考えられる。図表4－36はこうした観点から、BIS Triennial Surveyの通貨取引高の計数が利用可能な通貨について、各国の貿易額（輸出＋輸入）の通貨取引高全体に対する比率をみたものである。

　当該通貨の取引高全体に占める資本取引関連の為替取引が多いほどこの比率は低くなるが、中国は14.4％と比較的高い数字となっており、資本取引関連の人民元の取引が相対的に小規模であることを示している。ブラジル、トルコ、ハンガリー、韓国など、比率が高い国には新興国が多いが、これには新興国の資本取引規制等が影響している可能性があると考えられる。資本取引に規制がなく、通貨も完全変動相場制の下で自由に取引されている先進国・地域では、最も高いユーロ圏でも7.7％、日本は1.5％、米国は全体で二番目に低い1.2％となっている（最も低いのはニュージーランドの1.0％）。たとえば、今後中国における国内資本市場の開放が進み、資本取引関連の人民元取引が増加して中国の貿易額の為替取引全体に占めるシェアが1％まで低下した場合、人民元の取引高は1,750億ドルから6,052億ドル/日に増加することになる。これは円（4,390億ドル）を上回り、ユーロ（6,161億ドル）と世界第2位を争う規模で

図表4－36　貿易額の通貨取引高全体に占める割合

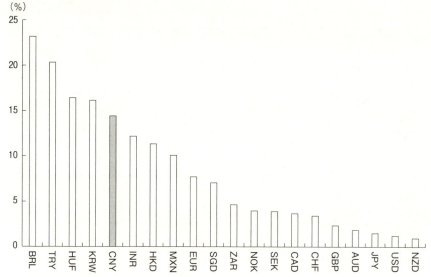

注：2022年の各国の輸出・輸入の合計額をBIS Triennial Surveyのスポットの取引高（2022年4月の1日当り平均額に250（営業日）をかけて年率換算）で除した数字。
出所：UNCTAD（https://unctadstat.unctad.org/datacentre/dataviewer/US.TradeMerchTotal）、BISのデータより筆者作成

ある。

　以上から、グローバル為替市場における人民元のプレゼンスが一段と拡大するためには、中国が資本市場の対外開放と取引の完全自由化を達成し（この段階では人民元も完全変動相場制の下で自由に取引可能な通貨になっている可能性がある）、その結果資本取引絡みの人民元取引が大きく増加することが不可欠と考えられる。

2　ドイツ・マルク／ユーロvs.人民元

　人民元国際化・基軸通貨化の議論との関連では、ユーロが引き合いに出されることが多い。その際によく語られるシナリオは、ユーロが欧州でregional key currencyの地位を確立したように、人民元がまずアジア地域でregional key currencyの地位を確立し、それを足がかりにしてグローバルな基軸通貨である米ドルに挑戦するというものである。以下ではこのシナリオの妥当性に

ついて検討する。

　この検討に際して問題になるのは、①（特にユーロ圏との比較で）アジアが最適通貨圏なのか否かと、②通貨圏におけるアンカー通貨の選択である。

　前者に関して、第1章ではアジアが最適通貨圏に近づいていることを示す最近の研究として、川﨑（2014）を紹介した。このほか、渡辺・小倉（2006）は最適通貨圏としてのアジアに関する14の研究をレビューして、14中12の研究が最適通貨圏の成立を肯定していることを示した。ただし、この場合の最適通貨圏はアジア全域を指すわけではない点には注意が必要である。たとえば、14中12研究がシンガポールとマレーシア間で最適通貨圏が成立することを示しているが、最適通貨圏に中国が含まれるのは5研究のみであり、インドが含まれる研究は1つもない。

　後者に関して、Glick（2005）などが指摘するように、ユーロのケースでは、ユーロ発足以前にドイツ・マルクが域内のアンカー通貨としての地位を確立しており、域内各国通貨はマルクに連動する形で共通通貨に向けた収れんを果たすことができた。図表4－37は1999年1月の発足時にユーロに参加したドイツを除く10カ国の通貨について、1996年1月～1998年12月のFWパラメータを推定したものだが、前出のアンカー通貨の定義（FWパラメータが最も高く且つ統計的に有意）に基づけば、10カ国中9カ国でドイツ・マルクがアンカー通貨となっていたことがわかる。

　また、図表4－38はユーロ発足前の通貨シェアをみたものであるが、ユーロ発足10年前（1989年）の時点でドイツ・マルクのシェアは26％あり、1992年には40％まで上昇している。これは、1999年1月のユーロ発足のかなり前の時点で、すでにドイツ・マルクをアンカー通貨とする「マルク経済圏」ができあがっていたことを示唆している。為替取引全体に占めるユーロのシェアは31～39％であり、ドイツ・マルク（26～40％）と大差ない。図表4－37と図表4－38は、1999年1月のユーロ発足と同時に「ユーロ経済圏」が誕生したわけではなく、もともと存在していたドイツ・マルクをアンカー通貨とする「マルク経済圏」がユーロをアンカー通貨とする「ユーロ経済圏」に引き継がれたことを示している。

　田村（2015）は、国際通貨の必要条件として①世界経済・貿易に占めるシェア、②金融・資本市場の成熟度、③通貨価値の安定・信認の3つをあげ、それ

図表 4 -37 1999年 1 月のユーロ参加国、ユーロ参加前（1996年 1 月〜1998年12月）のFWパラメータの推定値

Country	Currency	anchor	FW parameter (1996-1998)			
			DEM	USD	GBP	JPY
Austria	ATS	DEM	0.821***	0.107***	0.065***	0.058***
Belgium	BEF	DEM	0.825***	0.087***	0.083***	0.067***
Finland	FIM	DEM	0.710***	0.160***	0.103**	0.082***
France	FRF	DEM	0.778***	0.124***	0.083***	0.071***
Ireland	IEP	USD	-0.514***	1.928***	-0.368***	-0.048**
Italy	ITL	DEM	0.636***	0.240***	0.085**	0.062***
Luxembourg	LUF	DEM	0.825***	0.087***	0.083***	0.067***
Netherlands	NLG	DEM	0.808***	0.100***	0.077**	0.065***
Spain	ESP	DEM	0.777***	0.145***	0.043*	0.066***
Portugal	PTE	DEM	0.785***	0.141***	0.055**	0.075***

注：DEM、USD、GBP、JPYのパラメータは、当該期間の日次データを用いて推定した下式 β_1、β_2、β_3、β_4 の推定値。

$$\Delta logE\frac{HC}{NZD_t} = \alpha + \beta_1 \Delta logE\frac{DEM}{NZD_t} + \beta_2 \Delta logE\frac{USD}{NZD_t} + \beta_3 \Delta logE\frac{GBP}{NZD_t} + \beta_4 \Delta logE\frac{JPY}{NZD_t} + \varepsilon_t$$

"FW parameter"における***は 1 ％水準、**は 5 ％水準、*は10％水準で統計的に有意であることを示す。
出所：筆者作成

ぞれについてドイツ・マルクと人民元を比較している。

　必要条件①に関して、田村（2015）によれば、世界経済・貿易に占めるシェアでは中国はドイツと遜色ないどころか、経済規模などいくつかの指標では大きく上回っている。もっとも、比較的早い段階でドイツ・マルクがドイツの貿易におけるインボイス通貨として支配的な地位を占めていた[34]のに対して、中国の貿易における人民元のシェアは、当時のドイツ・マルクを大きく下回っている模様である。

　他方、必要条件②および③については、人民元はドイツ・マルクに遅行して

34　野村（2002）によれば、ドイツの輸出に占めるマルクのシェアは80％前後にのぼり、輸入では1980年代中盤までは40〜50％、それ以降は50〜55％であった。

図表4-38　ユーロ発足前の通貨シェア

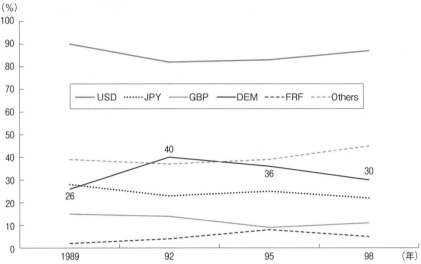

出所：BISのデータより筆者作成

いる。

　必要条件②に関して、ドイツでは為替取引（1971年に変動相場制に移行）および金利の自由化（1973年に預貸金利完全自由化）が比較的早い段階で行われたのに対して、中国では預貸金利が原則自由化されたのが2015年で、為替相場の完全変動相場制への移行はまだ起こっておらず、近い将来に起こりそうな予兆もない。

　必要条件③に関して、ドイツの中央銀行であるブンデスバンクが高い独立性を備えたインフレ・ファイターとしての地位を盤石のものとしていたのに対して、中国人民銀行はこうしたステイタスを満たすには至っていない。さらに、1979年に発足した欧州通貨制度（European Monetary System：EMS）[35]においてドイツ・マルクがアンカー通貨/介入通貨の役割を果たしていたのに対し

---

[35] 当初の加盟国はドイツ、フランス、イタリア、オランダ、ベルギー、ルクセンブルク、デンマーク、アイルランドの8カ国。EMSの主な内容は、欧州為替相場メカニズム（European Exchange Rate Mechanism：ERM-I）と、EMS加盟国通貨のバスケットの欧州通貨単位（ECU）である。ERM-1では、加盟国通貨間の為替レートが対ECUレートによって定められた平価プラスマイナス2.25％以内にとどまるように定められた（対イタリア・リラはプラスマイナス6％）。

第4節　人民元は基軸通貨になれるのか？　ドイツ・マルクおよびユーロとの比較

て、アジアにおいてはそのような制度は存在しない。

　徳永（1998）によれば、EMSを維持するための介入通貨としては当初は米ドルが使われていたが[36]、1980年代後半以降は、介入通貨としてのマルクの使用が増加し、マルクの国際化の進展に寄与した。この背景には、国外の民間部門に蓄積された「ユーロ・マルク」が介入に用いられるようになったことがある。徳永（1998）によれば、ブンデスバンクは当初、国内の金融政策運営に対する影響の観点から非居住者によるマルク買いに対して消極的だったが、国外で蓄積されたユーロ・マルクの使用増加によりドイツ国内への影響が限定的となったことを受けて、マルクの国際化に対するスタンスを積極化させたと指摘している[37]。

　インフレ・ファイターとしてのブンデスバンクに対する信任と、ドイツ・マルクがEMSにおけるアンカー通貨として機能していたこととの間には、密接な関係がある。この点について徳永（1998）は、EMS加盟国のうちの高インフレ国が自国通貨をドイツ・マルクにペッグすることで、インフレ・ファイターとしてのブンデスバンクの信任を「輸入」することができたと指摘している。これとの関連で徳永（1998）は、単一通貨導入に向けた過程における「コンバージェンス・トレード」[38]に伴う域内外の資本取引の活発化が、第三国通貨としてのマルクの使用増加につながったとも指摘している。

　以上みてきたように、①インフレ・ファイターとしてのブンデスバンクに対する信任と、②最終的に単一通貨ユーロとして結実する経済統合に向けたさまざまな制度（EMSなど）においてドイツ・マルクがアンカー通貨/介入通貨として重要な役割を果たしたことが、マルクの国際化、ひいてはregional key currency化を促進したと考えられる。他方、中国人民元については、いまのところこうした要因によるサポートはみられていない。

---

[36] EMSの前身である欧州為替相場同盟（通称「スネーク」。1972年にドイツ、フランス、イタリア、オランダ、ベルギー、ルクセンブルクの6カ国で発足。その後英国、アイルランド、デンマーク、ノルウェー、スウェーデンが参加）では、平価算出の基準通貨が米ドルであったことから、介入通貨としては主に米ドルが用いられた。
[37] ドイツ・マルクの国際化に対するブンデスバンクのスタンスの変遷については、野村（2002）に詳しい。
[38] EMS参加国の金利水準等が単一通貨導入に向けて収れんしていくことを見込んだ取引。たとえば、高金利のイタリア・リラを買って低金利のドイツ・マルクを売る取引などが考えられる。

また、ドイツ・マルクの国際化においては、ユーロ・マルク市場の拡大も重要であった。人民元におけるユーロ・マルクに該当するのはオフショア人民元（CNH）であるが、CNHの市場規模のプロキシーとして参照される香港における人民元預金をみると、2014年〜2015年をピークにいったん減少し、その後緩やかに増加しているもののピーク時の水準を回復できておらず、オフショア人民元市場の拡大は停滞している模様である。

人民元の強み

以上で述べてきたように、現在の人民元はいまだ国際通貨としてのステイタスを確立するに至っておらず、米ドルに代わって基軸通貨になることを展望できる状況ではない。もっとも、以下で述べるように、人民元にはブレトンウッズ体制崩壊後に米ドルに代わって基軸通貨となる可能性が議論された通貨—日本円とドイツ・マルク/ユーロ—にはなかった強みが複数存在しており、これらは将来的に人民元が米ドルに代わって基軸通貨になり得る可能性を示唆しているとも考えられる。

1つは、中国の経済規模が米国を抜いて世界最大となる可能性があることである。前述したように、完全変動相場制の下で自由に取引されている通貨については、通貨の市場規模は経済規模に比例する傾向がある。この点、ユーロ圏と日本の経済規模は米国を上回ることができず、ユーロと円の市場規模も米ドルを上回ることができなかったが、中国の経済規模は米国を上回る可能性があり、中国の経済規模が米国を上回った段階で人民元が中国の経済規模に見合った市場規模を獲得することができれば、人民元の市場規模が米ドルを上回る可能性は排除できない。

2点目は、通貨の3機能のうち「価値の貯蔵手段」に関するものである。米国の金融資本市場、とりわけ債券市場の多様性が、米ドルが基軸通貨としての地位を維持できている大きな理由の1つになっていることについては既に指摘した。この観点から、中国の債券市場の規模は既にユーロ圏、日本を上回り、米国に次ぐ世界第2位にまで拡大している。今後中国経済の規模が一段と拡大すれば、中国の債券市場の規模も一段と拡大して、米国に迫っていく可能性がある。

図表4-39は中国の債券種類別発行残高の推移をみたものであるが、国債

図表4－39　中国の債券種類別発行残高

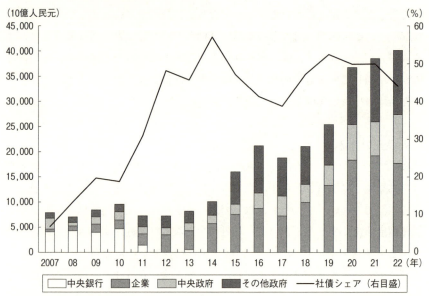

出所：AsianBondsOnlineのデータより筆者作成

（中央政府）のシェアは10〜20％程度で推移しており、その他政府（地方政府）よりも小さい。他方、社債のシェアは2012年以降急拡大し、直近（2022年）は44％と、最大のシェアを占めている。依然国債が支配的なシェアを占めており社債のシェアがなかなか伸びてこない日本と比べると、国内債券市場の規模だけでなく、多様性という意味でも中国は既に日本を上回っているとの見方ができるかもしれない。

地政学的・政治的要因の重要性

これまでの分析が示すように、現時点では人民元はアジアにおけるregional key currencyの地位を確立できておらず、世界の為替取引に占める人民元のシェアはregional key currencyであるユーロよりもはるかに小さい。これは、グローバル為替市場における人民元のプレゼンスがユーロ発足以前のドイツ・マルクにほど遠いことを示唆しているが、この背景には以上でみてきたようなさまざまな要因が働いていると考えられる。

人民元のFWパラメータが上昇している国（図表4－28）では将来人民元が

アンカー通貨となる可能性があるが、こうした国はアジアに集中しているわけではなく、世界各地に分散している。このことは、今後さまざまなハードルを克服して人民元の国際化が進み、人民元のアンカー通貨/インボイス通貨としてのプレゼンスが向上していくとしても、人民元が欧州におけるドイツ・マルクのようにアジアにおけるregional key currencyとしての地位を確立し、それを足がかりにして基軸通貨米ドルに挑戦するというプロセスを辿る可能性が低いことを示している。

　以上の仮説は、近年、インボイス通貨/アンカー通貨の選択における地政学的・政治的要因の影響が強まっていることとも整合的である。たとえば、ロシアはウクライナ侵攻後の欧米諸国における金融制裁を受けて、輸出決済における米ドルとユーロの比率を引き下げ、ロシア・ルーブルと人民元の比率を上昇させている。河合（2023）によると、ウクライナ侵攻前の2022年1月時点で52％と35％だった米ドルとユーロのシェアは、侵攻後の同年9月にはそれぞれ34％、9％に急低下した。他方、ルーブルと人民元の比率は2022年1月に12％、0.4％だったのが、9月には32％、14％に大きく上昇した。

　ロシアはクロスボーダー取引における米ドル依存のリスクを示す極端な事例であるが、これは米国との関係が必ずしも良好とはいえない国や、近年米国との間で緊張が高まっている中国に対しても、クロスボーダー取引における米ドル依存のリスクについて再考を強いていると考えられる。実際、中国が人民元国際化を推進し、「脱米ドル化」を進める背景として、米国による金融制裁の効果を弱めることが一因となっているとの指摘もある[39]。

---

[39] Nelson and Sutter（2021）など。

第5節 中央銀行デジタル通貨（CBDC）と人民元国際化[40]

　近年、各国中央銀行が中央銀行デジタル通貨（Central Bank Digital Currency：CBDC）発行に向けた動きを活発化させており、中国もCBDC（デジタル人民元）発行に向けて着々と準備を進めている。こうしたなか、一部では、中国がデジタル人民元を人民元の国際化加速、さらには人民元の基軸通貨化に向けたカタリストとして用いるのではないかといった観測が存在する。前節では、人民元は国際通貨ですらなく、基軸通貨化への道のりはかなり遠いと述べたが、デジタル人民元にはこうした状況を打破して人民元国際化・基軸通貨化を加速させる力があるのだろうか。

　以上に鑑み、本節ではまずCBDCに関する基本的な情報を整理し、これを踏まえたうえでデジタル人民元と人民元国際化（基軸通貨化）の関係について検討する。

1　CBDCとは何か？

　そもそも、世の中に流通している貨幣のかなりの部分はデジタルである。たとえば、日本銀行のバランスシートの「負債」の部をみてみると（貨幣は中央銀行にとっては負債である）、紙のお金に該当する「発行銀行券」が約121.3兆円であるのに対して（2024年2月29日時点）、電子的に処理される「当座預金」は約538.5兆円（同）であり、デジタルな部分のほうが圧倒的に大きい。

　「発行銀行券」と「当座預金」の合計（マネタリーベース）は日本銀行によって銀行システムに注入された貨幣であるが、民間の銀行は信用創造の働きによって貨幣を増やすことができる。これがマネーストックであり、その規模はM2で1,241兆円、M3で1,596兆円にものぼる（2023年12月時点）。

　基本的に民間の銀行は物理的な貨幣を発行することができないので、銀行が信用創造によって創出する貨幣はすべてデジタルである。このように、貨幣は典型的には銀行預金のようにデジタルな形態をとる部分が圧倒的に大きい。

---

[40] 本節は棚瀬（2023）を再構成したものである。

貨幣がそもそもデジタルなものだとすると、CBDCにはどんな特徴があるのだろうか（少なくとも、デジタルであること自体は顕著な特徴とは言いがたいだろう）。また、既に広く利用されている電子マネーとCBDCは、どんな点で異なっているのだろうか。

CBDCと電子マネーの違い

CBDCは通貨そのものであり、現金と同様の役割を果たす。したがって、受け渡しを行った瞬間に決済が完了する（このことを指して「ファイナリティがある」という）。他方、電子マネーが行っているのはそれと紐付いている銀行口座における取引の指図であり、電子マネー自体が現金と同様の役割を果たすわけではなく、取引を完了させるためには銀行間での口座振替が必要である。

CBDCと電子マネーの間には即時のファイナリティの有無のほかにもいくつかの相違点があり、中島（2022）は①汎用性（CBDCは銀行券と同様に強制的な通用力を持ち、「どこでも、誰にでも」使うことができるのに対して、電子マネーは店舗によって使えたり使えなかったりする）、②転々流通性（CBDCは利用者間で繰り返し譲渡できるのに対して電子マネーは店舗での1回の支払いに限定されており、個人間の支払いは不可）、③利用料（CBDCが無料であるのに対して電子マネーは店舗に手数料がかかる）をあげている。

「一般利用型」と「ホールセール型」

CBDCは利用目的に応じてさまざまにデザインされ得るが（CBDC導入の目的には各国間で違いがある。この点については後述する）、大きく分けて2つの形態がある。

1つは、金融機関間の大口の資金決済に利用することを主な目的として中央銀行から一部取引先に提供される「ホールセール型CBDC」である（日本銀行（2020））。前述したように、中央銀行預金（当座預金）はもともとデジタルであることから、中央銀行預金をデジタル化したホールセール型CBDCと中央銀行預金の間には、その機能において大きな差はないと考えられる。

CBDCのもう1つの形態は、個人や一般企業を含む幅広い主体の利用を想定した「一般利用型CBDC」（リテール型CBDC）である。これは現在の現金通貨（銀行券および貨幣）を代替するものであるが、企業間、金融機関間の取引

図表 4 −40　通貨の分類（一般利用型vs.ホールセール型）

		媒体		発行主体	
		デジタル	物理媒体	中央銀行	民間
ホールセール	中央銀行預金	✓		✓	
	ホールセール型CBDC	✓		✓	
一般利用	銀行預金	✓			✓
	現金		✓	✓	
	一般利用型CBDC	✓		✓	

出所：日本銀行（2020）より筆者作成

に一般利用型CBDCを用いることも可能である。このケースでは、一般利用型CBDCは中央銀行預金ではなく、民間の銀行預金の代替となる（図表 4 −40）。

　また、CBDCの基本的分類には、発行形態に関するものもある。1つは中央銀行が直接利用主体に対してCBDCを発行する「直接型」、もう1つはCBDCの発行に際して銀行などの仲介機関を介する「間接型」である。たとえば、現在日本銀行は、日銀当座預金と引き替えに銀行に対して現金を供給し、銀行は銀行預金と引き替えに個人や企業に対して現金を供給している。この方式が「間接型」であり、上記の文章の「現金」を「CBDC」に置き換えれば、「間接型」発行のCBDCの説明となる。

　一般利用型CBDCについては、基本的に間接型の発行が想定されているケースが多い。日本銀行（2020）によれば、これは「日本銀行が、CBDCというファイナリティのある中央銀行マネーを発行し、全体的な枠組みを管理するとともに、銀行等の仲介機関が、その知見やイノベーションを通じて利用者とのインターフェース部分の改善に取り組むことが、決済システム全体の安定性・効率性の向上に繋がると考えられるため」である。

　また、日本銀行（2020）は、間接型の発行形態のもとで一般利用型CBDCを発行するうえでは、①ユニバーサルアクセス、②セキュリティ、③強靱性、④即時決済性、⑤相互運用性といった基本的特性を備える必要があると指摘している。

CBDC発行の目的

　CBDC発行の目的は必ずしも1つではなく、各国間で目的の一部は共通し、一部は異なり得る。以下では、BISが行ったサーベイ（Kosse and Mattei (2022)）を基に、各国のCBDC発行の目的を概観する。

　Kosse and Mattei (2022) によれば、CBDC発行の動機は先進国と新興国で異なる。先進国によるCBDC発行の主な動機は、国内の支払いの効率化、支払いの安全性、金融システムの安定である。これらの要因は新興国においても重要だが、新興国では金融包摂がこれらと同等ないしはそれ以上に重要であるのに対して、先進国では金融包摂の重要性は低い。また、新興国においては金融政策に用いることがCBDC発行の動機として重要であるケースが多い点も先進国と異なる。

　「新興国における金融包摂の推進」とは、具体的にどのようなものを指すのであろうか。

　先進国においては、個人が銀行に口座を持ち、クレジットカードを使って行った買い物の決済を行う。銀行ローンを利用して住宅や自動車を購入し、毎月返済額が銀行口座から引き落とされるといった行動はごくありふれたものであろう。しかし、多くの新興国にとってはこうした状況は決して当たり前ではない。多くの新興国においては、アンバンクド（unbanked）と呼ばれる銀行口座を持たない人が依然として大量に存在する。

　図表4－41は銀行口座を保有する人の割合を地域別にみたものである。「世界」の数字は2011年の51％から2021年には76％まで上昇しており、世界全体でみれば金融包摂が順調に進展していることを示しているようにみえる。

　もっとも、地域別、所得水準別でみると依然バラツキが大きい（図表4－41、図表4－42）。地域別では中東とアフリカが後れをとっており、中東の割合はまだ50％に届いていない。低所得国の割合は2011年にはわずか10％だったのが2021年は39％と10年で約4倍になっており上昇ペースは急だが、さらなる改善の余地は依然大きい。

　銀行口座を持たない人はクレジットカードで買い物ができないし、銀行からローンを借りて住宅や自動車を買うこともできない。Eコマースで購入した商品の決済は現金振り込みで可能かもしれないが、銀行ATMが近くになければ振り込みそのものが大変な作業になるかもしれない。また、銀行に現金を持ち

図表4−41　銀行口座を保有する人の割合（地域別）

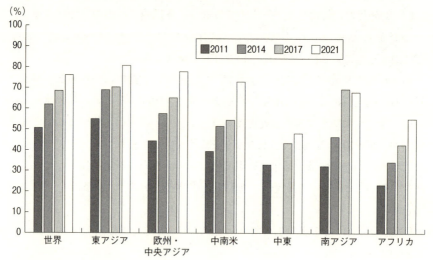

出所：世界銀行「The Global Findex Database」より筆者作成

図表4−42　銀行口座を保有する人の割合（所得水準別）

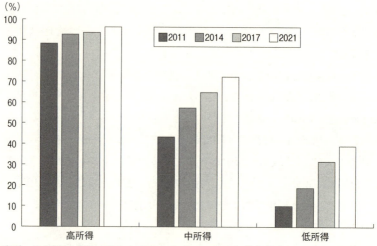

出所：世界銀行「The Global Findex Database」より筆者作成

込んで送金を行うコストは多くの場合非常に高いようだ。こうした状況では、多くの人々が金融サービスへのアクセスを有さないことがボトルネックとなり、消費や投資が抑制されている。「新興国で金融包摂を高める」というのは、アンバンクドに対して金融サービスへのアクセスを付与することで、上述のような問題を解決して経済成長の潜在力を実現させることにほかならない。

以前は、こうした問題の解決策はアンバンクドが銀行口座を開設することであったが、フィンテックなどの金融技術の進歩により、いまではほかにもさまざまな形で金融包摂を高めることが可能になっている。代表的なのは、スマートフォンを利用するものであろう。銀行口座を有していなくてもスマートフォ

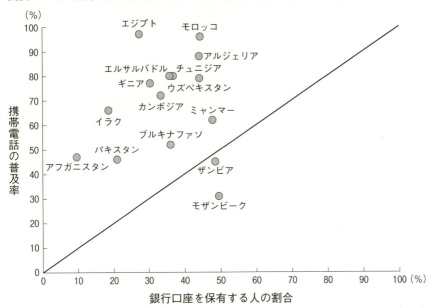

図表4-43 銀行口座を保有する人の割合と携帯電話の普及率の関係

注：銀行口座を保有する人の割合は世界銀行「The Global Findex Database」の2021年の数字。
携帯電話の普及率のソースはITU「Digital Development Dashboard」（https://www.itu.int/en/ITU-D/Statistics/Dashboards/Pages/ Digital-Development.aspx）。エルサルバドルは2015年、アフガニスタンは2016年、モザンビーク、ミャンマーは2017年、アルジェリア、ギニア、ザンビアは2018年、ブルキナファソ、カンボジア、チュニジアは2019年、パキスタンは2020年、モロッコは2021年、エジプト、イラク、ウズベキスタンは2022年の数字。
出所：ITU（International Telecommunication Union）、世界銀行のデータより筆者作成

第5節 中央銀行デジタル通貨（CBDC）と人民元国際化 505

ン上にウォレットをつくれば、そこでさまざまな金融サービスを利用することが可能になる[41]。

図表4－43は、銀行口座を保有する人の割合が50％を下回る国における携帯電話の普及率を示している。チャート上でほとんどの国が45度線の左上に位置しているが、これはこれらの国では銀行口座を有していないが携帯電話を保有している人々が多数存在することを示している。これらの国では、上述したようにスマートフォンを通じてアンバンクドに金融サービスを提供することが大きな経済の押し上げ効果を持ち得ると考えられる。

2　リブラ構想の衝撃

2019年6月にフェイスブック社（当時）がステーブルコイン「リブラ」に関する構想を発表した。これを受けて各国のCBDCに対する取り組みが加速したことによってCBDCが広く世に知られるところとなったため、CBDCは比較的新しいトピックのように思われがちだが、実際にはCBDCに関する議論はそれほど目新しいものではない。

たとえば、小林ほか（2016）によれば、1990年代には既に、中央銀行が電子マネー（つまりCBDC）を発行したら何が起きるのかについて活発に議論が行われていた[42]。小林ほか（2016）によれば、当時議論されていたCBDC発行のメリットは、①ユーザー利便性の向上、②金融政策の有効性確保、③通貨発行益（シニョレッジ）の減少などであったが、これらは現在においても同様に当てはまる。

ユーザー利便性向上は主として、CBDCが紙の銀行券に付随するコストを低下させることによって実現される。多くの先進国でキャッシュカード、デビットカードや各種電子マネーなどの電子決済手段の普及により紙の銀行券に対する需要が減少するなかで、紙の銀行券のハンドリングコストや保管コストがより強く意識されるようになった。

図表4－44は主要国におけるキャッシュレス決済のシェアをみたものだが、

---

[41] サンド・ダラー（バハマ）やバコン（カンボジア）は、利用者が指定金融機関の専用アプリをモバイル端末にダウンロードして使用する。また、銀行口座を保有していなくてもCBDC専用のデジタル口座を取引できる（清水（2021））。
[42] BIS（1996）など。

図表4−44　主要国のキャッシュレス決済のシェア

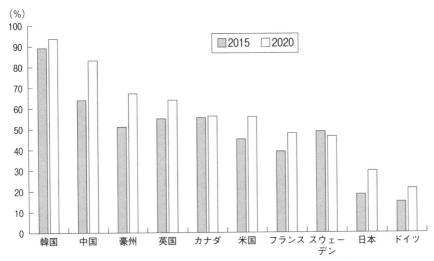

出所：キャッシュレス推進協議会「キャッシュレス・ロードマップ2019」「キャッシュレス・ロードマップ2022」より筆者作成

　2020年時点で韓国では93.6％、中国では83.0％に達しており、その他の国でも押し並べてキャッシュレス決済のシェアが上昇していることがわかる。日本およびドイツにおける紙の銀行券の選好度合いの強さは広く知られており、実際両国におけるキャッシュレス決済のシェアは低水準にとどまっているが、それでも日本は18.4％（2015年）→29.8％（2020年）、ドイツは14.9％→21.3％と、近年キャッシュレスの比率は大きく高まっている。

　他方、金融政策の有効性確保とシニョレッジの問題は、ビットコインなど民間発行通貨のプレゼンスが中央銀行発行通貨を凌駕するまでに拡大した状況下で特に問題になると考えられる。

　2019年にフェイスブック社がステーブルコイン「リブラ」に関する構想を発表した後、各国当局によるCBDCに対する取り組みが急加速したが、この背景には、リブラの登場（結局当初の構想は大幅な変更を余儀なくされたが）によって上記②と③が差し迫った危機と認識されたことがあったとみられる。当時、ビットコインをはじめとする民間通貨は既にある程度普及しており、一部では決済利用も始まっていたが、そのボラティリティの大きさや決済のアベイラビリティが限定的であったこと等から、②、③は差し迫った危機とはみなさ

第5節　中央銀行デジタル通貨（CBDC）と人民元国際化　507

れていなかった。換言すれば、ビットコインの決済利用が中央銀行発行通貨を凌駕する規模に拡大してネットワーク外部性を獲得する可能性は極めて低いと考えられていたということである。

　しかし、リブラは主に以下の2点で、ビットコインとは大きく異なっていた。1点目は、ビットコインが純粋な需給で価格が決定されるため価値の裏付けを持たなかったのに対して（ビットコインの価格が最初に急上昇した時期には、オランダのチューリップバブルがよく引き合いに出されていた）、リブラは価値の裏付けがあるステーブルコインである点である（当初は、リブラの価値は主要通貨で構成されるバスケットにペッグされる設計であった）。

　2つ目は、リブラの運営主体であるフェイスブック社の利用者数は世界の人口の約3分の1に相当する約29億人[43]にものぼっているため、フェイスブック社のプラットフォーム上にリブラを流通させれば、中央銀行発行通貨に匹敵するネットワーク外部性を獲得する可能性が十分あると考えられたことである。

　フェイスブック社によるリブラ構想発表に対して主要国の金融当局や国際機関は異例なほど迅速な対応を示したが、これは上述の理由により、リブラが金融政策の有効性とシニョレッジに対する差し迫った脅威であるとの認識が各国間で共有されていたことを示唆している。

　BIS（2019）はリブラに否定的な理由として、①リブラが目的として掲げた銀行口座を開設できず金融サービスを利用できない人の救済とクロスボーダー送金・決済の効率化が本人確認義務（Know Your Client：KYC）の徹底やマネーローンダリング防止（Anti-Money Laundering：AML）といった各国金融当局が推進してきた取り組みを阻害する可能性があること、②フェイスブック社がリブラの運営に伴って収集する情報が不適切な形で用いられることへの懸念、③リブラの運営主体である「カリブラ」がスイス・ジュネーブに置かれることに対する懸念[44]を指摘した。金融政策の安定性とシニョレッジという従来から認識されていたものに加えて、これらの問題点が新たにあぶり出された格好である。

---

[43] 2022年1月時点。出所：総務省「令和4年情報通信に関する現状報告の概要」
[44] 井上（2020）は、スイス当局はこうした懸念を共有し、主要国や国際機関と連携することを再三表明したが、スイスの金融機関の秘密保持が何らかの問題を引き起こすことへの懸念や税法等におけるスイスとの調整の難しさがハードルになったと指摘している。

リブラ構想の公表を受けて各国当局のCBDCに対する取り組みが活発化するなか、特に注目されたのが中国の動向である。後述するように、中国人民銀行は少なくとも2014年にはデジタル人民元の研究を開始していたが、その発行時期については明らかにしていなかった。しかし、リブラ構想の発表を受けて方針を急転換させ、中国は主要国で最初にCBDCを発行することを宣言し、CBDCの発行実現に向けた動きを加速させた。その後、新型コロナウイルスの感染拡大の影響等もあってデジタル人民元に向けた動きはいったん沈静化したかにみえたが、近年では再び動きが活発化している。また、デジタル人民元についてはその背後に通貨覇権への野心を想定する向きが多く、この観点からも動向が注目されている。

3　CBDC発行のフロントランナーと含意

　2019年6月のリブラ構想発表以降、中国がデジタル人民元の発行に向けた動きを加速させたことから、当初は中国が世界で最初にCBDC発行国となるとの見方が大勢であった。しかし、実際に世界初の栄誉に輝いたのは、2020年10月20日にCBDC「サンド・ダラー」を発行したバハマであった。CBDC Tracker[45]によれば、その後、2021年にナイジェリアが「イー・ナイラ」、2022年にジャマイカが「JPM-DEX」、2023年にジンバブエが「ZiG（ジンバブエ・ゴールド）[46]」を発行している。また、カンボジアは2020年10月28日に「バコン」を発行、「サンド・ダラー」に次いで僅差の第2位とみる向きもあるが、カンボジア中央銀行はバコンをCBDCと定義しておらず、不換紙幣でバックアップされた決済システムであるとしている（このため、バコンは「準CBDC」と呼ばれることもある）。

　前述したように、CBDC発行の目的は国によってさまざまである。世界初のCBDCを発行したバハマは700以上の島々からなる島嶼国であり、現金の輸送コストが高く、金融サービスへのアクセスに問題があった[47]。したがって同国では、通貨・決済のデジタル化によって自然災害のリスクを最小化すること、

45　https://cbdctracker.org/
46　金を担保としたデジタルトークン。
47　実際バハマでは、ハリケーンによって決済システムが断絶したり、金融機関の店舗やATMが壊滅的な打撃を受けたりすることがあった。

送金コストの低減、金融サービスへのアクセス改善などが、CBDC導入の主な動機となったと考えられる。

　また、カンボジアのバコン導入には、送金コストの低減、金融サービスへのアクセス改善といった一般的な理由に加えて、「ドル化」への対処という同国独自の事情があったとみられている。同国では長く続いた内戦の影響による自国通貨の信認低下等もあって国内で流通している通貨は自国通貨リエルよりも米ドルのほうがはるかに多い。「ドル化」には金融政策の自立性が失われる等の弊害があるが、バコンによって自国通貨への信認を回復することができれば、自国通貨の流通が増加して「ドル化」の度合いが徐々に低減していく可能性がある。

　図表4－45はCBDC Trackerのステイタスによる CBDCの進捗度合いと、経済規模、通貨の市場規模、為替相場制度、1人当りGDPの関係をまとめたものである。CBDC Trackerの定義では、進捗度合いが高い順に、「Pirot」（CBDCを現実世界でテスト）、「Proof of Concept」（リサーチが最終段階にあり、概念実証がなされている）、「Research」（CBDCに関するリサーチを実施）となっている。

　図表4－45からは、CBDCのフロントランナー（「launched」と「pilot」）には、経済規模と自国通貨の市場規模が小さく、自国通貨の変動を何らかの形で抑制する為替相場制度を採用している新興国が多いことがわかる。こうした国がCBDCの発行に積極的、逆にいえば、経済規模と通貨の市場規模が大きく、完全変動相場制を採用している先進国がCBDCの発行に消極的な理由は何だろうか。

　1つの理由は、先進国と新興国のCBDC発行の目的の違いと考えられる。CBDC発行の目的は先進国と新興国で共通のものと異なるものがあると上述したが、ここで重要なのは言うまでもなく異なるもののほうである。前出のBISサーベイで新興国に特有のCBDC発行の目的としてあげられたのは金融包摂と金融政策への適用であったが、CBDCの発行によって金融包摂が加速し、金融政策の有効性が高まった場合には、経済へのポジティブな影響は大きなものになると考えられ、経済構造を根本的に変えてしまうほどのインパクトを与える可能性もある。前述した、スマホは保有しているが銀行口座を持たないアンバンクドを取り込むことによって金融包摂が一気に進むケースなどは、その一例

といえよう。

　他方、先進国におけるCBDC導入の主な目的は決済システムの効率化だが、既にそれなりに効率的な決済システムを有する先進国で決済システムを一段とアップグレードしても、経済を押し上げる効果は限定的だろう。

　もう1つの理由は、CBDCの発行は、後戻りができない、絶対に失敗が許されないプロジェクトであるため、自国の経済規模・自国通貨の市場規模が大きい国ほど発行に慎重になると考えられることである。経済規模・通貨の市場規模が大きい国では、第三国間での当該通貨の取引が活発に行われているケースが多いが（その最たるものが事実上の基軸通貨・米ドルである）、こうした通貨をデジタル化することは、国外への持ち出しが禁止されており、さまざまな規制の下ほぼ国内のみで流通している通貨をデジタル化することに比べて、はるかに困難であると考えられる。

　この観点から、スウェーデンのケースは興味深い。スウェーデンは銀行券の使用の大幅な落ち込みを受けて早い段階からCBDC（e-krona）発行に向けた取り組みを行っており（2017年、2018年に白書を発表）、リブラ構想公表前の段階では世界初のCBDC発行の有力候補であった。しかしその後は様子見姿勢に転じ、実際の発行がいつになるかは不透明な状況となっている。このスウェーデンの一連の動向は、先進国のように法制度や金融システムが確立されている国では、CBDC発行のための法的ないしは技術的な課題のハードルが思いのほか高いことを示唆している。銀行券の使用の大幅な落ち込みへの対処というCBDC発行の明確な動機があり、完全変動相場制を採用している先進国のなかでは比較的市場規模が小さいスウェーデンですら慎重にならざるを得ないのであれば、決済手段としての現金が依然として一定の地位を占めている日本や、前出の「後戻りができない、絶対に失敗が許されない」ことの制約が最も大きいと考えられる米国がCBDC発行に対して慎重なのはむしろ当然ともいえよう。

4　中国の動向

デジタル人民元の概要（発行目的・設計）

　2019年7月8日、中国人民銀行研究局の王信局長は、国務院が中央銀行によるデジタル通貨発行の研究を承認したことを明らかにした。同行がデジタル人

図表 4 −45　CBDCの進捗状況と経済規模、通貨の市場規模、為替相場制度の関係

ステータス	国	通貨名
Launched （4カ国・地域）	バハマ	Sand Dollar
	ジャマイカ	JAM-DEX
	ジンバブエ	ZiG
	ナイジェリア	e-Naira
Pirot （18カ国・地域）	ウルグアイ	e-Peso
	南アフリカ	Khokha
	中国	e-CNY
	中国	mBridge
	香港	mBridge
	インド	Digital Rupee
	韓国	Digital Won
	フランス	France Wholesale CBDC
	フランス	Project Prosperus
	スイス	Helvetia
	UAE	Aber
	UAE	mBridge
	サウジアラビア	Aber
	タイ	mBridge
	ロシア	Digital Ruble
	カザフスタン	Digital Tenge
	ハンガリー	Hungary CBDC
	東カリブ諸国機構（OECS）（注1）	DCash
	ガーナ	e-cedi
	チュニジア	Project Prosperus
	シンガポール	Project Ubin+
Proof of concept（参考）	スウェーデン	e-krona
	ノルウェー	Norway CBDC
	豪州	eAUD（wholesale）
	日本	Digital yen
	ニュージーランド	New Zealand CBDC
	カナダ	Jasper
	カナダ	Jasper-Ubin
Research（参考）	米国	Digital Dollar
	ユーロ圏	Retail Digital Euro
	ユーロ圏	Wholesale Digital Euro
	英国	Digital Pound

注1：加盟国・地域はアンギラ、アンティグア・バーブーダ、英領ヴァージン諸島、グレナダ、ミニカ、モントセラト。
注2：取引高全体におけるシェア。
注3：アンティグア・バーブーダ、グレナダ、セントクリストファー・ネイビス、セントル
注4：ドイツ、フランス、イタリアの平均。
出所：CBDC Tracker、IMF、BIS等のデータより筆者作成

名目GDP シェア (% 2022年)	Triennial（注2） シェア (% 2022年4月平均)	為替相場制度 (AREAER 2021)	1人当りGDP (米ドル2022年)
0.0	n/a	Conventional peg	32,299
0.0	n/a	Floating	6,198
0.0	n/a	Other managed arrangement	1,991
0.0	n/a	Stabilized arrangement	2,202
0.1	n/a	Floating	20,022
0.4	1.0	Floating	6,684
17.8	7.0	Crawl-like arrangement	12,670
17.8	7.0	Crawl-like arrangement	12,670
0.4	2.6	Currency board	48,154
3.4	1.6	Floating	2,392
1.7	1.9	Floating	32,418
2.8	n/a	n/a	42,350
2.8	n/a	n/a	42,350
0.8	5.2	Crawl-like arrangement	93,657
0.5	n/a	Conventional peg	51,400
0.5	n/a	Conventional peg	51,400
1.1	n/a	Conventional peg	34,441
0.5	n/a	Floating	7,070
2.2	0.0	Free Floating	15,646
0.2	n/a	Floating	11,409
0.2	0.0	Floating	18,579
0.0	n/a	Currency board	12,401（注3）
0.1	n/a	Crawl-like arrangement	2,252
0.0	n/a	Crawl-like arrangement	3,822
0.5	2.4	Stabilized arrangement	82,808
0.6	2.2	Free Floating	56,188
0.6	1.7	Free Floating	105,826
1.8	6.4	Free Floating	64,814
4.2	16.7	Free Floating	33,854
0.2	1.7	Free Floating	47,226
2.1	6.2	Free Floating	55,037
2.1	6.2	Free Floating	55,037
25.5	88.4	Free Floating	76,343
14.6	30.5	Free Floating	41,730（注4）
14.6	30.5	Free Floating	41,730（注4）
3.1	12.9	Free Floating	45,461

セントクリストファー・ネイビス、セントルシア、セントビンセント・グレナディーン、ド

シア、セントビンセント・グレナディーン、ドミニカの平均。

民元発行計画の存在を公式に明らかにしたのはこれが初めてとされる[48]。この発表がフェイスブック社によるステーブルコイン「リブラ」発行計画の発表（2019年6月18日）直後に行われたことから、中国当局がリブラ構想に脅威を感じたことがデジタル人民元発行への動きを加速させたとの見方が強まった。また、リブラ構想は、一面では民間企業による米ドル基軸体制に対する挑戦とも受け止められたため、中国がこれに「参戦」したことは、人民元国際化・基軸通貨化に対する中国の野心を反映するものと受け取る向きもあった。

　もっとも実際には、中国は2014年には既にCBDCに関する研究を開始、2017年には深圳市に「デジタル通貨研究所」を設立していた。したがって、リブラ構想を受けて中国がデジタル人民元実現に向けた動きを加速させたことは否定できないが、リブラ構想を受けて中国が慌ててデジタル人民元の研究に取り組み始めたとの見方は誤りである。2014年に中国がデジタル人民元の研究を開始した背景にはリブラ構想への対抗とは異なる目的が存在していたはずだが、その目的とは何だったのであろうか。

　露口（2022）は、2021年7月に公表された「中国デジタル人民元研究開発進展白書」を基に、デジタル人民元発行の理由は①電子決済の普及による現金の減少に対応し、公衆の電子決済手段に対する需要を満たしながら金融包摂にも貢献すること、②一般の電子決済手段と補い合うとともに差異も有し、小口決済手段の多様性を高めること（「差異」の具体例としては、デジタル人民元が法定通貨であること、「支払い即決済完了」という特徴があること、コントロールされた匿名性があり個人のプライバシー保護が行えること、などがあげられる）、③グローバルステーブルコインの登場に対応し、国際社会と協調してクロスボーダー決済の改善に資すること、であるとしている。③はリブラ構想を念頭に置いたものとみられることから、オリジナルの目的は①と②であったと考えられる。

　また、井上（2020）は、デジタル人民元発行の目的として、④デジタル弱者の救済と⑤個人情報や取引情報の収集や蓄積に関する主導権回復の2つをあげている。

　前者に関して、中国ではスマートフォンが急激に普及するなかでアリババや

48　関根（2023）。

514　第4章　国際通貨システム

テンセントといった巨大IT企業が金融サービスの分野にも進出した結果、スマートフォンや二次元バーコードを用いた支払い・決済が一気に普及し、銀行口座を持たないがスマートフォンは保有している人々を巻き込んで金融包摂が進んだ。こうした流れを背景に中国では銀行券の利用が顕著に減少している一方で、銀行券の偽造の多さや状態の悪さから銀行券の使用や管理にかかるコストが相対的に大きいことから、既存の銀行券をCBDCに置き換えるインセンティブは大きいと考えられる。

　もっとも、スマートフォン等のデバイスを通じた金融包摂の進展は、そうしたデバイスを持たないデジタル弱者（こうした層の大部分は銀行口座を有していないとみられる）を生んだ。デジタル人民元の目的の1つに、デジタル弱者にとっても利用可能な中央銀行通貨を発行し、彼らを救済することがある。

　後者に関して、アリババやテンセントといった巨大IT企業が金融サービスでも支配的な地位を占めるに至り、これらの企業は金融取引に関する膨大な個人情報を収集・分析できるようになったが、中国当局はこうした状況を好ましく思っていない可能性がある。リブラ構想の箇所でも述べたように、民間企業がこうした情報を独占できる状況は、当局による本人確認義務（KYC）の徹底やマネーローンダリング防止（AML）といった取り組みを阻害する可能性があり、巨大IT企業が収集する情報が不適切な形で用いられることが懸念されるためである。

　各種情報によると、デジタル人民元の設計は、即時決済が可能、手数料は無料など、概ねBIS et al.（2020）によって示されたCBDCの「基本的特性」に沿ったものとなっている模様である（図表4－46）。

　焦点の1つである匿名性については、取引金額の大小に応じた情報の追跡により、「制御された匿名性」を目指す模様である。また、人民銀行が「法定通貨」と交換で民間銀行に対してデジタル人民元を発行し、民間銀行が「法定通貨」と交換に家計や企業に対してデジタル人民元を発行するという「二層構造」が採用される模様である。なお、デジタル人民元に対する付利は行われない。

　デジタル人民元発行の目的を考えるうえで、CBDCが中央銀行のバランスシート上の「現金」を代替するのか「準備預金」を代替するのかによって、その含意が大きく異なるものになる点は重要である（図表4－47）。

図表 4-46　CBDCの基本的特性

機能面の特性

交換可能性	CBDCは現金および民間マネーと等価で交換されるべき
利便性	CBDCによる支払いは、他の支払い手段と同様に簡便であるべき
受容性および利用可能性	現金と同様に多くの取引に利用可能であるべき（オフライン取引含む）
低コスト	エンドユーザーにとって非常に低いコストか無償であるべき

システム面の特性

安全性	サーバー攻撃その他の脅威に対して極めて強靱であるべき
即時性	即時あるいはほぼ即時のファイナリティを提供
強靱性	ネットワークへの接続が遮断された際にオフライン取引を可能に
利用可能性	24時間365日、常に決済可能であるべき
処理性能	極めて大量の取引を処理可能
拡張性	CBDCシステムは拡張可能であるべき
相互運用性	民間システムとの十分な相互作用メカニズム
柔軟性および適応性	環境変化や政策要請への柔軟な対応

制度面の特性

頑健な法的枠組み	中央銀行はCBDC発行に関する明確な権限を有するべき
基準	CBDCシステムは適切な規制上の基準に適合する必要あり

出所：BIS et al.（2020）より筆者作成

　「現金」の量は外生的に決まり、中央銀行がコントロールできないのに対して、「準備預金」は中央銀行がコントロールでき、付利などを通じて金融政策のツールとして利用可能である。「現金」は主に決済手段として用いられるが、中国ではキャッシュレス決済が進展していることから、決済手段としての物理的な現金に対する需要は減少していると考えられる。物理的な現金とデジタル人民元では前者のほうが匿名性が高く、これはマネーローンダリング等の温床にもなり得る。現金に代わってデジタル人民元を導入することによって取

図表4-47　中央銀行と民間金融機関のバランスシート

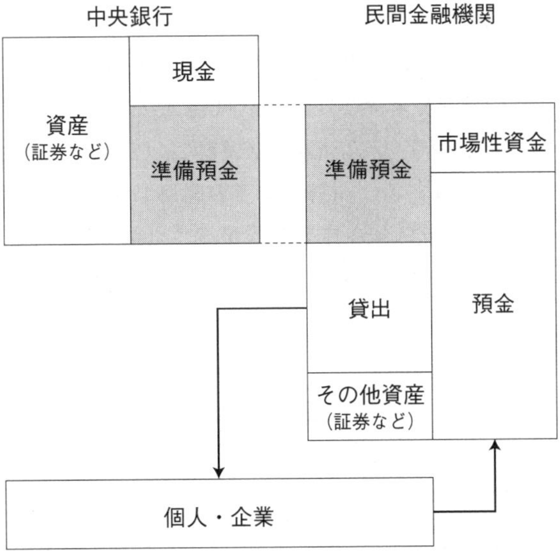

出所：筆者作成

引の追跡が容易になることは、マネーローンダリング防止にも寄与し得る（デジタル人民元発行の目的のなかで言及された「管理された匿名性」という言葉は、こうした意味合いで用いられていると考えられる）。八ツ井（2020）はこれらに加えて、（アリペイなどによる）モバイル決済市場寡占化への対応と金融政策への活用を、デジタル人民元発行の目的としてあげている。

最近の動向

中国当局は2019年6月末からデジタル人民元の実証実験を開始、2022年4月からは第3ラウンドに入っている。ゼロコロナ政策が廃止され、香港との往来が再開されたことを受けて、2023年2月11日より、深圳住民の香港在住の家族や親戚および、深圳を訪れる香港住民を対象に1,000万デジタル人民元を配布するキャンペーンが行われた。

李（2023）によれば、デジタル人民元の実証実験では、①現金同様に使える「即時決済性」、②電気やネットワークがなくてもいつでもどこでも使える「利便性」、③高齢者などのデジタル弱者を含めて誰でも使える「汎用性」、④誰で

も安心して使える「汎用性」、⑤利用者のプライバシーの保護を配慮する「コントロール可能な匿名性」を検証している。

宮川（2023）によると、2023年入り後デジタル人民元の試験運用が一段と加速、取引累計額は同年6月末時点で1兆8,000億元に達し、2022年8月の1,000億元から1年も経たないうちに18倍以上に拡大した。規模だけでなく運用面でも高度化が進んでおり、特に国外在住者の利用拡大に向けた取り組みが顕著である。たとえば、2023年9月より、デジタル人民元アプリとVISAやMastercardといった国際的なクレジットカードとの連携が可能になった。また、2023年9月より杭州で開催されたアジア大会では、国際クレジットカードに加えて、香港の即時決済システムであるFaster Payment Systemとの連携が可能になった。これにより、香港居住者は自国に保有する銀行口座からデジタル人民元アプリにチャージして、大会会場（試験エリア内）での各種支払いにデジタル人民元アプリを利用することが可能になった[49]。

宮川（2023）によれば、デジタル人民元の使用はリテール分野だけでなく、ホールセール分野においても進んでいる。2021年、中国人民銀行はBISイノベーション・ハブのクロスボーダー決済プロジェクトmBridgeに参加、共同でCBDCを活用する決済プラットフォームを開発した。

現時点では、中国のマネーサプライ（M0）に占めるデジタル人民元のシェアは極めて小さく、実際に経済や市場に与える影響は限定的と考えられるが、リブラ構想以降加速したデジタル人民元発行に向けた動きはモメンタムを維持している模様であり、今後の動向が注目される。

5　デジタル人民元と人民元国際化

上述したように、中国当局が明らかにしているデジタル人民元導入の理由は主として国内問題に対処するものであり、少なくとも公には、デジタル人民元を人民元国際化と関連付けるような動きはない。しかしその一方で、デジタル人民元を人民元国際化加速の起爆剤として用い、その先にドル覇権への挑戦を想定するシナリオは、依然として一定の支持を得ているようである[50]。公になっているコメントが中国の真の狙いを100％反映しているとは限らず、表

---

[49] 北京五輪時は、自動両替機に自国の現金を投入してプラスチックカードにチャージする形だった（宮川（2023））。

だって言わないものの中国が上述のような野心を内に秘めている可能性を完全に排除することはできない。以上を踏まえ、本項では、デジタル人民元と人民元国際化の関係について検討してみたい。

前項で、経済規模と自国通貨の市場規模が小さく、自国通貨の変動を何らかの形で抑制する為替相場制度を採用している新興国のほうがCBDC発行に対して前向きになりやすいという仮説を提示した。これは、①こうした国ではCBDC導入における失敗のリスクが相対的に小さく、管理可能であることと、②スマホは持っているが銀行口座を有さない層に金融サービスへのアクセスを付与することによって金融包摂を促進できるためと考えられる。

前者に関して、中国は世界第2位の経済大国であり、経済規模が小さいという条件には当てはまらない。もっとも前述したように、取引規制等の影響で中国人民元の市場規模は経済規模によって示唆される水準よりもはるかに小さい。

後者に関して、前述したように、中国ではこうした形での金融包摂の進展はまず、アリペイやウィーチャットペイといった民間のモバイル決済の急拡大が主導する形で生じた。また、これらのモバイル決済もデジタル人民元のディストリビューターを担う見通しとなっており、デジタル人民元のエコシステムは民間のモバイル決済のプラットフォームを取り込む形が想定されている[51]。これによりデジタル人民元の迅速な流通を図ることが可能になるのと同時に、アリババやテンセントといった民間IT企業による決済情報の独占を防ぐことができると考えられる。

人民元が国際通貨のステイタスを得るためには中国の資本市場の開放度が高まるなどして人民元の取引が増加する必要があると考えられるが、CBDC発行の動機を巡る上記の議論は、資本規制も一因となって人民元の取引が経済規模対比で大きくないからこそ、国内問題に対処するためにCBDCの発行に対して前向きになれることを示しているとも考えられる。換言すれば、通貨の国際化とCBDC発行の間にはある種のトレードオフが存在する可能性があるというこ

---

50 たとえば木内（2021）など。
51 デジタル人民元のアプリ（パイロット版）の決済方法の選択画面に、2022年12月にアリペイ（アントグループ）、2023年3月に「ウィーチャットペイ」（テンセント）が追加された。

図表4-48 CBDC発行のインセンティブと難易度の関係

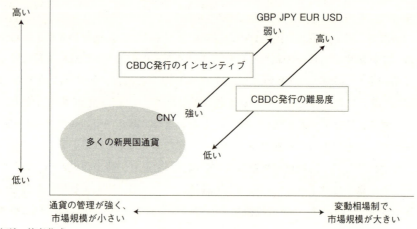

出所：筆者作成

とであり（図表4-48）、人民元が国際通貨でないからこそ、中国は国内問題に対処するためにCBDCの発行を急ぐことが可能になっているという図式である。こうした見方が正しければ、デジタル人民元を人民元国際化、ひいては基軸通貨化への起爆剤とみなすような見方は妥当ではないだろう。

また、デジタル人民元はリブラ・ショックの後の時点では明日にでも発行されてもおかしくない雰囲気だったが、結局リブラ・ショックから既に5年以上経過したにもかかわらず現時点では発行されていない。中国の経済規模に比べれば小さいとはいえ、人民元の市場規模は既にCBDCを発行した前出の4カ国（バハマ、ナイジェリア、ジャマイカ、ジンバブエ）の通貨に比べればはるかに大きいことから、デジタル人民元発行に向けたハードルは当初考えられていたよりも高い可能性がある。

人民元国際化の2つの経路：CNYとCNH

これまでの議論では、人民元国際化は人民元の取引規制の緩和等を通じてクロスボーダーの経常・資本取引における人民元の使用が増加することで達成されることを前提としていたが、人民元国際化はCNH市場の拡大という経路によっても実現可能である。このメカニズムを理解することは、デジタル人民元

と人民元国際化の関係を考えるうえでも有益と考えられる。

中国人民元（RMB）にはCNYとCNHがある。CNYとCNHは中国人民元という同一の通貨であるが、CNYがオンショア（中国国内）で流通している人民元であるのに対して、CNHはオフショア（中国国外）で流通する人民元である。CNYは個人等による小口の取引を除いて原則的に国外への持ち出しが禁止されているが、クロスボーダーの経常・資本取引に伴って特定のルートを通じて国外に流出した人民元の流通は容認されている。これがCNHである。たとえば、海外企業A社が中国へ物品を輸出、その代金が中国国外での人民元決済を認められた「クリアリングバンク」（中国人民銀行が指定）の口座に振り込まれた場合、これがCNHとなる（図表4-49）。

CNYの取引にはさまざまな規制があるが、CNHには原則的に取引規制はない。しかし、CNYとCNHは同一の通貨であるため、オンショア―オフショア間で裁定が働く結果、通常両者はほぼ同じ水準で取引される[52]。CNHは完全変

図表4-49　CNYとCNHの関係

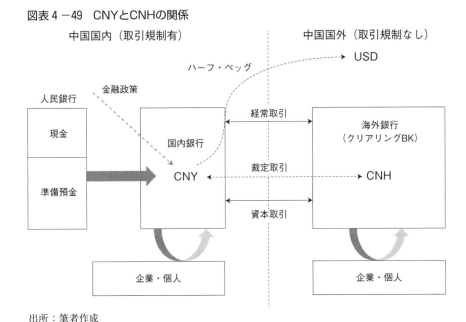

出所：筆者作成

52　資本規制によって裁定が完全に働かない結果、両者が乖離するケースも散見される。

動相場制の下で自由に取引される通貨なので（ただし、CNHの値動きは米ドルないしは通貨バスケットにハーフ・ペッグしているCNYに連動するため、あまりそのようにはみえない）、人民元全体に占めるCNHのシェアが拡大していけば人民元の国際化が進展することになる。もっとも前述したように、CNHの市場規模のプロキシーとして参照される香港における人民元預金をみる限り、オフショア人民元市場の拡大は停滞している模様である。

　デジタル人民元と人民元の国際化を結びつける議論において、デジタル人民元の「使い勝手のよさ」が強調されるケースがあるが、デジタル人民元は「一般利用型CBDC」となることが想定されている。図表4－47でいえば、人民銀行のバランスシート（資産）の「現金」がデジタル通貨に置き換わる形であり、デジタル人民元は取引規制がないCNHではなく取引規制があるCNYということになる。CNYであるにもかかわらずデジタル人民元のみ取引規制を撤廃して利便性を高めるような措置は、現時点で公になっている情報から判断する限りは検討されていないようだ。

　以上の議論は、CNHのほうがデジタル人民元よりもはるかに「使い勝手」がよい通貨であることを示している。制度設計上、デジタル人民元の使い勝手はCNYと基本的に同様となるとみられることから、クロスボーダー取引におけるデジタル人民元の使い勝手を改善するためには、現在CNYに課せられている取引規制を緩和することが必要となろう。図表4－47中の「現金」がデジタル通貨になるだけでクロスボーダー取引における人民元の使用が急増することはなく、そのためには取引規制の緩和・撤廃が必要と考えられるが、このことは図表4－47中の「現金」が物理的な紙幣・貨幣であってもデジタル人民元であっても、同様に当てはまる。

人民元国際決済システム（CIPS）

　デジタル人民元の発行が人民元国際化を加速させるとのストーリーでは、中国が独自に構築しているクロスボーダー取引における人民元の決済システムであるCIPS（Cross-border Interbank Payment System：人民元国際決済システム）も併せて言及されることが多い。CIPS上でデジタル人民元を用いて決済することで、米ドルとSWIFTによって支配された現在の国際金融システムから離脱することが可能になる、というストーリーである[53]。

もっとも、CIPSで決済できる通貨は人民元のみであるため、CIPSにおける人民元決済が増加するためには、取引規制緩和を受けてCNY（デジタル人民元を含む）の取引高が増加するか、CNHの取引高が増加するかのいずれかが必要になると考えられる。結局、カギとなるのは取引規制の緩和等を受けてCNYの取引が増加するか否かであり、デジタル人民元やCIPS自体に人民元のクロスボーダー取引を大きく増加させる力があるわけではない。

53　木内（2021）など。

第6節 本章のポイント

1. **自国以外の第三国間でも活発に取引されている通貨が「国際通貨」、国際通貨のなかで最も市場規模が大きい通貨が「事実上の」基軸通貨であり、現在事実上の基軸通貨は米ドルである。**

   清水ほか（2021）によれば、「その通貨の本国以外で、輸入や輸出のために比較的自由かつ不利益ではないレートで取引できる」通貨が「国際通貨」である。このため、国際通貨の市場規模は自国の経済規模に比して大きくなる傾向がある。たとえば、世界経済に占める米国のシェアが25％（2022年）であるのに対して、米国の通貨である米ドルの外為市場におけるシェアは88％に達している（2022年4月のBIS Triennial Surveyにおける取引高全体に占めるシェア）。この定義に基づくと、ユーロ、円、英ポンド、豪ドル、加ドルなど、完全変動相場制を採用している先進国通貨は「国際通貨」とみなすことができる。

   現在の基軸通貨が米ドルであることは衆目の一致するところだが、ブレトンウッズ体制下とは異なり、米ドルの基軸通貨としての地位は制度的な裏付けを持たず、国際通貨のなかで最も市場規模が大きい通貨が「事実上の」基軸通貨として機能しているという図式である。通常、経済規模と通貨の市場規模は比例するため、中国の経済規模が米国を上回れば人民元が米ドルに代わって基軸通貨になる可能性があるとの議論はリーズナブルだが、取引が規制されていることもあって人民元の市場規模は中国の経済規模に比してかなり小さく、人民元は国際通貨の基準すら満たしていないことから、基軸通貨への道のりはかなり遠い。

2. **「覇権国の通貨＝基軸通貨」との見方があるが、このような議論を行ううえでは「覇権」と「基軸通貨」双方の定義を明確にする必要がある。基軸通貨には「慣性」が働くため、覇権国が交代した後も基軸通貨はその地位をしばらくの間維持し続ける。**

   米ドルの基軸通貨としての地位に関して、しばしば「米国の覇権が揺らぐな

かで米ドルの基軸通貨としての地位も弱まっていく」といった見方が聞かれるが、こうした議論においては覇権の定義が重要である。覇権国の理論には、政治的・軍事的要因を重視するものと経済的要因を重視するものがあるが、ブレトンウッズ体制崩壊後の国際金融システムにおける米ドルの事実上の基軸通貨としての地位は、主としてネットワーク外部性による取引コストの低下といった経済的要因によって支えられてきたと考えられることから、経済的要因による覇権の循環的側面を説明するウォーラーステイン等による世界システム論と親和性が高いと考えられる。ウォーラーステイン（2013）によれば、経済的優位性は生産、商業、金融の順に確立され、同じ順番に優位性が失われる。つまり、金融の優位性は経済的覇権が失われてからもしばらく継続することになるが、これはオランダから英国、英国から米国への覇権国交代の際にもみられた基軸通貨の「慣性」と整合的である。たとえば、米国は19世紀後半に経済規模で英国を上回ったが、米ドルが英ポンドに代わる基軸通貨の地位を確たるものにしたのは、1944年7月のブレトンウッズ会議で金にペッグした米ドルを基軸とする固定為替相場制が確立されたときであった。

3．米ドルが事実上の基軸通貨として機能する現在の国際金融システムにおいては、貿易建値通貨（インボイス通貨）、アンカー通貨として米ドルが支配的な地位を占めている。他方、近年では、米中間の対立やロシアに対する西側諸国の経済制裁等を受けてクロスボーダー取引の決済を米ドルに過度に依存するリスクに対する懸念が高まるなか、とりわけ中国との経済的結びつきが強い国においては、インボイス通貨/アンカー通貨を米ドルから人民元にシフトするインセンティブが強まっている可能性がある。もっとも、本書の分析によると、現時点では、為替政策における人民元の重要性が高まっている国はいくつかあるものの、人民元をアンカー通貨とする国は皆無である（つまり、「人民元経済圏」は存在しない）。

中国経済の台頭に伴い、米ドル圏、ユーロ圏に続く第三の極としての「人民元経済圏」を特定する研究が盛んに行われるようになった。先行研究では、Frankel and Wei（1994）ないしはそれに類似する方法（FWモデル）で仮想的な通貨バスケットにおける各通貨のパラメータ（FWパラメータ）を推定、人民元のパラメータが最も高い国の集合を人民元経済圏と定義することが多

い。人民元経済圏の有無に関する先行研究の分析結果はまちまちだが、これは主として、分析対象(対象国・地域およびサンプル期間)がまちまちであることに起因すると考えられる。

　筆者は、人民元経済圏に関する先行研究は①分析対象の選択(国のカバレッジとサンプル期間)、②FWパラメータとクロスボーダー取引における人民元使用の関連付けおよび③人民元のFWパラメータの決定要因に関する分析がほとんどなされていない点に問題があると考えている。本書では、以上の点を考慮したうえで改めて人民元経済圏の特定を試み、現時点では人民元経済圏が存在しないことを明らかにした。もっとも、ベラルーシ、カザフスタン、インド、韓国、ペルー、フィリピンでは各国の為替政策における人民元の重要性が高まっていることから、これらの国が将来人民元経済圏を形成する可能性は排除できない。また、人民元経済圏の構成国候補が世界中に散らばっていることは、アジアが人民元経済圏を形成する可能性が低いことを示唆しているとも考えられる。

4．人民元国際化・基軸通貨化を巡る議論では、しばしばドイツ・マルクとの比較がなされるが、人民元の現状はユーロ発足前に域内のアンカー通貨として確固たる地位を築いていたドイツ・マルクとは大きく異なる。

　人民元国際化・基軸通貨化を巡る議論では、ユーロが欧州におけるregional key currencyの地位を確立したように、人民元がアジアでregional key currencyとしてのステイタスを確立、それを足がかりにして基軸通貨米ドルに挑戦するというシナリオがしばしば聞かれ、人民元をユーロ、ないしはドイツ・マルクと比較する研究が散見される。1999年1月のユーロ発足前の時点で、ドイツ・マルクはほとんどのユーロ参加国のアンカー通貨となっており、グローバル為替市場におけるシェアも現在のユーロと遜色ない程度に大きかった。インフレ・ファイターとしてのブンデスバンクに対する信任と、最終的に単一通貨ユーロに結実する経済統合に向けたさまざまな制度(EMSなど)においてドイツ・マルクがアンカー通貨・介入通貨として重要な役割を果たしていたことが、マルクの国際化、regional key currency化を捉進したとみられるが、人民元についてはいまのところ、こうした要因によるサポートはみられていない。また、マルクの国際化においてはドイツ国外で取引されるユーロ・マ

ルク市場の拡大も重要だったが、人民元にとってのユーロ・マルクに当たるオフショア人民元（CNH）市場の拡大は停滞している。

他方、中国が米国の経済規模を上回る可能性があることと、国内債券市場の規模および多様性は、ドイツ・マルクにはみられなかった人民元の強みとみなすことができる。

5．2019年の「リブラ・ショック」以降、各国通貨当局が中央銀行デジタル通貨（CBDC）発行に向けた取り組みを活発化させた。当時、中国がデジタル人民元を発行するのは時間の問題とみなされていたが、リブラ・ショックから約5年が経過した現時点（2024年8月）でも実現に至っていない。デジタル人民元発行に向けたハードルは、当初想定されていたよりもかなり高い可能性がある。

2019年6月のリブラ・ショック以降、各国通貨当局によるCBDC発行に向けた取り組みが加速したが、リブラ・ショックから約5年が経過したにもかかわらず、CBDC発行を実現したのはバハマ、ジャマイカ、ナイジェリア、ジンバブエの4カ国のみである。そのほか、CBDC発行に向けた取り組みが進捗しているのは新興国が多く、完全変動相場制を採用している先進国のCBDCに向けた動きは押し並べて鈍い。以上は、①為替レートの動きが管理されており市場規模が小さい新興国のほうが、CBDCへのシフトが相対的に容易と考えられること、②新興国はCBDC発行が金融包摂の深化につながるケースが多いため、CBDC発行の経済的なメリットが大きいことを示唆されているとも考えられる。中国人民元の市場規模は中国経済との比較では小さいが、絶対規模では新興国のなかでは断然大きい。その市場規模ゆえに、CBDC発行に対しては慎重にならざるを得ないということなのかもしれない。

6．中国がデジタル人民元を人民元国際化・基軸通貨化に向けたカタリストとして用いるとの見方があるが、利用可能な情報は、デジタル人民元導入の目的は決済の一段の効率化やマネーローンダリング対策など、主として国内問題の改善であることを示唆している。

BOX 　人民元国際化を巡る動向

　人民元国際化の動きが活発化したのは2008年の米国発のGFCを受けて米ドル依存体制に対する懸念が高まった後であり、それ以前はグローバル為替市場における人民元のプレゼンスは極めて限定的だった（BISのTriennial Surveyにおける人民元のシェアは2007年調査までは0％で、2010年に0.9％となった）。

　GFCを受けて中国の政策当局者が米ドル依存体制に対して抱いた懸念は、2009年3月23日に発出された周小川中国人民銀行総裁（当時）の論文に顕著に反映されている。周総裁は論文で、「現在のように、一国の信用に基づく個別通貨（米ドルを指すとみられる）が準備通貨となるのは、歴史的にむしろ稀な現象。ある国の通貨を準備通貨にした場合、準備通貨に対する国際的な需要と国内政策を上手く両立させることは困難。ブレトンウッズ体制崩壊後に頻発する金融危機は、こうした体制のコストが便益を上回っていることを証明するものであり、個別国と切り離された準備通貨（Super sovereign reserve currency）創設の必要を示して」おり、「SDRを「Super sovereign reserve currency」とすることで、準備通貨を信頼に足る国際機関（IMF）が一元管理することが可能になる。これは国際金融システムの安定維持に資するだけでなく、SDRの重要性を大幅に高めよう」と述べた[54]。この後、中国はSDRの通貨バスケット入りを目指して人民元国際化を進め、人民元は2016年10月にSDRの通貨バスケットの構成通貨入りを果たした。

　人民元国際化は、①WTO加盟後の規制緩和、②SDR構成通貨入りを目指し国際化加速、③SDR構成通貨入り後の停滞、④近年の再加速、の4つのフェーズに分けられる[55]。以下では各々のフェーズにおける主要な動向について概観する[56]。

54　佐々木・棚瀬（2009）。
55　関根（2023）は人民元国際化の経緯に関する優れたサマリーであり、本書の記述も多分にこれに依拠している。
56　2001年以前の動きについては、野村資本市場研究所（2009）参照。

① WTO加盟後の規制緩和

中国が2001年12月にWTOに加盟した後、中国とのクロスボーダー資本取引に関する規制緩和措置がいくつか実施された。これには、海外投資家による中国本土の人民元建て証券への投資を可能にする適格外国機関投資家（Qualified Foreign Institutional Investors：QFII）制度（2002年11月）、国際開発金融機関による中国本土市場における債券発行の許可、国内機関投資家による海外市場での証券投資を容認する適格国内機関投資家（Qualified Domestic Institutional Investors：QDII）制度（2006年4月）などがある。もっとも、こうした規制緩和がグローバル為替市場における人民元のプレゼンスに及ぼす影響は、極めて限定的だった。

② SDR構成通貨入りを目指して国際化加速

貿易決済における人民元取引のいくつかのパイロットケースを経て、2009年7月2日、中国人民銀行、財政部、商務部、税関総署、国家税務総局、中国銀行業監督管理委員会（銀監会）が連名で「クロスボーダー貿易人民元決済試行管理弁法実施細則」を公布・施行し、上海市、広州市、深圳市、珠海市、東莞市の5都市で人民元建て貿易決済が開始された。

このほか、人民元クリアリングバンクの設置（2009年7月。香港とマカオ）、対香港の人民元建て通貨スワップ締結（2009年1月）、人民元建て適格海外機関投資家（RQFII）制度の創設（2011年8月）、人民元建て適格国内機関投資家（RQDII）[57]制度の導入（2014年）、上海・香港ストックコネクト（2014年11月）の導入[58]、人民元国際決済システム（Cross-border Interbank Payment System：CIPS）の稼働開始（2015年10月）などが行われた。こうした取り組みが進められるなか、2014年12月に開催された中央経済工作会議（翌年の経済政策の方針を議論する中国共産党の重要な会議）では「人民元国際化を着実に推進すること」が明示され、公式に人民元国際化が国家目標として打ち出されることとなった[59]。

以上のような取り組みが評価され、2015年11月30日のIMF理事会で、人

---

[57] RQFII、RQDIIはオフショアで調達した人民元での投資を可能にする制度。
[58] コネクトの下では、上海・香港の両サイドから人民元建てで投資を行い、個人投資家も直接株式投資ができる。2016年12月には深圳・香港ストックコネクトを導入。
[59] 三浦（2015）。

民元のSDR通貨バスケット構成通貨入りが正式に決定された[60]。

③ SDR構成通貨入り後の停滞

人民元のSDR通貨バスケットの構成通貨入り決定後も、2016年2月のCIBMダイレクト（海外の金融機関がQFIIやRQFIIを介さずに直接銀行間債券市場にアクセスできるようにする制度）導入、2017年7月のボンドコネクト（香港の決済機関を通じて中国本土の債券市場にアクセスする制度）導入、QFII、RQFIIにおける投資上限の撤廃（2019年9月）、QFII、RQFIIの規則の統合を目指した「QFIIおよびRQFIIの国内証券・先物投資管理弁法」の公布（2020年9月25日。同年11月1日施行）など、人民元国際化に向けた取り組みは着々と行われたが、2015年8月の為替政策の変更（詳細は後述）を受けて人民元先安感が高まり、中国国内からの資本流出が加速、人民元安圧力が大きく高まるなか、2016年〜2017年にはこれまでの流れとは反対に資本規制が強化された[61]。これに伴ってグローバル為替市場における人民元のシェアも低下、人民元国際化は停滞局面に入った。

④ 近年の再加速

人民元のSDR通貨バスケット構成通貨入りを受けて一段と加速するとみられていた人民元国際化の動きは大規模な資本流出によっていったん停滞を余儀なくされたが、近年では再びモメンタムを取り戻しつつある。

2018年4月10日、習国家主席はボアオ・アジアフォーラムの基調演説で、中国が対外開放を継続・拡大していく方針を明らかにした。そしてその翌日、易鋼・中国人民銀行総裁は金融業の対外開放に関する3原則と、それに基づく12の措置（開放12項目）を発表した。関根（2023）によれば、開放12項目のうち人民元国際化につながる項目は、中国本土―香港間のストックコネクトの1日当り投資枠の4倍への拡大と、上海―ロンドン・ストックコネクトの導入である。

2019年12月20日、中国人民銀行は人民元国際化工作座談会を開催、これを踏まえ、第14次5カ年計画（2021年〜2025年）では、人民元国際化につ

---

60 実際に採用されたのは2016年10月1日。
61 表向きでは依然「自由化」「規制緩和」を掲げていたため、明示的に制度を導入・禁止するのではなく、商業銀行経由や行政指導によって資本流出を抑制する措置がとられた（関根（2023））。

いて「着実に人民元国際化を進め、市場主導および企業の自主的選択を堅持して、人民元の自由な利用を基盤とした新型の互いに有益なパートナーシップを構築する」「人民元のクロスボーダー決済システムの構築を強化し、金融業の情報化の革新技術の安全性・コントロール可能性を高め、金融の基盤インフラの安全を維持する」という方針が示された。

また、第14次5カ年計画では、海外投資家による中国債券投資に係るインフラ整備および、香港市場との連携を強化する方針が示された。前者には、取引所取引と銀行間取引を分けて対外開放を行ってきた従来の方針を変更してワンストップの取引インフラを構築すること、後者にはいくつかの新たなコネクト[62]が含まれる。

以上に加えて、2020年5月7日、中国人民銀行および国家外為管理局はQFII・RQFIIの投資上限制度を撤廃し、従来の認可制から登録制に移行する方針を発表。同年9月25日には中国証券監督管理委員会、中国人民銀行および国家外為管理局が、QFII、RQFII関連の規則の統合を目的とした「QFIIおよびRQFIIの国内証券・先物投資管理弁法」を公布した（同年11月1日施行）。

関根（2023）によると、上記以外にも、新型コロナウイルスの感染拡大を受けた景気対策や、2022年1月に発行した「地域的な包括的経済連携（RCEP）協定」関連の措置にも人民元国際化につながるものが含まれている。人民元国際化に向けた戦略が以前に比べて多角的なものになってきている点が特徴的である。

62　広東省―香港・マカオ間での「越境理財コネクト」の実験、中国本土―香港間のボンドコネクトのサウスバウンド、「ETFコネクト」「スワップコネクト」の新設。

BOX　近年の中国の為替政策の変遷

人民元がアンカー通貨として選択されるか否かといった問題を検討するうえでは、中国の為替政策の変遷を理解することが不可欠である。中国の為替政策は、2005年7月の人民元切り上げ＋管理フロート制への移行以来マイナーチェンジを繰り返しており、後述するようにAREAERにおける分

類も目まぐるしく変更されている。以下では、Das（2019）に基づき、2005年7月以降の中国の為替政策の変遷を概観する。

Das（2019）は、人民元の為替政策を①2005年7月～2015年7月（固定相場制を放棄し、人民元の対米ドル為替レートの安定を志向）、②2015年8月～2016年12月（柔軟性を高める試みを背景に市場が乱高下。その後管理された人民元安）、③2016年半ば～2017年末（CFETS通貨バスケットに対する安定）、④2017年末～現在（柔軟性の向上が加速）の期間に分類している。以下では各々の期間における動向について概要を述べる。

2005年7月～2015年7月（固定相場制を放棄し、人民元の対ドル為替レートの安定を志向）

2005年7月21日、中国人民銀行は「通貨バスケットを参照し、市場の需給に基づく管理フロート制」への移行を発表、それまでの米ドル・ペッグ制から、現地時間朝方に発表される基準値（central parity）プラスマイナス0.3％[63]の人民元の対米ドルレートの変動を容認する制度にシフトした。

人民元の日中変動幅はその後、段階的に拡大された[64]。リーマン・ブラザーズ破綻直前の2008年7月頃から特段の発表なく人民元の対米ドルレートはほぼ固定されたが、2010年6月に人民銀行が為替レートの柔軟性を強調する声明を発表した後、緩やかな人民元高方向への変動が再開した。

こうした動きを受けて、AREAERの為替相場制度の分類も頻繁に変更された。2005年7月の改革を受けて人民元の為替レートは変動を開始したが、当初は狭いレンジ内（プラスマイナス0.3％）での値動きしか認められなかったことから、2006年8月まで分類は通常のペッグ制に据え置かれた。その後2006年8月～2008年6月はクローリング・ペッグ制、2008年6月～2010年6月はStabilized arrangement、2010年6月～2014年12月はCrawl-like arrangement、2014年12月～2021年8月はOther managed arrangementとなっており、2021年8月以降はCrawl-like arrangementに

---

[63] ユーロ、香港ドル、日本円についてはプラスマイナス1.5％のレンジ内での変動を容認。

[64] 2005年9月に非ドル通貨の対人民元レートのレンジが中央値プラスマイナス3％に拡大。対ドルレートのレンジは2007年5月に基準値プラスマイナス0.5％、2012年4月にプラスマイナス1％、2014年3月にプラスマイナス2％に拡大。

戻っている。

2015年8月〜2016年12月（柔軟性を高める試みを背景に市場が乱高下。その後管理された人民元安）

　2015年8月11日、人民銀行は基準値を前日の終値付近に設定し、より市場実勢を反映したものにする方針を発表した。当時は人民元安圧力が強いなか、人民銀行は一貫して基準値を前日終値対比で元高方向に設定して人民元安を抑制していたため、この発表は人民元安容認と受け取られ（日本国内では輸出浮揚のための人民元安誘導との見方が多かった）、人民元の急落を招いた[65]。人民銀行は2016年にかけて大規模な人民元買い介入を実施して人民元安圧力の抑制に努めたが、大規模介入の結果、2014年のピーク時には約4兆ドルに達していた中国の外貨準備は、2016年末には約3兆ドルまで減少した。2015年12月、人民銀行傘下のCFETS（中国外貨取引センター）はCFETS通貨指数の公表を開始した。

2016年半ば〜2017年末（CFETS通貨バスケットに対する安定）

　2016年半ばから2017年末にかけては、人民元の為替レートはCFETS通貨バスケットに対して安定的に推移した。Das（2019）は、CFETSバスケットの公表と基準値の設定方法の明確化（前日終値とCFETSバスケットに対する人民元レートの変動を加味して設定）により、2005年7月の改革時に示唆された通貨バスケットに対するアジャスタブル・ペッグ制への移行が、このときようやく完了したと評価している。その後2017年5月に、行きすぎた動きに対処するためにCounter-cyclical adjustment factor（CCAF）が導入された。CCAFは2018年1月にいったん運用が停止されたが、人民元安圧力が強まるなか、2018年8月に再び運用が開始された。

2017年末〜現在（柔軟性の向上が加速）

　2018年には米中貿易摩擦への懸念等を背景に人民元安が加速したが、2015年〜2016年の人民元安局面とは異なり、中国の通貨当局は大規模な人民元買い介入を実施しなかった。介入の代わりに、当局はFXフォワード・ポジションに対する20％の所要準備の導入とCCAFの再開によって人民元安に対処した。これらの措置の効果もあってか、その後人民元安圧力は後

---

[65] 当時の動きの詳細については棚瀬（2015）参照。

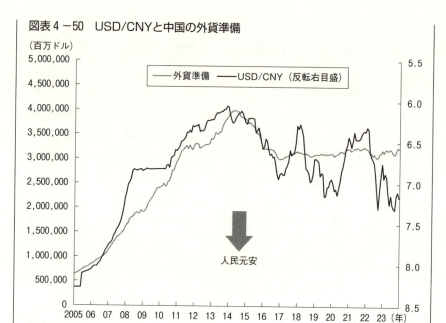

図表4－50 USD/CNYと中国の外貨準備
出所：ブルームバーグのデータより筆者作成

退した。2018年以降、人民元は比較的大規模な下落と上昇の双方を経験しているが、外貨準備は安定的に推移しており、中国当局が人民元の上下双方への変動を容認する度合いが高まっていることを示唆している。換言すれば、人民元の為替レートの柔軟性は、以前に比べてかなり高まってきているといえよう（図表4－50）。

〈参考文献〉

BIS (1996) "Implications for Central Banks of the Developments of Electronic Money," Bank for International Settlements.

BIS (2019) "Investigating the impact of global stablecoins," G7 Working Group on Stablecoins, Bank for International Settlements.

BIS (2022) "Triennial Central Bank Survey of foreign exchange and Over-the-counter (OTC) derivatives markets in 2022," Bank for International Setlements.

BIS, BoC, ECB, BoJ, Riksbank, SNB, BoE, and FRB (2020) "Central bank digital currencies: foundational principles and core features" Report No.1 in a series of collaborations from a group of central banks.

Boz, Emine., C. Casas., G. Georgiadis., G. Gopinath., H. Le Mezo., A. Mehl., and T. Nguyen. (2022) "Patterns of invoicing currency in global trade: New Evidence," *Journal of International Economics* 136 (2022) 103604.

Dalio, Ray. (2021) *Principles for Dealing with the Changing World Order,* Simon & Schuster Ltd.

Das, Sonali. (2019) "China's Evolving Exchange Rate Regime," IMF Working Paper, WP/19/50.

Efstathiou, K., and F. Papadia. (2018) "The euro as international currency," Policy Contribution 2018/25, Bruegel.

European Commission (2021) "The European economic and financial system: fostering openness, strength and resilience," European Commission.

Frankel, Jeffrey, A., and S. J. Wei. (1994) "Yen Bloc or Dollar Bloc? Exchange Rate Policies of the East Asian Economies" In T. Ito and A. Krueger, eds. Macroeconomic Linkage: Savings, Exchange Rates and Capital Flows. Chicago: University of Chicago Press.

Gilpin, Robert G. Jr. (1987) *The Political Economy of International Relations, Princeton University Press.*

Glick, Reuven. (2005) "Does Europe's Path to Monetary Union Provide Lessons for East Asia?" FRBSF Economic Letter, No. 2005-19.

Henning, C. Randall. (2012) "Choice and coercion in East Asian exchange rate regimes" Working Paper Series, WP12-15, Peterson Institute for International Economics.

Ito, Takatoshi. (2017) "A new financial order in Asia: Will a RMB bloc emerge?," *Journal of International Money and Finance* 74, pp. 232-257.

Kawai, Masahiro, and V. Pontines. (2016) "Is there really a renminbi bloc in Asia? A modified Frankel-Wei approach" *Journal of International Money and Finance* 62, pp. 72-97.

Kenen, Peter. B. (1983) "The role of the dollar as an international currency," Group of Thirty Occasional Papers, No. 13, New York.

Kosse, Anneke, and I. Mattei. (2022) "Gaining Momentum - Results of the 2021 BIS survey on central bank digital currencies," BIS Papers No. 125, Bank for International Settlements.

Lane, Philip R., and G. M. Milesi-Ferretti. (2003) "International Financial Integration," IMF Working Paper, WP/03/86.

Modelski, George. (1987) *Long Cycles in World Politics*, University of Washington Press.

Nelson, Rebecca.M., and K. M. Sutter. (2021) "De-Dollarization Efforts in China and Russia," Congressional Research Service, IFI1885 (July 23, 2021).

Perez-Saiz, Hector., and L. Zhang. (2023) "Renminbi Usage in Cross Border Payments : Regional Patterns and the Role of Swap Lines and Offshore Clearing Banks" IMF Working Paper, WP/23/77.

Saiki, Ayako. (2022) "The Anatomy of the internationalization of the Renminbi" Working Papers e174, Tokyo Center for Economic Research.

Subramanian, Arvind., and M. Kessler. (2013) "The Renminbi Bloc is Here: Asia Down, Rest of the World to Go?" WP12-19. Peterson Institute for International Economics.

Swoboda, Alexandar. (1968) "The Euro-Dollar Market: An Interpretation," *Essays in International Finance* 64. Princeton University.

Tover, Camilo, E., and T. M. Nor. (2018) "Reserve Currency Blocs: A Changing International Monetary System?" IMF Working Paper, WP/18/20.

アイケングリーン、バリー著、小浜裕久監訳（2012）『とてつもない特権』、勁草書房。

伊藤さゆり（2023）「国際通貨としてのユーロの過去・現在・未来：コロナ禍、ロシア・ウクライナ戦争を越えて」、財務省財務総合政策研究所『フィナンシャル・レビュー』2023年第3号（通巻153号）。

井上哲也（2020）『デジタル円：日銀が暗号資産を発行する日』、日本経済新聞出版。

ウォーラーステイン、イマニュエル著、川北稔訳（2013）『近代世界システムⅡ　重商主義と「ヨーロッパ世界経済」の凝集　1600-1750』、名古屋大学出版会。

河合正弘（2023）「米中の通貨・金融覇権競争：人民元の国際化と米欧日の対ロ金融制裁」、公益財団法人日本国際問題研究所「経済・安全保障リンケージ研究会最終報告書」2023年3月。

川北稔（2016）『世界システム論講義：ヨーロッパと近代世界』、筑摩書房。

川﨑健太郎（2014）「アジア経済の統合深化と通貨・金融統合への課題」、『経済学論究』第68巻1号、pp.185-198、関西学院大学。

木内登英（2021）『決定版デジタル人民元：世界金融の覇権を狙う中国』、東洋経済新報社。

小林亜紀子、河田雄次、渡邉明彦、小早川周司（2016）「中央銀行発行デジタル通貨について：海外における議論と実証実験」、日銀レビュー、2016-J-19。

佐々木融、棚瀬順哉（2009）「USDの基軸通貨としての地位と今後の見通し（周小川

人民銀行総裁とガイトナー米財務長官発言を受けて）」、「Foreign Exchange Topics vol.300」、J.P.モルガン。

清水順子、伊藤隆敏、鯉渕賢、佐藤清隆（2021）『日本企業の為替リスク管理：通貨選択の合理性・戦略・パズル』、日本経済新聞出版。

清水美香（2021）「ベストプラクティスからみるバハマとカンボジアのCBDC導入戦略」JETRO。

関根栄一（2023）「中国の人民元国際化戦略とデジタル人民元との関係・展望」、財務省財務総合政策研究所『フィナンシャル・レビュー』2023年第3号（通巻153号）。

棚瀬順哉（2015）『グローバル通貨投資：新興国の魅力・リスクと先進国通貨』、日本経済新聞出版。

棚瀬順哉（2023）「インクルーシブ・キャピタリズムにおけるファイナンス手段」、広瀬健、青木大樹、木村玄蔵、棚瀬順哉『インクルーシブ・キャピタリズム：疲弊する資本主義　再生への新たな潮流』、日本経済新聞出版社、第4章。

棚瀬順哉（2024）「新興国のクロスボーダー取引における通貨の選択―人民元国際化への含意―」、博士論文、学習院大学大学院経済学研究科。

棚瀬順哉、石川真央子（2017）「主要国金融政策ハンドブック2017」、J.P.モルガン。

谷内満（2012）「ドル基軸通貨体制のゆくえ」、早稲田商学第432号。

田村友孝（2015）「ドイツ・マルクとの比較で見る中国・人民元国際化の進展」、公益財団法人国際通貨研究所『国際経済金融論考』2015年第2号。

露口洋介（2022）「デジタル人民元、CIPSと人民元国際化」、ITI主催オンラインセミナー「第14次5カ年計画の始動と共産党大会の課題」（2022年7月26日）。

德永潤二（1998）「ヨーロッパにおけるドイツ・マルクの国際通貨化：準備・介入通貨と為替媒介通貨を中心に」、立教大学『立教経済学研究』第51巻4号、pp.103-127。

中島真志（2022）「中銀デジタル通貨のインパクトとデジタル円への期待」、財務省財務総合政策研究所「『デジタル通貨』に関する研究報告」講演資料。

中曾宏、橋本政彦（2023）「国際通貨としての円」、財務省財務総合政策研究所『フィナンシャル・レビュー』2023年第3号（通巻153号）。

日本銀行（2020）「中央銀行デジタル通貨に関する日本銀行の取り組み方針」、日本銀行。

野村資本市場研究所（2009）「中国の人民元国際化に向けた動きに関する調査」、財務省委託調査。

野村幸宏（2002）「国際通貨マルクとブンデスバンク」、大阪市立大学『経営研究』第53巻1号、pp.77-97。

マディソン、アンガス著、公益財団法人政治経済研究所監訳（2015）『世界経済史概観』、岩波書店。

三浦祐介（2015）「人民元国際化の進捗度と課題：人民元のSDR構成通貨入りを巡る論点整理」、みずほ総合研究所「みずほインサイト」（2015年7月24日）。

宮川真一（2023）「徐々に利用広がるデジタル人民元の動向」、公益財団法人国際通貨

研究所「IIMAコメンタリー（2023年10月17日）」。

八ツ井琢磨（2020）「中国デジタル人民元構想の論点整理：想定される影響と今後の注目点」、三井物産戦略研究所（2020年11月）。

李智慧（2023）「着々と拡大するデジタル人民元経済圏」、野村総合研究所「コラム：中国のデジタル経済とチャイナ・イノベーションのトレンド（2023年3月22日）」。

渡辺真吾、小倉將信（2006）「アジア通貨単位から通貨同盟までは遠い道か」、日本銀行ワーキングペーパーシリーズ、No.06-J-21。

事項索引

【英字】

AIIB……………481,482,483,484,486
ARA（Assessing Reserve
　　Adequacy）……………………344
ARAM………………………345,348,349
AREAER……232,237,243,274,411,462,
　　　　　　463,464,468,532
BIS…………………………………120,130
CBDC…500,501,503,506,507,509,510,
　　　　511,514,515,518,519,520,527
CFETS（中国外貨取引センター）……533
CFETS通貨指数………………………533
CFETS通貨バスケット……………532,533
CIBMダイレクト………………………530
CIP……………………………………30,36
CIPS（Cross-border Interbank
　　Payment System：人民元国際
　　決済システム）……………522,523,529
CLS……121,153,154,157,210,214,216,
　　　　　219,223,225
COFER………351,352,353,355,357,434
Counter-cyclical adjustment
　　factor（CCAF）…………………533
Currency Composition of Official
　　Foreign Exchange Reserves
　　（COFER）……………………………350
Currency Composition of Official
　　Foreign Reserves（COFER）……433
EBA（External Balance
　　Assessment）……………………105
EBA CAモデル………………………20
EBA（External Balance
　　Assessment）モデル………………17
EBA REERモデル……………………20
EBS（Electric Broking Service）……125
e-krona…………………………………511

EMS……………………………495,496,526
ESGインテグレーション………………383
ESG投資……………380,381,382,385,419
ESR（External Sector Report）…17,105
Foreign Exchange Committee
　　（FXC）……………………………132
FXC……………………………………223
FXCサーベイ…………………………132
G5………………………………………393,394
G7…85,319,321,393,394,395,396,397,
　　　398,399,400,401,420
G20……………398,399,400,401,402,420
GFC……………………………………413
GSS債…………………………………383,384
Guidotti/Greenspanルール………343,344
HFT……121,128,147,148,195,196,197,
　　　　206,207
Hot Potato Trading……………………121
IMF……………………………………17
IMM通貨先物…………………………49,55
Jカーブ効果……………………………15
MBT……………………………138,147,222
MFM……………………296,300,302,304,415
MRパズル………………………………73,108
Multibank Trading Systems
　　（MBT）……………………………126
NGFS（The Network of Central
　　Banks and Supervisors for
　　Greening the Financial Systems）
　　………………………………………381
OCA……………291,292,293,294,295,414
PRI……………………………380,381,384,420
QDII……………………………………529
QFII……………………………529,530,531
regional key currency
　　………………472,492,496,498,499,526

事項索引　539

Retail Aggregator (RA) ········ 126, 222
RQDII ·· 529
RQFII ······························ 529, 530, 531
SBT ······································ 138, 222
SDR ······························ 437, 460, 528
Single Bank Trading Systems
　(SBT) ·· 126
Strategic Asset Allocation (SAA)
　·· 361
SWIFT ············ 159, 223, 389, 451, 481, 522
Triennial Survey ······ 120, 178, 179, 180,
　181, 188, 206, 223, 433, 434, 435, 491,
　524, 528
Trilemma Index ·········· 245, 246, 248, 250
UIP ······ 30, 33, 39, 40, 42, 46, 96, 97, 103,
　106, 300
World Gold Council (WGC)
　······································ 386, 389, 419
ZiG (ジンバブエ・ゴールド) ·········· 509

【あ行】

アジアインフラ投資銀行 (AIIB) ······ 481
アセット・アプローチ
　········ 4, 60, 100, 102, 200, 201, 202, 209
アルゴリズム取引
　······················ 121, 128, 147, 148, 196, 197
アンカー通貨 ····· 256, 285, 288, 289, 291,
　413, 414, 460, 461, 462, 463, 465, 469,
　470, 473, 478, 479, 480, 484, 487, 489,
　493, 495, 496, 499, 525, 526
安全資産 (safe haven) ···················· 58
アンバンクド (unbanked)
　································ 503, 505, 506, 510
イー・ナイラ ································ 509
域内の基軸通貨 (regional key
　currency) ································ 439
一帯一路 ································ 481, 482
一般利用型CBDC (リテール型
　CBDC) ································ 501, 502, 522

インターバンク市場
　···························· 121, 124, 125, 126
インフレ・ターゲット政策 ········ 444, 445
インボイス通貨 ·········· 257, 258, 260, 262,
　263, 264, 266, 267, 268, 269, 270, 274,
　276, 277, 283, 284, 285, 291, 357, 358,
　413, 414, 463, 465, 468, 478, 479, 483,
　489, 494, 499, 525
円キャリー・トレード ········ 54, 82, 396
欧州通貨制度 (European Monetary
　System: EMS) ···························· 495
オーダーフロー ······ 76, 78, 79, 80, 81, 82,
　104, 108, 202, 203, 204
オプション ································ 131
オフバランス・フロー (オフバラ
　ンスのフロー) ········ 99, 176, 178, 179,
　207, 208, 209, 211, 213, 214, 217, 223,
　224, 225

【か行】

外貨準備 ································ 307, 333
外国為替委員会 ································ 152
外国為替資金特別会計
　······················ 314, 333, 369, 383, 418
外為特会 ······ 314, 317, 365, 368, 372, 384
外為プライムブローカー (PB) ········ 126
価値の貯蔵手段 ·········· 433, 434, 444, 497
カバー付き金利平価 ······················ 30
カバー取引 ·············· 190, 191, 202, 203
カバーなし金利平価 ······················ 30
カバーなし金利平価説 (UIP) ········ 106
カレンシーボード制 ················ 233, 376
為替スワップ
　···················· 38, 54, 130, 134, 136, 137
為替操作国 ············ 406, 408, 409, 421
完全変動相場制 ············ 236, 242, 244
管理フロート制 ············ 243, 256, 397
気候変動リスク等に係る金融当局
　ネットワーク (NGFS) ············ 380

基軸通貨‥‥‥433,438,439,442,443,444,
　445,447,448,452,453,454,456,458,
　459,489,490,492,497,499,500,511,
　　　　　　514,520,524,525,526
基準値（central parity）‥‥‥‥‥532,533
キャッシュレス決済‥‥‥‥506,507,516
キャリー・トレード
　‥‥‥‥‥‥‥‥‥39,56,59,146,147,195
協調介入‥‥‥‥‥‥‥‥‥‥329,330,394
金融収支‥‥‥‥‥‥‥‥‥‥‥‥‥‥8,120
金融包摂
　‥‥‥‥‥503,505,510,514,515,519,527
金利平価‥‥‥‥‥‥‥‥‥‥‥‥‥‥‥30
口先介入‥‥‥‥‥‥‥‥‥‥‥‥320,417
クリアリングバンク‥‥‥‥488,490,521
グリーンボンド‥‥‥‥‥‥‥‥‥‥‥383
クロスカレンシースワップ‥‥‥‥‥‥38
計算単位‥‥‥‥‥‥‥‥‥‥‥‥433,434
経常収支‥‥‥‥‥‥‥‥‥‥‥‥‥‥6,120
交換手段‥‥‥‥‥‥‥‥‥‥‥‥433,434
硬直価格マネタリー・アプローチ‥‥60
硬直価格マネタリーモデル‥‥‥‥‥72
購買力平価‥‥‥‥‥‥‥‥‥‥‥‥25,105
高頻度取引（High-Frequency
　Trading：HFT）‥‥‥‥‥‥‥‥121,196
国際金融のトリレンマ‥‥‥‥‥243,411
国際決済銀行（BIS）‥‥‥‥‥‥‥‥120
国際収支‥‥‥‥‥‥‥‥‥‥‥6,170,171
国際収支統計‥‥‥‥‥‥‥‥120,168,171
国際通貨‥‥‥‥433,438,439,440,442,443,
　444,452,453,455,456,458,459,489,
　　　　　　　497,500,520,524
固定相場制‥‥232,250,256,291,292,305,
　　　　　　　307,309,349,401
コルレス銀行‥‥‥‥‥‥‥‥‥‥‥‥155
コルレス契約‥‥‥‥‥‥‥‥‥‥‥‥155
コンバージェンス・トレード‥‥‥‥496

【さ行】

最適通貨圏（Optimal Currency
　Area：OCA）‥‥‥‥‥291,414,460,493
三角貿易
　‥‥‥‥‥266,269,276,282,448,450,451
サンド・ダラー‥‥‥‥‥‥‥‥506,509
執行アルゴリズム‥‥‥‥‥‥196,206,207
伸縮価格マネタリー・アプローチ‥‥60
伸縮価格マネタリーモデル‥‥‥‥‥72
人民元経済圏‥‥‥459,460,461,472,486,
　　　　　　　487,488,525,526
人民元国際決済システム（Cross-
　border Interbank Payment
　System：CIPS）‥‥‥‥‥‥‥‥‥‥529
人民元建て適格海外機関投資家
　（RQFII）制度‥‥‥‥‥‥‥‥‥‥‥529
人民元建て適格国内機関投資家
　（RQDII）制度‥‥‥‥‥‥‥‥‥‥‥529
人民元トラッカー‥‥‥‥‥‥‥434,437
人民元トラッカー（RMB Tracker）
　‥‥‥‥‥‥‥‥‥‥‥‥‥‥‥‥‥‥433
人民元（の）クリアリングバンク
　‥‥‥‥‥‥‥‥‥‥‥‥475,481,487,529
人民元（の）国際化‥‥‥‥492,500,514,
　518,519,520,526,528,529,530,531
ステーブルコイン‥‥‥‥506,507,508,514
ストックコネクト‥‥‥‥‥‥‥‥529,530
スポット‥‥‥‥‥‥‥‥‥130,134,136,137
世界システム論‥‥‥452,453,454,455,525
絶対購買力平価‥‥‥‥‥‥‥‥‥‥‥26
先進5カ国財務大臣・中央銀行総
　裁会議（G5）‥‥‥‥‥‥‥‥‥‥‥393
相対（的）購買力平価‥‥‥‥‥‥‥26,86
ソフトペッグ‥‥‥‥‥‥‥‥232,243,412
ソロス・チャート
　‥‥‥‥‥‥‥‥‥‥‥62,66,67,69,98,108

【た行】

ターム・プレミアム‥‥‥‥‥‥‥51,52,53

事項索引　541

第一世代モデル……………305,416
第三世代モデル………305,309,416
第二世代モデル………305,307,416
中央銀行デジタル通貨（Central Bank Digital Currency：CBDC）……500,527
中間的（な）制度
　………………243,244,248,256,412
通貨オプション…………………191
通貨危機………………………305
通貨スワップ……………………38
通貨の3機能……………………433
テイラールール………………75,83
適格外国機関投資家（Qualified Foreign Institutional Investors：QFII）制度……………………529
適格国内機関投資家（Qualified Domestic Institutional Investors：QDII）制度……………………529
デジタル人民元…500,509,511,514,515,
　　516,518,519,520,522,523,527
デルタ・ヘッジ…………192,193,194
電子ブローキング………………125
トランチング（Tranching）
　…………………………361,363,419
取引戦略アルゴリズム…………196
取引の内部化（Internalization）
　…………………………………138,139
トリレンマ………………………245

【な行】
7カ国財務大臣中央銀行総裁会議（G7）…………………………85
二国間スワップ協定
　………………475,481,487,488,490
ネットワーク外部性
　………………286,287,453,508,525

【は行】
ハードペッグ……232,233,242,244,412

バイポーラー・ビュー
　………………242,244,245,248,412
覇権安定論………………………452
覇権循環論…………………452,453
バコン……………………506,509,510
パススルー………………………10
バラッサ・サミュエルソン（BS）仮説…………………………28,105
ビットコイン………………507,508
非不胎化介入
　………311,312,313,316,317,329,417
フォワード・ディスカウント・パズル……………………………35
不胎化介入…………311,312,329,417
プライムブローカー（PB）……222
プライムブローカレッジ……144,147
プライムブローカレッジ・サービス
　…………………………………121,197
プラザ合意…………………393,420,444
ブレトンウッズ……………393,433
ブレトンウッズ会議………420,458,525
ブレトンウッズ体制……………60
フロー・アプローチ
　………………4,6,86,102,105,171,209
フローティング・アレンジメント
　…………………232,233,236,412
米財務省半期為替報告書………405,421
ベーシス……………………36,38
ヘルシュタット・リスク………156,157
変動相場制…………………232,349
ボイスブローカー………………125
ボイスブローキング……………125
貿易建値通貨（インボイス通貨）……256
ポートフォリオ・バランス・アプローチ……………………60,69,70
ホールセール型CBDC……………501
ホットポテト（Hot Potato）……191,204
ボンドコネクト…………………530

【ま行】

マーケット・マイクロストラクチャー理論……5, 75, 100, 102, 104, 108, 171, 190, 191, 201, 202, 203, 204, 209
マーシャル＝ラーナー条件…………12
マギー効果………………………12
マクロ構造モデル………………4
マネーサプライ…………………61
マネーストック…66, 67, 68, 98, 107, 500
マネタリー・アプローチ………60, 98, 107
マネタリーベース…61, 63, 64, 66, 67, 68, 98, 107, 312, 313, 316, 344, 376, 417, 500
マンデル＝フレミング・モデル（MFM）……………………296, 415

【や行】

ユーロシステム…………………340

【ら行】

ランダムウォーク
　………………4, 27, 72, 74, 81, 84, 108
ランダムウォーク・モデル…………73
ランダムウォーク理論……………104
リインボイス………269, 273, 282, 283
リスク・オフ…………………58, 59
リスク・オン……………………58
リバランス……………………213, 214
リブラ…506, 507, 508, 509, 511, 514, 518, 520, 527

事項索引　543

【著者略歴】

棚瀬　順哉（たなせ　じゅんや）

JPモルガン・チェース銀行東京支店/JPモルガン証券株式会社
為替調査部長　チーフ為替ストラテジスト
博士（経済学）

1999年にチェース・マンハッタン銀行（現JPモルガン・チェース銀行）入行。為替のトレーディングなどを経て、2000年よりFXリサーチチームにて為替市場の調査・分析および為替戦略の構築を担当。2013年6月よりチーフFXストラテジスト兼チーフEMストラテジスト、2015年6月より為替調査部長。2017年10月より財務省国際局為替市場課資金管理専門官として、外貨準備運用およびその他国際局所掌業務に関するリサーチを担当。

2024年4月より現職。1997年早稲田大学商学部卒業。1999年早稲田大学大学院商学研究科修士課程修了。2024年学習院大学大学院経済学研究科博士後期課程修了。

[著作]
『インクルーシブ・キャピタリズム：疲弊する資本主義　再生への新たな潮流』（共著、日経BP・日本経済新聞出版、2023年）
『国際収支の基礎・理論・諸問題：政策へのインプリケーションおよび為替レートとの関係』（財経詳報社、2019年）
『グローバル通貨投資：新興国の魅力・リスクと先進国通貨』（日本経済新聞出版社、2015年）
『エマージング通貨と日本経済』（日本経済新聞出版社、2012年）

[査読付き論文]
「新興国間貿易におけるインボイス通貨の選択：タイの対ASEAN貿易に関する分析」（2024年）日本金融学会編『金融経済研究』第47号
「為替市場の構造と理論への含意：CLSデータを用いた円相場の検証」（2023年）日本国際経済学会編『国際経済』第75巻

本書に示されているすべての見解は著者の見解であり、JPモルガン証券株式会社のリサーチ部門の見解またはJPモルガン・チェースもしくはその関連会社の見解を示すものではありません。

著者は本書のためにいかなる会社もしくは個人からも、また本書に経済的または政治的利害関係があるいかなる会社もしくは個人からも金銭的支援を受けていません。棚瀬順哉は現在、JPモルガン・チェース・アンド・カンパニーのエグゼクティブ・ディレクターです。

外国為替の諸相──官民学の視点から

2024年10月29日　第1刷発行

著　者　棚　瀬　順　哉
発行者　加　藤　一　浩

〒160-8519　東京都新宿区南元町19
発　行　所　一般社団法人 金融財政事情研究会
　出版部　TEL 03(3355)2251　FAX 03(3357)7416
　販売受付　TEL 03(3358)2891　FAX 03(3358)0037
　URL https://www.kinzai.jp/

校正：株式会社友人社／印刷：三松堂株式会社

・本書の内容の一部あるいは全部を無断で複写・複製・転訳載すること、および磁気または光記録媒体、コンピュータネットワーク上等へ入力することは、法律で認められた場合を除き、著作者および出版社の権利の侵害となります。
・落丁・乱丁本はお取替えいたします。定価はカバーに表示してあります。

ISBN978-4-322-14467-3